Lew Besymenski

Der Tod des Adolf Hitlers

Der sowjetische Beitrag über das Ende des Dritten Reiches und seines Diktators

Herbig

Aus dem Russischen übersetzt von Valerie B. Danilow

Zum Vorsatz

vorne: E. Brauns Obduktionsakte, erste u. letzte Seite; hinten: A. Hitlers Obduktionsakte, erste u. letzte Seite

Bildnachweis

Besymenski, Lew (Privat-Archiv): 7, 8, 14, 15, 16, 17, 18, 19, 20, 21, 22, 23, 24, 25, 26, 27, 28, 29, 30, 31, 32, 33, 34, 35, 36, 37, 38, 39, 40, 41, 42, 43, 44, 45, 46; Bilbiothek für Zeitgeschichte, Stuttgart: 1, 6, 10; Bilderdienst Süddeutscher Verlag, München: 12; Engler, Hanns: 3, 4, 5 (Zeichnungen); Schultz-Naumann, Joachim, München: 9; Ullstein Bilderdienst, Berlin: 10, 11, 13; Zeitgeschichtliches Bildarchiv Heinrich Hoffmann, München: 2.

2. Auflage
Völlig überarbeitete, ergänzte und um einen neuen Bildteil erweiterte Ausgabe

Umschlaggestaltung: Christel Aumann, München
Herstellung: Franz Nellissen
Satz: Schaber, Wels
Druck und Binden: Mohndruck Graphische Betriebe GmbH, Gütersloh
Printed in Germany 1982
ISBN: 3-7766-1018-2

Inhalt

Vorwort zur 2. erweiterten Auflage

Dies ist keine Biographie Adolf Hitlers und keine Beschreibung seiner letzten Tage. Ich habe nie die Absicht gehabt, eine Biographie dieses Menschen zu schreiben. Nicht weil ich vorausgesehen habe, daß sich früher oder später eine Flut solcher Werke über den westlichen Büchermarkt ergießen wird. Vielmehr war ich stets der Meinung, daß schon der Begriff »Hitlers Biographie« einen inneren Widerspruch beinhaltet. Dieser Widerspruch ist auf die spezifischen Umstände des »unaufhaltsamen Aufstiegs« einer Person zurückzuführen, der Bertolt Brecht in einem seiner Werke den seltsamen Namen Arturo Ui gegeben hat. Schon am Anfang dieses Aufstiegs – aber auch später – gab sich dieser »Ui« selbst die größte Mühe, die von ihm gepredigte Ideologie und Politik zu personifizieren. Schließlich gelang es ihm in der Tat, den Eindruck zu erwecken, daß der Nationalsozialismus mit Hitler identisch und keineswegs etwas anderes sei. Kein Zufall deshalb, daß er sein Credo in Form einer Autobiographie abgefaßt hat.

Doch entgegen der möglichen mathematischen Gleichung »Nationalsozialismus ist gleich Hitler« kann man nicht behaupten, sie bliebe bei der Umstellung beider Faktoren unverändert. Wenn man glaubt, daß Hitler allein den Nationalsozialismus personifiziert hat, so gerät man mit Sicherheit auf einen Holzweg. Denn man würde dann unweigerlich den Versuch machen, die verwickelten Umstände um die Geburt eines Herrn Alois Hitler herum zu entwirren, komplizierte Konzeptionen vom transzendentalen Einfluß der unverstandenen Leidenschaft zur Angelika Raubal auf die geistige

Verfassung des Führers der aufstrebenden NSDAP zu erstellen usw. usf. Kurz, man würde dann dem demagogischen Konzept von Hitler selbst folgend, ihn auf Grund seiner eigenen Persönlichkeit erklären.
Gerade das möchte ich aber vermeiden.
Ich kann mich noch gut erinnern an ein langes Gespräch mit Mr. Samuel Kleinermann, dem namhaften amerikanischen Filmproduzenten, als dieser bald nach dem Riesenerfolg des unter seiner Mitwirkung entstandenen sowjetisch-amerikanischen Films »Der unbekannte Krieg« nach Moskau kam. Das gigantische 20stündige Fernsehwerk umfaßte 1418 Tage des Krieges zwischen Hitlerdeutschland und der Sowjetunion. Es wurde von zahlreichen Fernsehanstalten der Welt übernommen und lief in der Bundesrepublik unter dem Titel »Der unvergessene Krieg«. Nach Abschluß dieses Streifens beschloß Kleinermann, das Drehbuch zu einem Spielfilm über die letzten Tage Adolf Hitlers zu schreiben, und er bat mich als Autor des Buches, dessen zweite Auflage mit diesem Vorwort eingeleitet wird, ihn bei seiner Arbeit zu beraten.
Bei der Lektüre dieses hochinteressanten Drehbuches fiel mir im letzten Teil eine Stelle auf, die auf mich etwas befremdend wirkte: Hitler und Eva Braun begeben sich in ein Zimmer des Bunkers, um dort Selbstmord zu begehen. Hier sollte die Handlung nach der Idee des Drehbuchautors durch einige Einblendungen unterbrochen werden: Hitler im Bunker – Hitler als Knabe und seine Mutter; Hitler im Bunker – der junge Hitler und Angelika Raubal, Hitler im Bunker – er selbst und Eva Braun ...
Ich sagte zu Kleinermann:
»Lieber Freund, das mit den Einblendungen ist ein ausgezeichneter Einfall, obwohl er nicht neu ist. Überlegen Sie jedoch bitte folgendes: Es ist das Filmfinale, und es soll zusammenfassend die eigentliche Idee des Films zum Ausdruck

bringen. Wir beide sind uns doch einig, daß es eine Anklage gegen den Nationalsozialismus, seine Greueltaten und seine Führer werden soll, nicht wahr?«

»Absolut richtig«, gab mein Gegenüber zurück.

»Gerade deshalb bin ich mit dieser Szene nicht einverstanden.«

»Warum?«

»Weil man hier Hitler nur mit ihm selbst vergleicht. Schon möglich, daß dieser Mensch in seiner Todesstunde an etwas Menschliches gedacht hat. Was mich hier jedoch beschäftigt, ist die Frage: War Hitlers Selbstmord nur das Fiasko eines Menschen, der diesen Namen trug, oder steckte mehr dahinter? Ich würde hier nicht das Verhältnis zwischen diesem Fiasko und Hitlers Kindheitsreminiszenzen herzustellen versuchen, sondern den Aufstieg eines Menschen namens Hitler auf der unmenschlichen Leiter der Naziverbrechen verfolgen ...«

»Ihr seid unverbesserliche Marxisten«, entgegnete der Cineast, »ihr seht das alles viel zu einfach.«

»Keinesfalls, wir wollen nur, daß Menschen auch Kompliziertes verstehen können. Bedenken Sie doch, diesen Film werden und sollen vorwiegend junge Leute sehen. Wir leben heute in den 80er Jahren, also werden vermutlich Jungen und Mädchen beispielsweise vom Jahrgang 1960 die Mehrheit des Publikums ausmachen. Wer von ihnen kennt die Stationen des verbrecherischen Naziaufstiegs? Nun, die sowjetische Jugend kennt sie. Aber kennt man sie in Ihrem Land? Oder in England, in der Bundesrepublik?«

Mr. Kleinermann versprach mir, darüber nachzudenken, obwohl ich nicht so sicher war, daß er meine Argumente akzeptierte.

Um so mehr angebracht erscheint es mir nun, die außerordentlich dramatischen Tage im Frühjahr 1945 von allen

Seiten, in verschiedenen Dimensionen zu betrachten. Ich sage es noch einmal: Für mich sind es nicht die letzten Tage Hitlers, sondern die letzten Tage des Hitlerismus. Der Tod des Adolf Hitler ist für mich am wenigsten ein Moment seiner Biographie, obwohl ich in meinem Buch auch das persönliche Schicksal dieses Menschen nicht zu kurz kommen lasse.

Die erste Auflage dieses Buches hatte ein breites Echo gefunden, worüber ich sehr erfreut war (auch über zahlreiche negative Stimmen – »Viel Feind, viel Ehr'!«). In einem besonderen Kapitel dieser zweiten Auflage werde ich mich ausführlich und möglichst selbstkritisch – das letztere fällt einem Autor bekanntlich nicht gerade leicht – mit diesen Stimmen und Kritiken befassen. Doch das ist beileibe nicht das einzige, wodurch sich die zweite Auflage von der ersten unterscheidet. In den letzten Jahren haben mehrere Forscher, so auch der Autor selbst, umfangreiches neues Material entdeckt, welches einen noch deutlicheren Vergleich der letzten Tage des Nazi-Regimes mit den unheilvollen Stationen seines Aufstiegs, mit seinen nicht minder unheilvollen Endzielen erfordert. Gerade bei diesem Vergleich, so denke ich, kommt das Dramatische der Geschichte des 20. Jahrhunderts am besten zum Ausdruck, so, wie es kein noch so begabter Romancier sich hätte ausdenken können. Ohne ein solches Talent für mich beanspruchen zu können, werde ich mich auf dokumentarisch belegte, nachgewiesene Tatsachen beschränken und mich ausführlicher als in der ersten Auflage auf die hauptsächlichen Schwerpunkte der Endphase des Krieges konzentrieren.

Schließlich besteht der Unterschied dieser bedeutend erweiterten Neuauflage zu der ersten darin, daß ich neue Unterlagen und Zeugenaussagen herangezogen habe.

Wertvolle Hilfe bei der Arbeit an dieser Neuauflage leisteten die inzwischen verstorbenen Marschälle G. K. Shukow, A. M. Wassilewski, K. K. Rokossowski, Admiral N. G. Kusnezow. Ich danke herzlich für wertvolle Hinweise und Unterstützung den Generälen K. F. Telegin, P. A. Shilin, R. G. Simonjan, F. A. Bokow; meinen Kollegen in der UdSSR W. I. Daschitschew, D. M. Proektor, M. I. Semirjaga sowie aus dem Westen: D. Irving (London), L. Gruchmann, H. Weiss (München), P. Kaiser (Münster), A. Decaux (Paris), S. Kleinermann (New York), B. Martin (Freiburg), J. Rohwer (Stuttgart). Besonderer Dank gilt Prof. R. Soggnaes (Los Angeles), Prof. F. Stroem (Oslo) und Prof. R. Endris, die mit ihrer wissenschaftlichen Hilfe für Klarheit in einigen Streitfragen sorgten.

Moskau – Bonn, 1968 – 1982

Einführung

Was hat das Abenteuer des Nazismus dem deutschen Volk an Opfern gekostet? Eine offizielle Statistik nennt die Zahl von 4 192 000 toten, verwundeten und vermißten Offizieren und Soldaten. Der Chef des Wehrmachtführungsstabes, Generaloberst Alfred Jodl, hat im Juni 1945 in einem Verhör, an dem der Verfasser dieses Buches teilnahm, die Verluste der Wehrmacht auf 6,8 Millionen geschätzt. Sowjetische Historiker errechneten auf Grund erbeuteter deutscher Dokumente eine Zahl von 9,6 Millionen (ohne Zivilverluste). Das Schicksal dieser Millionen Toten aber ist nicht zu trennen vom Schicksal eines Menschen, von dem hier die Rede sein soll – von Adolf Hitler.

Es ist wohl überhaupt so, daß die Persönlichkeit des Hauptkriegsverbrechers nicht von seinen Verbrechen zu trennen ist, weil sie das Wesen des Nazismus geradezu verkörpert. Nimmt man diese Verbrechen unter die Lupe, kommt man unweigerlich, wie bei jeder gerichtlichen Untersuchung, zum einzig möglichen Schluß: zur Verurteilung der Greueltaten, aber auch derjenigen, die sie verübt haben. Im Text des Urteils stehen Namen und Vornamen. Mein Freund, der leider inzwischen verstorbene sowjetische Schriftsteller Emmanuil Kasakewitsch, kreierte einmal in Abwandlung des bekannten russischen Sprichworts »Was mit der Feder geschrieben ist, läßt sich nicht einmal mit der Axt aushauen« seine eigene Fassung. Er meinte zu seiner Überzeugung, daß manche Geschichtsschreiber vergeblich versuchten, die Verbrechen der SS zu Wohltaten hochzustilisieren, lautete seine Version dieses Sprichworts – und er meinte dabei den SS-

Mann Otto Skorzeny – folgendermaßen: Was ein Henker mit dem Beil angerichtet hat, kann man nicht mit der Feder aushauen. Mit dem Henkerbeil haben Hitler, Himmler und ihresgleichen ihre Namen in die Annalen der Verbrechen eingehauen, und niemand kann und darf diese Verbrechen vergessen.

Was jedoch die Umstände des Todes von Adolf Hitler selbst betrifft, so hat sich hier nach dem Kriege eine besondere Situation entwickelt. Viele Autoren seriöser historischer Abhandlungen und zahlreiche Verfasser sensationell aufgemachter westlicher Illustriertenserien haben sich schon damit befaßt, jedoch die Sachlage eher verwirrt als geklärt. Der Amerikaner William Shirer schreibt in seinem zum Klassiker gewordenen Buch über das Dritte Reich:

»Da von den verbrannten Leichen keine Spuren übrigblieben, kam nach dem Krieg das Gerücht auf, Hitler sei noch am Leben. Aber die verschiedenen, getrennt vorgenommenen Untersuchungen durch englische und amerikanische Nachrichtenoffiziere lassen keinen Zweifel an der Tatsache von Hitlers Tod zu. Kempka hat wohl die plausibelste Erklärung für das Verschwinden von Knochenresten gegeben: ›Durch das ununterbrochene Artilleriefeuer‹, sagte er den Vernehmungsoffizieren, ›wurden alle Spuren verwischt.‹«[1]

Der Engländer Allan Bullock meint in seiner großartigen Biographie über Hitler:

»Was mit der im Garten der Reichskanzlei zurückgebliebenen Asche der beiden verbrannten Körper geschah, ist niemals festgestellt worden. Es ist möglich, daß sie auf irgendeine Weise beseitigt wurde, denn normalerweise wird der menschliche Körper von einem offenen Feuer nicht so restlos verzehrt, daß keine Spuren hinterbleiben, und nachdem die

[1] W. Shirer. Aufstieg und Fall des 3. Reiches. Köln 1961, S. 1123.

Russen die Reichskanzlei eingenommen hatten, war nichts mehr zu finden ... Die einfachste Erklärung dürfte jedoch immer noch die richtigste sein. Man weiß nicht, ob die Russen eine gründliche Untersuchung vorgenommen haben, und es ist möglich, daß die Überreste Adolf Hitlers und seiner Frau durcheinander gerieten mit denen anderer Leichen, die dort gefunden wurden, zumal der Garten unter dauerndem Bombardement stand, bis die Russen die Reichskanzlei einnahmen.

Diese Frage wäre kaum von Wichtigkeit, hätte nicht das Fehlen jeglicher Überreste dazu geführt, daß an der Tatsache von Hitlers Tod gezweifelt wurde. Es ist freilich wahr, ein unwiderleglicher, in Gestalt von Hitlers totem Körper belegter Beweis ist noch nicht erbracht worden.«[2]

Die amerikanischen Autoren Herbert Moore und James W. Barett meinten:

»Als die Truppen des Marschall Schukow den ganzen Komplex der Reichskanzlei in Besitz nahmen und in den verlassenen Bunker eindrangen, haben sie alle Ecken durchgesucht, die gesamte Erde im Garten der Reichskanzlei durchgesiebt, aber keine sterblichen Überreste der beiden Verstorbenen gefunden. Der mystische Körper des Adolf Hitler hat sich in Luft aufgelöst.«[3]

Curt Riess, der noch 1943 die Vermutung geäußert hatte, Hitler würde sich selbst töten und zwar so, daß seine Leiche nicht gefunden werden könnte, berichtete in seinem 1949 erschienenen Buch über folgende Gedankengänge Goebbels':

»Je geheimnisvoller Hitlers Tod bleibt – übrigens, wenn die Leiche nicht gefunden wird, wird sein Tod besonders ge-

---

[2] A. Bullock. Hitler, Eine Studie über Tyrannei. Düsseldorf. 1965, S. 799.

[3] Who killed Adolf Hitler. Edited by Herbert Moore and James W. Barett, N.Y. 1947, P. 110.

heimnisvoll erscheinen – um so mehr Anlaß gibt es für die spätere Hitler-Legende. Goebbels konnte darauf spekulieren, daß man nach ein, zwei oder drei Jahren fragen wird: Ist denn Hitler wirklich tot? Hält er sich nicht etwa irgendwo versteckt, um dann wieder in der Öffentlichkeit zu erscheinen?«[4]

Denjenigen im Westen, die nicht an Hitlers Tod zweifeln, wird eine andere Variante desselben Rätsels angeboten: Der Führer sei angeblich an der Spitze der Kampftruppen gefallen oder starb zumindest den »Offizierstod«, d. h. habe sich erschossen, wie es der Ehrenkodex eines Offiziers verlangt, während der Feigling Himmler und der Wichtigtuer Göring Gift vorgezogen hätten ...

Es wurde seitdem vieles über diese Vorgänge publiziert. Erich Kuby suchte sogar in Moskau nach den irdischen Überresten des Führers, die vielleicht mumifiziert oder in Spiritus gelegt worden seien. Da er sie nicht fand, tröstete er sich mit der Hoffnung: »Nun, Moskaus Mühlen mahlen bekanntlich langsam. Eines Tages werden wir sicher den Wortlaut des Obduktionsberichtes erfahren, werden wissen, wo die Leichen Hitlers und seiner Frau geblieben sind.«[5]

Nun, setzen wir mal die Moskauer Mühlsteine in Bewegung! Davon ausgehend, daß nach dem Evangelium des 20. Jahrhunderts am Anfang nicht das Wort, sondern das Dokument steht, beginne ich meine Darstellung mit einem Dokument, das im Mai 1945 von einem Offizier und drei Soldaten der Roten Armee aufgesetzt und unterzeichnet worden ist:

---

[4] C. Riess. Joseph Goebbels. Wiesbaden 1975, S. 477.

[5] E. Kuby. Die Russen in Berlin. München 1965, S. 203.

AKTE

Berlin, Feldarmee
den 5. Mai 1945

Ich, der Gardeoberleutnant Panassow, Alexej Alexandrowitsch, und die Soldaten Tschurakow, Iwan Dmitrijewitsch, Olejnik, Jewgeni Stepanowitsch, und Serouch, Ilja Jefremowitsch, haben in der Stadt Berlin auf dem Gelände von Hitlers Reichskanzlei neben der Stelle, wo die Leichen von Goebbels und seiner Frau entdeckt wurden, unweit von Hitlers privatem[6] Luftschutzbunker zwei verbrannte Leichen (die Leiche einer Frau und die Leiche eines Mannes) aufgefunden und sichergestellt.

Die Leichen sind im Feuer stark verkohlt, und es ist unmöglich, sie ohne zusätzliche Angaben zu identifizieren.

Die Leichen lagen in einem Bombentrichter, drei Meter vor dem Eingang zum privaten Luftschutzbunker Hitlers, und waren mit Erde überschüttet.

Die Leichen werden bei der Abteilung der militärischen Abwehr »Smersch«[7] des 79. Schützenkorps aufbewahrt.

Zugführer der Abwehrabteilung »Smersch« des 79. SK,
Gardeoberleutnant gez. (Panassow)

Soldat der Abwehrabteilung »Smersch« des 79. SK,
gez. (Tschurakow)

Soldat der Abwehrabteilung »Smersch« des 79. SK,
gez. (Olejnik)

Soldat der Abwehrabteilung »Smersch« des 79. SK,
gez. (Serouch)

Fast vier Jahre hatten die Kanonen donnern müssen, an Fronten, die sich über tausend Kilometer ausdehnten, damit der

---

[6] Mit der Hand eingetragen.

[7] »Smersch« – Abkürzung für die militärische Abwehr der Sowjetunion während des Krieges (»Tod den Spionen«).

Soldat Iwan Tschurakow diesen Fund melden und Oberleutnant Alexej Panassow mit seinen Soldaten dieses kurze, aber sehr aufschlußreiche Protokoll aufsetzen konnte. Es heißt, daß die Gerechtigkeit fast immer triumphiert, aber sie enthüllt ihren Triumph nicht auf Anhieb.

Eben darum erscheint es mir geboten, jene Umstände zu beschreiben, die Iwan Tschurakow nach Berlin geführt haben.

TEIL I

Die letzte Schlacht

Gewöhnlich schreibt man viel über die ersten Schlachten eines Krieges, bedeutend weniger über die letzten. Das trifft speziell auf die Handlungsweise jener Seite zu, die den Krieg begonnen hat. Über den Fall »Weiss« und den Fall »Grün« wurden zahlreiche Abhandlungen verfaßt, über die Zerschlagung Frankreichs ganze Sammelwerke. Dasselbe gilt auch für den »Fall Barbarossa«. Doch viel zu wenig hat man sich bisher mit den Plänen des deutschen Generalstabs in den Jahren 1944 und 1945 an der Ostfront beschäftigt. Das ist eigentlich sehr schade, denn dann würde, um mit Andersen zu sprechen, der ›Kaiser‹ ganz nackt vor seinem Volk erscheinen, was übrigens allen, sogar den Höflingen, ein offenes Geheimnis war. Die Kriegskunst der Wehrmacht, an deren Wiege angeblich die beiden Moltke, Schlieffen und sogar der Alte Fritz standen – schenkt man einigen erst vor kurzem geäußerten Behauptungen Glauben – hat bei diesen Operationen ein ziemlich schwaches Bild abgegeben. Die Ursachen dafür liegen auf der Hand: Die idealen Bedingungen, unter denen die Wehrmacht den Krieg begonnen hatte, waren damals nicht mehr gegeben; der Vorgriffs- und der Überraschungseffekt fehlten; der Nimbus der Unbesiegbarkeit zerbröckelte. Zeitweilige, vergängliche Faktoren traten in den Hintergrund und machten langfristigen Platz. Unter diesen seien vor allem solche genannt wie soziale Stabilität des Staates, Wirt-

schaftspotential, Moral und Motivierung der Soldaten, politische Weitsicht der Staatsführung, Fähigkeit der militärischen Führung, sich neuen Verhältnissen anzupassen. Es waren also durchweg solche Faktoren, die das fehlerhafte Wesen des nationalsozialistischen Regimes und seiner militärischen Führung am deutlichsten offenbarten.
Daß der Krieg verloren war, wußten alle in der Reichskanzlei und in der Wolfsschanze. In einem seiner Briefe schrieb der heute nicht mehr lebende Generaloberst Franz Halder, Generalstabschef der Wehrmacht von 1938 bis 1942, an den Verfasser dieses Buches, daß für ihn die Niederlage in diesem Krieg seit der Niederlage bei Moskau, also schon in den ersten Monaten 1942, unabwendbar schien. Andere, darunter auch Hitler selbst, begriffen das Anfang 1943 – nach Stalingrad. Nachkriegsmemoiren der Prominenz des Dritten Reiches (von Speer bis Manstein oder Guderian) enthalten zahlreiche Bekenntnisse dieser Art. Mit anderen Worten artete der Krieg, selbst für die deutsche Staatsführung, zur offensichtlichen Selbstvernichtung und zusätzlich noch zur Vernichtung des eigenen Volkes aus. Dennoch ging der Krieg weiter. Er dauerte bis zum letzten Frühlingsmonat 1945 und brachte Elend, Tod und Leid Millionen Menschen in der ganzen Welt. Was die Deutschen betrifft, so hat Adolf Hitler noch 1941 verlauten lassen, daß sie nichts als den Tod verdienten, sollten sie den Sieg nicht erringen können – ein Zynismus ohnegleichen, denn es ging ja um den Untergang eines ganzen Volkes und nicht etwa um das stille Harakiri eines einzelnen Samurai. Während sie ihren Tod auf dem Schlachtfeld suchten, stürzten die Soldaten der deutschen Wehrmacht auch andere ins Verderben.
Kriegsmodifikationen der philosophischen Kategorien lassen des öfteren jede Rationalität vermissen. Obwohl sich die Führung des Dritten Reiches im klaren war, was nun gespielt

wurde und wohin der NS-Staat fiel, dachte sie nicht daran, den Krieg zu beenden. Sie mußte zwar die Handlungsinitiative ein für allemal aus der Hand geben, versuchte jedoch krampfhaft und mitunter ohne jegliche Logik, die unvermeidliche Niederlage hinauszuschieben. Dafür sprachen ihre Maßnahmen und Aktionen an der Ostfront, die nach wie vor die wichtigste blieb. Ich möchte einstweilen ganz bewußt die verschiedenen Versuche ausklammern, einen sogenannten »politischen« Ausweg zu finden (davon wird etwas später die Rede sein), um mich zunächst auf militärische Operationen zu konzentrieren.

Der ›nackte Kaiser‹, nur mit Lampassenfetzen der Generalstabsuniform bekleidet, konnte das Unvermeidliche nicht abwenden. 1944 fügten die sowjetischen Streitkräfte den Heeresgruppen der deutschen Wehrmacht an der Ostfront neue erschütternde Niederlagen zu. Der Krieg spielte sich bereits auf deutschem Boden oder dicht an der Grenze Deutschlands ab; Deutschlands Bundesgenossen Italien, Rumänien, Finnland schieden einer nach dem anderen aus dem Krieg aus. Was nun?

Der Gerechtigkeit willen sollte man sagen, daß in der Wehrmacht ausgerechnet der Nachrichtendienst als erster versagte, obwohl man ihn heute im Westen so gern als die »beste Nachrichtenorganisation aller Völker und Zeiten« anpreist. Eine äußerst aufschlußreiche Studie meines Westberliner Kollegen Hans Heinrich Wilhelm warf ein klares Licht auf dieses Problem. Ich möchte jetzt an seine Analyse anknüpfen, die er nicht auf Grund zweifelhafter »Erinnerungen« des Generals Reinhard Gehlen, sondern anhand echter Unterlagen Gehlens vorgenommen hat.[1] So glaubte die von Gehlen geleitete Abteilung Fremde Heere Ost im Herbst 1944, daß das

[1] Zwei Legenden aus dem 3. Reich. Die Prognosen der Abteilung Fremde Heere Ost. Von H. H. Wilhelm, DVA, Stuttgart 1974.

sowjetische Oberkommando eine »Blitzkriegkonzeption« ausgearbeitet habe, das die »Inbesitznahme des Mitteleuropäischen Raumes« vorsehe. Daher werde es z. B. dem »Flankengegner« Ungarn keine größere Bedeutung beimessen und an den Flanken, d. h. im Norden und in Südosteuropa nur die »unbedingt nötigen Truppen«[2] bereithalten. Als jedoch der sowjetische Vorstoß in den »mitteleuropäischen Raum« lange auf sich warten ließ, führte das Gehlen auf deutsche Erfolge in Kurland, Ungarn und der Slowakei (!) zurück. Eines muß man dem General lassen: Auf dem politischen Pflaster bewegte er sich recht sicher, nicht so im Bereich der Kriegprognosen. In seiner Denkschrift vom 7. Oktober 1944 sagte er z. B. voraus, daß die Amerikaner das Reich als einziges Mittel ansehen würden, »dem russischen Anspruch auf Europa militärisch und politisch Einhalt zu gebieten«, so daß Deutschland für die USA unersetzlich sein werde. Wohlgemerkt handelte es sich hier nicht etwa um die Begründung des Beitritts der Bundesrepublik zur NATO unter Adenauer, sondern um Hitlers Hoffnungen auf den Sieg des Dritten Reiches ...

An der Schwelle des Jahres 1945 legte Gehlen in der sogenannten »Silvester-Denkschrift« seine Prognosen noch einmal dar. Dabei ging er von der vermeintlichen Schwäche der Sowjetunion aus.[3] Genauso wie sein damaliger Vorgesetzter, der vorletzte Generalstabschef Heinz Guderian, trug er sich mit dem Gedanken, daß ein deutscher Gegenangriff beispielsweise östlich von Posen durchaus möglich wäre. Dann, so der General, würde »die russische Siegesserie im Osten abreißen«.[4] Weiter heißt es bei ihm: »Bei der Stimmungslage des russischen Heeres und der Empfindlichkeit gegen Rückschläge ist vermutlich bei einer solchen Entwicklung damit zu

[2] H. H. Wilhelm. Ebenda, S. 67.

[3] Ebenda, S. 67–69.

[4] Ebenda, S. 69–70.

rechnen, daß der Russe dann Erfolgsmöglichkeiten unter einigermaßen lohnendem Einsatz seiner Volkskraft nicht mehr sieht, unter Umständen zu einer politischen Lösung des Konflikts geneigt ist, bei entsprechenden Erfolgen aber auch auf längere Dauer erneut in die Defensive gedrängt werden kann.«

Wie H. H. Wilhelm ironisch bemerkt, stellte das Weihnachtskonzept Gehlens »im Grund nur die östliche Variante jener Konzeption dar, die Hitler im Westen mit der Ardennen-Offensive zu realisieren versucht hatte. Die politische Spekulation war aber im Osten ebenfalls ohne jede Basis, das militärische Kalkül womöglich noch verfehlter als das der Ardennen-Offensive«.[5]

In der Tat waren politische Spekulationen von vornherein zwecklos, wußte doch Gehlen viel zu gut, daß die UdSSR der Idee der Anti-Hitlerkoalition treu blieb. Was nun den Plan von Gehlen und Guderian anbelangt, mit 20 bis 30 Divisionen (!) östlich von Posen zum Gegenangriff überzugehen, so konnte man darauf nicht anders reagieren als nur die Achseln zu zucken (was man übrigens im OKH auch tat). Wahrscheinlich hegten nicht einmal der Führer und sein Generalsgefolge die Hoffnung, »die Russen in die Verteidigung zu drängen«, sondern sie waren vielmehr auf die eigene Verteidigung bedacht.

Als im Januar 1945 der Angriff der Roten Armee begann, gab sich Gehlens Abteilung einmal mehr eine Blöße. Gehlen sah zwei mögliche Angriffsrichtungen der Roten Armee voraus:

1. Durchbruch zum Nordmeer und nach Dänemark.
2. Vorstoß in Mitteldeutschland zur Tschechoslowakei[6], um das Reich in zwei Teile zu spalten.[7]

---

[5] Ebenda, S. 70.

[6] Hitler erwartete den Hauptstoß auf Prag (so Guderian).

[7] Ebenda, S. 72.

In Wirklichkeit sah der sowjetische Plan ganz anders aus. Wollen wir uns den authentischen sowjetischen Plänen von Anfang 1945 zuwenden, so wie sie in den Unterlagen der Stawka (des Hauptquartiers des Obersten Befehlshabers der sowjetischen Streitkräfte) und von Augenzeugen selbst geschildert werden.

Der strategische Plan der Stawka stand im großen und ganzen schon im November 1944 fest. Er fand dann seinen Niederschlag im strategischen Plan des Winterfeldzuges 1945, der den Krieg in Europa zum Abschluß bringen sollte.[8] Ich hatte das Glück, mich über diesen Plan mit einem seiner Verfasser, Marschall Alexander Michailowitsch Wassilewski, zu unterhalten.

Wassilewski war eine Persönlichkeit von ganz besonderem Rang. Hätte er nicht den Marschallrock getragen, so hätte man ihn durchaus für einen Professor der Geisteswissenschaften halten können. Sanfte Stimme, erlesene, mitunter altmodische Redewendungen – ein hochgebildeter Mann von altem Schrot und Korn, ließ er den »eisernen Befehlston« vollends vermissen und verstand es, ein umfassendes, abgerundetes Bild für bestimmte Ereignisse zu geben. Das alles ließ sich mit den üblichen Vorstellungen von einem Marschall schwer vereinbaren. Wohlgemerkt, Wassilewski hatte einen Vorgänger von genauso hohem Rang: Boris Michailowitsch Schaposchnikow, Gründer der sowjetischen Generalstabsschule, der höchstes Ansehen unter den Armee-Experten genoß und auch den führenden Politikern stets gebührenden Respekt abverlangte (in einem Gespräch mit mir hat Wassilewski nebenbei bemerkt, daß Schaposchnikow der einzige war, den I. W. Stalin mit Namen und Vatersnamen anredete; alle

---

[8] Siehe »Posledni sturm« (Der letzte Sturm), Moskau 1975, S. 39–40; »Istorija wtoroi mirowoi woiny 1939–1945« (Geschichte des 2. Weltkrieges 1939–1945), Moskau 1979, Bd. 10 (ferner IWMW).

anderen, einschließlich seiner nächsten Gefährten, redete er mit »Genosse« an). Wassilewski hat Schaposchnikows Schule durchgemacht, denn er war längere Zeit Offizier und dann Chef der Operativen Abteilung im Generalstab. Als Schaposchnikow dann oft kränkelte (am Kriegsbeginn war er schon über 70), nahm Wassilewski seine Pflichten wahr, 1942 wurde er zum Generalstabschef ernannt und blieb auf diesem Posten bis Februar 1945.

Der ursprüngliche Plan des Feldzuges für 1945 wurde also vom Generalstab ausgearbeitet. Nach einer sorgfältigen Prüfung wurde er auf die Karte übertragen und dann nochmals überprüft. Nach dieser vom Generalstab geleisteten Vorarbeit wurde er im November 1944 I. W. Stalin vorgelegt, und dann wurde jeder Befehlshaber der Front (die Front entsprach etwa der deutschen Heeresgruppe) über den Plan unterrichtet, soweit es die jeweilige Front betraf. Die Befehlshaber der Fronten ihrerseits - durchweg Heerführer von Format: die Marschälle Shukow, Rokossowski, Konjew, Tolbuchin, Malinowski u. a. - unterbreiteten ihre Stellungnahmen, die vom Generalstab zusammengefaßt wurden. Erst danach hatte die Stawka den endgültigen Beschluß gefaßt und eine Direktive ausgegeben.[9]

Man sieht also, daß die Beschlußfassung recht kompliziert und mehrstufig war. Der Grund dazu liegt auf der Hand. Gegen Ende des Krieges hatten sich die sowjetischen Streitkräfte unschätzbare Erfahrungen bei ihren großangelegten Angriffsoperationen angeeignet, die unter anderem auch eine exakte und vielseitige Analyse sämtlicher Faktoren gestatteten. Willkürliche oder »einsame« Beschlüsse waren ausgeschlossen. Der Oberste Befehlshaber nahm Rücksicht auf die Meinung des Generalstabs und der Befehlshaber der Fronten,

---

[9] Siehe Bd. 10, S. 43.

und ließ ihnen freie Hand bei der Ausarbeitung konkreter Pläne einer Frontoperation, um den Gesamterfolg zu sichern – ein frappierender Unterschied zu den im deutschen Oberkommando herrschenden Sitten. Auf der anderen Seite war diese Entscheidung zu schwerwiegend, als daß sie leichtfertig hätte gefaßt werden können. Es ging um das Finale eines Koalitionskrieges, d. h. um eine Entscheidung, die den politischen und militärischen Zielen dieser Koalition entsprach. Diese Ziele hießen: Niederwerfung des Hitler-Regimes, Befreiung der Völker Europas. Hitler mußte mit gemeinsamen Anstrengungen zur bedingungslosen Kapitulation gezwungen werden.

Marschall G. K. Shukow, damals Stellvertreter des Obersten Befehlshabers und Befehlshaber der 1. Weißrussischen Front, die gerade im Zentrum, d. h. in Richtung Berlin, vorstoßen sollte, erinnerte sich ebenfalls daran, wie ernsthaft diese Fragen debattiert wurden. Obwohl in der Zeit vom 25. November bis 3. Dezember 1944 alle Fronten die Direktiven der Stawka bereits erhalten hatten, wurde Shukow Ende Dezember erneut nach Moskau beordert, um mit I. W. Stalin einige Fragen zur endgültigen Koordinierung des Plans der Abschlußoperationen zu besprechen.[10]

Wie sah dieser Plan aus? Er setzte sich aus zwei zeitlich aufeinander folgenden Abschnitten zusammen:

Erste Phase: Gleichzeitiger Vorstoß an sechs Fronten und Zerschlagung der deutschen Truppen in Ostpreußen, Polen, der Tschechoslowakei, Ungarn und Österreich. Als Schwerpunktrichtung war der zentrale Abschnitt (Ostrolenka, Krakau) mit anschließendem Vorstoß nach Mitteldeutschland vorgesehen. Es war geplant, daß die sowjetischen Truppen nach Abschluß der 1. Angriffsphase die Linie Weichselmün-

---

[10] G. K. Shukow. Erinnerungen und Gedanken. Moskau 1969, S. 594.

dung – Bydgosz (Bromberg) – Posnan (Posen) – Breslau – Moravska Ostrava – Wien erreichen sollten.
Zweite Phase: Einnahme Berlins, Befreiung Prags, Vereinigung mit den Alliierten, siegreicher Abschluß des Krieges in Europa. Dabei zog man übrigens einen eventuellen Nonstop-Vormarsch auf Berlin ebenfalls in Erwägung.[11]
Sehr eingehend wurden die einzelnen Operationen der ersten Phase vorbereitet, die am 12. Januar 1945 um 5.00 Uhr im Abschnitt der 1. Ukrainischen Front unter Befehl Marschall Konjews eingeleitet wurde. Am 14. Januar traten die Truppen der 1. Weißrussischen Front (Marschall Shukow) ebenfalls in Aktion. Gemeinsam konnten sie die Verteidigungsstellungen der Heeresgruppe »A« in Polen durchbrechen. Es sei hier erwähnt, daß diese Operation, die unter sehr spezifischen Umständen verlief, als *Bestandteil der Koalitionsaktionen* geplant und verwirklicht wurde. Im Dezember 1944 begann bekanntlich die deutsche Offensive in den Ardennen.
Diese hat das vereinigte anglo-amerikanische Kommando, insbesondere in den ersten Tagen und Wochen, vor recht schwierige Probleme gestellt. Die militärische Lage war so, daß Hitler die Verwirklichung seines Plans greifbar nahe schien, die anglo-amerikanische Verteidigung aufzureißen, bis zum Meer vorzudringen und die USA und England zu einer »politischen Lösung«, d. h. zum separaten Frieden mit dem Reich, zu zwingen. Der Kampf wurde mit großer Verbissenheit geführt, und erst gegen Ende Dezember hatte sich die Lage stabilisiert. Gerade um diese Zeit entschloß sich General D. Eisenhower, der Oberbefehlshaber der alliierten Expeditionstruppen, die Sowjetunion um dringende Hilfeaktionen zu bitten.
Aus der Sicht der obersten militärischen und politischen

[11] Siehe IWMW, Bd. 10, S. 43.

Führung der USA und Großbritannien gab es damals kein anderes Mittel als eine großangelegte Offensive der Roten Armee, um an der Westfront eine Wende herbeizuführen. Sie würde das deutsche Oberkommando veranlassen, einen Teil ihrer Kräfte an die Ostfront zu verlegen und so Voraussetzungen für die Wiederaufnahme aktiver Operationen der westlichen Alliierten schaffen. »Die gespannte Lage könnte vielfach entschärft werden«, schrieb D. Eisenhower an das USA-Kriegsministerium, »würden die Russen einen großen Angriff beginnen ...«[12]

Am 6. Januar besuchte der britische Premierminister den Kommandostand B. Montgomerys. Hier traf auch D. Eisenhower ein und erzählte Churchill, daß er sehr stark auf russische Hilfe rechne. Der britische Regierungschef, der dieselbe Meinung wie Eisenhower vertrat, richtete am gleichen Tag ein persönliches und streng geheimes Schreiben an I. W. Stalin. Er berichtete von äußerst schweren Kämpfen im Westen nach zeitweiligem Verlust der Initiative durch die Alliierten und stellte fest, daß dies unabsehbare Folgen nach sich ziehen könne. Es komme nun darauf an, ob die sowjetischen Streitkräfte möglichst bald eine große Offensive an der Weichsel oder »an einer anderen Stelle unternehmen können«. Am 7. Januar antwortete I. W. Stalin, daß die Stawka des Obersten Befehlshabers trotz widriger Wetterverhältnisse beschlossen habe, spätestens in der zweiten Januarhälfte großangelegte Angriffsaktionen im ganzen mittleren Abschnitt der sowjetisch-deutschen Front zu unternehmen.[13]

Als der britische Premierminister diese Nachricht an den Oberbefehlshaber der Alliierten Streitkräfte weiterleitete,

---

[12] National Archives of the United States (NAUS), Record Group 218, CCS 381, SCAF 168 to War Department, 7. 1. 1945, p. 2.

[13] Korrespondenz des Vorsitzenden des Ministerrates der UdSSR (russ.), Bd. 1, S. 349.

kabelte dieser am 10. Januar zurück: »Ihre Nachricht ist äußerst stimulierend.«[14]

Mit diesem überraschenden, früher als geplant einsetzenden Angriff hat das sowjetische Kommando die deutsche Führung vor eine unerwartete Situation gestellt. Sie mußte ihre aktiven Operationen im Westen einstellen und einen Teil ihrer Kräfte sofort an die Ostfront verlegen.

Diese Verschnaufpause ermöglichte es den anglo-amerikanischen Streitkräften in Westeuropa der Situation Herr zu werden und sich auf neue Operationen vorzubereiten. »Die wichtige Nachricht davon, daß die ruhmreiche Rote Armee einen neuen gewaltigen Vorstoß gestartet hatte«, kabelte D. Eisenhower am 14. Januar an den Generalstabschef der sowjetischen Streitkräfte, »wurde von den alliierten Armeen im Westen mit großem Enthusiasmus aufgenommen. Ich übermittle Ihnen und allen, die diesen großartigen Angriff leiten und mitgestalten, meine Gratulationen und beste Wünsche.«[15] W. Churchill würdigte diese Angriffsleistung der Sowjetarmee und ihren Einfluß auf die Lage an der Westfront. Am 16. Januar erklärte er im britischen Parlament, daß »der Feind nun mehr Truppen benötige, und zwar nicht nur für die Unterstützung der Offensive im Westen, sondern in noch größerem Maße dazu, um die klaffenden Lücken zu schließen – ihrer Entstehung wurden wir uns erst jetzt bewußt –, die an der Ostfront durch den glänzenden Vormarsch der russischen Hauptstreitkräfte auf breitester Front vom Baltikum bis Budapest geschaffen wurden. Marschall I. W. Stalin war sehr genau. Bei kombinierten Alliiertenaktionen geht er den von ihm selbst festgesetzten Terminen eher voraus, als daß er hinter ihnen zurückbleibt«.[16]

---

[14] The Papers of Dwight Eisenhower, Vol. 4, p. 2412.

[15] Ebenda, p. 2438.

[16] Zitat nach: »Prawda« vom 19. Januar 1945.

Die sowjetische Offensive spornte die Alliierten an der Westfront zu aktiveren Handlungen an. Am 13. Januar notierte der OB der 3. amerikanischen Armee, J. Patton, in seinem Tagebuch, daß zu diesem Zeitpunkt die Moral der Soldaten und Offiziere sich wesentlich verändert hätte: Hatten sie früher starke Zweifel daran, daß der deutsche Angriff aufgehalten werden kann, so fühlten sie sich jetzt als Sieger.[17] An diesem Tag gingen die Truppen der 1. amerikanischen Armee von der Nordspitze und die der 3. Armee von der Südspitze des Ardennen-Vorsprungs zum Gegenangriff über.

Doch wollen wir nun zur Ostfront zurückkehren und uns genauer den Verlauf der ersten Phase der gigantischen Operation anschauen.

Im zentralen Abschnitt zeichnete sich der Erfolg recht schnell und eindeutig ab: Die Truppen Shukows und Konjews stießen mehrere hundert Kilometer vor, legten in einigen Wochen den Weg von der Weichsel bis zur Oder zurück und erkämpften sich sogar kleinere Brückenköpfe hinter der Oder (Shukow am 31. Januar bei Küstrin, Konjew am 25. Januar bei Steinau). Polen war befreit, die sowjetischen Truppenspitzen standen schon 60–70 km vor Berlin. Nicht zufällig begann man im sowjetischen Generalstab bereits am 19. Januar, nachdem hier die Nachricht empfangen wurde, die Truppen hätten die Linie Mlawa – Lodz-Censtochow erreicht, die Pläne für Shukows Front zur Einnahme Berlins auf die Karte zu übertragen.[18]

Im Januar 1945 mußte aber auf einen Vorstoß nach Berlin verzichtet und die zweite Phase des Stawka-Plans aufgeschoben werden. Als Shukow die Fortsetzung des Angriffs vorschlug, erwiderte Stalin:

»An der Oder würden sie der Flanke der 2. Weißrussischen

---

[17] H. Semmers. Portrait of Patton. N.Y. 1955, p. 239.

[18] Der letzte Sturm, S. 40.

Front um reichlich 150 Kilometer voraus sein ... Das darf man jetzt nicht zulassen ...«[19]

Der Marschall mußte dem Obersten Befehlshaber schließlich recht geben: In seinem Bericht vom 23. Januar gab er zu, daß »die Berliner Operation langwierig sein könnte«.[20]

Nebenbei bemerkt war der Beschluß, an der Oder zeitweilig haltzumachen, im Rahmen des Koalitionskrieges durchaus gerechtfertigt. Auf der Krim-Konferenz der drei Regierungschefs (Februar 1945) unterbreitete der stellvertretende Generalstabschef, General A. I. Antonow, den Anwesenden folgenden Lagebericht: In letzter Zeit verlegten die Deutschen bis zu 16 Divisionen von der Westfront zur Ostfront; weitere fünf Divisionen wären unterwegs, und 35 bis 40 Divisionen könnten noch hinzukommen.[21] Das war eine sehr realistische Einschätzung, da sich die Westfront Anfang Februar stabilisiert hatte und Operationen größeren Umfangs zuließ. So war z. B. die einsatzstarke 6. SS-Panzerarmee unter dem SS-Obergruppenführer Sepp Dietrich plötzlich von der Westfront verschwunden.

Natürlich war es sehr verlockend, Berlin auf Anhieb zu nehmen. Aber das sowjetische Oberkommando blieb realistisch. Wie ich bereits erwähnt habe, hatte man erkannt, welche Gefahr für die rechte Flanke der Shukow-Truppen aus Pommern drohte. Es stellte sich später heraus, daß sich das OKW tatsächlich von einem Gegenangriff in Pommern viel versprochen hatte. General Guderian verband mit diesem Vorstoß hochgeschraubte Hoffnungen auf eine entscheidende Wende im ganzen Kriegsgeschehen. Shukow verglich in seinen Me-

---

19 G. K. Shukow. Erinnerungen und Gedanken, Moskau 1969, Bd. 2, S. 259.

20 Bd. 10, S. 81, Archiv des Ministeriums für Verteidigung, F. 233, Op. 2307, L. 145.

21 »Meshdunarodnaja shisn«, Nr. 6/1956.

moiren diese Situation mit der berühmten Offensive der Roten Armee auf Warschau im Jahre 1920, als der mangelhafte Nachschub und das Zurückbleiben der logistischen Dienste das ganze Unternehmen zum Scheitern gebracht hatten.

Der Krieg entwickelt sich oft gar nicht so, wie es der noch so gut durchdachte operative Plan will. Wer das rechtzeitig einsieht, ist bei weitem noch nicht ein schwacher Stratege. Eher umgekehrt. Ein routinierter Befehlshaber muß unbedingt Mut haben, um seine eigene Entscheidung gelegentlich zu revidieren. Man zahlt oft einen viel zu hohen Preis für das Bestreben, eine Operation zu Ende zu führen, koste es, was es wolle. Dieser Preis wird im Krieg nicht in Dollar oder Mark, sondern in Tausenden und Abertausenden Menschenleben gemessen. Entgegen der in der westlichen Literatur breit vertretenen Auffassung von der »Rücksichtslosigkeit« der sowjetischen Führung, die angeblich bedenkenlos immer neue Divisionen einsetzte, bewiesen die Operationen von 1945 gerade das Gegenteil: Die Stawka hat alle möglichen Auswirkungen einer geplanten (aber nicht ganz nach Plan gelaufenen) Operation genau überlegt. Die Schlacht um Berlin wurde aufgeschoben – bis April.

Und nun zur Berliner Operation selbst.

Die allgemeine Absicht war folgenderweise formuliert: Die drei Fronten sollten mit Unterstützung der Fernbomber durch mächtige Vorstöße die feindliche Verteidigung in einigen Schwerpunktrichtungen niederkämpfen, die deutschen Truppen um Berlin in einige isolierte Teile auseinandersprengen, diese vernichten und Berlin einnehmen; am 12. bis 15. Operationstag (d. h. etwa am 1. Mai 1945) sollten sich die sowjetischen Truppen bis zur Elbe vorkämpfen und dort mit den anglo-amerikanischen Truppen vereinigen.[22] Dieses letzte

[22] Der letzte Sturm, S. 46.

Ziel entsprach vollkommen dem gemeinsamen Beschluß von 1944, als der Europäische beratende Ausschuß der drei Großmächte im großen und ganzen bereits die Besatzungszonen abgesteckt hatte.[23]

Die drei Fronten hatten folgende operative Aufgaben:

Die 1. Weißrussische Front (Shukow) sollte mit drei gleichzeitigen Vorstößen die feindliche Verteidigung auf einem 90 km breiten Abschnitt (zwischen dem Hohenzollern- und Oder-Spree-Kanal) zerstören, die 9. deutsche Armee (General Busse) zerschlagen, in einem Sturmangriff Berlin einnehmen und zur Elbe vordringen.

Die 1. Ukrainische Front (Konjew) sollte die Kräfte der 4. deutschen Panzerarmee im Raum Kottbus und südlich von Berlin zerschlagen, danach in westlicher und nordwestlicher Richtung angreifen, um am 10.–12. Tag der Operation die Elbe zu erreichen.

Die 2. Weißrussische Front (Rokossowski) sollte die Oder bei Schwedt überqueren, die 3. Panzerarmee des Generals v. Manteuffel zerschlagen und deren Rückzug nach Berlin verhindern; die 1. Weißrussische Front von Norden sichern, im weiteren zur Linie Anklam – Demmin – Wittenberge, d. h. zur nördlichen Elbe vorstoßen.

Es war also geplant, daß die drei Fronten mit sechs mächtigen Vorstößen die feindliche Verteidigungslinie zerschlagen und auseinanderreißen sowie die Verteidigungstruppen von Berlin umzingeln sollten. Dabei kam eine bemerkenswerte Eigenschaft des Stawka-Plans deutlich zum Ausdruck: Obwohl der 1. Weißrussischen Front die führende Rolle zukam, schloß die

[23] Dieser Beschluß sah vor allem eine Demarkationslinie zwischen den Zonen der UdSSR und der Westmächte vor. Die letzteren sollten die Zonenaufteilung untereinander absprechen, denn zunächst hatten die USA auf die Nordzone Anspruch erhoben und erst später sich auf die Südzone festgelegt.

Stawka einen aktiven und selbständigen Einsatz der 1. Ukrainischen Front ebenfalls nicht aus.
Dazu Marschall Konjew: »Als es zur Bestätigung der Zusammensetzung der Gruppierungen und der Hauptstoßrichtungen kam, begann Stalin auf die Karte die Trennungslinie zwischen der 1. Weißrussischen und der 1. Ukrainischen Front mit Bleistift einzuzeichnen. Im Entwurf der Direktiven war diese Trennungslinie bereits angegeben, sie verlief allerdings durch Lübben und weiter etwas südlicher von Berlin. Stalin zog die Linie bis Lübben, eine Stadt ca. 80 km zum Südosten von Berlin, führte sie aber nicht weiter, wobei er dazu nichts sagte.
Für uns Berufsmilitärs (für Shukow, so nehme ich an, genauso wie für mich) hatte dieses Verhalten Stalins, der die Trennungslinie zwischen den Fronten nicht weiter ins Innere Deutschlands zog, einen tieferen Sinn. Stalins Trennungslinie endete ungefähr dort, wohin wir am dritten Tag der Operation gelangen sollten. Danach durfte das Kommando der Fronten unter Umständen auch eigene Initiative in Angriff nehmen. Natürlich entsprach das meinem leidenschaftlichen Wunsch, und ich möchte andere nicht etwa glauben machen, daß mir menschliche Leidenschaften fremd wären. Doch lassen wir zuerst einmal die Leidenschaften beiseite. Alle in der Stawka begriffen damals, daß der Oberste Befehlshaber uns für die späteren Entscheidungen weitgehend freie Hand läßt.«[24]
Der Chef der Operativen Abteilung, General Schtemenko, weiß in seinen Memoiren zu berichten, daß Stalin diese Perspektive sehr einfach zum Ausdruck brachte:
»Wer zunächst durchbricht, soll Berlin nehmen.«[25]

---

[24] I. S. Konjew. »Sorok pjaty« (Das Jahr 1945), Moskau 1966, S. 91–93.

[25] S. M. Schtemenko. »Generalny stab w gody woiny« (Generalstab in den Kriegsjahren), Moskau 1968, S. 329.

Anfang April hatte die Stawka den Angriff endgültig beschlossen, der schon am 16. April beginnen sollte. Wie man sieht, blieb für die unmittelbare Vorbereitung nicht viel Zeit übrig. In diesen zwei Wochen sollten, möglichst unauffällig, kolossale Kräfte ihre Ausgangsstellungen beziehen. Sie setzten sich wie folgt zusammen:[26]

Personal	2,5 Millionen
Geschütze und Granatwerfer	41 600
Panzer und Selbstfahrgeschütze	6 250
Kampfflugzeuge	7 500

Was hatten die Deutschen dem gegenüberzustellen? Keine Frage, die Sowjetarmee brachte eine beeindruckende Streitmacht ins Gefecht. Doch auch die deutsche Seite bot trotz der zunehmenden Erschöpfung der Wehrmacht beträchtliche Kräfte auf. Nach Angaben der Organisationsabteilung des Oberkommandos des Heeres, Stand am 28. Februar 1945, zählte die an der Oder von der Ostsee bis Fürstenberg stehende Heeresgruppe Weichsel (3. Panzerarmee und 9. Armee) 527 000 Mann, und weiter südlich befand sich die Heeresgruppe Mitte (4. Panzerarmee und 17. Armee) mit 413 000 Mann. Vor Anfang der Operation verfügte die Heeresgruppe Weichsel über 34, die Heeresgruppe Mitte über 13 Divisionen (bei der letzten kommen nur die im Angriffsstreifen des Nordflügels der 1. Ukrainischen Front befindlichen Divisionen in Betracht). Im Laufe der Berliner Operation selbst wurde die Heeresgruppe Weichsel noch um 20 Divisionen, die nördliche Flanke der Heeresgruppe Mitte um 12 Divisionen verstärkt.[27]

---

[26] WMW, Bd. 10, Moskau 1979.

[27] Wieviel deutsche Truppen an der Schlacht im Raum Berlin teilgenommen haben, veranschaulicht allein die Zahl von 480 000 deutschen Gefangenen im Zuge dieser Operation.

Es versteht sich von selbst, daß diese Divisionen im Vergleich zu denen am Anfang des Krieges bei weitem nicht mehr so stark waren. Viele von ihnen setzten sich zur Gänze aus Rekruten zusammen, die erst kurz zuvor nach dem totalen Mobilmachungsbefehl eingezogen worden waren. Die Wehrmacht lag tatsächlich in den letzten Zügen. Dennoch wäre es primitiv und der historischen Wahrheit abträglich, zu behaupten, daß die Berliner Operation die sowjetische Kriegführung vor keine sonderlich komplizierte Aufgaben stellte.
In Berlin selbst war die deutsche Führung nicht untätig geblieben. Der Befehl über die Verteidigungs-Vorbereitung der Reichshauptstadt vom 9. März 1945 war 35 Seiten stark. Er verlangte »die Hauptstadt bis zum letzten Mann und bis zur letzten Patrone zu verteidigen«.
»Es kommt gar nicht darauf an«, schrieb der Kampfkommandant von Berlin, Generalleutnant Reymann, »daß jeder Verteidiger der Reichshauptstadt die Technik des Waffenhandwerks bis ins einzelne gut beherrscht, sondern vielmehr darauf, daß jeder Kämpfer vom fanatischen Willen zum Kämpfen-Wollen beseelt und durchdrungen ist, daß er weiß, daß die Welt mit angehaltenem Atem diesem Kampf zusieht und daß der Kampf um Berlin die Kriegsentscheidung bringen kann.«
Heute mögen wir uns über den blinden Glauben des deutschen Befehlshabers mokieren, aber General Reymann meinte es ernst, als er seinen Untergebenen befahl, den Kampf »auf, über und unter der Erde« mit »Fanatismus, Fantasie, mit allen Mitteln der Täuschung, der List und Hinterlist, mit vorbereiteten und aus der Not des Augenblicks geborenen Aushilfen aller Art« zu führen.
Der Befehl verlangte weiterhin, »die Vorteile des eigenen Landes und die voraussichtliche Scheu der meisten Russen vor dem ihnen fremden Häusermeer restlos auszunutzen. Die genauen Ortskenntnisse, die Nutzbarmachung der U-Bahn und

des unterirdischen Kanalisationsnetzes, die vorhandenen Nachrichtenverbindungen, die vorzüglichen Kampf- und Tarnmöglichkeiten in den Häusern, der festungsmäßige Ausbau von Häuserblocks – insbesondere von Eisenbetonhäusern – zu Stützpunkten, machen den Verteidiger auch bei zahlenmäßiger und materieller Unterlegenheit gegenüber jedem Feinde unüberwindlich!
Der Feind, dem keine Minute Ruhe zu gönnen ist, muß sich in dem engmaschigen Netz der Widerstandsnester, Stützpunkte und Verteidigungsblocks verzehren und verbluten. Jedes verlorene Haus oder jeder verlorengegangene Stützpunkt sind sofort im Gegenstoß wiederzunehmen.«[28]
Ich möchte mich nicht weiter mit Reymanns Befehl auseinandersetzen, sein Inhalt spricht für sich: Der Aggressor, der am Anfang des Krieges fremde Hauptstädte reihenweise erobert hatte, sah sich nun in die Lage versetzt, seine eigene Hauptstadt verteidigen zu müssen. Obwohl ihnen jetzt nicht mehr hunderte, sondern nur noch einige Dutzend Divisionen sowie Volkssturm-Bataillone zur Verfügung standen, forderten die Fanatiker auch von diesen Kräften bis zuletzt ihren Fanatismus.
All das hatte die Stawka zu berücksichtigen. Zunächst sollten alle drei Fronten gleichzeitig zur Offensive antreten. Die 2. Weißrussische Front, die nach dem Ende der Kämpfe in Ostpommern umgruppiert werden mußte, konnte den Angriff jedoch frühestens am 20. April ansetzen. Deswegen entschloß sich die Stawka, die Operation am 16. April anfangs

[28] Ich möchte es nicht bei diesem Zitat bewenden lassen. In der Anlage bringe ich den von der Sowjetarmee erbeuteten vollen Wortlaut dieses Dokuments, eines der letzten maßgeblichen Dokumente der dem Untergang geweihten deutschen Wehrmacht, das ich einem sowjetischen Archiv entnommen habe.

nur mit zwei Fronten zu starten. Der Schwerpunkt der Offensive lag bei der 1. Weißrussischen Front. Die Voraussetzungen zur Eroberung Berlins waren damit geschaffen.

Im Zerrspiegel der Nachkriegsjahre wurden die Ereignisse des Krieges mitunter bis zur Unkenntlichkeit entstellt. Ganz besonders, als das Spiegelbild der Geschichte durch den ideologischen Dunst des Kalten Krieges getrübt wurde. Die Schlacht um Berlin ist dafür ein beredtes Beispiel.
Es ist jetzt schwer zu sagen, wer den ersten Satz im ABC der Geschichtsentstellungen schrieb, das für manche westliche Publizisten und Historiker im Westen zu einem Handbuch geworden ist. Dennoch muß man fragen: Wer hat das Märchen in Umlauf gesetzt, daß anglo-amerikanische Truppen unter dem Befehl Dwight Eisenhowers eigentlich Berlin hätten nehmen können und sollen? Ich darf nur auf das zum Bestseller gewordene Buch des Amerikaners Cornelius Ryan »Der letzte Kampf« verweisen, in dem diese Version eine Hauptthese seiner Darstellung ist. Freilich war Ryan nicht der erste; man denke z. B. an die sensationelle Meldung der »Washington Post« vom 22. April 1945, amerikanische Truppen wären in Potsdam einmarschiert, hätten sich aber auf Befehl von oben zurückgezogen und die Stadt in die Hände der Russen fallen lassen. Heute liegt die Unhaltbarkeit dieser Behauptung für jeden seriösen Historiker auf der Hand, trotzdem ist diese Meinung nicht vom Tisch.
Im Westen gibt es Geschichtsforscher, die sich bei der Analyse der letzten Kriegsphase nur dafür interessieren, wie weit die Spitzen der Alliierten von Berlin entfernt waren: die sowjetischen Truppen 60 bis 150 km, die anglo-amerikanischen 100 bis 300 km. Sie lassen dabei aber einen wichtigen Umstand außer acht: Sie vergessen, welchen Weg beide Seiten zu

überwinden hatten, ehe sie sich im Frühjahr 1945 so nahe an Berlin vorgekämpft hatten.
Der Weg der sowjetischen Truppen war so dornig und weit wie noch nie in der Kriegsgeschichte der Vergangenheit und der Neuzeit. Er begann am 22. Juni 1941 in einer Situation, da fast niemand im Westen den sowjetischen Armeen eine Überlebenschance gegen den Überraschungsangriff eines gut ausgebildeten und überlegen ausgerüsteten Feindes zutraute. Man denke nur an das Memorandum des US-Kriegsministers Henry Stimson an Präsident Roosevelt vom Juni 1941:
»Die Gedanken an den deutsch-russischen Krieg haben mich in den letzten 30 Stunden fast ununterbrochen beschäftigt ... Um mir über meine eigenen Ansichten und Überlegungen Klarheit zu verschaffen, habe ich heute eine ganztägige Beratung mit dem Stabschef und den Mitarbeitern der Abteilung für Kriegsplanung des Generalstabs abgehalten ... Hier ihre Einschätzung der wichtigsten Faktoren:
1. Deutschland wird bestimmt einen Monat, höchstens aber drei Monate brauchen, um Rußland zu zerschlagen ...«[29]
Stimson war nicht der einzige, der so dachte. Der amerikanische Historiker J. McGregor Burns führt eine Äußerung des US-Ministers für Kriegsmarine, Knox, an:
»Hitler wird mit Rußland kurzen Prozeß machen: in sechs Wochen bis zwei Monaten ist alles erledigt.«[30]
Am 25. September 1941 hielt es das amerikanische Kommando durchaus für »möglich, daß die Russen westlich der Linie Weißes Meer - Moskau eine schwere Niederlage erleiden ...«.[31]
Auch in London waren Militärfachleute eher pessimistisch gestimmt:

---

[29] R. Sherwood. Roosevelt and Hopkins. Vol. I, p. 495 (russ. Ausg.).
[30] J. McGregor Burns. Roosevelt The Soldier of Freedom, N.Y. 1970, p. 103.
[31] Kulisch. Raskrytaja taina (Ein Geheimnis, das keines mehr ist), S. 112.

»... möglicherweise wird die erste Phase, einschließlich der Besetzung der Ukraine und Moskaus, mindestens drei, höchstens sechs Wochen oder mehr in Anspruch nehmen.«[32]

Ihnen stimmte der Chef des britischen Generalstabs, Sir John Dill, zu. Er war ziemlich sicher, daß »die Deutschen (durch die sowjetische Verteidigung – L. B.) hindurchgehen werden wie ein heißes Messer durch die Butter«.[33]

Doch weder nach sechs Wochen noch nach drei Monaten trafen diese Prophezeiungen ein. Nicht nur, daß Deutschland die Sowjetunion nicht zu zerschlagen vermochte, es sah sich auch mit dem Ende der Blitz-Krieg-Ära konfrontiert. Vor Moskau, das nach Voraussagen des britischen Generalstabs nach »drei, höchstens sechs Wochen« fallen sollte, erlitt Hitler im Winter 1941/42 eine erschütternde Niederlage. Und 1945 stand die Rote Armee vor Berlin.

Und die Alliierten:

Die Zweite Front wurde erst im Juni 1944 eröffnet, als nach allgemeiner Meinung ziemlich klar wurde, daß die Sowjetarmee auch ohne fremde Hilfe Deutschland zerschlagen und das von den Deutschen besetzte Europa befreien könne. Der südafrikanische Ministerpräsident, Feldmarschall J. Smuts, ein Mann, den man kaum übermäßiger Zuneigung zu der Sowjetunion verdächtigen kann, schrieb am 31. August 1943 an Churchill:

»Unsere Leistung zu Land ist an Rußland gemessen unbedeutend und das Tempo völlig unbefriedigend. Wir rühmen uns laut und beständig unserer Kriegsmaterialproduktion, besonders der amerikanischen. Auch dürften nach nunmehr fast zwei Jahren die amerikanischen Kampfverbände enorm stark sein. Aber immer noch schlagen sich einzig die Russen mit der großen Hauptmacht der deutschen Armeen.«[34]

---

[32] R. Sherwood. II, 496.

[33] Ebenda, 220.

[34] H. A. Jacobsen. Der Weg zur Teilung der Welt, S. 373.

Zu welchen Schlußfolgerungen kam Smuts?
»Unsere Leistung läßt sich bestimmt so verbessern, daß der Vergleich mit Rußland nicht gar so übel ausfiele. Die große Öffentlichkeit muß das Gefühl haben, daß der Krieg von Rußland gewonnen wird. Wenn dieser Eindruck bestehen bleibt, wie wird sich dann nach dem Krieg unsere Stellung Rußland gegenüber gestalten? Unsere Position in der Welt mag sich völlig verschieben und so Rußland zur diplomatischen Vormacht der Welt werden. Das ist ebenso unnötig wie wenig wünschenswert und würde insbesondere im Britischen Commonwealth schlechte Rückwirkungen zeitigen. Wenn wir nicht als ebenbürtige Partner aus diesem Krieg hervorgehen, werden wir uns in einer unbequemen, ja gefährlichen Lage befinden ...«[35]
Endlich war im Januar 1944 die Zweite Front eröffnet. Was nun?
Im Herbst 1944 erörterte das vereinigte alliierte Kommando die Entwicklung der Operationen in Westeuropa. Am 15. September 1944 richtete Eisenhower an Montgomery ein Schreiben mit der Frage: Wo sollte der Schwerpunkt des Angriffs nach der Besetzung des Ruhrgebiets und des Saarlandes liegen? Wie er ferner betonte, müsse man »Voraussetzungen schaffen, um die letzten Reste der deutschen Truppen im Westen zu bekämpfen, andere Schlüsselpositionen zu erobern und die Bevölkerung Deutschlands an die Wand zu drücken«.
Um dies zu erreichen, analysierte Eisenhower drei Möglichkeiten:

a) mit Teilen beider Heeresgruppen auf Berlin vorzustoßen ...
b) Sollten die Russen vor uns nach Berlin kommen, würde die nördliche Heeresgruppe das Gebiet um Hannover und

[35] Ebenda.

Hamburg mit den Häfen besetzen und die mittlere Gruppe das Gebiet um Leipzig – Dresden oder Teile davon, je nachdem wie weit die Russen vorstoßen.

c) In jedem Falle würde die südliche Heeresgruppe das Gebiet Augsburg – München besetzen ...

»Kurz zusammengefaßt, es ist mein Wunsch, auf dem direktesten und schnellsten Wege auf Berlin vorzustoßen, wobei die vereinigten amerikanisch-englischen Streitkräfte von den anderen noch verfügbaren Kräften unterstützt werden, die über die Schlüsselstellungen vorgehen und strategisch wichtige Gebiete an den Flanken besetzen – alle in einer gemeinsamen, aufeinander abgestimmten Operation.«[36]

Montgomery, der die 21. Heeresgruppe an der Nordflanke befehligte, widersprach seinem Chef. Am 18. September gab er zurück, er unterstütze nicht das Prinzip der »gemeinsamen Operation, wenn dabei sämtliche verfügbaren Armeen in Deutschland vorrücken sollten«. Ihm paßte der Angriff auf München, Nürnberg und Augsburg auch nicht, denn er glaubte, »das beste Ziel« sei »das Ruhrgebiet, weil wir so auf dem nördlichen Weg nach Berlin vorrücken könnten«. Montgomery wollte, daß diese Aufgabe gerade seiner Heeresgruppe, bestehend aus englischen und kanadischen Truppen sowie einigen amerikanischen Divisionen, aufgetragen würde.

Die ehrgeizigen Ambitionen Montgomerys stützten sich auf folgende Grundlage: Von der Eroberung Berlins um jeden Preis träumte auch Churchill. Wie ein amerikanischer Historiker schrieb, malten sich britische Militärs schon 1944 die bevorstehende Operation als einen »triumphalen Marsch über den Englischen Kanal direkt nach Berlin« aus.[37]

---

[36] H. A. Jacobsen 1939–1945, Darmstadt, 1959. S. 356.

[37] R. Sherwood, II. p. 512.

Bemerkenswerterweise hatte auch Eisenhower im Prinzip nichts dagegen: Er ließ Montgomery wissen, er sehe »keine große Differenz zwischen unseren Auffassungen«. Dem selbstsicheren britischen Feldmarschall mußte er jedoch höflich auseinandersetzen, daß es unvernünftig wäre, wenn andere Truppen (d. h. die amerikanischen) dabei nur eine passive Rolle spielen und zur Untätigkeit verurteilt würden.

Die Kampfhandlungen an der Westfront offenbarten dann schnell, wie Montgomerys Wunschdenken vom »triumphalen Marsch« und der harte Kriegsalltag in Einklang zu bringen waren, als die 21. Heeresgruppe in schwere Kämpfe verwikkelt wurde. Der legendäre »Monty«, den die britische Propaganda so sehr pries, blieb an seiner Flanke hinter den anderen alliierten Truppen zurück. Der größte Erfolg im Westen wurde gerade dort erzielt, wo Montgomery von aktiven Handlungen abgeraten hatte – an der Südflanke.

Wenn also manche westliche Interpreten der Schlußphase des Krieges versuchen, die These von der scheinbar »möglichen Berlin-Besetzung« durch amerikanische und englische Truppen ins Treffen zu führen, so setzen sie sich einfach über bestimmte Tatsachen hinweg. Daß die westlichen Truppen im Frühjahr 1945 viel weiter von der Hauptstadt als die sowjetischen Truppen standen, war eine logische Folge der verspäteten Eröffnung der Zweiten Front in Europa.

Vielfach beruft man sich auf die Differenzen zwischen Eisenhower und Montgomery hinsichtlich der Angriffsschwerpunkte. Dabei versuchen manche Historiker, insbesondere englische, zu beweisen, nur in der Frage des Sturms auf Berlin seien sich die westlichen Alliierten uneinig gewesen. In der Tat aber steckte hinter dem Meinungsstreit zwischen Eisenhower und Montgomery ein sehr viel ernsterer Grund: das Aufeinandertreffen der Interessen der USA und Englands. Jede Seite versuchte, sich auf Grund ihrer Erfahrungen und

Vorstellungen vom zukünftigen Weltbild die für die Zeit nach dem Kriege günstigsten Ausgangspositionen zu sichern. Schon im Juni 1943 hieß es beispielsweise in einem Bericht des US-Heeres-Stabes, man dürfe eine Annäherung zwischen England und der UdSSR nicht zulassen, »weil dies materielle und Menschenressourcen Eurasiens gegen uns vereinigen könnte. Unsere Interessen verlangen, daß die USA und nicht England zur stabilisierenden Achse der Welt werden«.[38]

Die englische Führung wollte ihrerseits nicht mit der Rolle des unterwürfigen Partners vorliebnehmen und sich günstige Positionen im zukünftigen besetzten Deutschland entgehen lassen. Hinzu kam der wahrhaft maßlose Ehrgeiz Montgomerys. Bei Churchill trat 1945 das antisowjetische Syndrom wieder deutlich zutage, was eine objektive Einschätzung der Situation seinerseits bestimmt beeinträchtigte.

Wenn die amerikanischen Experten heute (Sherry, Ergin, Lyon) den Ursprüngen des Kalten Krieges auf den Grund gehen und militärisch-politische Auffassungen der damaligen US-Administration analysieren, holen sie aus den Archiven Unterlagen von 1944/45 hervor. Ihr allgemeiner antikommunistischer Ton ist unverkennbar. Die sattsam bekannte »Rigaer Schule« im US-Außenministerium[39], die 1943/44 von den realistisch denkenden Diplomaten (sogen. Jalta-Schule) in den Hintergrund gedrängt wurde, setzte sich gegen Ende des Krieges wieder mehr durch und war bemüht, die Zusammenarbeit mit der Sowjetunion in Frage zu stellen. In Dokumenten der Diplomaten und Politiker dieser Schule mangelt

[38] M. Sherry. Preparing for the Next War. New Haven, London, 1977. P. 161.

[39] Ergin nennt sie deshalb »Rigaer Schule«, weil gerade in der USA-Botschaft in Lettland in den 20er Jahren antikommunistische Ansichten vieler amerikanischen Diplomaten herausgebildet haben (J. Kennan u. a.). Sie wurden später Sowjet-Experten.

es nicht an Äußerungen über die Notwendigkeit, »die Russen zurückzuhalten«, »die Russen nicht nach Europa zu lassen«. Churchill hatte eine etwas anders klingende Formel parat: Man solle »den Russen möglichst weit östlich begegnen«. Doch alle diese Äußerungen hatten ein und denselben Inhalt, der jedem westlichen Politiker mit antisowjetischen Ansichten, wie sie in den 20er und 30er Jahren gang und gäbe waren, ganz vertraut vorkommen mußte.
Heute, über drei Jahrzehnte nach der Beendigung des Krieges, werden Aussprüche von der Art »man hätte die Russen nicht nach Europa lassen sollen« oder »man hätte den Russen möglichst weit östlich begegnen sollen« als etwas durchaus Normales und Verständliches angesehen, die ein sowjetfeindliches Verhalten schon fast zur Norm erhoben hat. In der Tat, Verfechter des Kalten Krieges und der Politik der Stärke mögen es als eine große Wohltat erachten, wenn man »diese Russen« irgendwie zurückdrängen könnte, z. B. in die Vorkriegsgrenzen!
Lassen wir zunächst das Thema beiseite, was solche Sprüche wohl 1955 oder 1960 bedeutet haben. Man muß versuchen, sich darüber klarzuwerden, was sie in ihrem Ursprungsjahr 1944[40] bzw. 1945 hätten bedeuten können.
Die Russen nicht nach Europa lassen:
Das bedeutete, der deutschen Wehrmacht die Möglichkeit zu geben, den sowjetischen Armeen, die bei Moskau und dann

[40] Ähnliche Hoffnungen wurden bereits 1943 ausgesprochen. W. Högner schreibt in seinen Memoiren über die Emigrationszeit in der Schweiz und die Begegnungen mit Allen Dulles: Dulles habe gehofft, »daß nach dem Sturz Hitlers der Krieg beendet wird, noch bevor die Sowjets in Berlin einmarschieren. Das Letztere könnte verhindert werden, wenn der Frieden recht bald geschlossen wird«. Gerade deshalb war Dulles so deprimiert, als er die Nachricht vom Scheitern der Verschwörung vom 20. Juli 1944 erhalten hatte. Siehe: W. Högner. Ein schwieriger Außenseiter. München 1959, S. 172.

bei Stalingrad das Rückgrat dieser einst so mächtigen Kriegsmaschine sie gebrochen hatten, verstärkten Widerstand zu leisten.

Das hieß weiterhin zu akzeptieren, daß anstatt Polen das unheilvolle »Generalgouvernement« fortbestünde, wo große Teile der polnischen Bevölkerung planmäßig von den Deutschen vernichtet wurden.

Das hieß in Kauf zu nehmen, daß Ungarn, Rumänien und Italien Satelliten des Nazi-Regimes blieben.

Das bedeutete praktische und juristische Billigung des Wannsee-Programms zur physischen Vernichtung der jüdischen Bevölkerung Europas. Ich verweise nur auf die Mahnung Rolf Hochhuths aus seinem Buch »Eine Liebe in Deutschland«. Um das Thema »Endlösung der jüdischen Frage« zu verdeutlichen, führt er ein Zitat aus dem »Wannsee-Protokoll« an: »Im Zuge der praktischen Durchführung der Endlösung wird Europa von Westen nach Osten durchgekämmt ... Der Beginn der einzelnen größeren Evakuierungsaktionen wird weitgehend von der militärischen Entwicklung abhängig sein.« Dazu Hochhuth:

»Selbstverständlich: Solange die Wehrmacht Narvik und Kreta nicht erobert hatte, konnte man dort für die Gaskammern niemanden einfangen. Als die Wehrmacht Sofia und Marseille nicht mehr ›verteidigen‹ konnte (verteidigen für Hitler – für niemanden sonst!) – konnte man auch keinen mehr von dort nach Auschwitz bringen, dessen Krematorien erst (und allein deshalb) gesprengt wurden, weil die Rote Armee auf Hörnähe herangerückt war! Wer das leugnet, kann sich nur dann dem Vorwurf entziehen, ein vorsätzlicher Lügner zu sein, wenn er im klinischen Sinne ein Idiot ist.«[41]

Wie hat sich nun die Situation 1945 verändert, als die Sowjet-

---

[41] R. Hochhuth. Eine Liebe in Deutschland. Rheinbeck 1978. S. 260.

armee doch in Europa einmarschierte, das ganze Staatsgebiet Polens, einen Teil der Tschechoslowakei und Ungarns, das ganze Rumänien und Bulgarien, zusammen mit Titos Truppen Jugoslawien von Hitlers Armeen befreite? Welche Bedeutung hatte damals die Formel Churchills?
Sie hat ihr Kernstück beibehalten. Diejenigen, die »den Russen möglichst weit östlich begegnen« wollten (aber keine militärischen Mittel dazu hatten, denn die zweite Front wurde erst 1944 eröffnet), begünstigten, objektiv gesehen, weiterhin sinnlose und vergebliche Schritte Hitlers und seiner Gefolgschaft. Daß dieser Krieg verloren war, wollten letztere nicht wahrhaben. Davon zeugt der Brief Heinrich Himmlers vom 7. Februar 1945 an die Witwe des von den Tschechen hingerichteten Henkers Heydrich: »Wir werden damit, so unwahrscheinlich das im jetzigen Augenblick erscheinen mag, im Laufe dieses Jahres, das ein Fortissimo des Krieges darstellt, diesen Kampf, weil wir nicht besiegt werden konnten, siegreich für uns beenden.«[42]
»Die Russen zurückzuhalten« hieß, den Tod von Tausenden Soldaten der alliierten Armeen und einer noch größeren Anzahl von Zivilisten in Europa (darunter auch in Deutschland, dessen Städte immer stärkeren amerikanischen und englischen Luftangriffen ausgesetzt waren) stillschweigend zu billigen.
Das hieß weiterhin, die Vernichtung von weiteren tausenden von KZ-Opfern hinzunehmen.
Das hieß, die V-2-Angriffe auf London zu akzeptieren und den Deutschen die Entwicklung einer neuen, noch mächtigeren Waffe zu ermöglichen. Amerikanische Militärexperten stellten nach dem Krieg fest, daß die Deutschen 1945 verstärkt an der Schaffung der A-10-Rakete arbeiteten, die an-

[42] »Reichsführer!« Briefe an und von Himmler. Stuttgart 1968. S. 306.

geblich New York hätte erreichen können. Sie sollte voraussichtlich schon im Laufe des Jahres 1945 fertig sein ...[43]
Wie auch immer, jeder nüchterne Politiker oder Militärstratege im Westen konnte nicht umhin zu erkennen, welche konkreten militärpolitischen Folgen ein Zurückziehen auf diese oder ähnliche antisowjetischen Formeln nach sich ziehen konnten. Diese Einsicht, dessen bin ich sicher, hat auch Churchill veranlaßt (vom Rationalisten Roosevelt ganz zu schweigen), viele scheinbar verlockende Vorstellungen dieser Art zu ignorieren und ein Militärbündnis mit der Sowjetunion einzugehen. Nur: Der Antikommunismus war für sie durchaus annehmbar, wenn er nichts kostete. Als jedoch die USA und vor allen Dingen England um ihre eigene Existenz bangen mußten, stellte sich heraus, daß sie ohne weiteres auf den Antikommunismus verzichten konnten.
Die westlichen Alliierten waren sich auch im März 1945 noch nicht einig, als es galt, über die Schwerpunktrichtungen der Schlußoffensive zu entscheiden. Eisenhower sah ein, daß das Konzept der »breiten Front« sich bewährt hatte. Die Amerikaner waren schon über dem Rhein. Im Ruhrgebiet wurden die Truppen des deutschen Feldmarschalls Model eingekesselt. Das Kriegsgeschehen selbst widerlegte die Idee von der Hauptstoßrichtung im Norden, so daß starke amerikanische Verbände bis ins Herz Deutschlands, zur Linie Frankfurt/Main - Giessen - Aschaffenburg, vorrücken konnten.
Eisenhower beschloß, Ende April mit einem mächtigen Angriff einen Keil in die deutschen Linien im Zentrum zu treiben und sich danach mit sowjetischen Truppen im Raum Erfurt - Leipzig - Dresden zu vereinigen. Am 28. März setzte er die sowjetische Führung über seinen Plan in Kenntnis. Über die amerikanische militärische Mission in Moskau infor-

[43] M. Sherry. op. cit. p. 120.

mierte er I. W. Stalin darüber, daß er Ende April »oder noch früher« eine neue Operation plane, wobei

»es für meine Truppen am günstigsten wäre, mit Ihren Truppen an der Linie Erfurt - Leipzig - Dresden zusammenzukommen ... Ich beabsichtige, meine Hauptkräfte eben in dieser Richtung einzusetzen. Ferner, sobald es die Situation erlaubt, wird in einer anderen Richtung angegriffen, so daß wir ihre Truppen im Raum Regensburg - Linz treffen ...«

Eisenhowers Botschaft vom 28. März macht bis heute einigen Interpreten des Zweiten Weltkrieges zu schaffen. Der General habe sich, so meinen sie, mindestens zwei Fehler zuschulden kommen lassen: 1. Er habe sich zur Zusammenarbeit mit dem sowjetischen Kommando entschlossen und 2. »Berlin im Stich« gelassen ...

Ende März bis Anfang April 1945 kam dann ein reger Briefwechsel zwischen London und Washington einerseits, und den alliierten Stäben andererseits in Gang. Als erste erhoben Churchill und die englischen Stabschefs Einspruch: Sie plädierten für einen Vormarsch nach Osten, soweit es ginge, um »mit den Russen Verhandlungen von der Position der Stärke (!) zu führen« und Berlin eventuell selbst einzunehmen. Eisenhower verteidigte seinen Standpunkt in einem Schreiben an General George Marshall, Chef des US-Generalstabs:

»Ich wollte nur herausstreichen, daß mein Angriff in Richtung Leipzig nicht nur für den entscheidenden Schlag gerechtfertigt ist ... Wenn wir Berlin ohne größere Verluste nehmen können, werden wir es bestimmt jederzeit tun. Doch ich glaube, daß es vom militärischen Standpunkt aus unter den gegebenen Bedingungen unvernünftig wäre, Berlin als Hauptziel anzusehen, besonders wenn man bedenkt, daß es von den russischen Stellungen nur 35 Meilen entfernt ist.«

Diesen Beschluß faßte Eisenhower nicht allein. Er holte sich zunächst das Einverständnis des Oberbefehlshabers der 12.

Heeresgruppe, General Omar Bradley, ein, dessen Truppen gegen Ende März am weitesten vorgerückt waren. Beide waren der Auffassung, daß nach der Einkesselung des Ruhrgebiets jeder ernsthafte Widerstand des Feindes im Zentrum und im Norden praktisch entfallen würde. Hinzu kommt, daß zu dem Zeitpunkt die Amerikaner und Engländer noch ganze 300 km, reich an Gewässern, von Berlin trennten, während Shukows Truppen bereits unmittelbar im Vorgelände Berlins kämpften. Schließlich wollten Eisenhower und Bradley auf keinen Fall zulassen, daß die Deutschen ihren Plan der sogenannten Alpenfestung verwirklichen konnten, nämlich die Schaffung eines für längeren Widerstand geeigneten Verteidigungsgürtels in Bayern.
Später erinnerte sich Bradley an ein weiteres Argument. Er schrieb: »Als mich Eisenhower fragte, wie hoch wohl unsere Verluste sein würden, wenn wir einen Durchbruch von der Elbe nach Berlin riskierten, erwiderte ich, daß sie nach meiner Schätzung etwa 100 000 Mann betragen würden. Ein viel zu hoher Preis für das Prestige, fuhr ich fort, speziell wenn man bedenkt, daß wir uns dann zurückziehen und anderen Platz machen müßten ...«
Nach dem Krieg, als manche geneigt waren, diese Worte anzuzweifeln, bekräftigte Bradley sie noch einmal: »Freilich habe ich bei unserem Vormarsch nach Berlin nicht erwartet, daß wir gleich 100 000 Mann verlieren würden. Aber ich dachte, daß sich die Deutschen in Berlin selbst verbissen verteidigen würden. Gerade in Berlin wären unsere Verluste am größten.«
Der amerikanische Geschichtsforscher M. Sherry, der anhand der neuesten Archivveröffentlichungen die Diskussionen von damals analysierte, schreibt dazu:
»Marshall war genauso wie General Dwight Eisenhower entschieden dagegen, amerikanische Truppen von ihrer Haupt-

aufgabe, der endgültigen Zerschlagung der Hitler-Armeen, abzulenken und mit den Russen bei der Besetzung der Hauptstädte Mitteleuropas zu wetteifern. Dieses von Churchill in den letzten Kriegsmonaten vorgeschlagene Manöver würde die Zusammenarbeit mit den Sowjets im Pazifikraum erschweren und die Verlegung amerikanischer Kräfte dorthin verzögern. Die Amerikaner hätten dann Territorien besetzt, die sie über kurz oder lang an die Sowjetunion hätten abtreten sollen. Das würde die Sowjetunion eher provozieren als einschüchtern ... Das Manöver hätte die anglo-amerikanischen Truppen zahlreiche Opfer gekostet. Marshall sagte zu Eisenhower (und mit ihm waren auch andere Stabschefs solidarisch): ›Ich möchte nicht, daß Amerikaner für rein politische Zwecke ihr Leben aufs Spiel setzen.‹«[44]

Aus der militärisch-politischen Situation, wie sie sich im März–April 1945 ergeben hat, läßt sich nur eine Schlußfolgerung ziehen: Welche politischen, darunter auch antisowjetischen, Ambitionen manche führende Persönlichkeiten im Westen auch hegten, das militärische Kommando der USA und Englands mußte auf den unrealistischen Plan der Berlin-Besetzung verzichten. Eisenhower bezeichnete ihn als »Hirngespinst« und fügte hinzu, Montgomerys Wunsch gehe mit seinen Möglichkeiten nicht konform.

Allerdings gibt es in der Geschichte der Aprilkämpfe noch eine Episode, die die Verfechter der These vom »freiwilligen Verzicht« auf Berlin-Besetzung oft übersehen. Anfang April nahmen die Alliierten ihre Operationen wieder auf. Im Norden kämpfte sich Montgomery nur mühevoll vor und konnte erst am 20. April den Widerstand des Gegners in Holland brechen. Am 18. April erreichte eines seiner Korps die Elbe bei Hamburg. Die größten Fortschritte machte jedoch wie-

[44] M. Sherry. op. cit. p. 174–175.

derum Bradley. In schmalen Kolonnen griffen seine Truppen gleich in mehreren strahlenförmig auseinandergehenden Richtungen an und kamen zügig voran. Am 18. April standen seine Einheiten schon vor Magdeburg. Im Südabschnitt der Front besetzten die Amerikaner bis zum 20. April Nürnberg und drangen zur tschechoslowakischen Grenze vor.
Was spielte sich indessen im Mittelabschnitt ab? In Magdeburg hofften die Amerikaner, die Verbände der 9. Armee unter General Simpson würden, genauso wie bei Remagen, die Elbebrücken unversehrt in ihre Hände bekommen. Doch diesmal hatten sie Pech. Sie mußten Hilfsbrücken bauen und am 12.–14. April wurden kleine Brückenköpfe am Ostufer erobert. Einige Hitzköpfe sahen schon die amerikanischen Divisionen in Berlin, und die »Washington Post« berichtete sogar von der Besetzung Potsdams (das wurde bereits erwähnt). Doch das war nur eine Zeitungsente. In Wirklichkeit hatte Bradley noch am 15. April Simpson zu sich beordert und ihm befohlen, die eroberten Brückenköpfe zu halten.
Eisenhower machte sich zu diesem Zeitpunkt Sorgen wegen der ausgedehnten Frontlinie. Der schnelle Vormarsch der 9. Armee, die in wenigen Tagen 200 km bewältigte (hier gab es praktisch keinen nennenswerten Widerstand), brachte Probleme mit sich. Eisenhower stellte fest: »Infolge unseres zügigen Vormarsches wird die Versorgungssituation immer schwieriger. Sollten unsere Truppen in der Frontmitte immer weiter in östlicher Richtung vorstoßen, wären sie den logistischen Diensten zu weit voraus, was effektive Aktionen gegen den Feind ausschließe, weil er an den Flanken immer noch erheblichen Widerstand leistet.«
Am 16. April erörterten auch die Engländer den Vorschlag Eisenhowers, an der Elbe stehenzubleiben. Schließlich kamen sie zu dem Ergebnis, daß sie, wenn sie von der Elbe aus nach Berlin vorstoßen würden, nicht mehr in der Lage wären, Kiel

und dann auch Dänemark zu besetzen. Am 18. April wurde der Beschluß Eisenhowers bestätigt, und am 19. April schrieb Churchill an Eden u. a. folgendes: »Allem Anschein nach sind die westlichen Partner gegenwärtig nicht in der Lage, nach Berlin durchzubrechen ... Die Russen haben vor der Stadt ein 2,5-Millionenheer konzentriert, während bei den Amerikanern nur vorgeschobene Kolonnen in der Nähe Berlins stehen.«

Das war's also! Die Behauptung, daß die westlichen Alliierten Berlin hätten nehmen können, aber nicht wollten, muß in das Reich der Fabel verwiesen werden.

TEIL II

Ein Plan, der nicht verwirklicht wurde

Hatte es Adolf Hitler je gedacht, daß es dazu kommen sollte? Nicht an den Durchbruch der sowjetischen Armeen nach Berlin und nicht an die Wehrmacht-Verteidigung an der Oder glaubten er und seine Paladine im Jahre 1945 denken zu müssen. Traut man dem »tausendjährigen Kalender«, so hätte sich 1945 schon kaum jemand auf der Erde an den Staat erinnern sollen, gegen den am 22. Juni 1941 der große Feldzug begann.

Eine Notiz aus dem Tagebuch von Joseph Goebbels vom 8. Mai des Jahres 1943 gibt darüber Aufschluß:

»Der Führer gibt seiner unumstößlichen Gewißheit Ausdruck, daß das Reich einmal ganz Europa beherrschen wird. Wir werden dafür noch sehr viele Kämpfe zu bestehen haben, aber sie werden zweifellos zu den herrlichsten Erfolgen führen. Von da ab ist praktisch der Weg zu einer Weltherrschaft vorgezeichnet. Wer Europa besitzt, der wird damit die Führung der Welt an sich reißen.« [1]

Und was war mit der Sowjetunion? Dazu Heinrich Himmler am 16. September 1942:

»In diesen 20 Jahren[2] haben wir zu besiedeln – das habe ich kürzlich in einer Gruppenführer-Besprechung schon gesagt – die heutigen deutschen Ostprovinzen, von Ostpreußen bis

---

[1] Goebbels-Tagebücher. Zürich 1948, S. 327.

[2] Die Rede war von den nächsten 20 Jahren »nach dem Kriege«.

Oberschlesien, das gesamte Generalgouvernement; wir haben einzudeutschen und zu besiedeln Weiß-Ruthenien, Estland, Lettland, Litauen, Ingermanland und die Krim. In den anderen Gebieten werden, so wie wir es hier anfangen, entlang den Marschstraßen, an denen unsere Autobahnen, Eisenbahnen, Flugplätze liegen, geschützt durch unsere Garnisonen kleine Städte von 15–20 000 Einwohnern entstehen und im Umkreis von 10 km deutsche Dörfer, so daß sie immer in deutsches Leben eingebettet sind ... Diese Siedlungsperlen, die wir hier bis zum Don und zur Wolga – und ich hoffe bis zum Ural – vortreiben werden eines Tages, eines Jahres und im Laufe einer Generation immer mehr ausgefüllt werden müssen mit dem ewig jungen Nachwuchs des germanischen Blutes. Dieser germanische Osten bis zum Ural muß – und dafür arbeiten Sie hier als SS-Führer in Ihrem Gedanken, Ihrem Leben und Erziehen, wie unsere Männer draußen in Ihrem Vorstreben dafür kämpfen, die Pflanzstätte des germanischen Blutes sein, damit dann in 400–500 Jahren, wenn das Schicksal bis zu einer Auseinandersetzung zwischen den Kontinenten Europa so lange Zeit läßt, statt 120 Millionen 500–600 Millionen Germanen vorhanden sind.«[3]

Es ist bekannt, daß die militärische, politische und wirtschaftliche Führungsschicht Deutschlands diesen Gedanken nicht nur in rhetorischer Form zum Ausdruck brachte. Ausführliche Pläne wurden erarbeitet: OKW und OKH waren für den militärischen, die »Reichsgruppe Industrie« für den wirtschaftlichen Bereich zuständig. Die SS stellte den Plan zur Liquidierung der für das Reich unerwünschten Elemente zusammen. Und so weiter und so fort. Unter den Plänen letzterer Art ist insbesondere die »Endlösung« der jüdischen Bevölkerung Europas bekannt geworden. Viele Recherchen

[3] R. Opitz. Europastrategien des deutschen Kapitals. Köln 1977, S. 921 ff.

und Abhandlungen beschäftigten sich mit diesem Thema. Diese »Endlösung« sah die Tötung von mindestens sechs Millionen Menschen vor.
Aber es gab auch einen anderen Plan, der nicht Millionen, sondern Dutzende und sogar Hunderte Millionen von Menschen betraf. Er ist weniger bekannt, doch Geschichtsforscher sind schon lange auf den sogenannten »Generalplan Ost«, den Plan zur Liquidierung des Slawentums in Europa, aufmerksam geworden.
Nach dem Krieg kam dieser Plan während der Nürnberger Prozesse, insbesondere während des Prozesses gegen den SS-Obergruppenführer Greifelt und sein »Reichskommissariat für die Festigung deutschen Volkstums«, erstmals zur Sprache. Die amerikanischen Ankläger hatten jedoch nicht alle Dokumente bei der Hand. Diese wurden erst später entdeckt, als der deutsche Professor Hans Heiber in den Archiven auf mehrere Dokumente zu diesem Plan stieß. Unter NO-2585 und NO-2325 registriert, behandelten sie direkt den »Generalplan Ost«. Heibers Publikation von 1958 in der angesehenen Fachzeitschrift »Vierteljahreshefte für Zeitgeschichte«[4] erregte viel Aufsehen. Seitdem war dieses Thema von den Studien über die barbarischen Pläne der Nazi nicht mehr wegzudenken. Der volle Wortlaut der entdeckten Dokumente wurde in viele Sprachen der Welt übersetzt.
Aber hier gab es einen Haken: Heiber hat zwar wichtige Dokumente im Zusammenhang mit dem Plan entdeckt, jedoch nicht den Plan selbst! Der Verfasser dieses Buches, der sich lange Zeit mit Inhalt und Hintergründen des »Generalplans Ost« beschäftigt hatte, stellte sogar schon in einer seiner Arbeiten pessimistisch fest: »Höchstwahrscheinlich wird dieses Dokument niemals gefunden werden.« Bei meiner Arbeit in

[4] Vierteljahreshefte für Zeitgeschichte, Stuttgart 1958, Heft 3.

den Archiven sah ich meine pessimistische Prognose mehr als einmal bestätigt. Übrigens befragte ich damals Prof. Heiber selbst, doch er mußte mich ebenfalls enttäuschen, weil er keine zusätzliche Dokumentation zu dieser Frage gefunden hatte. Mehr noch: Er hatte dieses Thema praktisch aufgegeben.

Doch unverhofft kam ich auf eine neue Spur. Einmal schnitt ich im Gespräch mit dem Münsteraner Wissenschaftler Peter Kaiser das Thema »Plan Ost« an, und er erinnerte sich, daß er kurz zuvor eine kleine Zeitschriftnotiz darüber gelesen hatte. Dort hieß es, daß bei der Inventur der erbeuteten Dokumente im Nationalen Archiv der USA irgendwelche neuen Unterlagen über die Besatzungspolitik des Nazi-Deutschland gefunden werden sollten. Ich möchte nicht auf einzelne Phasen dieser Fahndung eingehen, aber eines Tages lag auf meinem Arbeitstisch in Bonn eine dicke Mikrofilmrolle. Ich eilte mit diesem wertvollen Schatz ins Fotokopierlabor. Einige Tage später hielt ich ein Titelblatt in der Hand mit der Überschrift: »Generalplan Ost ... Archivnummer 484/173. Rechtliche, wirtschaftliche und räumliche Grundlagen des Ostaufbaues« von SS-Oberführer Professor Dr. Konrad Meyer. Berlin-Dahlem, Juni 1942. Daneben standen amerikanische Archivsignaturen UP-66-c-12-2/20, Box No 9876[5].

Wie sah nun der Inhalt aus:

[5] Ich muß einräumen, daß mein polnischer Kollege C. Madajczyk mehr Glück hatte: Ihm gelang es, diesen Text noch früher ausfindig zu machen und zu veröffentlichen. In der BRD ist er jedoch noch nicht vollständig erschienen. Text: siehe NAUS, T-84, Roll 73.

Hier beschränke ich mich auf die Kurzfassung, die von Meyer selbst gemacht wurde:

Anlage 2.

Kurze Zusammenfassung der Denkschrift

G e n e r a l p l a n O s t

Rechtliche, wirtschaftliche und räumliche Grundlagen des Ostaufbaues.

===

Teil A.

Forderungen an eine künftige Siedlungsordnung.

I. Ländliche Siedlung: In den eingegliederten Ostgebieten lenkt und beaufsichtigt der Reichskommissar für die Festigung deutschen Volkstums die Durchführung des Siedlungsaufbaues.

Die weiteren Siedlungsgebiete werden als Siedlungsmarken für die Aufbaudauer der alleinigen Hoheitsgewalt des Reichsführers-SS als RKF unterstellt.

Verfügungsgewalt über Grund und Boden liegt beim Reich, vertreten durch Reichsführer-SS. Unter seiner Leitung werden Lehenshöfe errichtet.

Die für den Siedlungsaufbau erforderlichen Mittel sollen weitgehend aus der Wertmasse der Siedlungsgebiete selbst aufgebracht werden.

Als Formen der Belehnung sind 3 Stufen vorgesehen: 1. Zeitlehen, 2. Erblehen, 3. Eigentum besonderen Rechts.

/.

Zur Beurteilung der Lehensfähigkeit, Belastungsfähigkeit, Veräusserbarkeit, Vererbbarkeit werden Lehensgerichte geschaffen.

II. Städtische Siedlung: In den Städten gilt wie auf dem Lande das Bodenmonopol des Reiches. Bei angestrebter Verbindung mit dem Boden (Eigenheimbau) hat in der Stadt eine grössere Bewegungsfreiheit zu gelten. Das Programm des sozialen Wohnungsbaues muss den Erfordernissen des Ostens im hohen Masse Rechnung tragen.

III. Schaffung von Siedlungsmarken:

In den eingegliederten Ostgebieten ist Siedlung durch Übernahme der Altreichsorganisation nur ein Teilgebiet der allgemeinen Verwaltung geworden.

In den weiteren Siedlungsgebieten muss die allgemeine Verwaltung den Notwendigkeiten der Siedlung und Festigung deutschen Volkstums untergeordnet werden. Diese Gebiete sollen deshalb Siedlungsmarken werden.

Die Siedlungsmarken werden für die Dauer des Aufbaues aus ihrem bisherigen staatsrechtlichen Territorialverband ausgegliedert und der Hoheitsgewalt des Reichsführers-SS als RKF unterstellt. Diese Hoheitsgewalt umfasst Rechtssetzung, Rechtssprechung und Vollzug.

An der Spitze der Siedlungsmark steht der Markhauptmann. Ihm unterstehen im Kreis der Kreishauptmann, im Amt der Amtmann.

Die Arbeitsbereiche der Markenverwaltung sind 1. Siedlungspolitik und Planung, 2. Siedlerauslese und Einsatz, 3. Sied-

/.

lungsdurchführung, 4. Verwaltung und Finanzierung.

Unter Einsatz von Siedlungsführern erfolgt die Siedlung nach landsmannschaftlichen Gesichtspunkten.

Teil B.

Überblick über die Kosten des Aufbaues der eingegliederten Ostgebiete und ihre Aufbringung.

Angestrebt wird weitgehende Finanzierung aus dem Siedlungsgebiet heraus. Trotzdem Mithilfe des Gesamtreiches unerlässlich.

Es wird eine Auflockerung der Gesamtfinanzierung auf leistungsfähige Träger des Reichsgebietes hierbei angestrebt.

Vorgesehener Zeitraum für den Aufbau 5 Fünfjahresabschnitte = 25 Jahre.

I. Aufbaukosten:

Kostenaufwand für:

1. Landschaftsaufbau	3,3	Milld.	RM.
2. Verkehr und Versorgung	7,8	"	"
3. ländlicher Aufbau	13,5	"	"
4. Industrieaufbau	5,2	"	"
5. städtischer Aufbau	15,4	"	"
6. Vorrichtungen für den Aufbau insgesamt	0,5	"	"
insgesamt	45,7	Milld.	RM.

II. Finanzierung:

Finanzierungsmöglichkeiten: ordentliche Reichshaushaltsmittel, ausserordentliche Reichshaushaltsmittel, Tributleistung der besiegten Gegner, Sondervermögen des Reichs-

/.

kommissars für die Festigung deutschen Volkstums, Privatkapitalmarkt, Mittel von Körperschaften und Einrichtungen des Altreiches, Kreditschöpfung, Oststeuer.

Verteilung der Aufbaukosten auf einzelne Träger:

Reichshaushalt	34 %
Reichsbahn	3 %
Gemeindevermögen	7 %
Vermögen der Organisation der gewerblichen Wirtschaft	5 %
Sondervermögen RKF	9 %
Privatkapitalmarkt	42 %

II. <u>Aufbauprogramm</u>:

Der Arbeitseinsatz in seinem zeitlichen Ablauf:

1. – 2.	Jahrfünft je	450.000	benötigte Arbeitskräfte
3.	"	300.000	"
4.	"	150.000	"
5.	"	90.000	"

Zeitplan für den Einsatz der Geldmittel:

in den Vorbereitungsjahren	2,28	Milld.	RM.
im 1. Jahrfünft	14,26	"	"
im 2. Jahrfünft	13,67	"	"
im 3. Jahrfünft	8,81	"	"
im 4. Jahrfünft	4,52	"	"
im 5. Jahrfünft	2,17	"	"
	45,71	Milld.	RM.

./.

Teil C.

Abgrenzung der Siedlungsräume in den besetzten Ostgebieten.

Vorgesehene Siedlungsmarken: 1. Ingermanland (Petersburger Gebiet)
2. Gotengau (Krim und Chersongebiet)
3. Memel- und Narewgebiet (Bezirk Bialystok und Westlitauen)

Außerdem 36 Siedlungsstützpunkte.

Die Eindeutschung ist für einen Zeitraum von 25 Jahren vorgesehen. Hundertsatz der Eindeutschung in den Marken 50 %, in den Stützpunkten 25-30 % der Bevölkerung.

Es ergibt sich ein Bedarf an deutschen Menschen in der
Stadt von 1,67 Mill., auf dem
Land von 1,68 "
zusammen 3,35 Mill.

Es wird mit einer Siedlungsreserve von insgesamt 5,65 Mill. gerechnet.

Aufbaukosten:	Siedlungsmarken	12,4 Milld. RM
	Stützpunkte zus.	8,5 " "
		20,9 Milld. RM

./.

1 Die Bronzeplatte der Reichskanzlei nach der Einnahme von Berlin – mit Treffern von Granatsplittern und kyrillischen Buchstaben

2 Der »Ehrenhof« der Reichskanzlei nach dem Ende der Kämpfe

Der »Ehrenhof« der Reichskanzlei im Mittelpunkt des deutschen Regierungssitzes nach seiner Fertigstellung 1939. Durch das Tor im Hintergrund geht es durch lange weite Säle zu den Arbeitsräumen Hitlers.

Hitlers letztes Hauptquartier, der Bunker im Garten der Berliner Reichskanzlei:

1. Schlafzimmer Hitlers
2. Wohnraum Hitlers, in dem er mit Eva, geb. Braun, Selbstmord verübt
3. Lageraum
4. Aufenthaltsraum vor der Wohnung
5. Eva Brauns Wohn- und Schlafraum
6. Heizung
7. Telefonzentrale

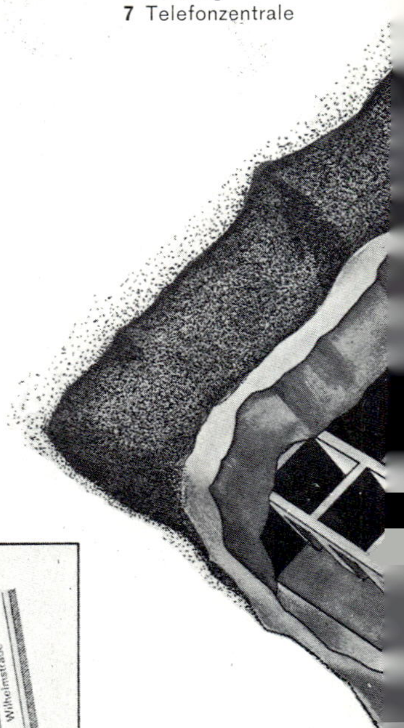

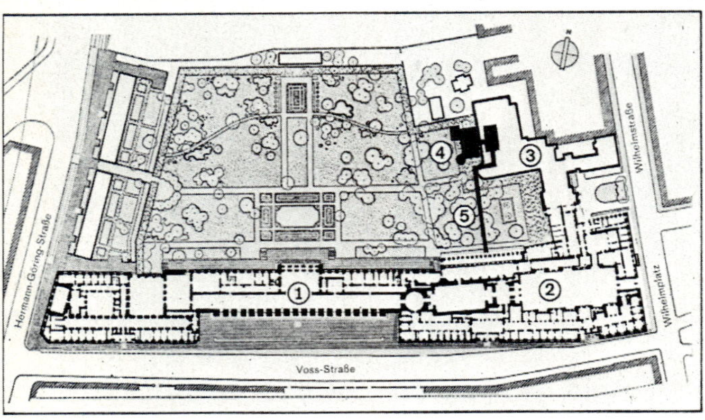

Übersichtsplan der Reichskanzlei mit den Umbauten durch Hitler:

1. Die neue Reichskanzlei, Erweiterungsbauten von 1938/39
2. Der Ehrenhof
3. Die alte Reichskanzlei
4. Der Führerbunker mit dem Vorbunker
5. Unterirdischer Verbindungsgang zu den Luftschutzbunkern unter der neuen Reichskanzlei

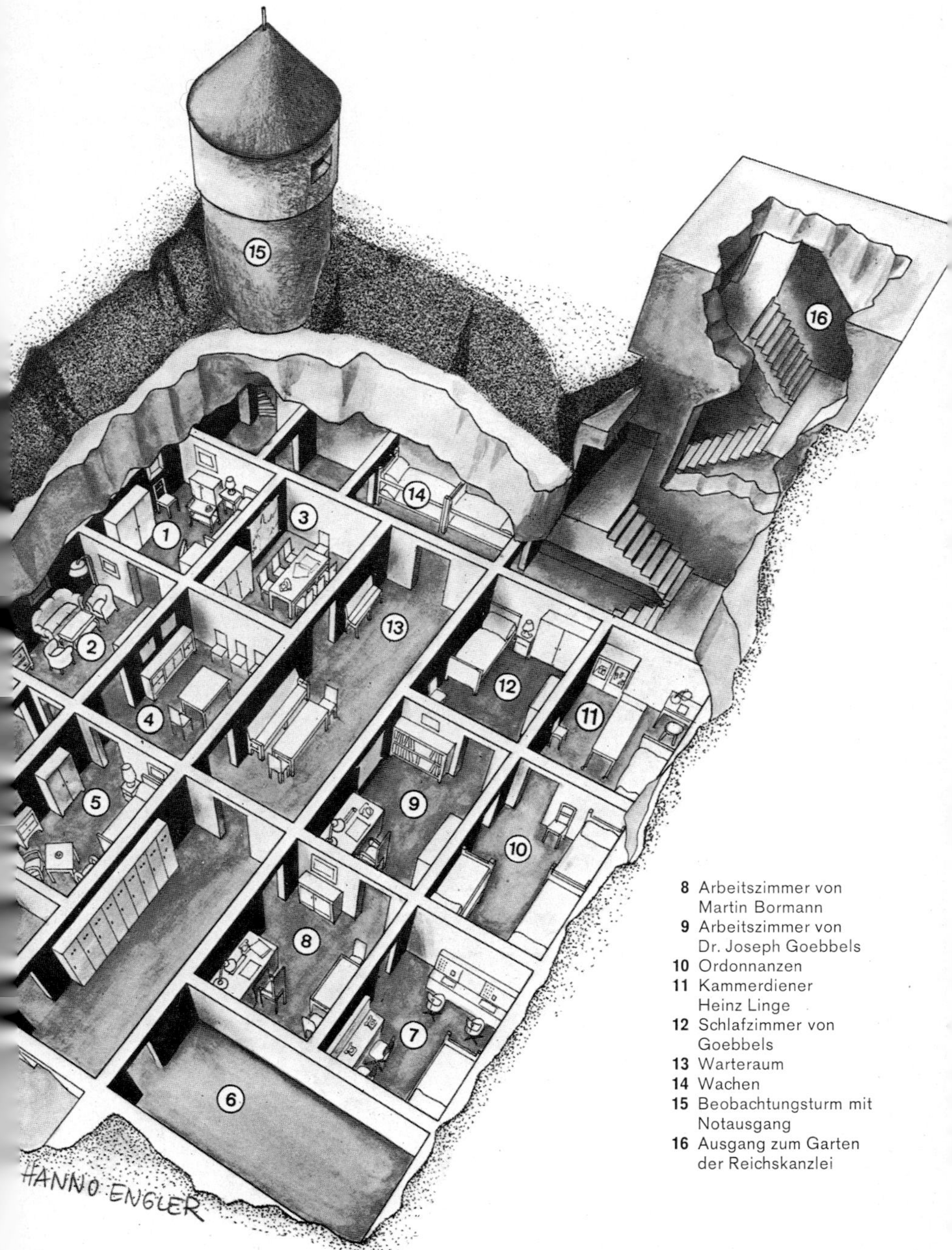

8 Arbeitszimmer von Martin Bormann
9 Arbeitszimmer von Dr. Joseph Goebbels
10 Ordonnanzen
11 Kammerdiener Heinz Linge
12 Schlafzimmer von Goebbels
13 Warteraum
14 Wachen
15 Beobachtungsturm mit Notausgang
16 Ausgang zum Garten der Reichskanzlei

6 Im Innenhof der umkämpften Reichskanzlei

7 Der Garten der Reichskanzlei im Mai 1945

Gesamte Siedler- und Kostenbilanz

I. Siedlerbilanz:

	erforderlich	vorhanden
a) eingegl. Ostgebiete:	4 Mill. Menschen hiervon gehen durch vorhandene Umsiedler und Eindeutschung 2,5 " ab verbleibender Bedarf 1,5 Mill. Menschen	aus dem Altreich Umsiedler aus Übersee, germanische Siedler aus Europa, weitere Eindeutschungsfähige aus den besetzten Ostgebieten:
b) Marken und Stützpunkte (besetzte Ostgebiete)	3,35 Mill. Menschen	
Gesamtbedarf	4,85 Mill. Menschen	insg. 5,65 Mill. Menschen
	Gesamtbedarf	4,85 " "
	Überschuss	0,80 Mill. Menschen

II. Kostenbilanz:

Bedarf:

a) eingegl. Ostgebiete . . .	45,7 Milld. RM
b) Marken und Stützpunkte (besetzte Ostgebiete) . .	20,9 " "
insgesamt . . .	66,6 Milld. RM

Also, so stellte der Generalplan Meyers einen konkreten Kommentar zu den Ideen Himmlers dar. Um die »Pflanzstätten des germanischen Blutes« zu schaffen, sollte man den dafür vorgesehenen Boden von Russen, Polen, Ukrainern, Belorussen freimachen (»entweder gewinnen oder totschlagen«). Solche Ziele erforderten nicht nur die Erarbeitung allgemeiner Richtlinien, sondern auch eine sorgfältige »generalstabsplanmäßige« Vorbereitung. Eben diese Aufgabe wurde von Konrad Meyer pflichtgemäß erfüllt.

Man muß es Konrad Meyer schon lassen: Sein Plan war peinlich genau durchdacht. Der RKFDV-Entwurf wurde an mehrere Ämter verschickt (nur deshalb kam der Plan Ost später überhaupt ans Licht). Eine der Stellungnahmen zum Generalplan Ost stammt von Dr. E. Wetzel, Regierungsrat in Rosenbergs Reichsministerium für die besetzten Ostgebiete. Darin heißt es unter anderem:

»Der Generalplan Ost ist der Meinung, daß nach Kriegsende ... eine Gesamtumsiedlerzahl von 4 550 000 ... für eine Siedlung zu Verfügung« steht. »Wenn man hier eine günstige Bevölkerungsvermehrung in Anschlag stellt und weiter noch in gewissem Umfange die Einwanderung von Siedlern aus anderen germanischen Ländern berücksichtigt, kann man mit einer Zahl von 8 Millionen Deutschen in diesen Räumen in etwa 30 Jahren rechnen. Damit wird die in dem Plan vorgesehene Zahl von 10 Millionen Deutschen nicht erreicht. Diesen 8 Millionen Deutschen stehen nun nach dem Plan 45 Millionen Fremdvölkische gegenüber, von denen 31 Millionen ausgesiedelt werden sollen.«[6]

»Die Zahl der an sich nach dem Plan zu Evakuierenden dürfte ... tatsächlich größer sein als in dem Plan vorgesehen ist. Nur wenn man davon ausgeht, daß etwa 5 bis 6 Mill. Juden,

[6] Prozeßakten des Nürnberger Gerichtshofs, NG-2335.

die in diesem Raume wohnen, schon vor der Evakuierung beseitigt sind, kommt man zu der in dem Plan erwähnten Ziffer von 45 Mill. Fremdvölkischen. Die Ausführungen des Planes ergeben jedoch, daß die Juden in den genannten 45 Mill. noch enthalten sind. Insofern erscheint also der Plan offensichtlich von falschen Bevölkerungsziffern auszugehen ...
Nach alldem ergibt sich, daß die Zahl der Menschen, die entweder für einen Verbleib in den betreffenden Gebieten oder eine Evakuierung in Betracht kommen, erheblich größer ist, als der Plan es vorsieht. Um so größer sind demgemäß aber auch die Schwierigkeiten für die Durchführung des Planes.
Geht man davon aus, daß 14 Mill. Fremdvölkische in den betreffenden Räumen bleiben, wie es der Plan vorsieht, so müßten demgemäß 46 bis 51 Mill. Menschen ausgesiedelt werden.«[7]

Wir haben allen Grund anzunehmen, daß der »Praktiker« Wetzel die wahren Absichten der SS besser kannte als der »Theoretiker« Meyer.

Man muß außerdem im Auge behalten, daß Wetzel irgendwelches zusätzliches Material zum Meyer-Plan zur Verfügung stand, denn in seiner »Stellungnahme« erwähnt er einige Zahlen, die in der Fassung vom Juni 1942 nicht enthalten waren. So wurde laut diesen Angaben der Prozentsatz der auszusiedelnden Polen, Ukrainer und Belorussen wie folgt veranschlagt:

Polen	80–85 %
Westukraine	65 %
Belorussien	75 %

Das heißt, daß der territoriale Rahmen der Eindeutschung u. a. auf Belorussien erweitert wurde. Das geschah zu dem

[7] Prozeßakten des Nürnberger Gerichtshofs, NG-2325.

Zeitpunkt, als Himmler Meyers Plan schon in der Hand hatte. Darüber hinaus sind in den dem Plan von Meyer beigefügten Tabellen als zusätzliche Stützpunkte folgende ukrainische Städte angegeben: Nikolajew, Schepetowka, Berditschew, Belaja Zerkow, Kriwoi Rog und Pjatichatka.

Ein weiteres aufschlußreiches Dokument war bis zuletzt unbekannt: der Brief Himmlers Nr. 47/20/43 vom 12. Januar 1943. Er enthielt die Antwort auf Meyers Frage an den Reichsführer SS, dem er eine neue Variante des »Generalplans Ost« (er hieß nunmehr »Generalsiedlungsplan«) vorlegte. Himmler schrieb an Meyer:

Lieber Meyer!

Bei der ersten Durchsicht des Generalsiedlungsplanes möchte ich die Frage, die Sie bei Ihrem letzten Besuch noch stellen wollten, beantworten.

In den Ostsiedlungs(raum) ist Litauen, Lettland, Estland, Weißruthenien und Ingermanland ebenso wie die ganze Krim und Taurien einzubeziehen.

Dies mache ich als erste Bemerkung, damit Sie den Plan entsprechend umarbeiten können.

Heil Hitler!

P.S. Die genannten Gebiete müßen total eingedeutscht bzw. total besiedelt werden.

Durchschrift leich mit der Bitte um Kenntnißnahme übersandt:

2. SS-Obergruppenführer Wolff
3. Chef der Sipo und SD.
4. SS-Gruppenführer Berger. [8]

---

[8] SS-Vertreter beim Ministerium Rosenbergs. Zitat nach Institut für Zeitgeschichte München, MA 301.

Das ist ein außerordentlich wichtiges Dokument. Es stellt gleichsam einen kurzen, aber sehr aussagekräftigen Kommentar zum Generalplan Ost und zugleich zu allen »agrarpolitischen« Überlegungen Meyers dar: Sämtliche unter der SS-Verwaltung befindlichen Gebiete sollten *total* besiedelt, d. h. die ganze einheimische Bevölkerung sollte »ausgesiedelt« werden. Jetzt möchte ich die Bevölkerungszahlen in den betreffenden Gebieten nach dem Stand von 1939 angeben:

	in Millionen
Litauen	2,88
Lettland	1,88
Estland	1,05
Belorussien (»Weißruthenien«) .	8,46
»Ingermanland«	6,24
»Krim und Taurien«	2,00
	22,51 Millionen Menschen

Also 22 bis 23 Millionen Menschen. Rechnet man noch zumindest 20 Millionen Polen hinzu, kommt man ungefähr auf die von Wetzel ermittelten Zahlen! Das macht also 40 bis 50 Millionen allein in den bis zum Jahresende 1942 besetzten Gebieten. Und wenn man Wetzels und Meyers »Aussiedlungsquoten« (65 bis 85 Prozent) auch noch auf die Gebiete anwendet, auf welche es Hitler und Himmler abgesehen haben (»Besiedlung bis zum Ural«), so ergibt sich eine Zahl von etwa 120 bis 140 Millionen. Sicher würde man nur einen Teil der wahren Nazi-Absichten richtig erkennen, wenn man feststellt, daß *der Generalplan Ost die physische Vernichtung von 120–140 und nicht 31 Millionen Menschen in Polen und der Sowjetunion* und die Besiedlung der »freigewordenen« Gebiete mit 8–9 Millionen Deutschen vorsah.

Verfügen wir eigentlich über sämtliche Unterlagen zum Generalplan Ost? Sowjetischen, polnischen und tschechoslowakischen Geschichtsforschern ist bei der Untersuchung dieser Frage folgendes aufgefallen: Der Plan wurde gleichzeitig von zwei SS-Einrichtungen – dem Stab Greifelts (RKFDV) und dem Amt Heydrichs (RSHA) erarbeitet. Das hier angeführte Dokument ist eine Variante des RKFDV-Plans. Aus dem Briefwechsel zu diesem Thema geht hervor, daß es außerdem Fassungen vom 15. Juli 1941, 28. Mai 1942 und Ende 1942 gegeben hat.

Auf welche dieser Fassungen bezog sich die »Stellungnahme« Wetzels? Sie ist vom April 1942 datiert, also handelt es sich entweder um die erste Fassung oder um irgendeinen Entwurftext zur zweiten Fassung. Doch hier drängt sich auch folgende Frage auf: Hat es vielleicht schon damals eine im RSHA vorbereitete Fassung gegeben? In Nürnberg sagte Ehlich, Gruppenleiter III B im RSHA, aus, daß auch seine Abteilung entsprechende Studien eingeleitet hatte. Freilich nimmt Wetzel in seinem Papier zum »Generalplan Ost des Reichführers SS« Stellung; diese Bezeichnung konnte nur einem von Himmler unterzeichneten oder in seinem Auftrag zusammengestellten Dokument gelten. Ein Dokument des RSHA (Chef: Heydrich) würde anders betitelt sein. (Übrigens erwähnt Wetzel an mehreren Stellen direkt den »RSHA-Plan«.)

Dieser Frage haben sich auch polnische Historiker intensiv angenommen. So vertritt z. B. Prof. Czeslaw Pylichowski, Leiter der Hauptkommission zur Untersuchung der Nazi-Verbrechen in Polen, die Ansicht, daß die ersten Skizzen zum Plan Ost im RSHA bereits 1940 entworfen wurden. (Pylichowski nennt ihn bedingt den »kleinen Plan«.) Sein Kollege Dr. Czeslaw Madajczyk, Leiter des Instituts für Geschichtsforschung der Polnischen Akademie der Wissenschaften, meint, daß der erste Entwurf etwas später, im Herbst 1941,

entstanden sei. Als ich mich mit ihm im alten ehrwürdigen Gebäude des Polnischen Instituts für Geschichte am Hauptplatz der in herrlicher Manier wiederaufgebauten Warschauer Altstadt (Staro Myasto) unterhielt, warf er ein:
»Meine Überlegungen stützen sich auf folgende Tatsache: Im Oktober 1941 empfing Hitler den Reichskommissar für die Niederlande, Arthur Seyß-Inquart. Sie sprachen von der Kolonisierung, d. h. von der Besiedlung des Ostens. Es ist nicht schwer zu verstehen, warum sich Hitler für dieses Gespräch ausgerechnet Seyß-Inquart ausgesucht hat: Dieser war früher stellvertretender Generalgouverneur von Polen und stand außerdem im hohen Rang eines SS-Obergruppenführers. Ich kann wirklich annehmen, daß zu dem Zeitpunkt die Unterlagen zum Kolonisierungsplan schon bereitlagen ...«
Tatsächlich schreibt Wetzel in seiner »Stellungnahme«, daß er bereits im November 1941 von der Arbeit am Plan Ost im RSHA erfahren habe. Damals gab auch SS-Standartenführer Ehlich die Zahl 31 Millionen bekannt: 31 »auszusiedelnder« Menschen. Folglich haben die Dokumente des RSHA zu diesem Thema existiert.
Mag sein, daß man den Zeitpunkt des Beginns dieser Arbeit noch nicht mit absoluter Sicherheit feststellen kann, es unterliegt jedoch keinem Zweifel, daß sie an der SS-Spitze sowohl im RSHA als auch im RKFDV, parallel vorangetrieben wurde. Es sollte ein sorgfältig ausgeklügelter Plan zur Verwirklichung eines der grauenhaftesten Verbrechen in der Geschichte der Menschheit werden, das die Greueltaten eines Nero oder eines Etzel verblassen läßt. Czeslaw Madajczyk erzählte mir:
»Meine Hypothese stützt sich auf folgende Überlegungen: Wenn im Heydrich-Ehlich-Amt der grundsätzliche Plan zur Liquidierung des Slawentums erarbeitet wurde, so hatte Meyer sozusagen eine Kontrollaufgabe zu lösen, d. h. er sollte

errechnen, welche Menschenressourcen und Finanzmittel für die Besiedlung der Riesengebiete bis zum Ural erforderlich sind. Solche Akribie und Sorgfältigkeit waren überhaupt für Himmlers Genozid-Politik typisch. Diese Politik sollte die SS in die Tat umsetzen ...«

Danach zeigte mir mein Gesprächspartner ein hochinteressantes Dokument, entdeckt von ihm selbst im Archiv der Schutzpolizei und des SD in Poznan. Es waren die Notizen des SS-Hauptsturmführers Hermann Krummey, die er nach zwei Beratungen in Berlin im Juni und Februar 1943 gemacht hat. Krummey leitete die sogenannte »Umsiedlungszentrale Ost« in Poznan und sorgte mithin für die praktische Realisierung der SS-Pläne im besetzten Polen. Den Vorsitz in der Beratung führte der bereits erwähnte SS-Standartenführer Ehlich, Gruppenleiter IIIB im RSHA.

Krummeys handgeschriebene Notizen, in Stichwortform gehalten, sind an vielen Stellen unleserlich. Doch einige Auszüge davon sprechen für sich:

»Umvolkung ... Sowjetrußland: Volk ... sind keine Menschen im europäischen Sinne, kreatürlich ... Bildung eines großen Reiches, Umvolkung gleichzeitig mit Raumordnung. Zeitdauer 2–3 Generationen ... I Warthegau usw. nach 6 Jahren. IIa (Zone) Baltikum / 10 Jahre, IIb – Süd GG[9], IIIa – Nord GG, IIIb mehrere Zonen, Lemberg, IV Dnjester ... Ziel: vollkommene Eindeutschung d. Gesamtraumes, keine ev. Machtpolitische Beherrschung ... Siedlungsgang in bisher sowjetischem Raum. Deutsche Pächter für Großbetriebe ... Siedlungsrichtung 2 große in germ. Geschichte bereits beschrittene Wege.«

Krummeys Notizen lassen unschwer erraten, wes Geistes Kind sie sind: Die Formulierungen Konrad Meyers, speziell in

[9] GG – Generalgouvernement.

puncto »zwei in germanischer Geschichte bereits beschrittene Siedlungsrichtungen«, sind unverkennbar. Doch weiter führt Krummey Zahlen an, die in Meyers Plan fehlen:

»In 30 Jahren 31 000 000 aussiedeln

A ...	6–7 Mill.
B ...	3 Mill.
C ...	10 Mill.
D ...	6–7 Mill.
E ...	5–6 Mill.

Es sollen ausgesiedelt werden:

Juden	100 %
Polen	60–85 %
Litauer, Letten, Esten	50 %
Galizier Westukrainer	65 %
Weißruthenen	75 %

Westl. Sibirien, Dichte heute .... 5–15 Mill.
Ackerbau .... 1,1 Mill. km², bis heute genutzt 1/10
doppelt so groß wie Deutschland.«[10]

Diese Notizen enthalten auch die Antwort auf eine Frage, die eventuell früher entstehen konnte: Warum fehlten in Meyers Plan die Zahlenangaben über die Vernichtung der slawischen Völker? – Weil sie eben in einem anderen Dokument, und zwar im Plan des RSHA, enthalten waren. Gerade auf diese Zahlen berief sich 1942 Wetzel, und Krummey wiederholte sie 1943. Einige Zeilen tiefer steht bei ihm schwarz auf weiß: »Generalplan OST ...« Hier fängt er an, die Vorträge in der Beratung zu diesem uns so wichtigen Thema zu konzipieren. Aber ...

[10] »Dzieje najnowsze«, Wroclaw – Warszawa – Krakow – Gdansk 1971, Rocznik III, p. 195–203.

Leider enden Krummeys Notizen gerade bei diesen Zeilen. Aber auch die verbleibenden Teile sind sehr aussagekräftig. Einige Unterlagen und Zeugenaussagen lassen mit ziemlicher Sicherheit vermuten, daß der Generalplan Ost ein Bestandteil des umfassenderen »Generalplans der Besiedlung« ganz Europas (Süd-, Mittel- und Osteuropas) werden sollte. Der polnische Publizist Krystof Kokolewski sprach vor einigen Jahren mit dem in der Bundesrepublik lebenden ehemaligen Leiter der Planungsabteilung des SS-Hauptamtes, Sturmbannführer Alexander Dolezalek. Dolezalek wußte zu berichten, daß seine Abteilung das künftige Schicksal »des ganzen neuen Europa«, das heißt aller 36 europäischen Völker, geplant hatte. Dieser Plan setzte sich aus drei Teilen zusammen: »Europa-1, Europa - 2« und »Europa - 3«. Dolezalek fügte jedoch hinzu, daß diese Arbeit eingestellt werden mußte.

Aus welchem Grunde, weiß nunmehr jeder. Der Soldat Iwan Tschurakow, der ein Opfer des Generalplans Ost werden sollte, hat sich nämlich damit nicht abgefunden. Er ist nach Berlin gekommen.

TEIL III

Berlin, April 1945

Heute, 37 Jahre nach dem Ende des Zweiten Weltkrieges, wissen wir fast alles über die Vorgänge im Führerbunker der Berliner Reichskanzlei. Dutzende Filme sind gedreht, hunderte Bücher und tausende Artikel verfaßt, mehrere Tonnen Memoiren veröffentlicht. Ich würde dieses Interesse keineswegs dem Zufall zuschreiben, denn die Geschichte wollte es anscheinend, daß der letzte Akt dieses Jahrhundert-Spektakels sich auf diesem geradezu symbolischen Schauplatz abspielte. Dieser Bunker wurde gegen Ende des Krieges zu einer regelrechten Mausefalle, die der Führer des Großdeutschen Reiches nicht mehr lebend verlassen sollte.
Ich kann mich heute nicht mehr genau erinnern, ob es am 3. oder 4. Mai 1945 war, als wir, einige Offiziere vom Stab des Marschalls Shukow und ich, an der Ecke Voßstraße – Wilhelmstraße aus unserem Jeep kletterten. Bald machten wir den Hauskommandanten (einen Oberstleutnant, wenn ich mich nicht täusche) ausfindig und begannen unsere Besichtigung. Wir stiegen über Haufen von Eisernen Kreuzen, die zu hunderten vor den Eingangstüren verstreut lagen, untersuchten zunächst verwüstete Arbeitszimmer und gingen dann hinunter in den Keller. Ich möchte von meinen Eindrücken etwas ausführlicher berichten, zumal ich sie schon damals, ein paar Tage später, zu Papier gebracht hatte. Diese Notizen kamen mir übrigens 1946 zugute, als der bekannte sowje-

tische Schriftsteller Pjotr Pawlenko, der am Drehbuch zum Spielfilm »Der Fall Berlins« arbeitete, mich darum bat, ihm etwas über den Führerbunker zu erzählen.
1945 hatte ich folgende Notizen gemacht:
»Wenn man an die Reichskanzlei von der Voßstraße herankommt, findet man an einer Ecke des vorstehenden Fassadenteils eine unauffällige in die Erde bündig eingelassene Stahlplatte. Sie konnte mit hydraulischen Pumpen hochgezogen werden und machte den Weg nach unten frei: Breite Stufen führten in die erste unterirdische Etage der Reichskanzlei.
Die reichlich 120 Zimmer dieser Etage sind zu beiden Seiten eines langen Ganges untergebracht. Der Korridor ist wie auf einem Schiff in einige durch Doppeltüren voneinander getrennte Sektionen eingeteilt. In jeder Sektion gibt es sechs bis acht Türen, die in andere Zimmer führen. Die Wände, aber auch der Fußboden sind mit gelben Kacheln ausgelegt. Nicht weit vom Eingang sieht man an einer Tür die Aufschrift: ›Führerkanzlei‹. In zwei Räumen war Hitlers Sekretariat untergebracht: zahlreiche Telefone, Tische mit darauf ausgebreiteten Karten. Drei Räume auf der gegenüberliegenden Seite derselben Sektion gehörten dem Reichsfunk. Von dort aus konnte Goebbels seine Rundfunkansprachen halten, ohne den unterirdischen Bunker zu verlassen.
Weiter am Gang sieht man Türen mit Aufschriften: Apotheke, Verbandsraum, Dieselraum, Telefonzentrale, Kommandostelle usw. In dieser Etage befand sich vor allem das Wachregiment – die SS-Leibstandarte ›Adolf Hitler‹. Alle Türen sind aus Metall und mit massiven Hebelgriffen versehen, um sie möglichst dicht abriegeln zu können. In jeder Etage gibt es eigene Dieselanlagen, die autonome Stromversorgung und Ventilation sicherten.
In die zweite unterirdische Etage gelangt man durch eine un-

auffällige Tür in einer der Sektionen der ersten Etage. Über lange und umfangreiche Lagerräume kommt man in die Garage, wo noch immer einige Gasmotorautos stehen. Eine Ausfahrt gibt es nicht, die Autos wurden mit einem Aufzug hinauf- und hinunterbefördert. Rechts von der Garage befinden sich die Küche und die Speiseräume. Am anderen Ende dieser Räume sieht man den Eingang zu weiteren, tiefer gelegenen Räumen. Es gelingt uns jedoch nicht, hineinzukommen, weil der Brand dort immer noch wütet.

Über ein verworrenes Korridornetz steigen wir in die dritte unterirdische Etage hinunter, zu den Räumen Hitlers, Goebbels' und Bormanns. Es ist wirklich nicht leicht, sich bei diesem Rundgang ein Bild von der ursprünglichen Stellung einzelner Möbelstücke in den Zimmern zu machen, denn ein Teil der Räume ist völlig ausgebrannt, während die Möbel in anderen Zimmern umgestellt, verschoben und teilweise beschädigt sind.

... Wir biegen in einen breiten Korridor ein. Die Türen auf der rechten Seite führen in die Räume Goebbels' und Bormanns. Goebbels bewohnte zwei Zimmer: das eine war dem Aussehen nach das Arbeitszimmer, das andere das Wohnzimmer. Im Wohnzimmer sehe ich die Betten seiner Kinder: zweistöckig, wie in der Kaserne.

In den Kleiderschränken hängen noch einzelne Kleiderstükke. In dieses Zimmer hatte man anscheinend von überall alle möglichen Anzüge, Lappen, Unterwäsche, Tischdecken und Küchentücher herbeigeschleppt. Nach kurzer Suche ziehen wir aus dem Haufen einen leicht angebrannten weißen Uniformrock mit roter Armbinde am rechten Ärmel. Die rechte Brusttasche schmückt das Eiserne Kreuz 2. Klasse aus der Zeit des Ersten Weltkrieges, darüber ein benähtes Loch für das Parteiabzeichen. Dieser Uniformrock hatte Hitler gehört. Daneben liegt ein halbverbrannter grauer Mantel aus

imprägniertem Wollstoff, den ich auf einigen Goebbels-Fotos gesehen habe.
Die Zimmer sind nicht sehr geräumig und auch nicht sonderlich hoch, so daß man das Gefühl nicht los wird, sich doch tief unter der Erde zu befinden. Linkerhand im Gang ist die Küche, aber sie ist völlig ausgebrannt. An den Wänden des Korridors hängen Gemälde zumeist holländischer Meister in wertvollen Rahmen. Am Ende des Ganges stoßen wir auf ein Zimmer mit zahlreichen außerordentlich wertvollen Büchern über die Baukunst. Das wird Hitlers Privatsammlung gewesen sein – wähnte er sich doch einen Architekten. In großen Bücherschränken aus Mahagoniholz stehen Kunstbände und Beschreibungen von Bauwerken verschiedener Völker und Epochen. Die Bücher sind zum Teil beschädigt, viele Buchrücken angebrannt.
Aus dem großen Korridor führt eine Treppe zu Hitlers Appartements. Hitler standen hier vier Zimmer zur Verfügung: Gästezimmer, Eßzimmer, Schlafzimmer und Bad; außerdem noch ein Durchgangszimmer, über dessen Bestimmung wir uns nicht einig werden konnten, weil dort kein Möbel zurückgeblieben ist.
Wenn man diesen Durchgangsraum passiert, kommt man ins Gästezimmer. Es ist sehr klein. An der rechten Wand steht ein Tisch mit vielen Schubladen, dahinter ein kleiner Stahlschrank und ein Tisch mit Telefonen. Die Tür rechts führt in das – noch kleinere – Schlafzimmer. Dort ist nur für ein Bett, einen Bücher- und einen Stahlschrank sowie ein kleines Bücherregal mit einigen Enzyklopädiebänden Platz. Die Einrichtung des zweiten Zimmers ist ganz gewöhnlich: mehrere elektromedizinische Geräte – ›Bergsonne‹, zwei kleine Quarzlampen und einige weitere Apparate, deren Bestimmung uns unbekannt ist. Alle Zimmer Hitlers überraschen durch ihre kleinen Ausmaße, sie sind so eng, daß man dort fast Platz-

angst hat. Das nächste am Gang ist das Zimmer seines Leibwächters. Auf der rechten Seite des Ganges befinden sich Dieselraum, Telefonzentrale, Arztzimmer und Apotheke. Aus der dritten unterirdischen Etage führt ein besonderer Gang in den Garten.«[1]

Selbstverständlich vermittelt diese Aufzeichnung kein vollständiges Bild vom Aussehen der Reichskanzlei. Daher möchte ich mich einem anderen Dokument zuwenden, das sicherlich authentisch als auch repräsentativ ist. Einer der Autoren dieses Dokuments ist Sturmbannführer Otto Günsche, persönlicher Adjutant des Führers 1943 bis 1945. Er war ziemlich lange in sowjetischer Gefangenschaft. Der zweite, der SS-Sturmbannführer Heinz Linge, Hitlers Kammerdiener 1935 bis 1945. Gleich nach Kriegsende hatte er sich unter die Kriegsgefangenen gemischt und hoffte so, unerkannt zu bleiben. Um alle Spuren zu verwischen, steckte er, als sie durch Berliner Straßen unter Bewachung abgeführt wurden, einer Frau am Straßenrand seine Uhr, ein Geschenk Hitlers mit dessen Initialen, zu. Doch Linge hatte Pech. Die Frau ging mit dem unverhofften Geschenk prompt zur sowjetischen Militärkommandantur. Die Folge war der Befehl, Linge unverzüglich unter den Tausenden von Kriegsgefangenen ausfindig zu machen – was dann auch gelang.[2]

Die Geschichte dieses Dokuments, das ich ziemlich oft zitieren werde, ist wie folgt: Als Günsche und Linge in die sowjetische Gefangenschaft kamen und ausführliche Aussagen zu machen begonnen hatten, über die Ereignisse in der Reichskanzlei, waren die sowjetischen Untersuchungsrichter auf den Gedanken gekommen, die Berichte von beiden in ein bestimmtes System einzuordnen. Sie begannen mit einem chro-

---

[1] Archiv des Autors.

[2] An diese Episode erinnerte sich Linge offensichtlich nicht gern. Jedenfalls fehlt sie in seinen 1979 veröffentlichten Memoiren.

nologischen Verhör, wobei sie die Berichte von Günsche und Linge separat aufzeichnen ließen. Danach wurden die Stenogrammprotokolle vereint, von beiden in deutscher Sprache durchgelesen und von ihnen auch unterzeichnet. So kam eine eigenartige »Doppelbeschreibung« der wichtigsten Ereignisse in der unmittelbaren Umgebung Hitlers von 1933 bis 1945 zustande.

Ich hatte Gelegenheit, mich mit einigen Kapiteln dieses Berichts vertraut zu machen, der einen recht lebendigen Eindruck machte. Später, nach ihrer Rückkehr aus der Gefangenschaft, behaupteten O. Günsche und H. Linge, daß sie absichtlich einige Ereignisse entstellt hätten – angeblich deswegen, um den Untersuchungsrichtern einen Gefallen zu tun. Eine solche »Selbstkritik« entbehrt jeder Grundlage. Wie ich aus dem Gespräch mit den damaligen Untersuchungsrichtern erfahren habe, die die Verhöre führten, wurde auf die beiden keinerlei Druck ausgeübt und nichts vorgesagt. Alles wurde so dargelegt, wie dies damals Günsche und Linge wollten. Für meine Person kann ich nur sagen, daß die Darstellung einiger Ereignisse (zum Beispiel der Flug von Hess oder die letzten Tage der Reichskanzlei) sich später als recht wahrheitsgetreu erwiesen haben.

Hier die Beschreibung des Bunkers, so wie ihn Günsche und Linge sahen:

»Mitte Februar 1945 zog Hitler in den Luftschutzbunker um. Zusammen mit ihm wohnten dort Eva Braun und Morell, dessen Aufputschspritzen er keinen einzigen Tag entbehren konnte. Der ganze persönliche Stab Hitlers blieb in der Reichskanzlei. Dieser Luftschutzbunker wurde auf Hitlers Befehl 1943 im Park der Reichskanzlei gebaut.

Der alte Luftschutzraum unter dem ›Diplomatensaal‹, den er bis dahin bei Fliegerangriffen auf Berlin benutzt hatte, schien ihm nun nicht mehr sicher genug. Er wollte sich noch tiefer in die Erde eingraben. Der neue Bunker lag drei Meter tiefer als der alte. Vom alten Bunker wurde ein Verbindungstunnel zum neuen mit einer steinernen Wendeltreppe durchgehauen, die unten an einer kleinen Kammer mit gepanzerter Tür endete. Hinter dieser Tür begann ein breiter zweiteiliger Gang des Führerbunkers.

In der vorderen Hälfte des Ganges standen an der rechten Wand Schränke mit Luftschutzgerät (Yperitanzügen, Stahlhelmen, Gasmasken, Feuerlöscher). Eine Tür an dieser Wand führte in den Maschinenraum mit Lüftungsanlagen. Die zweite Panzertür führte in sechs anliegende Räume. Hier befanden sich Fernsprechstelle, die ein Offizier aus Hitlers Leibwache bediente, Telefonzentrale, Telegraf, Morells Zimmer, Sanitätsstelle, wo auch das Bett des Notarztes, Dr. Stumpfegger, stand, Schlafzimmer für Linge und Ordonanzoffiziere sowie ein Gemeinschaftsraum.

An der linken Wand in der ersten Hälfte des Korridors standen ein viereckiger Tisch und einige Sessel. Eine Wanduhr hing über dem Tisch. Daneben befand sich eine Telefonzelle, aus welcher der Wachtmeister des Fernsprechdienstes Telefongespräche für Teilnehmer der Beratungen anmeldete. Eine Tür an der linken Seite des Korridors führte zum Waschraum. Dort hatte auch Hitlers Schäferhündin Blondi ihren Platz ...

Eine Panzertür trennte den ersten Teil des Ganges vom zweiten, dem sogenannten Empfangsteil. Am Eingang zum Empfangsteil stand ein Offizier aus Hitlers Leibwache. In den Empfangsräumen versammelten sich vor Lagebesprechungen die Teilnehmer und warteten auf Hitler. An den Wänden hingen große Gemälde, vor allem Landschaften. An der rechten Wand standen 12 bis 16 Sessel. An der gegenüberliegenden Wand eine Polsterbank, davor ein rechteckiger Tisch mit Polsterstühlen. Rechts und links von der Polsterbank be-

fanden sich zwei gepanzerte Türen. Die linke führte in die Räume Hitlers und Eva Brauns, die rechte in den Besprechungsraum.
Vor Hitlers Appartements war ein kleiner Erfrischungsraum. Vor dessen Tür wurde ein Schirm aufgestellt, der den Besprechungsteilnehmern den Blick zu den Räumen Hitlers und Eva Brauns verdeckte.
Hinter der Doppeltür des Erfrischungsraums befand sich Hitlers Arbeitszimmer, mit dickem, weichem Teppich ausgelegt. Im Arbeitszimmer, rechts von der Tür, stand ein Schreibtisch, davor ein Sessel. Auf dem Tisch sah man eine Bronzelampe, Schreibzeug, einen Telefonapparat, einen Weltatlas und ein Vergrößerungsglas. Zu der Tischausstattung gehörte gewöhnlich auch die Brille des Hausherrn. Über dem Tisch hing ein von Menzel gemaltes Brustbild Friedrichs II. im ovalen Rahmen. An der gegenüberliegenden Wand stand ein Sofa, davor ein Tisch und drei mit bunter Seide bezogene Stühle. Ein Stilleben hing über dem Sofa. Rechts davon stand ein Teetisch, links ein Rundfunkgerät. An der rechten Wand hing ein Gemälde von Lucas Cranach.
Eine Tür an derselben Wand führte zu Hitlers Schlafzimmer, dessen Fußboden ebenfalls mit einem Teppich ausgelegt war. Hier befanden sich ein Bett mit einem Nachttisch, ein Kleiderschrank, ein fahrbarer Teetisch auf Rollen, ein Tresor, in dem er Geheimpapiere aufbewahrte, Bücherregale und ein Sauerstoffgerät. Links in Hitlers Büro war eine Tür zum Badezimmer für Hitler und Eva Braun. Aus dem Bad führte eine Tür in Eva Brauns Toilettezimmer und Schlafsalon. Hier standen rechts von der Tür eine dunkle Couch, ein kleiner, runder Tisch und ein Sessel. Gegenüber der Couch standen an der gegenüberliegenden Wand Eva Brauns Bett, ein Kleiderschrank und der Kasten für ihren Hund.

Auf dem Fußboden lag ein dunkler, gemusterter Teppich. Die Wände waren mit Blumengemälden geschmückt. Die zweite Tür aus Eva Brauns Zimmer führte in den Erfrischungsraum.
Am Ende des Empfangsteils befand sich die sogenannte ›Schleuse‹ mit Panzertür. In der ›Schleuse‹ gab es rechts und links zwei Notausgänge zum Park der Reichskanzlei. Aus dem rechten Ausgang führte eine Wendeltreppe aus Steinblöcken nach oben. Über diesem Ausgang wurde ein viereckiger Turm mit dicken Betonmauern gebaut. Dort befand sich ständig ein SD-Offizier, der den Eingang zum Führerbunker bewachte. Vor der Tür unten im Park stand ein weiterer Wachposten aus Hitlers Leibwache. Zum linken Notausgang führte eine Stahltreppe, einer Feuerwehrleiter ähnlich. Dieser Ausgang war ebenfalls von einem kuppelförmigen Turm mit MG-Scharten überdacht, in dem Beobachtungsposten untergebracht waren. Den Wachdienst in diesem Turm versahen SS-Leute aus Hitlers Leibwache. Der Turm hatte Telefonverbindung mit dem Führerbunker.
Das Fundament, die Decke und die Mauern des Führerbunkers waren aus 3 Meter dickem Spannbeton gebaut. Die Decke war zusätzlich mit schweren Stahlbalken verstärkt. Aber auch das schien Hitler nicht genug. Er ordnete an, eine weitere Schutzschicht aus Granitschiefer und engmaschigen Stahlnetzen hinzukommen zu lassen. Außerdem wurden auf seinen Befehl neue Übergänge in Zickzackform aus der Reichskanzlei in den Führerbunker gebaut. Sie wurden durch schwere gepanzerte Türen verriegelt.
Hitler verließ seine Zimmer im Bunker nur zu Lagebesprechungen am Tage und zur Mittagszeit. Als Anfang Februar 1945 der Wintergarten der alten Reichskanzlei von einer Bombe zerstört wurde, fanden Lagebesprechungen nur noch in Hitlers Arbeitszimmer in der neuen Reichskanzlei statt. Aus

dem Bunker ging Hitler in sein Arbeitszimmer immer durch den Garten der Reichskanzlei. Wenn Berlin während der Lagebesprechungen aus der Luft bombardiert wurde, verlegte man sie in den Führerbunker. Abends verliefen Lagebesprechungen stets im Führerbunker.«

Derselben Quelle entnehmen wir auch eine recht turbulente Geschichte darüber, wie im Führerbunker die Nachricht vom sowjetischen Angriff auf Berlin aufgenommen wurde:

»Am 16. April 1945 ging die nächtliche Lagebesprechung bei Hitler gegen 3.30 Uhr zu Ende. Von Hermani, Oberstleutnant im Generalstab, der über die Lage an der Ostfront berichtet hatte, fuhr aus der Reichskanzlei nach Zossen, in das Hauptquartier des OKH, während der Major im Generalstab, Friedel – er meldete die Lage an der Westfront – die Reichskanzlei in Richtung Dahlem verließ.

Bei dieser Besprechung wurde über die Lage an der Ostfront folgende Meldung erstattet: schwere Kämpfe im Abschnitt der Heeresgruppe Süd in Österreich; russischer Druck besonders stark bei St. Pölten, westlich von Wien; verstärkte Angriffe der Russen im Abschnitt der Heeresgruppe Mitte im Raum Mährisch-Ostrau – Brünn sowie Schlesien. An der Oder sei es, abgesehen von einigen Spähtruppunternehmen, relativ still geworden.

Nach der Nachtbesprechung zog sich Hitler wie üblich mit Eva Braun und den beiden Sekretärinnen, Frau Christian und Frau Junge, zum Abendtee zurück. Im Rauchzimmer der alten Reichskanzlei tranken Burgdorf[3], Fegelein[4] und Günsche Schnaps und Cognac.

Gegen fünf Uhr morgens läutete im Zimmer das Telefon: Burgdorf werde dringend von ›Maibach‹ verlangt. ›Maibach‹

---

[3] Heeres-Chefadjutant Hitlers, Leiter des Personalamtes.

[4] Himmlers Vertreter in Hitlers Hauptquartier, SS-Gruppenführer, ein Verwandter Eva Brauns.

war die Codebezeichnung des OKH-Hauptquartiers in Zossen. Am Apparat war General Krebs.[5] Es war eigentlich gar nicht üblich, daß der Generalstabschef in dieser frühen Morgenstunde anrief. Burgdorf hörte mit angestrengtem Gesicht zu. Er machte Fegelein und Günsche ein Zeichen, daß sie schwiegen. Dann begann er etwas aufzuschreiben, rief abrupt in die Muschel:

›Wo? Küstrin? Wo noch? An der ganzen Front? Ich melde sofort dem Führer. Wenn du Genaueres weißt, ruf bitte gleich an. Danke!‹ (Burgdorf und Krebs duzten einander.)

Burgdorf legte den Hörer langsam auf, sah Fegelein und Günsche an und sagte schnell:

›Um vier Uhr ist es an der Oder losgegangen! Mächtiges Artilleriefeuer der Russen an der ganzen Front! Russische Infanterie und Panzer greifen schon seit einer halben Stunde an!‹

Burgdorf griff wieder nach dem Telefon. Aus dem Bunker antwortete man, Hitler sei noch beim Tee. In Begleitung Fegeleins und Günsches begab sich Burgdorf dorthin, um Hitler über Krebs' Meldung zu benachrichtigen ... Hitler trat sofort ins Vorzimmer ein, wo Burgdorf, Fegelein und Günsche auf ihn warteten. Hitlers Gesichtsausdruck verriet innere Spannung, wie es auch stets der Fall war, wenn man ihm eine unerwartete Nachricht brachte. Burgdorf meldete:

›Mein Führer! Soeben hat Krebs angerufen. Um vier Uhr morgens begann die russische Offensive an der Oder.‹

Hitler zuckte zusammen.

›Wo?‹ fragte er zurück.

Burgdorf berichtete, russische Panzer und Infanterie seien nach gewaltiger Artillerievorbereitung zum Angriff überge-

---

[5] Kommissarischer Generalstabschef, General der Infanterie.

gangen. An einigen Stellen versuchten die Russen in der Dunkelheit die Oder zu überqueren. Sie griffen unentwegt von ihren Brückenköpfen vom Westufer der Oder bei Küstrin an. Hitler verlangte weitere Einzelheiten, unter anderem, ob die Truppen rechtzeitig aus dem Wirkungskreis der russischen Artillerie zurückgezogen wären. Burgdorf erwiderte, Krebs habe ihm keine Einzelheiten mitgeteilt.
Hitler versuchte, seine Aufregung zu verbergen. Seine Gesichtsmuskeln zuckten krampfhaft. Er biß sich auf die Lippen, was bei ihm ein Zeichen höchster Aufregung war. Dann fragte er:
›Wie spät ist es?‹
›Zwanzig nach fünf‹, antwortete Günsche.
Hitler sprach wieder Burgdorf an:
›Benachrichtigen Sie mich sofort, wenn neue Meldungen eintreffen. Selbst wenn man Ihnen sagt, daß ich schon im Bett liege. Ich werde sowieso nicht schlafen. Veranlassen Sie, daß man mich unverzüglich mit Krebs verbindet. Ich möchte mit ihm selbst sprechen.‹
Danach ging Hitler in sein Arbeitszimmer zurück, wo immer noch Eva Braun und die Sekretärinnen saßen.
In den Meldungen, die in den Morgenstunden einliefen, hieß es, die Russen griffen beinahe an sämtlichen Frontabschnitten weiter an, während einige lokale Durchbruchversuche zurückgeschlagen wären.
Hitler ging zwar zu Bett, schlief aber nicht. Er rief Linge mehrmals zu sich und ließ ihn bei Burgdorf oder Johannmeyer[6] erfragen, ob neue Nachrichten von der Oder vorlägen. Burgdorf und Johannmeyer, die ständige Telefonverbindung mit Krebs unterhielten, meldeten, das Bild wäre noch unklar, weil das Fernmeldenetz, an einigen Stellen von

[6] Einer der Heeresadjutanten Hitlers.

der russischen Artillerie beschädigt, noch nicht ganz repariert sei.
An jenem denkwürdigen Tag, dem 16. April, hat Hitler die Lagebesprechung für 14.30 Uhr anberaumt. Im Vorzimmer versammelten sich vor Anfang der ›Lage‹ Göring, Dönitz, Keitel, der, einigen Frontgeneralen folgend, die Lampassen von seiner Uniformhose entfernte, da die Front immer näherrückte; weiterhin Jodl, Krebs, Burgdorf, Buhle, Winter, Christian, Wagner, Voß, Fegelein, Hewel, Lorenz[7], Hitlers Adjutanten und mehrere Offiziere des Generalstabs. Sie standen in Gruppen, diskutierten laut und lebhaft über die im Morgengrauen begonnene Offensive der Russen an der Oder. Alle waren zuversichtlich, daß die Front an der Oder halten würde.
Aus seinen Privaträumen erschien Hitler in Begleitung Bormanns. Alle Stimmen verstummten sofort, alle erstarrten auf ihren Plätzen und hoben die Hand zum Hitlergruß. Hitler wechselte rasch einen Händedruck mit Göring, Dönitz, Keitel, Jodl und Krebs. Er fragte Krebs: ›Haben Sie sich ein klares Bild von den Kämpfen an der Oder gemacht?‹
Krebs' Antwort lautete: ›Jawohl, mein Führer.‹
Hitler grüßte die anderen durch Kopfnicken und begab sich mit Krebs ins Konferenzzimmer. Alle folgten ihnen.
Da wegen der angefangenen Russen-Offensive an der Oder

---

[7] Hier werden die Teilnehmer der täglichen Lagebesprechungen Hitlers genannt: Göring – Oberbefehlshaber der Luftwaffe; Großadmiral Dönitz – Oberbefehlshaber der Kriegsmarine; Generalfeldmarschall Keitel – Chef des Oberkommandos der Wehrmacht (OKW); Generaloberst Jodl – Chef des Wehrmachtführungsstabs; Krebs, Burgdorf; General Buhle – Stabschef der Heerestruppen beim OKW; Generalleutnant Winter – Stellvertreter Jodls; Generalmajor Christian – Chef des Luftwaffenführungsstabes; Vizeadmiral Voß – persönlicher Vertreter von Großadmiral Dönitz im Hauptquartier; Lorenz – Vertreter des Deutschen Nachrichtenbüros im Hauptquartier.

die Teilnehmer der Lagebesprechungen vollzählig erschienen waren, war der Platz im Raum ziemlich knapp, so daß einige Generalstabsoffiziere und Adjutanten draußen bleiben mußten. Der Konferenzraum konnte höchstens 20 Personen aufnehmen.
Krebs begann seinen Bericht mit der Übersicht der Lage an der Oder. Die russische Offensive, meldete er, konnte aufgehalten werden. Erbitterte Kämpfe gingen jedoch weiter. Russische Angriffe, betonte Krebs, würden von den Morgenstunden an durch ununterbrochene Luftwaffeneinsätze unterstützt. An einigen Abschnitten seien die Russen recht tief in die deutsche Verteidigung eingedrungen. Dort werde versucht, sie durch Gegenangriffe zurückzuschlagen. Vom Brückenkopf am westlichen Oderufer aus stießen die Russen vor allem in den Raum westlich von Küstrin vor. Russische Übergangsstellen und Brückenköpfe seien massivem Artilleriefeuer ausgesetzt.
Hitler sah zu Göring hinüber, der sich auf dem Tisch breitgemacht hatte und angeblich etwas auf der Karte suchte. Diese Pose war typisch für Göring in den Fällen, wenn sich Hitler für den Einsatz der Luftwaffe interessierte. Christian, der den Blick des Führers abfing, begann zu berichten, daß die deutschen Stukas vor allem die russischen Übergänge an der Oder bombardierten. Er wollte noch etwas hinzufügen, doch Hitler wandte sich wieder Krebs zu: ›Fahren Sie fort, Krebs.‹
Krebs zeigte auf der Karte, daß die Russen seit Mittag, nach der Artillerievorbereitung, mit neuer Kraft den Angriff fortsetzten und daß die Lage der deutschen Truppen, insbesondere westlich von Küstrin, sehr kritisch sei. Hitler stand auf und sagte mit gepreßter Stimme: ›Wir müssen um jeden Preis den ersten Attacken der Russen standhalten. Wenn die Front nicht steht, ist alles verloren!‹

Er gab Krebs die Anweisung, ihm sofort neue Informationen über die Kämpfe bei Küstrin zu verschaffen. Mit seinem Adjutanten Freytag von Loringhoven verließ Krebs den Raum und ging ans Telefon. Von Loringhoven kam noch einmal zurück und ließ sich die Karte der Front an der Oder geben, um die neue Lage darauf zu übertragen. Während Krebs mit dem Hauptquartier des Heeres in Zossen telefonierte, redeten Göring, Dönitz, Keitel und Jodl auf Hitler ein. Sie wollten ihn glauben machen, daß die russische Offensive an der Oder zurückgeschlagen werde.
Hitler sagte wieder mit Nachdruck, es sei besonders wichtig, die ersten Tage durchzuhalten und den Russen große Verluste beizubringen. Keitel und Jodl redeten Hitler nach dem Mund. Sie knüpften an Beispiele aus dem Ersten Weltkrieg an, wo bei manchen Operationen mit großem Aufwand an technischen Mitteln auf beiden Seiten der Gegner den standhaften deutschen Soldaten nur einige Meter Boden abringen konnte und letztlich ausblutete.
Krebs und von Loringhoven kamen nach einigen Minuten in den Besprechungsraum zurück. Hitler blickte sie hoffnungsvoll an, und sobald die Karten wieder ausgefaltet waren, beugte er sich darüber. Rote Pfeile, die Feindangriffe bedeuteten, zielten fast an allen Stellen auf die Frontlinie. Bei Küstrin waren die russischen Truppen schon tief in die deutsche Verteidigung eingedrungen. Krebs meldete, daß es den Russen westlich von Küstrin gelungen sei, sehr weit vorzustoßen; die Lage dort spitze sich weiter zu. An allen anderen Abschnitten stehe die Front noch. Der Oberbefehlshaber der Heeresgruppe an der Oder, Generaloberst Heinritzi, halte es für notwendig, westlich von Küstrin zurückzugehen, um die Ausweitung des Durchbruchs zu verhindern.
Hitler rief empört aus: ›Nein, wir gehen keinen Meter zurück! Wenn wir uns an der Oder nicht halten, dann wo? Der

Durchbruch bei Küstrin ist noch heute zu liquidieren! Dieser Befehl wird sofort durchgegeben!‹«

So haben Günsche und Linge Hitlers Worte festgehalten. Aber konnte dieser Befehl überhaupt noch ausgeführt werden?

Vom militärischen und operativen Standpunkt aus gehörte die Berlin-Verteidigung gegen die Offensive der Truppen Shukows, Konjews und Rokossowskis zweifellos nicht zu den Ruhmesblättern in der Geschichte der deutschen Kriegskunst. Berlin wurde von der Heeresgruppe Weichsel unter dem Befehl von Generaloberst Siegfried Heinrici, einem bewährten Wehrmachtgeneral, verteidigt. Dieser hatte erst vor verhältnismäßig kurzer Zeit (am 20. März 1945) auf diesem Posten Heinrich Himmler abgelöst: Das Kriegstalent des Reichsführers erwies sich als äußerst dürftig, und nicht einmal er, dessen Name alle erzittern ließ, konnte den Rückzug der Heeresgruppe Weichsel unter den Angriffen der sowjetischen Truppen aufhalten. Sie wurde von der Weichsel bis zur Oder, zu den berühmten historischen Orten Kunersdorf und Zorndorf, zurückgeworfen. »Die Geschichte hat wenig Phantasie«, bemerkt ganz zu recht mein geehrter Kollege Wolfgang Paul in »Der Endkampf in Deutschland«. »Sie kehrt, da die Erde nicht unerschöpflich groß ist, an Schauplätze zurück, Jahrhunderte, nachdem sie sich dort aufgehalten hat, und spielt das Halbvergessene nochmals durch, in anderen Dimensionen ...«[8] Aber die Parallele mit dem Siebenjährigen Krieg wäre hier fehl am Platz. »Das Mirakel des Hauses Hohenzollern« hat sich an der Oder nicht wiederholt.

---

[8] W. Paul. Der Endkampf in Deutschland. Esslingen 1975, S. 80.

An der Oder hatte es Heinrici mit einer unlösbaren Aufgabe zu tun: mit zwei Armeen (der 9. von General Busse und der 3. Panzerarmee Manteuffels) Shukow zu stoppen. Heinrici glaubte, starken Widerstand leisten zu können, und wenn er schon zum Rückzug gezwungen sein würde, wollte er aber wenigstens verhindern, daß Busses Armee nach Berlin abgedrängt werde; sie sollte sich vielmehr in diesem Fall an die Elbe zurückziehen. Aber der unverhoffte Angriff Konjews von Süden vereitelte diesen Plan. Busse war von der Elbe abgeschnitten. Abgeschnitten war er auch von der ihm am nächsten liegenden 4. Panzerarmee von General Gräser aus der Heeresgruppe Mitte. Zwar wollte die Korpsgruppe von Generalleutnant Jolasse diese Lücke schließen, doch seine Mühe war umsonst. Heinrici erging es nicht besser: Am dritten Tag der Kämpfe berichtete er OKH, daß seine Reserven erschöpft seien. Der Widerstand auf den Seelowhöhen war gebrochen. Busse forderte Panzerverstärkung aus der OKH-Reserve und beim Reichskommissar Goebbels an. Goebbels jedoch war der Meinung, daß »Berlin in Berlin verteidigt werden soll« - d.h. gerade das, was Busse und Heinritzi auf jeden Fall zu verhindern suchten. Hitler war mit Goebbels nicht einverstanden: Er wollte Berlin an der Oder oder etwas westlicher verteidigen. (Bei einer Lagebesprechung erkundigte er sich nach der Stärke der Berliner Garnison. Die Antwort lautete: 94094 Mann.) Heinrici glaubte seinerseits, die Hauptaufgabe wäre im Moment, nördlich von Berlin die Verbindung zur 9. Armee Manteuffels nicht zu verlieren. Dies war der Auftrag des 3. SS-Panzerkorps unter Generalleutnant Steiner.

Am 20. April wurde jedoch dem OKH klar, daß die Schlacht an der Oder verloren war, denn die 9. Armee war gespalten: Ein Teil wurde nach Berlin abgedrängt, der größere Teil eingeschlossen. Danach wurde die letzte operative Idee in der

Geschichte des Krieges geboren: die 12. Armee des Generalleutnant Wenck von der Elbe zurückzunehmen, um sie »zur Rettung« der Hauptstadt in Richtung Berlin zu lenken. Wenck erhielt den Befehl, in der Nacht vom 23. zum 24. April gegen die Amerikaner die Front zu eröffnen, in den Raum Potsdam zu gehen und Berlin von Westen zu dekken.

Zugleich gelang es Heinrici nach leidenschaftlicher Diskussion, die Genehmigung zum Rückzug der 9. Armee aus dem Kessel einzuholen. Doch es war schon zu spät. Heinrici gestand dem kommissarischen Generalstabschef Krebs: »Ich bin mit meinem Latein am Ende.« Er glaubte auch nicht an den Erfolg Wencks (in der Tat dachten die Reste der Armee Wencks nicht daran, Berlin zu »retten«, sie retteten sich vielmehr selbst zu den Amerikanern). Heinrici sah überhaupt keine Möglichkeit mehr, den Kampf weiterzuführen, weshalb ihn Keitel am 28. April seines Postens enthob. Die Heeresgruppe blieb also ohne Oberbefehlshaber. Aber auch von der Gruppe selbst war nicht viel übriggeblieben. Berlin konnte also weder an der Oder noch in Berlin »verteidigt« werden.

Doch nimmt man den Operationsablauf im allgemeinen, kann der 21. April 1945 als ein Wendepunkt sowohl im Hinblick auf die Kampfhandlungen als auch auf die Atmosphäre im Führerbunker gelten. Bis zu diesem Tag herrschte dort die illusionäre Auffassung, das Reich verfüge noch über ausreichende Mittel zur weiteren Existenz. Aus den Unterlagen des OKW ersieht man, daß am 11. April einer der letzten »Führerbefehle« zustande kam, wonach »wegen voraussichtlich erschwerter zentraler Führung« die Bildung von zwei Kommandostäben (A – Nord, B – Süd) geplant war. Am 15. April wurde ein weiterer Befehl erlassen. Er sah vor, daß in dem Raum, wo der Führer sich nicht befinden wird (!), ein Oberbefehlshaber sämtlicher Truppen, einschließlich der SS, eingesetzt werden sollte. Für den nördlichen Bezirk wurde bereits Großadmiral Dönitz, für den südlichen Feldmarschall Kesselring benannt. Mehr noch: Am 20. April erhielt Dönitz den Befehl, sein Amt anzutreten. Daraus kann gefolgert werden, daß Hitler beabsichtigte, sich in den südlichen Raum, d. h. in Richtung Obersalzberg bei Berchtesgaden, abzusetzen.

In meinem Buch »Die letzten Notizen Martin Bormanns« brachte ich den Telegrammwechsel zwischen Bormann und der nach dem Berghof vorausgeschickten Mannschaft. Er zeugt von aktiven Vorbereitungen auf Hitlers Abflug nach Bayern. Dennoch sandte derselbe Bormann am 21. April um 9.12 Uhr ein Telegramm mit folgendem Wortlaut zum Obersalzberg: »Wolf[9] bleibt hier, da Lage nur durch ihn zu meistern, wenn überhaupt möglich.«

Was war also passiert? In den Unterlagen der Regierung Dönitz wurde ein nicht unterzeichnetes Dokument entdeckt, in welchem alle Ereignisse jener Tage dargestellt sind. Es wurde »Entwurf« betitelt und fängt wie folgt an:

»Mit Befehl vom 10. 4. 1945 (Anlage 1) ordnete der Führer an, daß im Falle der Unterbrechung der Landverbindung zwischen Nord- und Süddeutschland im südlichen Teil der Feldmarschall Kesselring und im Nordteil der Großadmiral Dönitz uneingeschränkte Befehlsbefugnisse ausüben sollten, sofern der Führer selbst an der Ausübung seiner Befugnisse verhindert sein sollte. Hierzu erging am 14. 4. ein entsprechender Ergänzungsbefehl des OKW (Anlage 2). Der Führer behielt sich die Einsetzung eines Obersten Reichsverteidigungskommissars für den zivilen Sektor vor.

Am 20. 4. 1945 beauftragte der Führer den Oberbefehlsha-

[9] Hitlers Deckname in den 20er Jahren.

ber der Kriegsmarine mit der sofortigen Vorbereitung zur restlosen Ausschöpfung aller personellen und materiellen Möglichkeiten zur Verteidigung des Nordraumes im Falle einer Unterbrechung der Landverbindung in Mitteldeutschland. Er erteilte die Vollmacht, die für diesen Zweck erforderlichen Befehle an alle Stellen von Staat, Partei und Wehrmacht in diesem Raum zu erteilen (Anlage 3).
Am 21. 4. 1945 rief Generalfeldmarschall Keitel bei Großadmiral Dönitz an und schlug vor, beschleunigt gemeinsam eine Entscheidung des Führers über die Entsendung des Ob. d. M. in den Nordraum herbeizuführen, da die Entwicklung der Lage diese Maßnahme als dringend geboten erscheinen läßt. Um 14.30 Uhr meldete sich der Großadmiral beim Führer in der Reichskanzlei. Er schlug dem Führer vor, ihm die Vollmachten für die Vorbereitung zur restlosen Ausschöpfung aller personellen und materiellen Möglichkeiten für die Verteidigung des Nordraumes im Falle einer Unterbrechung der Landverteidigung in Mitteldeutschland zu erteilen und seine alsbaldige Verlegung in den Nordraum zu genehmigen.
Der Führer erklärte sich mit diesem Vorschlag einverstanden. In einer persönlichen Aussprache des Großadmirals mit dem Führer wurden die Aufgaben des Großadmirals nach Übernahme des Oberbefehls im Nordraum besprochen. Im Anschluß daran meldete sich der Großadmiral beim Führer ab. Am 22. 4. 1945, 3.30 Uhr, verließ er mit seinem Stab Berlin und traf um 10.00 Uhr in Plön ein (Kriegstagebuch des Ob. d. M.).«
Weiter hieß es im »Entwurf«: »Die Vorbereitungen für die Regelung der Befehlsgewalt im Falle einer Landunterbrechung in Mitteldeutschland waren von der Voraussetzung aus getroffen worden, daß der Führer entweder im Nordraum oder im Südraum die Befehlsgewalt persönlich ausüben

würde. Durch den Entschluß des Führers im Falle der Einschließung Berlins dort zu bleiben, trat eine vollständig veränderte Situation ein.«
Es gibt ein weiteres Dokument aus Dönitz' Unterlagen, das ebenfalls beweist, daß vor dem 21. April in Hitlers nächster Umgebung alles zum Abflug nach dem Süden bereit war. Es geht hier vor allem um die Denkschrift des Staatssekretärs der Reichsregierung, Dr. Kritzinger, der für die Absetzung aller Regierungsorgane aus Berlin verantwortlich war. Der Staatssekretär war sehr pedantisch und registrierte alle Ereignisse Stunde für Stunde.

»1. Mit der Verschärfung der militärischen Lage im April mehrten sich die Anfragen der Obersten Reichsbehörden, wann die noch verbliebenen kleinsten Führungsstäbe sich aus Berlin absetzen sollten. Mitte April fragte Reichsleiter Bormann den Führer. Der Führer lehnte damals ein Absetzen der Reichsminister mit ihren Führungsstäben ab.
2. Am 20. 4. vormittags erkundigte sich Reichskabinettsrat von Stutterheim (wie er das regelmäßig tat) bei Oberstleutnant von John[10] nach der Lage. Dabei äußerte Herr von John, die militärische Lage im Süden sei so, daß er glaube, es sei unerläßlich wegen des Ausweichens der Obersten Reichsbehörden eine neue Weisung zu erhalten.
3. Ich rief daraufhin Reichsleiter Bormann an: Ich müsse pflichtgemäß darauf aufmerksam machen, daß ein Absetzen der Führungsstäbe nach Süden, soweit mir die Lage bekannt sei, in kurzer Zeit nicht mehr möglich sein werde und bäte daher um Mitteilung, ob eine neue Weisung vorliege. Reichsleiter Bormann antwortete zunächst: sie (Führerhauptquartier) seien auch noch hier (d. h. in Berlin – L. B.). Auf meine

[10] Einer der Heeresadjutanten Hitlers.

Bemerkung, daß sie gegebenenfalls abfliegen könnten, was den Führungsstäben nicht möglich sei, äußerte Reichsleiter Bormann, er werde den Führer fragen.

4. Nach einiger Zeit rief Reichsleiter Bormann an: Es änderte sich nichts.

5. Gegen Abend rief Reichsleiter Bormann von sich aus bei mir an: Was von den Obersten Reichsbehörden noch nach Süden gehen solle, müsse in den nächsten 2 Stunden abfahren, sonst sei nicht mehr durchzukommen. Auskunft über den Weg erteile Kriminaldirektor Högel (Führerwohnung). Ich möchte das Erforderliche veranlassen. Seine Mitteilung gelte aber nicht für die Minister, da die Fahrt zu gefährlich sei, diese sollten in Berlin bleiben und wenn es notwendig werde, nach Norden abreisen, um dann von dort nach Süden zu fliegen. Auf meine Frage, ein endgültiges Absetzen der Führungsstäbe nach Norden käme demnach also nicht mehr in Frage, antwortete Reichsleiter Bormann: *Nein, der Führer werde sie selbstverständlich bei sich im Süden haben wollen.*

6. Der mir zugegangenen Weisung entsprechend, benachrichtigte ich die hauptamtlich in Betracht kommenden Stellen und ließ ferner Major Büchs vom Wehrmachtsführungsstab, dem die Bearbeitung eines etwa notwendig werdenden Lufttransports des Führerhauptquartiers oblag, zu mir bitten, um die Flugmöglichkeiten für die Minister vom Norden nach Süden zu besprechen. An der Besprechung nahm außerdem Reichskabinettsrat von Stutterheim teil. Major Büchs ging davon aus, der Führer werde mit seiner Umgebung, wenn es notwendig werden sollte, in einigen schnellen Maschinen (4motorige Condor) von Berlin nach Süden abfliegen. Er erklärte es für sehr zweckmäßig, daß nicht auch die Minister von Berlin abfliegen sollten, sondern von weiter nördlich gelegenen Flugplätzen. Er riet, daß die Minister zunächst sich ziemlich weit nach Norden absetzen sollten,

Verteidigungsbereich Berlin — Ia/Op., Nr. 400/45 geh.

Berlin-Grunewald, den 9.3.1945.

G r u n d s ä t z l i c h e r

B e f e h l

für die

V o r b e r e i t u n g e n

zur

V E R T E I D I G U N G D E R R E I C H S H A U P T S T A D T

Die Grundsätze dieses Befehls müssen geistiges Eigentum jedes eingeteilten Führers (einschl. Volkssturm-Führer) sein. Alle Vorbereitungen müssen sich – der Einheitlichkeit halber – im Rahmen dieser Grundsätze halten.

-.-.-

8 »Verteidigung der Reichshauptstadt« (Text im Anhang)

9 General Krebs vor dem Hauptquartier von Generaloberst Tschuikow als Unterhändler

10 Im brennenden Tiergartenviertel – Russische Infanterie im Sturm auf die Reichskanzlei

11 Am 30. Mai 1945 hissen Sowjetsoldaten die Siegesfahne über der Ruine des Reichstagsgebäudes

12 Die alliierte Siegesparade im Mai 1945 in Berlin – Marschall Shukow und Rokossowski mit Feldmarschall Montgomery

NACHRICHTENBLATT

für die deutsche Bevölkerung

3. Mai 1945 Nr. 15

BERLIN GENOMMEN

(Aus dem Bericht des Informationsbüros der Sowjetunion vom 2. Mai 1945)

Die Truppen der **1. Bjelorussischen** Front unter dem Kommando des Marschalls der Sowjetunion **Shukow**, schlossen mit Unterstutzung der Truppen der **1. Ukrainischen Front** unter dem Kommando des Marschalls der Sowjetunion **Konew** nach hartnäkkigen Straßenkämpfen die Zerschlagung der Berliner Kräftegruppe der deutschen Truppen ab und besetzten heute, am 2. Mai, vollständig die Hauptstadt Deutschlands, die Stadt BERLIN, das Zentrum des deutschen Imperialismus und die Brutstätte der deutschen Aggression.

Die die Stadt verteidigende Berliner Besatzung stellte um 15 Uhr des 2. Mai mit dem Befehlshaber der Verteidigung von BERLIN, General der Artillerie Weidling und seinem Stab an der Spitze, den Widerstand ein, streckte die Waffen und gab sich gefangen.

Bis 21 Uhr des 2. Mai nahmen die Sowjettruppen in Berlin mehr als 70 000 deutsche Soldaten und Offiziere gefangen. Unter den Gefangenen befinden sich die Generale z. b. V. bei dem Befehlshaber der Verteidigung von Berlin Generalleutnant Kurt Wetasch und Generalleutnant Walter Schmidt-Dankwart, der Vertreter des Hauptquartiers, Vizeadmiral Voss, der Stabschef der Verteidigung von Berlin, Oberst Hans Rechior, der Stabschef des XXVI. Panzerkorps, Oberst Theodor von Diffwing. Es wurden auch der erste Stellvertreter von Goebbels für Propaganda und Presse, Dr. philos. u. phil. Fritsche, Presseleiter Dr. philos. u. phil. Klick sowie Regierungsrat Dr. philos. u. phil. Heinrichdorff gefangen. Fritsche sagte bei seinem Verhör aus, daß Hitler, Goebbels und der neue Generalstabschef, General der Infanterie Krebs, Selbstmord begangen haben.

Südostlich von BERLIN schlossen die Truppen der 1. Bjelorussischen und der 1. Ukrainischen Front die Liquidierung der eingekesselten deutschen Kräftegruppe ab.

In den Kampfen vom 24. April bis 2. Mai wurden in diesem Raum mehr als 120 000 deutsche Soldaten und Offiziere gefangen genommen. In derselben Zeit verloren die Deutschen allein an Gefallenen uber 60 000 Mann. Unter den Gefangenen befinden sich der Stellvertreter des Oberbefehlshabers der 9. Armee, Generalleutnant Bernhardt, der Kommandeur des V. SS-Korps, Generalleutnant Ekkel, der Kommandeur der 21. SS-Panzerdivision, Generalleutnant Marx, der Kommandeur der 169. I. D., Generalleutnant Ratsch, der Festungskommandant von FRANKFURT a. O., Generalmajor Biel, der Artillerie-Kommandeur des XI. SS-Panzerkorps, Generalmajor Strammer und General der Luftwaffe Zander. In derselben Zeit wurde von unseren Truppen folgende Kriegsbeute eingebracht: 304 Panzer und Sturmgeschütze, über 1500 Feldgeschütze, 2180 MG's, 17 600 Kraftfahrzeuge und zahlreiche andere Waffen und Kriegsgut.

Nordwestlich BERLIN entwickelten die Truppen der 1. **Bjelorussischen** Front die Offensive weiter und nahmen die Städte NEURUPPIN, KYRITZ, WUSTERHAUSEN, NEUSTADT, FEHRBELLIN, FRIESACK.

Die Truppen der 2. **Bjelorussischen** Front entwickelten ihre Offensive weiter und nahmen am 2. Mai die Städte ROSTOCK und WARNEMÜNDE – bedeutende Häfen und wichtige deutsche Marinestützpunkte an der Ostsee und besetzten die Städte RIEBNITZ, MARLOW, LAAGE, TETEROW, MIEROW sowie die bedeutenden Ortschaften ALTENPLEN, RECHTENBERG, FRANZBURG, TRIEWSESS, SÜLZE, DARGUN, TURKOW, JABEL, ZECHLIN, HERZSPRUNG. In den Kämpfen des 1. Mai nahmen die Truppen dieser Front 5450 deutsche Soldaten und Offiziere gefangen und erbeuteten 78 Flugzeuge und 178 Feldgeschütze.

Die Truppen der 4. **Ukrainischen** Front entwickelten ihre Offensive in den Waldkarpaten und nahmen die bedeutenden Ortschaften PASSKOW, ORLOWA, DEMBOWETZ, GORDSISCHUW, TURSOWKA, DULGE POLE, WELIKOJE ROWNE, STAWNIK, POPRADNO, MODLATIN. In den Kampfen des 1. Mai nahmen die Truppen dieser Front über 5000 deutsche Soldaten und Offiziere gefangen und erbeuteten 19[illegible] Geschutze.

Die Truppen der 2. **Ukrainischen** Front entwickelten ihre Offensive ostlich BRÜNN und nahmen die bedeutenden Ortschaften BRUNOV, WALASCHSKE, KLOBOUKI, SLAWITSCHIN, LUGATSCHOWIZE, BRSHASUWKI, UGERESKI, GRADISCHTEW, NAPAJEDLA.

An den übrigen Frontabschnitten keine besonderen Veränderungen.

37 deutsche Panzer wurden am 1. Mai vernichtet oder außer Gefecht gesetzt. In Luftgefechten und durch Flakartillerie wurden 10 Feindflugzeuge abgeschossen.

um in die Nähe von Flugplätzen zu gelangen, von denen dann später der Flug nach Süden mit Sicherheit angetreten werden könne. Als geeignete Orte wurden Schwerin und Eutin genannt, weil in beiden Orten, wie mir bekannt, Funkverbindungen bestehen.

7. Kurz nach dieser Besprechung, gegen Abend, rief mich Reichsleiter Bormann erneut an: Eine Besprechung mit dem Reichsmarschall[11], die soeben stattgefunden habe, hätte ergeben, daß der in Aussicht genommene Flug Schwierigkeiten begegne. Es käme daher auch für die Minister in Frage, trotz der bestehenden Bedenken noch in der Nacht nach Süden abzufahren.

8. Nach kurzer Zeit – ich hatte die Weisung erst einigen wenigen Stellen weitergegeben – rief Kriminaldirektor Högel aus der Führerwohnung an: Die Abfahrt nach Süden müsse sofort gestoppt werden, da nicht mehr durchzukommen sei. Ich versuchte, die Mitteilung durch Reichsleiter Bormann bestätigen zu lassen, erreichte aber wieder nur Kriminaldirektor Högel, der mir bestätigte, daß seine Mitteilung auf eine Weisung von Reichsleiter Bormann zurückgehe. Daraufhin benachrichtigte ich die bereits informierten Stellen, konnte jedoch eine nicht mehr erreichen.

9. Am späten Abend rief Staatssekretär Dr. Stuckart bei mir an: Die Russen ständen, wie ihm gemeldet, bei Bernau. Er rate dringend noch einmal Reichsleiter Bormann anzurufen und zu fragen, ob nicht bei dieser Lage auch die Abfahrt nach Norden notwendig würde.

10. Der Bitte StS. Dr. Stuckarts entsprechend fragte ich fernmündlich Reichsleiter Bormann, ob in Berücksichtigung der Lage die sofortige Abfahrt nach Norden erfolgen könne. Er antwortete: Ja.

---

[11] Göring.

Auf meine weitere Frage, was *ich* tun sollte, erwiderte er, ich könne auch fahren.
Bei der Weitergabe dieser Weisung wurde ich von verschiedenen Herren gefragt, was es heiße, daß sie abreisen könnten, ob es bedeute, daß sie abreisen sollten. Auf meine Rückfrage bei Reichsleiter Bormann antwortete er: Es werde empfohlen, abzureisen ... Bei allen Ferngesprächen über die bevorstehende Abreise der Minister, betonte Reichsleiter Bormann, daß die Abreise der Minister erfolgen müsse. Der Führer habe das wiederholt gefordert, er werde sonst die Minister nachher im Süden zur Verantwortung ziehen.
11. ... Ich mußte in Berücksichtigung aller vorangegangenen Besprechungen und Maßnahmen, besonders auch der Äußerungen des Reichsleiters Bormann am 20. und 21. 4. davon ausgehen, daß der Führer und die Reichsregierung sich im letzten Augenblick absetzen würden, und zwar wahrscheinlich nach Süden ... Für die Reichsregierung lag dieser letzte Augenblick aber infolge ihrer geringen Bewegungsmöglichkeit bedeutend früher.«

Noch am 20. 4. war also Bormann der Meinung, »der Führer werde sie (die Führungsstäbe – Anm. d. Übers.) selbstverständlich bei sich im Süden haben wollen«.
»Die südliche Variante« wurde von vielen als die praktischste angesehen. So hat General Natzmer, Stabschef des Feldmarschalls Schörner, folgendes Telegramm aus dem OKW empfangen: »Unterkunft Hauptquartier OKW, 1. Staffel und Reichsregierung zusammen etwa 200 Köpfe im Ministerium für Nationale Verteidigung Prag vorgesehen.«[12] Und selbst so versierte und gut unterrichtete Leute wie Mitarbeiter des berühmten Schweizer Nachrichtendienstes Büro Ha mußten feststellen:

---

[12] W. Paul. Der Endkampf in Deutschland. Esslingen 1976, S. 450.

»Was Hitler für die letzten Tage in Reserve hält, weiß man nicht ... Die Ereignisse ... sind uns Anlaß, einmal mehr zu sagen, daß der Krieg für uns erst dann zu Ende ist, wenn auch die sogenannte ›Zufluchtstellung‹ von den Alliierten besetzt ist und im ganzen Deutschen Reich die Waffen niedergelegt sind.«[13] Als »Zufluchtstellung« bezeichnete Büro Ha wiederum die südlichen Gebiete Deutschlands, in erster Linie Bayern.

Was hat also Hitler dazu bewogen, seine Entscheidung zu ändern? Einige Forscher (z. B. R. Hansen) vertreten die Auffassung, daß Goebbels dabei eine gewisse Rolle gespielt hat: Als Reichskommissar für die Verteidigung der Hauptstadt sei er daran interessiert gewesen, daß Hitler in Berlin bleibe. Dieser Einfluß ist nicht auszuschließen, obwohl er keine entscheidende Bedeutung haben dürfte. Welche anderen Faktoren kamen noch in Frage?

Vor allem die Kriegslage. Die sowjetische Führung, das geht aus deren Unterlagen deutlich hervor, kam zu dem Schluß, daß um den 20.–21. April eine Wende eingetreten war, die die Fortsetzung der Offensive ermöglichte. Am weitesten waren Konjews Truppen vorangekommen. Sie stießen tief in die feindlichen Verteidigungslinien hinein, schnitten einen Teil der Heeresgruppe Mitte (Schörner) von Berlin ab und erreichten den äußeren Verteidigungsgürtel der Hauptstadt. Shukows Truppen eröffneten schon am 20. April das Artilleriefeuer auf Berlin und kämpften sich am 21. April bis an die Vororte heran. Rokossowski deckte den Angriff von Norden. Die Vorentscheidung war gefallen, und Berlin mußte in den nächsten Tagen eingeschlossen sein.

Wie hat Hitler auf diese Entwicklung reagiert? Günsche und Linge sagen aus:

---

[13] A. Matt. Zwischen allen Fronten. Frauenfeld 1969, S. 289.

»... Am 21. April weckte man Hitler schon um halb zehn morgens und teilte ihm mit, daß russische Artillerie auf Berlin schieße. Burgdorf sowie andere Adjutanten warteten auf ihn im Vorzimmer. Nach zehn Minuten hastete Hitler, unrasiert, ins Vorzimmer ...

›Was ist los? Woher kommt diese Schießerei?‹ fragte er. Burgdorf berichtete, das Zentrum Berlins werde von einer Batterie der russischen schweren Artillerie beschossen, dem Anschein nach aus einer Stellung nordöstlich von Zossen. Hitler wurde bleich. ›Sind die Russen schon so nah?‹

... Am 22. April morgens wurde das Feuer der russischen Artillerie noch stärker. Eine Meldung ist eingegangen, das Zentrum Berlins wurde von mehreren schweren Batterien beschossen.

Die russischen Granaten schlugen sehr häufig im Tiergarten und manchmal auch in den Parkanlagen der Ministerien in der Wilhelmstraße ein. Das Donnern riß Hitler um 9 Uhr morgens aus dem Schlaf.

Nachdem er sich angezogen hatte, rief er Linge zu sich und fragte aufgeregt: ›Welches Kaliber?‹ Um Hitler zu beruhigen, antwortete Linge, daß die deutschen Flakbatterien im Tiergarten und einzelne russische Ferngeschütze feuerten.

Nach dem Frühstück in seinem Büro ging Hitler ins Schlafzimmer, wo Morell ihm die gewohnte Aufputschspritze gab.

Die Lagebesprechung wurde für 12.00 Uhr anberaumt ... Es war die kürzeste ›Lage‹ des ganzen Krieges. Viele Gesichter sahen bedrückt aus. Man sprach mit gedämpfter Stimme und wiederholte immer wieder die Frage: ›Warum kann sich der Führer noch nicht entschließen, Berlin zu verlassen?‹

Hitler kam aus seinen Privaträumen. Sein Rücken schien noch krummer geworden zu sein. Lakonisch grüßte er die Lageteilnehmer und ließ sich im Sessel nieder. Krebs begann seinen Vortrag. Er teilte mit, daß sich die Lage der deutschen Truppen, die Berlin verteidigen, weiter verschlechtert habe. Den russischen Panzern war es gelungen, im Süden über Zossen durchzubrechen und bis zu den Randbezirken Berlins vorzustoßen. In den östlichen und nördlichen Vororten Berlins tobten heftige Kämpfe. Die an der Oder südlich von Stettin stehenden deutschen Truppen waren in eine ausweglose Situation geraten. Russische Panzer waren durch eine Frontlücke gestoßen und tief in die deutschen Verteidigungsstellungen eingedrungen.

Hitler stand auf und beugte sich über den Tisch. Er fing an, mit zitternden Händen etwas auf der Karte zu zeigen. Plötzlich richtete er sich auf und warf seine Buntstifte auf den Tisch. Er atmete tief auf, das Blut stieg ihm ins Gesicht, seine Augen waren weit aufgerissen. Er trat einen Schritt vom Tisch zurück und schrie mit versagender Stimme:

›Da hört doch alles auf! Ich kann unter diesen Umständen nicht mehr befehlen! Der Krieg ist verloren! Aber Sie irren sich, meine Herren, wenn Sie glauben, daß ich Berlin verlassen werde! Lieber schieße ich mir eine Kugel durch den Kopf!‹

Alle starrten ihn entsetzt an. Er hob kaum die Hand: ›Ich danke Ihnen, meine Herren!‹ und verließ das Zimmer ...

Günsche folgte Hitler. Aus dem Konferenzzimmer rief man ängstlich hinter Hitler her: ›Aber, mein Führer ...‹ ›doch mein Führer ...‹ Günsche holte Hitler an der Tür seines Arbeitszimmers ein. Hitler blieb stehen und brüllte: ›Verbinden Sie mich mit Goebbels!‹

Goebbels wohnte im Luftschutzkeller seines Hauses in der Hermann-Göring-Straße. Während des Telefongesprächs zwischen Hitler und Goebbels gingen die Konferenzteilnehmer, fassungslos und aufgeregt, ins Vorzimmer ... Alle sprachen erregt durcheinander und fielen einander ins Wort ...

Es herrschte ein unbeschreibliches Durcheinander. Mancher kippte sich ein paar Gläschen Cognac aus der Flasche, die auf dem Tisch stand.
Ungefähr um halb eins eilte Goebbels hinkend und in äußerster Erregung ins Vorzimmer: ›Wo ist der Führer?‹ Man führte ihn sofort in Hitlers Arbeitszimmer. Das Gespräch zwischen Hitler und Goebbels dauerte etwa zehn Minuten. Als Goebbels das Arbeitszimmer verließ, stürzten ihm Bormann, Keitel, Dönitz[14] und Jodl entgegen: ›Was hat der Führer gesagt?‹ ... Goebbels gab wieder, daß Hitler die Lage für hoffnungslos halte, keine Chance mehr sähe und den Krieg für verloren halte ...
Bormann konnte vor Erregung nicht ruhig stehen. Er sprach bald Dönitz[14], bald Keitel, und wieder Dönitz[14] an und wiederholte nachdrücklich, daß man Hitler um jeden Preis überreden müsse, Berlin zu verlassen. Goebbels fragte Keitel mit leiser Stimme:
›Herr Generalfeldmarschall, sehen Sie wirklich keine Möglichkeit, den Angriff der Russen irgendwie aufzuhalten?‹«
Unter diesen Umständen war es nicht schwer zu verstehen, daß sogar der Führer, der jede Verbindung zur Realität eingebüßt hatte, sich kaum eine Wende im Kriegsgeschehen mehr erhoffte, selbst wenn er von Berlin nach Bayern übersiedeln würde. Er konnte schwerlich mit irgendwelchen Truppen rechnen, denn er wußte besser als jemand anderer, daß es keine »Alpenfestung« gab und die Heeresgruppe von Schörner in der Tschechoslowakei keine reale Chance hatte, sich nach Westen, in die Bayerischen Alpen, durchzukämpfen. In der Tat wurden später Niederschriften einiger kennzeichnender Äußerungen Hitlers entdeckt:

[14] Muß ein Irrtum sein. Dönitz hatte Berlin schon frühmorgens am 22. April verlassen.

»Es ist völlig zwecklos, im Süden zu sitzen, weil ich dort keinen Einfluß und keine Armee habe. Ich wäre dort nur mit meinem Stabe. Einen süddeutsch-ostmärkischen Gebirgsblock könnte ich nur halten, wenn auch Italien als Kriegsschauplatz behauptet werden könnte. Aber auch dort herrscht ein völliger Defätismus bei der Führung ...«

Oder eine andere Stelle:

»Es ist auch möglich, daß ich hier zugrunde gehe ... Das wäre immer noch besser, als wenn ich als ein ruhmloser Flüchtling in Berchtesgaden sitze und Befehle von dort gebe, die nichts nützen.«

Aus dem Gespräch mit Baur:

»Ich habe zwei Möglichkeiten: Entweder in die Berge oder nach Flensburg zu Dönitz zu gehen. Aber in 14 Tagen werde ich in derselben Lage sein und vor derselben Alternative stehen. Der Krieg endet eben in Berlin. Ich lebe und sterbe mit Berlin.«

Gerade mit Berlin verband Hitler gewisse Spekulationen politischer Art, die er auch Goebbels am 23. April anvertraute:

Hitler: »Ich kann nur hier allein einen Erfolg erringen. Erringe ich hier einen Erfolg, und wenn es nur ein moralischer sein sollte, so ist das zumindest die Möglichkeit, das Gesicht zu wahren und Zeit zu gewinnen ...«

Goebbels: »In Berlin kann man einen moralischen Welterfolg erzielen. Dieser Erfolg kann nur an diesem Punkte, auf den das Auge der ganzen Welt gerichtet ist, errungen werden. Daß die Sowjets in Brandenburg einziehen, wird nicht so bedauernd empfunden, als daß Berlin von ihnen in Besitz genommen ist. Wenn sie aber vor Berlin zurückgeschlagen werden, dann wäre das Grund für ein großes Beispiel der Welt gegenüber.«

Hitler: »Wenn das wirklich stimmt: Ich habe eine Nachricht

bekommen, daß die Besprechungen zwischen Eden und Molotow anscheinend keinen Kompromiß ergeben haben. Die Russen verlangen das gesamte Gebiet. Damit wäre für England der ganze Krieg verloren ... Ich glaube, es ist der Moment gekommen, wo die anderen sowieso aus Selbsterhaltungstrieb diesen maßlos gewordenen proletarisch-bolschewistischen Koloß und Moloch entgegentreten werden. Wenn ich heute hier feige davonliefe, so wäre die Folge, daß die anderen versuchen, in Süddeutschland eine Art neutrale Linie zu bilden, und das wäre alles. Der Nationalsozialismus wäre damit beseitigt und das Deutsche Reich ebenfalls. Schlage ich mich hier erfolgreich und halte ich die Hauptstadt, so wächst vielleicht die Hoffnung bei den Engländern und Amerikanern, daß man unter Umständen doch mit einem Nazi-Deutschland eventuell dieser ganzen Gefahr würde doch noch entgegentreten können. Und der einzige Mann hierfür bin nun einmal ich.«[15]

War das eine Fata Morgana, ein Hirngespinst oder – eine nicht unbegründete Kalkulation?

Wollen wir nun versuchen, auf diese Fragen genauer einzugehen.

[15] Siehe »Der Spiegel«, Nr. 3/1966.

TEIL IV

Das andere Rezept

Allgemein bekannt sind stenographische Aufzeichnungen der Lagebesprechungen und Tischgespräche Hitlers. Die ersteren wurden 1962 von H. Heiber unter dem Titel »Hitlers Lagebesprechungen« herausgegeben. Zusammen mit den »Tischgesprächen« (diese erschienen 1952) stellen sie eine außerordentlich wichtige Quelle zum Studium der Geschichte des NS-Reiches und des Zweiten Weltkrieges dar. Diese Publikationen möchte ich nun durch ein anderes Dokument ergänzen. Es handelt sich um eine stenographische Aufzeichnung aus der Reihe der »Lagebesprechungen«. Sie ist in Helmut Heibers Publikation nicht enthalten und wurde in einem sowjetischen Archiv gefunden, vom 27. Oktober 1943 datiert und mit einer wahrhaft aufsehenerregenden Überschrift versehen: *»Wie kann der Krieg siegreich beendet werden?«*

Hat Adolf Hitler wirklich über den »Stein der Weisen« verfügt? Wie lautete Hitlers Orakelspruch?

»Das Entscheidende ist aber, daß man unentwegt im Kampfe bleibt und den Gegner schädigt, soweit man ihm schaden kann, und nie verzagt, sondern jede Schwäche ausspäht und sofort ausnutzt und niemals auch nur im geringsten an Kapitulation oder eine sogenannte Verständigung ohne irgendeinen Erfolg denkt ...«

Oder so:
»Solange man wie die Katze auf der Lauer liegt und jeden Moment wahrnimmt, um dem anderen eins auszuwischen, ist man nicht verloren, sondern da werden sich immer wieder Möglichkeiten bieten. Es werden sich Schwächemomente bei dem anderen zeigen. Man muß entschlossen sein, sie auszunutzen ...«
So stellte sich also Hitler das Rezept Nr. 1 vor, mit dem er den Krieg zu seinen Gunsten entscheiden wollte. Er hatte aber auch noch ein anderes Rezept parat:
»Wer garantiert uns, daß nicht plötzlich zwischen den Alliierten eines Tages die Bombe platzt, daß plötzlich die doch vorhandenen Gegensätze einmal nicht mehr verkleistert werden können ...«
Oder:
»Ein einziger innerer Zusammenbruch bei den Gegnern könnte die ganze feindliche Front plötzlich zu Fall bringen.«
Wenn einer wissen will, wie der Pudding schmeckt, soll er ihn aufessen. Im April 1945 wurde offenbar, was die Weisheit des Obersten Befehlshabers der deutschen Wehrmacht wirklich wert war. Adolf Hitler mußte im Frühjahr 1945 gewahr werden, daß er vergebens auf Schwächemomente der Roten Armee gewartet hatte. Die deutsche Wehrmacht war von der Katze zur Maus geworden, die nun in der Falle saß.
Aber hätte vielleicht das andere Rezept noch zum Sieg verhelfen können?
Die Historiker verfügen schon über umfangreiches Material (das durch immer neue Erkenntnisse bereichert wird). Es zeugt davon, daß in ganz verschiedenen deutschen Kreisen, von der »Generalsopposition« bis zur SS- und NSDAP-Spitze, während des ganzen Krieges die Idee einer Absprache

mit den beiden angelsächsischen Westmächten gegen die Sowjetunion herangereift war. Anhand der Memoiren des ehemaligen SD-Chefs Walter Schellenberg und des Himmler-Leibarztes Dr. Kersten sowie der Studien der Geschichtsforscher Gerhard Ritter, Andreas Hillgruber, Bernd Martin, Heinz Höhne und vieler anderer kann man sich ein ziemlich klares Bild davon machen, was sich hinter den Kulissen abgespielt hat. Die Teilnehmer dieses Schauspiels ließen sich von verschiedenen Überlegungen leiten, können jedoch alle auf einen ganz bestimmten Nenner gebracht werden: Es war ein Versuch, die einheitliche Anti-Hitlerfront durch das Mittel des Antikommunismus zu durchbrechen.

Nach der Veröffentlichung der ersten Ausgabe meines Buches hatten mir viele Kritiker im Westen ziemlich gereizt vorgehalten, ich behandle in meinem Buch viel zu ausführlich die Pläne und Absichten einer Absprache zwischen dem nicht mehr lebensfähigen Nazi-Regimes und den Westmächten. Einige zogen sogar Parallelen zwischen diesen Plänen und der Gründung der NATO und wollten das »Fernziel« des Verfassers darin sehen, daß er versuchte, die NATO in Mißkredit zu bringen. Keine Frage, die Parallelen sind meines Erachtens nicht von der Hand zu weisen, es sollte jedoch dem mündigen Leser überlassen werden, sich selbst ein Bild zu machen.

Es wäre eine glatte Geschichtsklitterung, wollte man abstreiten, daß in den letzten Monaten und Wochen des Hitler'schen Krieges die Idee einer antikommunistischen Abmachung mit dem Westen (bei gleichzeitiger Fortsetzung des Krieges im Osten) nicht nur von Hitler, Himmler, Speer und vielen anderen ausgesprochen, sondern auch durch einige praktische Schritte des untergehenden Reiches in die Wege zu leiten versucht worden ist. Da ich diese Zusammenhänge für besonders wichtig halte, werde ich, auch auf die obengenannte Gefahr hin, diese Schritte in der vorliegenden Ausgabe noch etwas genauer unter die Lupe nehmen.

Wie verhält es sich nun eigentlich mit den Parallelen? Natürlich kann der Verfasser sie nicht einfach übersehen. Das wäre unaufrichtig, denn ich bin davon überzeugt, daß die wesentliche Kernidee des Zweiten Weltkrieges Hitlers Antikommunismus bildete. Das Hauptmotto seines Feldzugs in den 40er Jahren war der ideologische Kern des 3. Reiches und zugleich die Ursache für seinen Zusammenbruch. Wer heute versucht, diese Idee in einer beliebigen, auch stark veränderten Form, wiederzubeleben, schlägt einen gefährlichen, ja verhängnisvollen Weg ein. Dessen bin ich sicher, und das möchte ich ganz offen sagen dürfen.

Ich komme jetzt wieder auf die Aussagen Günsches und Linges zurück, die sich auf das Jahr 1944 beziehen:

»Wenn Hitler von der Verschlechterung der Beziehungen zwischen den Westmächten und der Sowjetunion sprach, betonte er, daß es jetzt darauf ankommt, Zeit zu gewinnen. In dieser Periode, im September 1944, war Hitler überzeugt, daß die Anglo-Amerikaner zum Abschluß eines Separatfriedens mit Deutschland bereit wären, zuvor aber seinen Rücktritt verlangten. Diese Forderung, daß Hitler abtreten müsse, haben damals die Engländer während der Verhandlungen mit Vertretern des Deutschen Auswärtigen Amtes in Stockholm erhoben. Die Initiative zu diesen Kontakten ging von den Engländern aus. Nachdem Hitler von der englischen Vorbedingung erfahren hatte, ließ er die Verhandlungen abbrechen.

Der ständige Vertreter Ribbentrops bei Hitler, Botschafter Hewel, machte nach dem Abbruch der Stockholmer Verhandlungen seiner Unzufriedenheit Luft und sagte gesprächsweise zu Günsche, der Krieg im Osten sei in ein solches Sta-

dium getreten, daß der Frieden mit den Westmächten völlig unentbehrlich wäre.
›Worauf wartet der Führer noch? Er muß irgendeine Entscheidung treffen, einen Ausweg finden‹, meinte Hewel.
Hitler sah den Ausweg in einem Zusammenstoß zwischen den Westmächten und der Sowjetunion. Nach den Lagebesprechungen pflegte er abschließend zu sagen: ›Sie werden sehen, meine Herren, ich werde schon recht behalten.‹«
Günsche präzisiert nicht, welche von den Kontakten mit den Alliierten Hitler sonst noch im Sinne hatte. Wir kennen aber etliche glaubwürdige Zeugnisse, die uns darüber Aufschluß geben können. Zum Beispiel hatte sich SD-Chef Schellenberg die Vermittlung des Leibarztes von Himmler, Kersten, zunutze gemacht und nachweislich im Oktober/Dezember 1943 Stockholm besucht, um dort mit einem amerikanischen Vertreter, der sich Abraham Stevens Hewitt nannte, Verhandlungen zu führen, über deren Ergebnis er später Himmler Bericht erstattete. Es handelte sich unmißverständlich um den Abschluß eines antisowjetischen Paktes.[1] Die Kontaktgespräche dauerten ziemlich lange, und nach Zeugnis von Hewitt selbst – es wird im Buch »Der stille Befehl« von Achim Besgen zitiert – wurden sie bis März 1944 fortgesetzt.
Günsche und Linge verweisen darauf, daß die erwähnten Kontakte über das Auswärtige Amt liefen. Auch dafür gibt es einen Zeugen, der unmittelbar an Verhandlungen dieser Art teilgenommen hatte: den ehemaligen Journalisten und späteren Leiter des englischen Referats im Reichsaußenministerium, Fritz Hesse, der mehrmals heikle und verantwortungsvolle Aufträge seines Chefs ausgeführt hatte. Im Buch

[1] »Er (Hewitt) versteht auch die Gefahr aus dem Osten«, stellte Kersten fest.

»Das Spiel um Deutschland«, berichtet Hesse, daß ihn Ribbentrop Anfang 1945 zu sich bestellt und nach Stockholm entsandt hatte, um zu den Vertretern der britischen Regierung Fühlung aufzunehmen.

Hesse wurde mit einer speziellen »Sprachregelung« ausgestattet, die gleichzeitig an die Leiter mehrerer deutscher Auslandsvertretungen verschickt wurde. Diese Sprachregelung, so Hesse, schrieb den Empfängern eindeutig vor, den Vertretern Englands und der USA »auseinanderzusetzen«, Deutschlands Niederlage wäre nicht in ihrem Interesse, weshalb sie auch ein Bündnis mit Deutschland schließen sollten. »Wer Deutschland beherrscht«, argumentierte Ribbentrop, »wird nicht nur Europa, sondern auch die ganze Welt beherrschen ... Wenn der Westen Deutschland für seine Seite gewinnt, wird er stark genug sein, um die Sowjets zu stoppen.« (Rückübers.) Wie Hesse berichtet, wurde diese Sprachregelung von Hitler genehmigt. Damit flog Hesse nach Stockholm. Ein anderer Emissär Ribbentrops, von Moellhausen, lenkte seine Schritte nach Lissabon, und Herr von Schmieden begab sich in die Schweiz.

Welchen Inhalt hatte nun die Weisung Ribbentrops?

Das können wir aus einer sehr zuverlässigen Quelle erfahren. Der ehemalige Staatssekretär im Auswärtigen Amt, 1943 bis 1945 deutscher Botschafter am Vatikan, Ernst von Weizsäcker, galt seinerzeit – und gilt bei vielen westlichen Geschichtsschreibern auch heute noch – als einer der vernünftigsten und weitsichtigsten Diplomaten des 3. Reiches. Dem Führer und seinem Amtschef gegenüber skeptisch eingestellt, war sich von Weizsäcker über die zahlreichen Fehlkalkulationen des Reiches im klaren (obwohl er keine Schlüsse daraus zog und auf seinem Posten blieb). 1938/39 hielt er eisern zum Münchener Kurs und knüpfte geheime Verbindungen mit London an. Nach dem Kurswechsel in der deutschen Politik fand er sich jedoch auch mit dem neuen militanten Kurs ab. 1943 wurde von Weizsäcker zum Vatikan entsandt.

Das 1974 veröffentlichte Weizsäcker-Archiv enthält eine ausführliche Beschreibung dessen, wie der Staatssekretär am 17. Februar 1945 einen »Drahterlaß« des Ministers auf 16 Seiten, Nr. S 60, empfangen hat. Der Botschafter wurde angewiesen, was er der Kurie und dem Papst selbst diskret mitteilen sollte. Dabei galt die Nachricht nicht nur ihnen, sondern auch den höchsten Stellen der Westmächte! Die Weisung, »Sprachregelung« genannt, setzte sich aus acht Punkten zusammen[2]:

»1. Deutschland kämpft, bis Gegner überzeugt, daß D. nicht zu besiegen.

2. Milit. Stärke der Sowjet-Union. Stalin macht besetzte Länder zu Teilen der Sowjet-Union ...

3. Ziel: Eroberung Deutschlands und Beherrschung Europas ... Europa kommunistisch.

4. Stalin hält sich nicht an Abmachungen ... Soll Intelligenz ausrotten und deutsch-sowjetisches Volkskommissariat aufrichten. Molotow über kommunist.-föderativen Balkanblock ... Vernichtung englischer Insel ...

5. Deutschland kann nicht demokratisch werden. Nach Nazi nur Kommunismus. Englands Krone, kons. Partei und USA-Führerschichten sollten den einen Wunsch haben, daß Adolf Hitler nichts passiert ...

6. ... Neues Gleichgewichtssystem nötig, d. h. Europa geschlossen gegen Rußland ... Versäumt der Westen den Moment, dann Ostoption.

7. ... Deutschlands und Italiens Teilnahme ... ist Interesse von England und USA ...

---

[2] Weizsäcker-Papiere. 1933–1950, Propyläen-Verlag 1974, S. 389–390.

8. Kooperation der Großmächte plus D. allein verhindert neue Kriege, den 3. Weltkrieg. Bedingungslose Kapitulation und Zwangsverschleppung führt zum ewigen Krieg ...«

Als Weizsäcker das gelesen hatte, war er völlig durcheinander. Einerseits war er als vernünftig denkender Mensch durch das grobe, ungelenke Ribbentrop-Manöver vor den Kopf gestoßen (er bezeichnete es sogar »Gallimathias«), andererseits wollte er sich »die Gelegenheit nicht entgehen lassen« und, mit diesem Dokument in der Hand, Verhandlungen mit dem Westen aufnehmen, um die Einstellung der Kämpfe an der Westfront herbeizuführen, weil danach »eventuelle Wechsel sich von selbst vollziehen« würden.
Warum hat sich von Weizsäcker trotzdem entschlossen, im Sinne des Ribbentrop'schen »Gallimathias« zu handeln? Ich könnte mir folgende Antwort vorstellen: Einmal deshalb, weil er seit langem - beinahe seit 1938 - ein Befürworter einer solchen Wende in der Politik Hitlers war. Zum anderen, weil er gerade den Vatikan als einen passenden Platz zur Herbeiführung dieser Wende angesehen hat. Nachstehend bringe ich einige Auszüge aus seinen Notizen:
»31. 12. 43. ... Der Wunsch und die Hoffnung des Papstes ist es noch immer, daß sich die Kulturmächte des Abendlandes zusammentun, um dem Ansturm von Osten zu begegnen ...«

»20. 2. 44. Einige hoffen, wenn die Front nördlich von Rom wäre, mit ernsthaften und gewichtigen Politikern der Gegenseite reden und sie natürlich beeinflussen zu können.«
»10. 3. 44. Ich freue mich, daß ich heute instand gesetzt wurde, im Namen des Deutschen Oberhauptes zum Krönungstag zu gratulieren. Das ist eine Anerkennung für seine unzweifelhafte Hinneigung zu Deutschland.«
»15. 3. 44. ... Überhaupt sei nicht recht zu verstehen, wes-

halb wir im Mittelitalien kämpfen, ... statt alle Kräfte gegen den Osten einzusetzen.«
26. 8. 44. Ein Gespräch mit dem Chef des strategischen Nachrichtendienstes der USA, Donovan. Dieser fragte den Botschafter »mit wem man in Deutschland arbeiten könne«. Weizsäcker erwiderte, »durch die Irrtümer der amerikanischen Politik sei alles zu spät« und »die westlich orientierten Deutschen« seien von Amerika »decouragiert«.
9. 10. 44. Weizsäcker läßt Roosevelt über Kardinal Spellmann eine Denkschrift zukommen, in welcher die USA und England aufgefordert werden, allein (d. h. ohne die Sowjetunion!) Deutschland zu besetzen.[3]
Es ist nun begreiflich, daß es der Botschafter angesichts der geschilderten politischen Situation vorgezogen hat, seine Unzufriedenheit zu verbergen und zu aktiven Handlungen überzugehen. Am 20. Februar suchte Weizsäcker den Kardinal Tardini auf und legte ihm in einer abgeänderten (d. h. frisierten) Form die Ideen der »Sprachregelung S 60« dar. Der Botschafter hob hervor, »der Kern (der Weisung – L. B.), nämlich ein Zusammenstehen der Großmächte mit Deutschland zur Vermeidung bolschewistischer Weltüberschwemmung, war ... der Grundauffassung meines Partners sehr nah«.[4]
Tardini fragte sofort zurück, ob er über dieses Gespräch den USA-Botschafter am Vatikan, Myron Taylor, unterrichten solle. »Generell glaubte er (Tardini – Anm. d. Übers.), würden die West-Alliierten der vorgebrachten deutschen Leitidee gar nicht so fremd gegenüberstehen.«[5]
Einige Tage später passierte allerdings Unvorhergesehenes.

---

[3] Ebenda. S. S. 363, 370, 371, 372, 382, 383.
[4] Ebenda, S. 392.
[5] Ebenda, S. 392.

Anscheinend kam Ribbentrop plötzlich seine eigene Handlungsweise zu kühn vor, so daß er Weizsäcker anwies, die Ideen der Weisung S 60 als »rein privat« auszulegen und überdies klarzustellen, daß von einer Ablösung des Hitler-Regimes »keine Rede sein« könne. Aber auch danach dauerten die Gespräche an. Der Botschafter schlug Tardini vor, Kardinal Spellmann als Vermittler einzuschalten, und am 2. März wurde er vom Papst Pius XII. empfangen. Im Denkzettel, den er vor der Audienz abfaßte, notierte er sich folgende Punkte:

1. Deutschland sollte zwischen dem Westen und dem Osten wählen, wobei es sich für den Westen entschiede unter der Voraussetzung, daß das Nazi-Regime »konserviert« (d. h. aufrechterhalten) würde.
2. Man sollte nicht Hitlers Hoffnung auf den Westen zerstören.
3. Bei den Westmächten sollte die Sorge vor der Bolschewisierung Europas ... gesteigert werden.

Es ist bemerkenswert, daß Pius XII. sehr zurückhaltend auf die Argumente Weizsäckers reagiert hat. Obwohl der Botschafter mehrmals auf dieses Thema zurückgriff (unter anderem sprach er von Deutschland als dem »einzig noch übrigen Bollwerk vor der Bolschewisierung«), ließ sich der Papst nur ungern auf eine Diskussion ein. Er sagte z. B. dem Botschafter, die Differenzen zwischen den Großmächten in der Antihitlerkoalition seien »gering«. Mehr noch: Er meinte, daß der Westen »Warnungen vor dem Vordringen des Bolschewismus ... in den Wind« schlage.[6]
Bei unserer Analyse sollte man auch eine gewisse zeitliche Übereinstimmung der Ereignisse im Auge behalten: Ribben-

[6] Ebenda, S. 398, 401.

trop erhielt Hitlers Zustimmung für seine Aktion ungefähr Mitte Januar (in Bormanns Tagebuch ist der Besuch des Reichsaußenministers bei Hitler vom 28. Januar datiert; am selben Tag empfing er Quisling, einen Tag später Seyß-Inquart, am 5. Februar wieder Seyß-Inquart; am 7. Februar den SS-Obergruppenführer Wolff, am 10. 2. Himmler; am 11., 12. und 15. 2. Kaltenbrunner). Mitte Februar begann Weizsäcker, die Weisungen aus Berlin in die Tat umzusetzen. Gerade um diese Zeit fing eine andere, zweifellos parallel verlaufende Aktion an, deren Hauptfigur der SS-General Karl Wolff war.

Dieser Aktion ist in der Literatur ein breiter Raum gewidmet, und ich hatte die Gelegenheit, meinen Standpunkt in meinem Buch: »Die letzten Notizen von Martin Bormann« (DVA 1974) darzulegen.

Wie verzweifelt das »Zweite Rezept« in den letzten Tagen des 3. Reichs in Anspruch genommen worden ist, zeigen einige Dokumente, die ich an dieser Stelle anführen möchte.

Uns steht ein noch unveröffentlichtes Dokument zur Verfügung, abgefaßt schon nach dem Krieg von Wolff selbst. Auf die Absichten der Deutschen eingehend, beginnt Wolff damit, daß er im Mai 1944 ein geheimes Treffen mit Papst Pius XII. auf dessen Einladung im Vatikan hatte. Der Papst habe sich »für die Zusammensetzung und Bedeutung der SS interessiert, die ihm nur theoretisch bekannt war«.[7]

»Ende des Jahres 1944«, fährt Wolff fort, »wurden durch italienische und Schweizer Mittelsmänner die ersten Sondie-

---

[7] In diesem Punkt war Wolff nicht sehr wortreich. Andere Quellen besagen, er habe dem Papst gesagt, er »bedauere sehr, daß der Krieg gegen den Westen geführt wird und so das Blut europäischer Völker umsonst vergossen wird ..., die früher oder später doch in einen entscheidenden Konflikt mit dem Osten und dem Kommunismus werden treten müssen«.

rungen über eine etwaige Verhandlungsbereitschaft vorgenommen.« Er habe diese Fäden aufgenommen.
Daß er die Fäden aufgenommen hatte, reichte Wolff anscheinend nicht, weil er, seinen Einfluß in Berlin ausnutzend, alles daransetzte, um sich die Unterstützung der höchsten Stellen zu sichern:
»Am 6. Februar 1945[8] unterrichtete ich Hitler unter Hinweis auf die militärische Lage in meinem Bereich von den in der Zwischenzeit wesentlich konkreter gewordenen Friedensfühlern der Alliierten aus der Schweiz, zu denen sich auch Vermittlungsangebote der katholischen Kirche gesellt hatten. Hitler hat meine Meinung zur Kenntnis genommen, ohne mir weitere Direktiven zu geben.«
Da Weisungen ausblieben, beschloß Wolff die Kontakte weiter zu pflegen (er wußte nämlich, daß Hitler früher nichts davon hören wollte, deshalb war sein Schweigen nun ein deutliches Zeichen für sein Einverständnis). Der General setzte also seine Aktivitäten fort.
»Erhielt Ende Februar«, schrieb er, »aus der Schweiz Einladung des Sonderbeauftragten des Präsidenten Roosevelt, Dulles, zu einer Besprechung in Zürich. Nach vorheriger Beratung mit Botschafter Rahn habe ich die Einladung angenommen ... Insgesamt bin ich viermal zu Verhandlungen in der Schweiz gewesen.«
Die Verhandlungen zogen sich in die Länge:
»Mitte April wurde ich nochmals nach Berlin befohlen und habe mich dort am 17. 4. vor Himmler, am 18. 4. vor Hitler verantwortet.[9] Obwohl ich erwartet hatte, daß die Fortführungen meiner Verhandlungen für mich persönlich Folgen

[8] In Martin Bormanns Tagebuch steht, Wolff habe Hitler am 7. Februar besucht.

[9] Der Empfang bei Hitler wird durch eine Notiz im Tagebuch von Hitlers Kammerdiener Linge vom 18. April bestätigt.

haben würden, erfolgte zu meiner Verwunderung nichts. Hitler erklärte lediglich, daß die Bedingungen für eine Kapitulation nicht gut genug seien und daß der Zeitpunkt noch verfrüht sei. Er glaubte damals immer noch an einen unmittelbar bevorstehenden Ausbruch des Konflikts der feindlichen Partner in kriegerischer Form.«

Diese Niederschrift beweist, daß es keine einfachen Gespräche, sondern Verhandlungen mit Wissen der höchsten Führung des Reiches waren. Nicht minder wichtig ist der Hinweis Wolffs darauf, daß die Initiative von der amerikanischen Seite ausgegangen war.

Wolff äußerte dem amerikanischen Autor Toland gegenüber, daß ihn Himmler am 13. April nach Berlin bestellte, um dann Hitler persönlich über den Ablauf der Verhandlungen in der Schweiz zu informieren.[10]

So hat Hitler am 18. 4. Wolff über die Vorbereitung zur Verteidigung Berlins informiert. Hitler begriff schon damals, daß die angreifenden sowjetischen und anglo-amerikanischen Truppen irgendwo südlicher von Berlin zusammentreffen sollten. Es stellte sich aber heraus, daß er gerade darauf baute, daß sich die Russen nicht an die Vereinbarungen von Jalta über die Einteilung Deutschlands in Besatzungszonen halten und weiter nach Westen vorstoßen würden, was entsprechende Gegenreaktion der Amerikaner auslösen würde.[11]

---

[10] Nach einer anderen Version hatte hier Kaltenbrunner die Hand im Spiel: Er erfuhr über die geheimen Kontakte Wolffs und wollte sie vereiteln, um sich selbst den westlichen Alliierten als Partner anzubieten. Himmler zögerte, und dann begaben sich Wolff und Kaltenbrunner am 18. April gemeinsam in die Reichskanzlei. Wolffs Gespräch mit Hitler dauerte knapp zwei Stunden.

[11] Eugen Dollmann, Wolffs Mitarbeiter bei seinen Reisen in die Schweiz, gibt Hitlers Stellungsnahme nach Wolffs Worten folgendermaßen wieder: »Berlin werde ich noch mindestens acht Wochen sowohl nach

Hitler beteuerte: »Die Amerikaner werden es nicht dulden und werden sich gezwungen sehen, die Russen mit Waffengewalt zurückzudrängen!«
Nach diesen Worten nahm Hitlers Gesicht, wie sich Wolff erinnerte, einen triumphierenden Ausdruck an: »Dann wird meine Zeit kommen, und sie werden mir einen hohen Preis dafür zahlen, daß ich an dieser entscheidenden Schlacht teilnehme!«
Es ist mehr als wahrscheinlich, daß Wolffs Aktionen parallel zu anderen Aktionen, z. B. denen von Ernst von Weizsäcker, verlaufen sind. (Er kannte Wolff persönlich, sein Tagebuch enthält eine Eintragung über das Treffen mit Wolff schon am 4. April 1944, während Weizsäckers Biograph, Leonidas Hill, die Eintragung des Botschafters vom 20. 2. 1944, die von Kontakten mit der »Gegenseite« handelt, direkt auf Wolff bezieht.) Auf dem Höhepunkt der Verhandlungen Wolff-Dulles notierte Weizsäcker am 19. April 1945:
»Soeben erlassenen Befehl an Truppe und Bevölkerung, Ostfront unbedingt zu halten, möchte man als stillschweigende Preisgabe des Widerstandes gegen Angloamerikaner auslegen; also Barriere im Osten und Vermeidung nutzloser Opfer von Menschen und Städten im Westen. Solch ein

---

Osten als auch Westen halten können. Während der letzten Tage sind an der Ostfront täglich 250 bis 300 russische Panzer abgeschossen worden. Derartige Verluste können auch die Bolschewisten nicht lange ertragen. Im übrigen werden unterdessen zwischen Berlin und dem Norden, also Schleswig-Holstein, Dänemark, Norwegen, und dem Süden, also der Alpenfestung, die widernatürlichen Verbündeten aufeinanderprallen. Dabei werden sich die Russen keineswegs an die in Jalta vereinbarten Demarkationslinien halten und von den Angloamerikanern mit Waffengewalt zurückgeworfen werden. Ich werde mich dann mit demjenigen der Alliierten verbünden, der mir am meisten bietet, oder mit dem ich zuerst in Berührung komme.« – Siehe E. Dollmann. Dolmetscher der Diktatoren, München 1969, S. 235.

Vorgehen würde passen zu der hier wohlbekannten Spannung zwischen anglo-amerikanischen Militärs und ihren russischen Alliierten sowie zu günstigen Urteilen über neuen USA-Präsidenten.
Der Gedanke, nur den Osten zu halten, ist nicht neu. Die Lage aber ist eine neue. Gegenargumente, die vielleicht noch vor 6 Wochen gelten mochten, sind hinfällig. Ich wiederhole daher den Gedankengang, dessen Verwirklichung hier erneut erwartet und erhofft wird.« [12]
Das wurde allerdings nicht nur von Weizsäcker erhofft. In Bormanns Privatarchiv wurde ein nicht unterzeichnetes Schriftstück vom 23. April 1945 folgenden Inhalts entdeckt:
»Auf Antrag des Reichsministers Speer habe ich heute dem Führer vorgeschlagen, daß die tschechischen Industriellen nach Frankreich fliegen sollen, um mit den Amerikanern über den Schutz der Tschechoslowakei vor dem Bolschewismus zu verhandeln.«
Was geschah weiter? Am 23. April holte sich Speer Hitlers Zustimmung zur Bildung einer antikommunistischen »böhmisch-mährischen« Regierung unter amerikanischer Schirmherrschaft ein. Am gleichen Tag ging eine diesbezügliche Weisung an Frank ab. Frank beschloß das zu retten, was Hitler retten wollte. Am 25. April stellte er eine »böhmisch-mährische« Mission zusammen, die zu den Amerikanern fahren sollte.
Zunächst machten die Emissäre in München, im Stab des Feldmarschalls Kesselring, Station. Von dort aus versuchten sie, zu den Amerikanern zu gelangen. Ein Teil von ihnen flog in die Schweiz, wo sie Kontakte zum amerikanischen Nachrichtendienst suchten. Winston Churchill gibt jeden-

---

[12] Um diese Zeit hatte Dulles aus Washington schon die Anweisung erhalten, die Kontakte abzubrechen.

falls in seinen Memoiren zu, daß es »Minister« Hruby gelungen sei, das anglo-amerikanische Oberkommando über die Vorschläge Franks zu unterrichten.
Freilich kann man sich kaum des Eindrucks erwehren, daß die Nazi-Bonzen wohl verrückt sein mußten, wenn sie sich Ende April 1945 mit der Idee eines antikommunistischen tschechischen Staates trugen. Nicht umsonst aber gilt das Sprichwort, daß auch manchem Wahnsinn ein System innewohnt. Betrachtet man genau einige Unterlagen des Führerhauptquartiers und Dönitz', kommt man zum überraschenden Schluß: Der Plan von Frank war keine Einzelerscheinung. In den Tagen, da Frank »die Tschechoslowakei vor dem Bolschewismus zu retten« trachtete, kam dieselbe Idee dem Generaloberst Löhr, Oberbefehlshaber der deutschen Truppen auf dem Balkan, in den Kopf. In einem chiffrierten Telegramm verkündete er: »Erhaltung des Großdeutschen Reiches nicht mehr möglich, Errichtung eines österreichischen Staates ... unabwendbar.« Daher gelte es, so Löhr, »die völlige Bolschewisierung Österreichs zu verhindern«, sich den westlichen Alliierten als »Ordnungsmacht in Österreich« anzubieten und selbstverständlich »Schritte gegen den Bolschewismus«[13] zu unternehmen. Eine frappante Ähnlichkeit mit dem Plan und den Aktionen Franks! Ernst Kaltenbrunner, Hitlers rechte Hand, wollte ebenfalls ein »antibolschewistisches« Österreich ins Leben rufen. Zu diesem Zweck entsandte auch Kaltenbrunner seine Emissäre mit einer dringenden Mission nach Bern, zu Allen Dulles.
Ich glaube, nur diese Bestandteile der »Überlebensstrategie« des Dritten Reiches: Franks Mission in der Tschechoslowakei, Verhandlungen Wolffs und von Weizsäckers über die Situation in Italien sowie Vorschläge Löhrs und Kalten-

[13] Archiv des Autors.

brunners über die Zukunft Österreichs, können die Zweifel mancher skeptischer Leser im Westen zerstreuen, die dem Verfasser unterstellen mochten, er habe die Bedeutung dieser illusorischen, aber doch existenten Strategie in den Ereignissen der letzten Wochen und Monate des Krieges übermäßig aufgebauscht. Es gab jedoch mehr als nur diese erwähnten Bestandteile. Nicht nur an der Südflanke des Reiches, sondern auch an dessen Nordflanke wurden ähnliche Versuche unternommen.

Dabei meine ich nicht nur die Aktivitäten Heinrich Himmlers und seiner Mitarbeiter und Untergebenen (Kersten, Schellenberg u. a.). Sie wurden in der Fachliteratur ausreichend behandelt – sowohl vom faktischen als auch vom konzeptuellen Standpunkt aus. Ich pflichte den meisten Autoren bei, die auf die Zwecklosigkeit der Aktionen Himmlers hinweisen. Sogar erklärte und unverbesserliche Antikommunisten trauten sich nicht, einem Mann die Hand zu reichen, der Hunderttausende, ja Millionen Menschenleben auf dem Gewissen hatte. Obwohl einige dieser westlichen Politiker trotzdem nicht abgeneigt waren, Himmler als »Ordnungsfaktor« in Europa zu bewahren, behielten schließlich die realistisch denkenden Staatsmänner im Westen die Oberhand, denn sie waren sich über den absurden Charakter der Vorschläge des Henkers Nr. 1 des untergehenden Reiches im klaren.

Doch Himmler stand an der Nordflanke nicht allein. Verhältnismäßig weniger bekannt sind die Versuche des »Reichskommissars« in Holland, Arthur Seyß-Inquart, der seinerzeit Hitler ebenfalls nahestand.[14] Schon Anfang April 1945 begriff Seyß-Inquart die Ausweglosigkeit der Kriegssitua-

---

[14] Das letzte Gespräch zwischen Hitler und Seyß-Inquart fand am 5. 2. 1945 im Bunker der Reichskanzlei statt (siehe Bormanns Tagebuch).

tion und begann, nach Kontakten mit England und dem Oberkommando der Alliierten Truppen zu suchen. Eisenhower verhielt sich dazu skeptisch und schwankte zunächst, ob er überhaupt darauf eingehen sollte. Doch am 24. 4. wies er (vermutlich nicht ohne Zurede seines Stabschefs Bedell Smith) den General de Guingand (Chef des Montgomery-Stabs) an, sich mit Seyß-Unterhändler Dr. Schwebel zu treffen. Später, am 30. April, fand in Achtervelde (holländische Provinz Geldern) ein erweitertes Treffen unter Beteiligung von Seyß-Inquart und Schwebel von deutscher Seite sowie der Generale Smith, de Guingand und Foukes von der alliierten Seite statt. Das Hauptziel Seyß-Inquarts bei dieser ganzen Aktion war die separate Kapitulation der deutschen Truppen nur vor westlichen Alliierten in diesem Raum. Sein Biograph H. J. Neuman berichtete von einem Dialog zwischen Seyß-Inquart und Schwebel nach dem Treffen am 30. 4.[15]: Schwebel sagte:
»Was Himmler mit Bernadotte macht, ist nichts. Daraus wird nichts.« Wir aber haben »eine seriöse Verbindung«. Die beiden waren so optimistisch, daß sie beschlossen, noch einmal zu Smith zu gehen, damit er ihnen freies Geleit (!) nach Berlin sichere, wo Seyß-Inquart »Vollmachten« einholen wollte. Hinzu kommt, daß Hitler Seyß-Inquart in seinem Testament zum Außenminister in der Regierung Goebbels–Bormann ernannt hat. Aber davon abgesehen, paßt die Seyß-Aktion nahtlos zu den anderen Elementen der »Überlebensstrategie«, gegründet auf eine mögliche Übereinkunft mit den Westmächten gegen die UdSSR.
Das Problem des »Zweitrezeptes« hat in den vergangenen Jahrzehnten eine Reihe von symbolischen Veränderungen erfahren, die meines Erachtens im unmittelbaren Zusam-

[15] H. J. Neuman. Arthur Seyß-Inquart. Graz 1970, S. 335.

menhang mit der Situation stehen, in der Adolf Hitler seine politische Laufbahn beendet hat. Mehr noch: Je weiter wir uns von den schicksalhaften und umstrittenen Frühlingstagen des Jahres 1945 entfernen, um so mehr Gründe haben wir, uns die Geschehnisse durch den Kopf gehen zu lassen, darunter auch über den geheimen Sinn jener Illusionen nachzudenken, die in den politischen Gedanken fast aller Führer des national-sozialistischen Regimes Eingang gefunden hatten.

Womit hat Hitler begonnen und womit hat er geendet? Begonnen hat er mit der Rede in einer Münchner Wirtschaft auf der Versammlung einer noch völlig unbekannten Partei und endete mit dem Selbstmord im Bunker. Das sind die äußeren Umstände. Für die außenpolitischen Gedankengänge Hitlers, und nicht nur für seine allein, ist eine ungeheuere Kontinuität charakteristisch. Darauf machte aufmerksam Albert Speer in seinem Gespräch mit dem angesehenen englischen Historiker, Allan Bullock: »Hatte er sich ein Ziel gesetzt – so sagte Speer über Hitler – ein Ziel, das er sich schon in den Jahren 1923–1924 oder früher gesetzt hatte, so trat er davon nie mehr zurück. Dies ist eine der Besonderheiten seines Lebens.«

Diesmal wäre ich bereit, mich mit Speer einverstanden zu erklären. Hitler begann in den zwanziger Jahren mit einem markant geäußerten »antibolschewistischen Syndrom« (sagen wir, in den Tagen der Niederschlagung der bayerischen Räterepublik), das zusammen mit dem Syndrom des Antisemitismus bestimmend für das Programm geworden war, das er zu verwirklichen beabsichtigte. In »Mein Kampf« wurde dies unmißverständlich dargelegt: »Drang nach Osten« zum Ziel der Beseitigung des russischen Bolschewismus, wozu als durchaus möglich eine Allianz mit England galt. (England – und nicht die USA – war damals Symbol der »westlichen

Demokratie«). Und nun das paradoxe (oder logische?) Finale: Im Bunker der Reichskanzlei sieht Hitler seine Rettung einerseits im Konflikt zwischen dem Westen und der Sowjetunion und andererseits in einem gemeinsamen (mit dem Westen) neuen Aufmarsch gegen den Bolschewismus!

Warum habe ich für dieses Finale zuerst die Bezeichnung »paradox« gewählt? Weil in der Zeitspanne zwischen dem »Mein Kampf« und dem Bunker der Zweite Weltkrieg lag, in dem das Hitler-Deutschland einen Krieg gegen den Westen führte, der auf eine vollständige Unterwerfung der Länder des Westens abzielte. Dieser »Zwischenakt« (auf den ersten Blick) wurde 1923 nicht ausgedacht. Hier setzt das »logische« Finale ein, das einer eisernen Notwendigkeit entsprungen ist, weil derjenige, der die Weltherrschaft anstrebt, in die Konfrontation nicht nur mit dem »Klassenfeind«, sondern auch mit seinen eigenen »Klassenverwandten« gerät. Dazu sagte derselbe Speer im Gespräch mit Bullock: »Hitler hat nicht die Herrschaft über Europa schlechthin angestrebt. Diese Herrschaft war für ihn bloß eine Zwischenstufe.«

Die Logik von Hitlers Streben nach der Weltherrschaft wurde eben zur Logik des militärischen Bündnisses des Westens mit der Sowjetunion, und man kann die kraftlose Wut Hitlers verstehen, als es ihm nicht gelungen war, dieses Bündnis zu sprengen.

Warum ist die Abmachung Hitlers mit dem Westen aber nicht zustandegekommen? Ich glaube, man hat sich in jenen Tagen des großen Sieges über den Hitlerismus einfach keine Gedanken darüber gemacht – so klar und deutlich war die Antwort. Man müßte jene Tage erlebt haben, um das erhabene Gefühl der Gemeinsamkeit aller Völker Europas und Amerikas, ihrer Streitkräfte, zu verstehen. Mit Blut, Schwert und Tränen haben sie für ihre Freiheit und die Beseitigung

Hitler und Eva Braun erst 1970 in Magdeburg verbrannt

London – Adolf Hitler (1889-1945) und das Rätsel um seine Leiche. Der ehemalige KGB-Generalleutnant Sergej Kondratschow enthüllt jetzt die neueste Version:

Die Gebeine Hitlers und seiner Geliebten Eva Braun ruhten demnach 24 Jahre lang in Magdeburg. Erst am 4. April 1970 wurden sie ausgegraben.

Kondratschow: **„Die Überreste wurden heimlich nachts verbrannt. Die Asche wurde dann in die städtische Kanalisationsanlage geschüttet.“**

12 blinde Passagiere auf Griechenland-Fähre erstickt

Athen – **Beim Brand auf einer griechischen Autofähre kamen zwölf Menschen ums Leben. Bei den Toten handelt es sich um Kurden, die als blinde Passagiere reisten.**

Vom griechischen Patras sollte die „Superfast 3“ nach Ancona in Italien fahren. Doch nur eine Stunde nach dem Ablegen brach Feuer auf dem Autodeck aus. Trotz Panik gelang es der Besatzung, alle Passagiere sicher in die Rettungsboote zu bringen. Keiner ahnte, dass sich in einem der Lastwagen Flüchtlinge versteckt hatten. Als sich die Türen zum Autodeck automatisch schlossen, war ihnen der Fluchtweg versperrt. Sie erstickten an den Gasen.

Erst als gestern Feuerwehrmänner das Autodeck der Fähre untersuchten, stießen sie auf die Leichen von zehn Männern und zwei Frauen.

Die Lichter der ausgesetzten Rettungsboote erleuchten die „Superfast 3“

...ebes-Geschichte des Jahres

Rühe und Dagmar Berghoff

sich als Teenager

ist,
t zu
ist,
ist,
cht?
wie
erin
56,
uch
den
he,

die
ei-
sich
rte
lvis
mit

ahr
der
gt.
ald

ol-

Überresten von Propaganda-Minister Joseph Goebbels (1897-1945), dessen Frau und den sechs Kindern.

Alle Gebeine wurden 1946 – knapp ein Jahr nach ihrer Entdekkung in einem Bombenkrater-Grab im Garten des Führer-Bunkers – nach Magdeburg transportiert. Die Russen hielten die Stätte geheim, weil sie nicht zum Wallfahrtsort werden sollte.

Foto: Interfoto

Adolf Hitler und seine Geliebte Eva Braun vor ihrem Haus auf dem Obersalzberg. In Kohlehaufen wollten englische Agenten Sprengstoff-Ratten verstecken, die die Öfen in den Räumen in die Luft gejagt hätten

Zeitgeschichte 2

Diese Ratten sollten Hitler töten

London – Historiker haben eine neue Geheimwaffe entdeckt, die Hitler töten sollte: 150 explodierende Ratten (siehe Original-Zeichnung rechts).

Aus ehemals streng geheimen englischen Akten geht hervor: Agenten halfen den deutschen Widerstandskämpfern, indem sie toten Nagern die Haut abzogen, sie mit Plastiksprengstoff füllten und die Tiere wieder zusammen nähten.

Die Ratten-Bomben sahen täuschend echt aus.

Der Plan: **Die Präparate sollten in Hitlers Haus und in vielen Parteigebäuden in Kohlenhaufen versteckt werden, damit Bedienstete sie ins Feuer schaufeln würden.** Dabei wären die Öfen explodiert.

Aber aus dem Coup wurde nichts. NS-Soldaten entdeckten zufällig einen Container der Ratten, die Aktion musste abgeblasen werden.

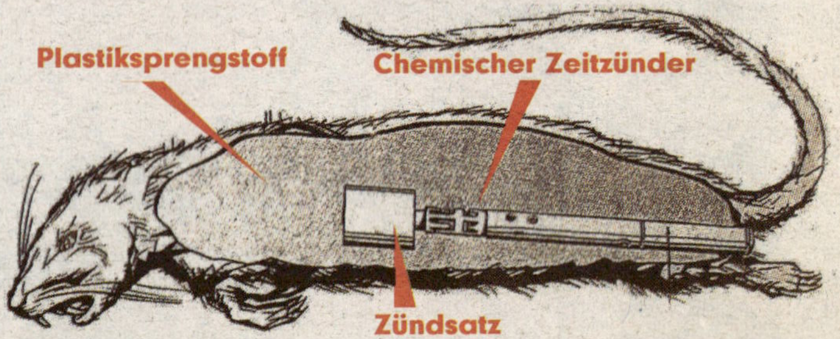

einer Gefahr für die menschliche Zivilisation bezahlt, wie man sie seit den Zeiten des Batyi, des Etzel und des Dschingis-Khan nicht gekannt hatte. Eine Sternstunde der Menschheit war gekommen. Zum ersten Mal seit vielen Jahren – für Europa waren es sechs Jahre Weltkrieg, für Deutschland 12 Jahre der Nazi-Diktatur – konnten die Menschen wieder frei atmen. Es war auch deshalb eine Sternstunde, weil in diesem Augenblick zwei soziale Teile Europas, die seit der Entstehung des sowjetischen Staates mit neuer sozial-politischer Struktur existieren, deutlich das Vorhandensein eines gemeinsamen und höheren Interesses empfanden, welches trotz tiefgreifender ideologischer Differenzen die »westliche« und die »kommunistische« Auffassung dieser Ereignisse vereinigte. Natürlich war der Graben, der beide Systeme trennte, nicht zugeschüttet. Aber es wurde bewiesen, daß auch er zu überwinden ist. Ich kann mich noch an eine Zeichnung aus einer zeitgenössischen amerikanischen Zeitung erinnern: zwei überdimensionale Soldatengestalten – eine mit amerikanischem Schutzhelm, die andere mit russischer Pelzmütze – beugen sich über die Politiker und fragen sie: »Bei uns klappte es mit der Zusammenarbeit, und bei euch?« Diese Frage ist auch heute noch aktuell.

Und wie war es um diese Frage damals bestellt? Es mag paradox erscheinen, aber die Antwort darauf fiel damals viel leichter als heute. Denn die Sternstunde der Menschheit war gleichzeitig auch die Stunde der Wahrheit. In dieser Stunde wurden viele Bedenken und Vorbehalte beiseite geschoben, die sich in den vorangegangenen Jahren gespeichert hatten. So wurde z. B. klar, daß nicht der Kommunismus, sondern der Nazismus eine echte Gefahr für die Zivilisation darstellte. Das war damals noch offenkundiger als nach langen Jahren des Kaltes Krieges.

Man brauchte nur eine einzige Szene ins Gedächtnis zurückzurufen: Während der Verhandlungen über die Kapitulation äußerte Admiral Friedeburg Feldmarschall Montgomery gegenüber: »Es ist für uns undenkbar, uns den Russen zu ergeben, sie werden ja als unzivilisierte Menschen die deutschen Soldaten sofort zu Zwangsarbeiten nach Sibirien verschleppen ...«

Wenn dieses Gespräch, sagen wir, 1949 oder 1955 stattgefunden hätte, könnte man sich vielleicht vorstellen, daß der britische Feldmarschall – die propagandistischen NATO-Gepflogenheiten im Auge – die schamlose Unterstellung des Admirals auch in Kauf nehmen würde. Doch 1945 sagte er: »Die Deutschen hätten daran denken müssen, als sie diesen Krieg begonnen haben, ganz besonders im Jahre 1941 ...«

In jenen Tagen wurde ganz offensichtlich, daß nicht die »Roten«, sondern die schwarzen Horden der Wehrmacht und der SS über Europa herfielen. Eben die »Roten« waren es, die die Völker Osteuropas vor dem Untergang retteten. Man begriff, daß man mit »kommunistischen Führern« reden kann und muß, weil das den Interessen des Westens entspricht, vorausgesetzt, daß sich der Westen nicht mit der Rolle eines Vasallen des Anwärters auf die Weltherrschaft abfinden möchte. Und noch vieles, vieles andere ...

Ich kann nicht umhin, diese Bemerkung hier zu machen, denn ich möchte den westlichen Leser ganz aufrichtig darüber aufklären, welche Schlüsse man in der Sowjetunion aus dem Zweiten Weltkrieg gezogen hat. Er braucht nicht unbedingt mir in allem zuzustimmen. Aber ohne diese Vorkenntnis wird es ihm schwerfallen, die Mentalität der Millionen und Abermillionen Bürger der sozialistischen Welt zu verstehen, die den Sieg in diesem Krieg nicht als eine vorübergehende Episode, sondern als eine Garantie für eine zukünftige Welt ohne Kriege auffassen.

TEIL V

Berlin, Mai 1945

Es wäre eine heillose Übertreibung, wollten wir behaupten, daß die sowjetischen Truppen um Berlin gekämpft hätten, nur um die Hauptkriegsverbrecher gefangenzunehmen. Unsere Armee hatte sich andere, wichtigere Ziele gesetzt. Daraus erklärt es sich wahrscheinlich auch, warum sich die sowjetischen Geschichtsforscher kaum um das Schicksal Hitlers und anderer Nazi-Prominenten gekümmert haben. Aber unvermeidlich stellte man sich beim Angriff auf Berlin die Frage, wo sich wohl die führenden Persönlichkeiten des Reiches aufhielten.

Ich muß gleich vorwegnehmen: So klar, wie sie uns heute erscheinen, lagen die Dinge im April 1945 leider nicht zutage. 1945 hielt man es in Moskau für zu riskant, sich auf die Angaben der offiziellen Nazi-Presse zu verlassen. Die militärische Führung der Sowjetunion besaß vor der Offensive keine genauen Informationen über Hitlers Aufenthalt. Mehr oder weniger zuverlässige Beweise für seine Anwesenheit in der Reichshauptstadt konnte man erst ungefähr um den 20. April ermitteln. Die Feierlichkeiten zu seinem Geburtstag – an diesem Tag verließ Hitler zum letzten Mal seinen Bunker – bestätigten die Meldungen, Hitler sei in Berlin geblieben.

Welche sowjetischen Truppenteile befanden sich in den letzten Stunden des Reiches in der Nähe der Reichskanzlei? Der Angriffsplan der 1. Weißrussischen Front sah vor, daß die

Vorstoßrichtungen ihrer 3. Stoßarmee, 5. Stoßarmee, 8. Gardearmee, der 1. und 2. Garde-Panzerarmeen in der Stadtmitte und im Herzen der Stadt, dem Regierungsviertel, zusammenlaufen sollten. Dasselbe Ziel hatten die 28. Armee und die 3. Garde-Panzerarmee der 1. Ukrainischen Front.
Das Riesengebäude des Reichstags, imposant und von weitem zu sehen, bildete den Mittelpunkt sowjetischer Angriffe, die von verschiedenen Seiten kamen. Am 30. April wurde das Reichstagsgebäude von der 150. Division des 79. Schützenkorps von Generalleutnant S. N. Perewjortkin erstürmt. Das 79. Korps gehörte der 3. Stoßarmee des Generalobersten W. I. Kusnezow an.
Um diese Zeit kämpften sich auch andere Armeen dicht an das Regierungsviertel heran. Die 5. Stoßarmee rückte vom Nordwesten zur Spree und zum Ostteil der Unter den Linden vor. Die 8. Gardearmee stieß vom Süden in Richtung Tiergarten vor. Die Reichskanzlei war völlig eingekreist.
Unsere Soldaten drangen am 30. April ins Reichstagsgebäude ein, vor der Reichskanzlei dauerten die Kämpfe – hier wurden die 301. und 248. Schützendivision eingesetzt – noch am Morgen des 2. Mai an. In dieser kurzen Zeitspanne hat sich aber vieles ereignet.
In der Nacht zum 1. Mai ging ein deutscher Parlamentär über die Frontlinie in der Gegend der Reichskanzlei. Er teilte mit, der deutsche Generalstabschef Krebs möchte dem sowjetischen Oberkommando eine außerordentlich wichtige Nachricht übermitteln. Im Morgengrauen brachte man Krebs zum Befehlshaber der 8. Gardearmee, Generaloberst W. I. Tschuikow.
Diese Episode ist aus zahlreichen Büchern und Abhandlungen, darunter auch vom Verfasser selbst, bekannt. In meinem 1972 erschienenen Buch »Die letzten Notizen von Martin Bormann« (Deutsche Verlagsanstalt) berief ich mich

14 Oberstleutnant Klimenko, Chef der Abwehrabteilung »SMERSCH« des 79. Schützenkorps, der Leiter der Suchaktion

15 Ort der Verbrennung (×) und Beerdigung (××) Hitlers vor dem Bunkerausgang (×××)

16 Oberst Miroschnitschenko, Chef der Abteilung der Abwehr »SMERSCH« der 3. Stoßarmee

17 Die Soldaten Derjabin und Zybotschkin bei der Ausgrabung der Leichen Hitlers und Eva Brauns

18/19 Ort der Beerdigung Hitlers, (Lageskizze) und Erklärung

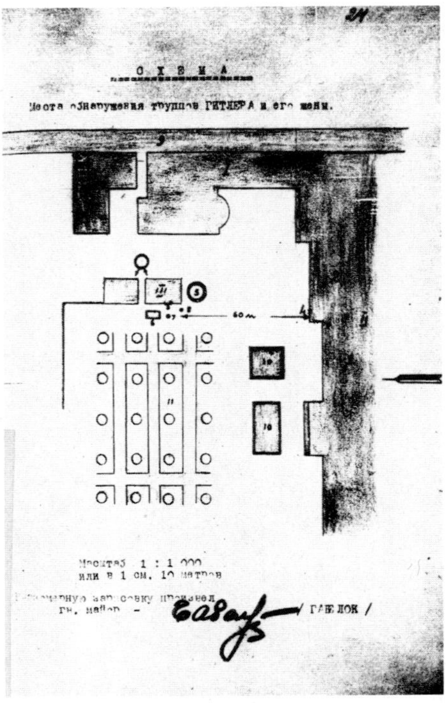

25

УСЛОВНЫЕ ОБОЗНАЧЕНИЯ

К схеме места обнаружения трупов ГИТЛЕРА и его жены

1. Старая имперская канцелярия
II. Новая имперская канцелярия
III. Блиндаж ГИТЛЕРА

1. Рабочая комната ГИТЛЕРА
2. Голубая столовая
3. Запасной выход из блиндажа ГИТЛЕРА
4. Крайнее окно голубой столовой
5. Наблюдательная башня
6. Воронка
7. Место сожжения трупов ГЕББЕЛЬСА и его жены
8. Место сожжения ГИТЛЕРА и его жены
9. Вельгельм Штрассе
10. Вышка бассейна
11. П а р к

ГВАРДИИ МАЙОР – / ГАВЕЛОК /

13 " мая 1945 года

20 An dieser Stelle wurden die Leichen A. Hitlers und E. Brauns verbrannt

21 In dieser Grube wurden die Leichen Hitlers und E. Brauns vergraben und nebst 2 Hundekadavern gefunden

Nächste Bildseite: ▷

22/23/24 (oben) Dr. Faust Schkarawski, der Leiter der Obduktions-Kommission.
Der Verfasser in Berlin, Mai 1945 (Bildmitte, 2. von rechts)
Oberst Gorbuschin (unten)

auf eine Niederschrift des bekannten sowjetischen Schriftstellers und Kriegskorrespondenten Wsewolod Wischnewski. In jener denkwürdigen Nacht war er Tschuikows Gast. Ihn begleitete ein anderer Schriftsteller, Jewgeni Dolmatowski, der sein eigenes »Protokoll« abfaßte. Der kürzlich vorgenommene Vergleich der beiden Schriften ergab, daß die Notizen Dolmatowskis zwar keinen so hohen literarischen Wert wie die seines älteren Kollegen besitzen, ihrem Inhalt nach jedoch authentischer sind. Daher entschloß ich mich, den von Dolmatowski festgehaltenen Text hier zu veröffentlichen. Der Text ist nicht lang, dafür aber sehr aufschlußreich.[1]

»Den 2. Mai 1945
BERLIN-Tempelhof. Beobachtungspunkt des Oberbefehlshabers der 8. Armee. Anwesend sind Generaloberst TSCHUIKOW, Generalleutnant POSHARSKI, Generalleutnant DUCHANOW, Generalmajor PRONIN u. a.
Den 1. Mai, 4.00 Uhr morgens.
DUCHANOW: General Krebs mit einem Oberstleutnant des Generalstabs und einem Dolmetscher sind zu Verhandlungen eingetroffen.
KREBS: Ich möchte bitten, die erste Phase der Verhandlungen mit Ihnen unter vier Augen zu führen. Die Entscheidung darüber überlasse ich Ihnen.
TSCHUIKOW: Die anderen sind Vertreter des Kriegsrates, ich kann in ihrer Anwesenheit sprechen.
KREBS: Ich, General Krebs, Generalstabschef des OKH des Deutschen Reiches, bin bevollmächtigt, dem sowjetischen Oberkommando gegenüber eine außerordentlich wichtige Erklärung zu machen.
TSCHUIKOW: Ich, Generaloberst Tschuikow, bin vom Mar-

[1] Archiv von J. Dolmatowski.

schall Shukow ermächtigt, Ihre Erklärung entgegenzunehmen.
KREBS: Ich wiederhole: meine Nachricht wird außerordentlich wichtig und streng geheim sein.
TSCHUIKOW: Sprechen Sie.
KREBS: Ich teile sie dem ersten Nichtdeutschen mit. Am 30. April hat Hitler Selbstmord begangen.
TSCHUIKOW: Verzeihung, das ist mir schon bekannt.[2]
KREBS: Nach dem Testament des Führers gehen alle Machtbefugnisse an den Großadmiral Dönitz sowie den Reichskanzler Goebbels und den Sekretär der Reichskanzlei, Bormann, über. Ich bin von Goebbels und dem Sekretär Bormann bevollmächtigt, in Verhandlungen mit dem Führer der Sowjetunion zu treten. Das Ziel dieser Verhandlungen ist es, die Beziehungen zwischen dem deutschen Volk und der Sowjetunion ins Klare zu bringen, eine Basis für Friedensverhandlungen, für das Wohlergehen der beiden Völker zu finden, die die meisten Opfer in diesem Krieg bringen mußten. (Legt das Dokument vor.) Das sind die Unterschriften von Goebbels und Bormann. Wenn Sie wollen, können Sie dieses Dokument behalten.
TSCHUIKOW: Handelt es sich um Berlin oder um ganz Deutschland?
KREBS: Ich habe zweierlei Vollmachten: von der ganzen Wehrmacht und von den Truppen in Berlin. Dr. Goebbels befindet sich ebenfalls in Berlin.
TSCHUIKOW: Friedensverhandlungen werden geführt, wenn nicht mehr geschossen wird. Hören Sie nicht die Kanonade der deutschen Geschütze?
KREBS: Ich bin ermächtigt, falls sich die Verhandlungen in

[2] Später gab W. I. Tschuikow zu, daß er bluffte. Er hatte keine zuverlässigen Informationen über den Tod Hitlers, wollte aber den selbstsicheren Krebs in Verlegenheit bringen.

die Länge ziehen, das Feuer vor Berlin einzustellen. Ich versichere Ihnen, daß die Deutschen noch nicht vom Tod des Führers wissen.

(Ein Telefon läutet. Tschuikow berichtet Marschall Shukow über die Sachlage.)

KREBS: Ich sage Ihnen, niemand weiß noch, daß Hitler nicht mehr am Leben ist. Goebbels ist in Berlin. Die Kämpfe können eingestellt werden, wenn wir übereinkommen. Beide Seiten werden ohne Feuer auseinandergehen.

TSCHUIKOW (gibt Shukows Fragen[3] weiter): Wann hat Hitler Selbstmord begangen?

KREBS: Am 30. April um 15.50 Uhr Berliner Zeit.

TSCHUIKOW (gibt Shukows Frage weiter): Setzt Ihr Vorschlag die totale Kapitulation voraus?

KREBS: Ich bin ermächtigt zu fragen: Gibt es eine andere Möglichkeit? Ich bin ermächtigt zu klären, ob ein Frieden ohne totale Kapitulation möglich ist?

TSCHUIKOW: Haben Sie dieselbe Frage auch an die Alliierten gestellt?

KREBS: Es ist mir nicht möglich, mich mit den Alliierten in Verbindung zu setzen, es ist jedoch nicht ausgeschlossen, daß eine andere deutsche Regierung an einer anderen Stelle bereits Verhandlungen führt.

TSCHUIKOW: Wird diese Delegation nur mit der Sowjetregierung oder auch mit den Alliierten verhandeln?

KREBS: Die Befugnisse können erweitert werden, aber wir sind in Berlin eingeschlossen und können nicht an andere Mächte herantreten.

TSCHUIKOW (gibt Shukow den Inhalt des bisherigen Gesprächs mit Krebs wieder): In dieser Frage werde ich im eigenen Namen – nicht im Namen der Regierung und nicht in

[3] an Krebs

Ihrem Namen sprechen. (Zu Krebs.) Der Marschall möchte wissen, ob Sie die bedingungslose Kapitulation anbieten können oder nicht. Wir können nur verhandeln, wenn dieser Vorschlag sich auch auf unsere Alliierten bezieht. Das ist das eine. Und nun das andere: meinen Sie die bedingungslose Kapitulation oder nicht?

KREBS: Um weiter verhandeln zu können, bitte ich Sie, die Kämpfe zeitweilig einzustellen.

TSCHUIKOW: Zwei Fragen: 1. Die Alliierten; 2. Bedingungslose Kapitulation oder nicht?

KREBS: Ich habe einen anderen Vorschlag, da die neue Regierung sich als die legitime Regierung Deutschlands bezeichnen kann.

TSCHUIKOW: Bedingungslose Kapitulation oder nicht?

KREBS: Solange ich die allgemeine Lage nicht kenne, kann ich nicht davon sprechen. Wenn ich über die Gesamtlage informiert bin, kann ich von der bedingungslosen Kapitulation sprechen. Jetzt bitte ich um Waffenstillstand, damit ich verhandeln kann.

TSCHUIKOW: Ist die Berliner Gruppierung bereit, jetzt zu kapitulieren?

KREBS: Wir bitten um Waffenstillstand, um die Lage mit allen Deutschen abzustimmen.

TSCHUIKOW: Bedingungslose Kapitulation für die Berliner Gruppierung, ja oder nein?

KREBS: Wir bitten um Waffenstillstand, um mit unserer neuen Regierung für ganz Deutschland klarzukommen oder sie zu legalisieren.

TSCHUIKOW (nach telefonischer Aussprache mit Shukow): Die Frage nach dem Waffenstillstand ist nur auf der Basis der bedingungslosen Kapitulation möglich.

KREBS: Wird bei bedingungsloser Kapitulation die legale Regierung liquidiert?

TSCHUIKOW: Herr General, wir sind hierher gekommen, nicht um die deutsche Regierung oder das deutsche Volk zu vernichten. Hat es denn in der Geschichte keine Kapitulation und kein Land gegeben, wo die Regierung geblieben ist?
KREBS: Aber unsere Regierungsmitglieder werden in Ihre Hände fallen.
TSCHUIKOW: Die Vertreter des deutschen Volkes arbeiten in den von uns und den Alliierten besetzten Gebieten. Sie sind befugt, die Ordnung wiederherzustellen.
KREBS: Ich wiederhole: Bei völliger Kapitulation Berlins wird die Regierung für ganz Deutschland kapitulieren. Wir bitten, die neue deutsche Regierung beizubehalten, damit sie sich mit dem ganzen deutschen Volk in Verbindung setzt.
TSCHUIKOW: Marschall Shukow spricht gerade mit der Regierung. Merken Sie sich aber, daß wir mit Deutschland nur auf Grund seiner bedingungslosen Kapitulation sprechen können.
KREBS: Das ist mir klar. Aber eine legitime Regierung muß existieren, sonst kann man es nicht mehr schaffen. Für beide Regierungen wäre es günstig, wenn diese Regierung bleibt, sonst werden Sie nicht wissen, mit wem Sie verhandeln sollen.
TSCHUIKOW: Ich bin Soldat und folge den Befehlen meiner Regierung.
KREBS: Ich befürchte, daß noch vor der Verlautbarung von Hitlers Testament einige andere Vertreter mit den Alliierten bereits verhandelt haben.
TSCHUIKOW: Unser Informbüro hat davon schon berichtet.
DEUTSCHER DOLMETSCHER: Wir haben davon im Rundfunk noch bei Lebzeiten Hitlers gehört.
TSCHUIKOW: Bei diesem unseren Gespräch gehe ich von den Beschlüssen der Konferenz der drei Regierungschefs – Stalins, Roosevelts und Churchills, aus.

KREBS: Ich bin hierher gekommen, um mir ein klares Bild über die Lage zu verschaffen.
TSCHUIKOW (blickt auf die Uhr): In einigen Minuten sollen aktive Operationen beginnen.
KREBS: Die Berliner Regierung kann nicht für ganz Deutschland sprechen.
TSCHUIKOW: Das verstehe ich.
KREBS: Hängt es von Ihnen ab, einen zeitweiligen Waffenstillstand noch vor dessen Abstimmung mit den Alliierten zu schließen?
TSCHUIKOW: Ich bin nicht in der Lage, einen mir erteilten Befehl zu ignorieren.
KREBS: Ohne eine solche Möglichkeit zu haben, können wir keine Verhandlungen führen. Solange die Kämpfe andauern, sind keine Verhandlungen möglich.
TSCHUIKOW: Ich warte auf den Anruf.
KREBS: Wie lange könnte das dauern?
TSCHUIKOW: Ich glaube, das dauert nicht lange. Ihnen bleibt nur ein kleines Stückchen von Berlin, und es wird von unserem MG-Feuer bestrichen.
KREBS: Ihnen ist wohl bekannt, wie stark wir sind. Uns ist bekannt, wie stark Sie sind.
TSCHUIKOW: Ich möchte Ihre Kräfte nicht unterschätzen oder unsere überbewerten. Aber ich beneide die Berliner Garnison nicht. In Stalingrad lag ich in der Defensive, doch meine Lage war etwas besser als die Ihrige heute.
KREBS: Wir sind bereit, bis zum äußersten zu kämpfen.
TSCHUIKOW: Ruhm und Ehre denjenigen, die bis zum äußersten kämpfen.
KREBS: Im Falle der Liquidierung der einzigen legitimen Personen, die Hitlers Testament kennen, können die Verhandlungen nicht eingeleitet werden. Wie sieht es dann mit der Regierung aus?

TSCHUIKOW: Ich kann bei Gott nichts dazu sagen. Ich bin in der Lage, die Frage nach der bedingungslosen Kapitulation zu lösen. Allen wird das Leben garantiert. Weitergehende Befugnisse habe ich nicht.

KREBS: Wenn wir kapitulieren, werden wir nicht in der Lage sein, als legitime Regierung zu existieren. Dieses Stückchen Berlin ist entscheidend für ganz Deutschland.

TSCHUIKOW (ins Feldtelefon): Wie sieht's bei Ihnen aus? Noch weiter vorgestoßen? Ist die Delegation[4] eingetroffen oder nicht? Gibt es noch Widerstand? Gut, warten Sie. Verstanden, richtig, gut. (Zum General): Ihre Garnison kapituliert inzwischen.

KREBS: Das geschieht ohne entsprechende Weisung. An welchem Abschnitt?

TSCHUIKOW: An unserem Frontabschnitt. Die Geschütze schießen nicht mehr.

KREBS: Laut meinem Befehl.

TSCHUIKOW: Ich habe auch befohlen, nicht zu schießen.

KREBS: Könnte der Generaloberst mich mit der Lage bekanntmachen, mit Informationen über die Kapitulationsangebote an die Alliierten?

TSCHUIKOW (nimmt eine Militärzeitung und verliest die TASS-Meldung über Himmlers Verhandlungen).

KREBS: Das ist gegen den Willen des Führers.

TSCHUIKOW: Da kann ich kaum etwas dazu sagen.

KREBS: Das haben wir auch befürchtet. Davon habe ich erst jetzt erfahren.

TSCHUIKOW: Haben Sie jemanden ermächtigt, darüber an anderen Frontabschnitten zu verhandeln?

KREBS: Niemand weiß vom Tod des Führers.

TSCHUIKOW: Ist Ihnen der Sender »Rheostat« ein Begriff?

---

[4] Vertreter der Garnisonsverbände, zu Kapitulationsverhandlungen delegiert.

KREBS: Ich bin überrascht. Das ist ein lokales Unternehmen, gegen den Befehl.
TSCHUIKOW: Hier ist ein Flugblatt. (Verliest das Flugblatt über den Tod Hitlers.)
KREBS: Um welche Zeit wurde das gemeldet?
TSCHUIKOW: Gestern um 11.30 Uhr.
KREBS: Das ist eine Lüge. Um die Zeit war das eine Falschmeldung.
TSCHUIKOW: Kein Rauch ohne Flamme – so sagen die Russen. Ich weiß nicht, was man mir jetzt am Telefon sagen wird, aber ich glaube, man müßte doch total kapitulieren. Das Fleckchen Land in Berlin ist ja kein Mittelpunkt des deutschen Landes.
KREBS: Ich bitte nochmals um Waffenstillstand, um mich mit den Alliierten und anderen Teilen Deutschlands zu verbinden. Im Falle der Vollkapitulation kann unsere Gruppe schon nicht mehr das deutsche Volk vertreten. Dann wird ganz Deutschland kapitulieren, und Berlin wird auch kapitulieren. Aber einstweilen kann das nicht geschehen. Wir haben keinen Kontakt zu anderen Teilen Deutschlands. Ich fürchte, eine andere Regierung könnte etwas gegen den Willen des Führers tun, vielleicht tun sie das sogar schon.
TSCHUIKOW: Die Alliierten werden ohne uns keine Schritte unternehmen, wir ohne sie auch nicht.
KREBS: Ich glaube, alle Siegermächte haben ein großes Interesse, daß in Deutschland diese Regierung als Partner erhalten bleibt.
TSCHUIKOW: Das weiß ich nicht.
KREBS: Deutschland ist besiegt. Doch darüber lieber etwas später. (Lächelt.)
TSCHUIKOW: Worauf hofft Ihre Garnison?
KREBS: Für uns ist es natürlich eine Katastrophe; Hauptsache – man muß den Krieg beenden.

TSCHUIKOW: Die beste Regierung Deutschlands ist diejenige, die den Krieg beendet.

KREBS: Das erschwert die Arbeit unserer Regierung, insbesondere, was die Beziehungen mit den Siegermächten betrifft.

TSCHUIKOW: Unsere Regierung und die Alliierten können nur über die Vollkapitulation verhandeln. So fasse ich das auf.

KREBS: Ich weiß es.

TSCHUIKOW: Als die russische Armee nach Berlin kam, freute sich die deutsche Bevölkerung: Sie war nun von den Bombenangriffen erlöst. Weiße Fahnen, weiße Armbinden überall. Mir war übrigens bekannt, daß Guderian Generalstabschef ist.

KREBS: Er ist seit dem 15. März krank. Ich vertrete ihn.

TSCHUIKOW: Ich habe Guderian in Brest kennengelernt.

KREBS: Ich war 1939 in Moskau.

TSCHUIKOW: In unserer Zeitung stand es, Guderian sei nicht nur krank, sondern sogar gestorben. (Liest Zeugenaussagen Dietmars.)

KREBS: Nein, das stimmt nicht.

TSCHUIKOW: Wo haben Sie gekämpft, wo waren Sie während der Schlacht bei Stalingrad?

KREBS: Ich war Chef der Abteilung Ausbildung und in Moskau stellvertretender Militärattache. Danach stellvertretender Generalstabschef einer Armee. War bei Smolensk. Stalingrad war der Anfang unseres Unheils. Waren Sie in Stalingrad Befehlshaber eines Korps?

TSCHUIKOW: Nein, während der Stalingrad-Verteidigung befehligte ich die 62. Armee.

KREBS: Ich habe ein Buch über Stalingrad gelesen. Shukow und Tschuikow schreiben sich fast gleich.

TSCHUIKOW: Womit erklärt sich Hitlers Selbstmord?

KREBS: Erstens militärische Niederlage, zweitens die Hoffnung: auf diese Weise eröffnet sich ein neuer Weg für die Zukunft. Das ist ein großes Opfer für das Volk.

TSCHUIKOW: Es kommt auch ein bißchen zu spät ... Soll ich vielleicht veranlassen, daß unsere Fernmeldetruppen von uns aus auf Ihre Seite einen Telefonkabel ziehen.

KREBS: Ich könnte warten, könnte abfahren und zurückkommen, mir ist es egal. Hoffentlich werden die Kämpfe solange eingestellt.

TSCHUIKOW (spricht am Telefon mit Shukow): Herr General, der Marschall möchte gern wissen, ob Sie entsprechende Unterlagen mitgebracht haben. (Der Dolmetscher verliest das von Goebbels und Bormann unterzeichnete Dokument): »Ich teile Ihnen, dem Führer des sowjetischen Volkes, als erstem der Nichtdeutschen mit, daß der Führer des deutschen Volkes, Adolf Hitler, freiwillig diese Welt verlassen hat« usw.

TSCHUIKOW: War Himmler sein Stellvertreter?

KREBS: Nein, er war Chef der deutschen Polizei und wurde Verräter. Er arbeitete auf eigene Faust gegen Hitler und wollte einen separaten Frieden schließen, weil er auf eine Spaltung unter den Alliierten baute. Hitler hatte davon erfahren, und das war ebenfalls einer der Gründe für seinen Selbstmord, denn er vertraute seinen Leuten. Unser ehemaliger Führer wollte Kontakt mit der Sowjetunion herstellen, wollte einen Ausweg aus dieser Situation finden. Himmler ist aus der Partei ausgeschlossen.

TSCHUIKOW: Wo ist Himmler jetzt?

KREBS: Außerhalb von Berlin. Reuter berichtete, daß Himmler Berlin helfen wollte. Nein, er wollte es nicht. Er ist ein Verräter. Das war gegen den Willen des Führers und gegen die Interessen Deutschlands.

TSCHUIKOW: Wo ist jetzt das Hauptquartier der deutschen Armee: in Berlin oder außerhalb?

KREBS: Ich war im Stab. Das Oberkommando der Wehrmacht war in Mecklenburg. Die Befehle ergingen aus Berlin. Ich bin für die Operationen an der Ostfront zuständig.
TSCHUIKOW: Wer ist Oberbefehlshaber nach Hitlers Tod?
KREBS: Laut Testament Großadmiral Dönitz, beim Heer Schörner. Er weiß von seiner Ernennung noch nicht; bei der Luftwaffe von Greim.
TSCHUIKOW: Wo ist Göring?
KREBS: Er ist krank.
TSCHUIKOW: Göring ist krank, Guderian ist krank und andere auch. Wo ist Ribbentrop? Ist er noch nicht krank?
KREBS: Er ist in Mecklenburg. Statt seiner hat der Führer Seißenberger eingesetzt.[5]
TSCHUIKOW: Wer wird denn Verhandlungen mit der UdSSR und den Alliierten führen?
KREBS: Vielleicht ich; wenn ich alle vom Führer eingesetzten Personen benachrichtigen kann, dann sie. Bormann ist zur praktischen Ausführung des Testaments bestimmt. Von der neuen Regierung sind nur er und Goebbels in Berlin, und sie wissen vom Tode Hitlers und von seinem Testament.
TSCHUIKOW: Was werden die anderen Kabinettsmitglieder der Hitler-Regierung tun?
KREBS: Sie werden dem Befehl des Führers gehorchen und zurücktreten.
TSCHUIKOW: Meinen Sie, daß diese Regierung auch von der Truppe anerkannt wird?
KREBS: Wenn das sich umgehend machen läßt, wird die Truppe den Willen des Führers ausführen.
TSCHUIKOW: Glaubt der General nicht, daß auch andere Regierungen gebildet werden können?
KREBS: Himmler hat schon damit angefangen. Er weiß nicht

[5] Der Protokollautor hat falsch gehört. Richtig heißt es: Seyß-Inquart.

vom Tode des Führers und auch nicht davon, daß er nicht mehr in der Regierung ist.

TSCHUIKOW: Haben Sie Verbindung mit anderen Gebieten?

KREBS: Sobald der zeitweilige Waffenstillstand eintritt, werden Bormann und ich durchs Land fahren und mit dem Volk sprechen.

TSCHUIKOW: Also die Regierung ist geschaffen, und Sie wollen ihm das Funktionieren in Deutschland ermöglichen, um dann den Krieg fortzusetzen?

KREBS: Um dann Verhandlungen zu führen.

TSCHUIKOW: Wo ist Hitlers Leiche jetzt?

KREBS: Im Einklang mit dem Testament ist sie in Berlin verbrannt, drei Stunden nach dem Tod. Verbrannt in einem Bombentrichter.

TSCHUIKOW: Ihre Aufgabe ist es, den Willen des Führers zu erfüllen, und Sie wollen, daß wir Ihnen dabei helfen? Das verstehe ich nicht. Die Kanonen donnern, und Sie reden von einer neuen Regierung.

KREBS: Ich möchte es möglichst bald durchführen, damit wir irgendeine neue Regierung schaffen.

TSCHUIKOW: Unsere Truppen setzen jetzt zum Sturmangriff an, und sie werden womöglich Ihre Regierung mit Bajonetten aufspießen – das kann auch passieren.

KREBS: Eben deshalb bitte ich auch um die Feuereinstellung.

TSCHUIKOW (läßt die Papiere an den Marschall[6] absenden): Wollen Sie nur mit uns oder auch mit den Alliierten verhandeln? Ein Gespräch kann nur auf der Basis bedingungsloser Kapitulation stattfinden.

KREBS: Ich bin zutiefst überzeugt, daß diese Regierung, falls

[6] Shukow

jetzt die Berliner Garnison kapitulieren sollte, nie gebildet werden kann. Das wäre ein Schritt zur Nichterfüllung des Willens des Führers. Die völlige Kapitulation würde uns jeder Autorität berauben, denn sie würde keine Entscheidung über meine Regierung bringen.

DUCHANOW: Die Regierung soll also von russischen Bajonetten geschützt werden. Sehr interessant!

KREBS: Die Frage der bedingungslosen Kapitulation kann in wenigen Stunden gelöst werden, wenn es gelingt, die ganze Regierung in Berlin zu versammeln.

TSCHUIKOW: Wenn Sie die Kapitulation ablehnen, so heißt es, daß Sie bis zum äußersten kämpfen wollen?

KREBS: Ich sehe keine andere Möglichkeit. Nach der Liquidierung wird Ihnen kein legitimer Partner bleiben.

TSCHUIKOW: Herr General kennt wahrscheinlich die Erklärung der drei alliierten Mächte über die bedingungslose Kapitulation Deutschlands?

KREBS: Sie haben bisher niemanden, mit dem Sie verhandeln könnten. Es gibt keinen legitimen Partner. Dönitz ist nicht in Berlin und weiß noch nichts, und wir können ohne ihn zu keinem endgültigen Schluß kommen.

DUCHANOW: Der Reichskanzler kann im Notfall die Entscheidung auf sich nehmen.

KREBS: Nein, das kann nur der Reichspräsident. Es wäre nicht fair, würde Dönitz diese Nachricht erst über Funk erfahren. Außerdem ist der Berliner Sender zerbombt.

TSCHUIKOW: Aber Sie haben doch Funkstationen, und wir kennen auch ihren Standort.

KREBS: Nur, wenn wir Dönitz rasch in Kenntnis setzen, können wir eine neue Regierung bilden. Sonst wird Himmler eigene Maßnahmen treffen, etwas gleichzeitig unternehmen. Dieser Verhandlungsversuch hat zum Ziel, daß in Deutschland eine legitime Regierung erhalten bleibt.

TSCHUIKOW: Bitte keine Sorge, keiner der Alliierten wird separate Verhandlungen führen.
KREBS: Ich fürchte, die Anglo-Amerikaner könnten durchaus separate Verhandlungen führen.
TSCHUIKOW: Wir vertrauen uns, wir Alliierten. Separate Verhandlungen kommen nicht in Frage.
KREBS: Wir suchen die Hilfe der Sowjetunion, um eine legitime Regierung zu schaffen und dann mit allen Verhandlungen aufzunehmen.
TSCHUIKOW: Als Soldat möchte ich baldigst mit der Berliner Garnison fertig werden.
KREBS: Wenn wir uns wehren werden, werden wir natürlich untergehen.
TSCHUIKOW: Heute, spätestens morgen werden wir sie niederwalzen!
KREBS: Dann wird ganz Deutschland von Anarchie erfaßt.
TSCHUIKOW: Welchen Einfluß hat schon diese Regierung und ihr Fleckchen Land? Ich bin sicher, Sie müssen kapitulieren. Hier Widerstand zu leisten wäre ein Wahnsinn.
KREBS: Ich habe Sie mit meinem Auftrag vertraut gemacht, andere Befugnisse hatte ich nicht. (Anruf von Shukow. Tschuikow meldet, Shukow halte es für ratsam, einen Offizier zurückzuschicken, denn die Deutschen können wegen des langen Wegbleibens der Delegation Alarm schlagen.)
KREBS: Ich schlage vor, eine Kampfpause einzulegen.
TSCHUIKOW: Deutsche Soldaten schießen, wir schießen zurück. Der beste Ausweg wäre eine Kapitulation. Sonst schießen wir sie alle ab!
KREBS: Voll- oder Teilkapitulation?
TSCHUIKOW: Die der Berliner Garnison. Erst dann können wir mit jemandem sprechen.
KREBS: Ich bin nicht befugt, nicht berechtigt. Die anderen Regierungsmitglieder werden getötet.

TSCHUIKOW: Einem Geschoß oder einer Kugel ist es ziemlich egal, wer Regierungsmitglied ist ...
KREBS: Mir liegt es daran, Frieden zu schließen, meine eigenen Interessen sind zweitrangig.
TSCHUIKOW: Ich muß mich immer wieder auf die Erklärung der drei Leiter der Mächte berufen: Frieden erst nach der Kapitulation.
KREBS: Eine wirkliche Vollkapitulation kann nur von einer legitimen Regierung vorgenommen werden.
DUCHANOW: Aber Deutschland kapituliert ja de facto.
KREBS: Das wird eine Besetzung, keine Kapitulation, sein.
TSCHUIKOW: Gewiß, eine Besetzung infolge des Krieges.
KREBS: Die Kriegsfrage ist entschieden, aber man braucht eine legitime Regierung. (Armeegeneral Sokolowski trifft ein.)
SOKOLOWSKI: Wo ist das Originaltestament Hitlers?
KREBS: Es ist von drei Personen nach drei Stellen außerhalb Berlins befördert worden. Die Stellen kann ich erst nach einer Rückfrage nennen.
SOKOLOWSKI: Wo ist zur Zeit Guderian?
KREBS: Bei München.
SOKOLOWSKI: Warum suchen Sie nur mit uns, nicht auch gleichzeitig mit den Alliierten, Kontakt?
KREBS: Es gibt keine anderen Mittel.«

Die Antwort aus Moskau ließ nicht lange auf sich warten: Keine Verhandlungen, nur die Kapitulation! Krebs wurde diese Antwort mitgeteilt und von dem hinzugekommenen Stellvertretenden Oberbefehlshaber der Front, Armeegeneral Sokolowski bestätigt. Krebs fuhr ab, um die Antwort Goebbels und Bormann zu übermitteln (am 1. Mai um 13.08 Uhr), und um 18.00 Uhr brachte ein Parlamentär die Antwort: Die bedingungslose Kapitulation wurde abgelehnt.

Die letzte Gefechtsrunde begann. Die Kämpfe dauerten nicht lange, denn in der Nacht zum 2. Mai versuchten die letzten Verteidiger der Reichskanzlei, sich in westlicher Richtung durchzukämpfen, während der Befehlshaber der Berliner Garnison, General Weidling, am 2. Mai frühmorgens den Befehl über die bedingungslose Kapitulation erließ. Unmittelbar im Raum um die Reichskanzlei kam es auch nur zu einem kurzen Gefecht, wobei sich die dicht nebeneinander angreifenden Einheiten verschiedener Armeen zwangsläufig vermischten.[7] Im Morgengrauen erschienen die ersten sowjetischen Soldaten und Offiziere im Garten und im Gebäude der Reichskanzlei.
Auf welche Informationen konnten sich die sowjetischen Offiziere stützen, die am 2. Mai den Garten der Reichskanzlei betraten? Konnten sie wirklich davon ausgehen, daß Hitler tot war? Analysiert man heute all die umfangreichen Archive, kommt man zum Schluß, daß das sowjetische Oberkommando am 1. und 2. Mai schon einige Beweise für Hitlers Tod in der Hand hatte. Unter anderem gab es einen oben erwähnten Beweis. Ich meine das Schreiben von Goebbels und Bormann an I. W. Stalin, das in der Nacht zum 1. Mai 1945 von General Krebs überbracht wurde.
Ich persönlich hielt dieses Schreiben in meiner Hand, als ich am 1. Mai im Morgengrauen zum Marschall der Sowjetunion, Georgi Shukow, bestellt wurde. Das Hauptquartier der Front lag in Straußberg, einem Vorort von Berlin. Wir Stabsoffiziere schliefen in den Wohnhäusern, aber trotzdem hatte die Stabskommandantur sicherheitshalber tiefe bequeme Bunker ausgraben lassen, in denen der Befehlsstand

[7] Die rote Fahne auf dem Dach der Reichskanzlei befestigte Major Anna Wladimirowna Nikulina, Instrukteur der politischen Abteilung des 9. Schützenkorps der 5. Stoßarmee.

eingerichtet war. Nachdem ich in den Bunker hinuntergestiegen war und mich zur Stelle gemeldet hatte, überreichte mir der Stabschef der 1. Weißrussischen Front, Generaloberst Michail Sergejewitsch Malinin, ein paar Bogen Papier, auf denen ich ungewöhnlich große Buchstaben[8] erblickte. Wir erfuhren später, daß es die Typenabdrucke der berühmten »Führer«-Schreibmaschine waren. Hitler hatte nämlich schwache Augen, wollte aber keine Brille tragen. Mit eben dieser »Führer-Type« wurde auch der Brief an I. W. Stalin geschrieben, in dem es hieß, daß Hitler diese Welt verlassen habe.

Ich übersetzte ihn sofort aus dem Deutschen ins Russische. Marschall Shukow, der neben einer großen Karte saß, hörte aufmerksam zu, fragte aber manchmal nach, wenn ihm etwas zweifelhaft zu sein schien, wie zum Beispiel der Satz, in dem die Briefschreiber behaupteten, daß sie Stalin als »erstem der Nichtdeutschen« Hitlers Tod mitteilten. Der Inhalt des Briefes wurde Satz für Satz per Telefon nach Moskau weitergegeben, wo am anderen Ende der Leitung ein diensttuender General der Stawka saß. Wie ich später erfuhr, wurde alles unverzüglich dem Obersten Befehlshaber I. W. Stalin berichtet.

Ich möchte nicht behaupten, daß jene, die bei Tagesanbruch des 1. Mai den Brief von Goebbels und Bormann gelesen haben, die geschilderten Ereignisse unbesehen für wahr erachteten. Deswegen habe ich auch große Zweifel, ob die Nachricht von diesem Brief jemals die Offiziere erreicht hat, die zu dieser Zeit bereits den Befehl hatten, das Gelände der Reichskanzlei abzusuchen. Die von Krebs übergebenen Materialien wurden vom Stab der 8. Gardearmee sofort dem Oberkommando der Front überbracht und dann nach Moskau weiter-

[8] 12 mm groß.

geleitet. Sie galten zu dem Zeitpunkt als geheime Papiere, und man wollte sie mitten im Kampf den Truppen nicht bekanntgeben.

Am 2. Mai wurde allerdings der uns schon bekannte Otto Günsche festgenommen, der über des Führers Tod ausführlich aussagte. Aber er wurde am Rande der Stadt gefaßt, und seine Aussagen wurden erst viel später bekannt. Zwar wurden in der Gegend der Reichskanzlei etliche Leute verhaftet, doch waren ihre Aussagen über Hitlers Ende sehr verschwommen.

Den sowjetischen Abwehroffizieren aber blieb gar keine Zeit für längere Überlegungen. Sie hatten Befehl, sofort die Suchaktionen nach den Führern des Reiches zu eröffnen. Begonnen wurde das Unternehmen von Oberstleutnant Iwan Issajewitsch Klimenko, dem Chef der Abwehrabteilung des 79. Schützenkorps, seinen Offizieren und Soldaten.

Oberstleutnant Iwan Issajewitsch Klimenko, Berufssoldat seit 1936, hatte seinen Weg nach Berlin im denkwürdigen Jahre 1941 bei Jelnja angetreten, wo er zum ersten Mal mit den Deutschen zusammengestoßen war. Fünfmal geriet er in Kesselschlachten, und um dem Kessel vor Brjansk zu entkommen, mußte er – zu Fuß – insgesamt 1100 Kilometer zurücklegen. Vor der Reichskanzlei jedoch fuhr er einem Pkw vor. In seinem Wagen saßen noch drei andere Offiziere, in dem ihnen folgenden Lkw fünf Soldaten. Als Chef der Abwehrabteilung des 79. Schützenkorps hatte nun Klimenko ein neues Objekt vor den Augen, das sich im Angriffsabschnitt des Korps befand – die Reichskanzlei.

Schon lange vor dem Beginn des Angriffs auf Berlin (an dessen Erfolg übrigens niemand gezweifelt hatte) hatten sich die Aufklärungs- und Abwehroffiziere auf ihre Sonderaufgabe vorbereitet: die Inbesitznahme wichtiger Dokumente, die Gefangennahme der Hauptkriegsverbrecher, das Unschädlichmachen des feindlichen Agentennetzes usw. Auch die Abwehroffiziere des 79. Korps bereiteten sich darauf vor.

Doch lassen wir Klimenko (er ist jetzt Oberst a. D.) selbst erzählen:[9]

»Als das 79. Schützenkorps den Reichstag erobert hatte, kam meine Abteilung im Gebäude des Gefängnisses Plötzensee unter; dorthin wurden die im Bereich des Reichstages und der Reichskanzlei gefangengenommenen Wehrmachtsangehörigen gebracht. Natürlich befragten wir sie auch nach dem Schicksal der Anführer des faschistischen Reiches, unter anderem nach Hitler und Goebbels. Einige von ihnen gaben an, sie hätten vom Selbstmord Hitlers und Goebbels' in der Reichskanzlei gehört. Am 2. Mai habe ich mich mit vier dieser Zeugen zur Reichskanzlei begeben.

Es war schon Nachmittag, und es regnete. Ich stieg in den Jeep, die Zeugen und Soldaten auf den Lastwagen. Wir fuhren vor der Reichskanzlei vor, gingen in den Garten und langten vor dem Notausgang des Führerbunkers an. Kaum näherten wir uns diesem Ausgang, da schrie einer der Deutschen laut auf: ›Das ist die Leiche von Goebbels! Das ist die Leiche seiner Frau!‹

Ich beschloß, diese Leichen mitzunehmen. Da wir keine Bahre bei uns hatten, legten wir die Leichen auf eine abgerissene Tür, bugsierten sie in den Lastwagen (es war ein überdachtes Fahrzeug) hinein und kehrten zurück nach Plötzensee.

Am nächsten Tag, dem 3. Mai 1945, wurden in dem Bunker die Leichen von sechs Goebbels-Kindern und die Leiche von General Krebs gefunden. Sie wurden ebenfalls nach Plötzensee gebracht.

---

[9] Gespräche mit Klimenko.

Später kamen Generale und Offiziere von den Stäben der 3. Stoßarmee und der 1. Weißrussischen Front hierher, außerdem die sowjetischen Kriegskorrespondenten Martyn Mershanow und Boris Gorbatow. Nun begann die Prozedur der Identifizierung.
Als erster betrat das Zimmer Vizeadmiral Voß, der Vertreter des Großadmirals Dönitz im Führerhauptquartier; Angehörige des Nachrichtendienstes der 3. Stoßarmee hatten ihn festgenommen. Ohne zu zaudern, identifizierte er Goebbels und seine Kinder. Dasselbe taten andere Zeugen.«
Nachstehend bringe ich einige Dokumente dazu. Das wichtigste davon ist eine am 3. Mai 1945 aufgesetzte Akte.

AKTE

Identifikation der Leichen des deutschen Reichspropagandaministers Joseph Goebbels, der Ehefrau von Goebbels und deren sechs Kinder

Berlin, 3. Mai 1945

Wir, die Unterzeichneten, der Chef der Verwaltung der Abwehr »SMERSCH«[10] der 1. Weißrussischen Front, Generalleutnant Wadiss, der stellvertretende Chef der Verwaltung der Abwehr »SMERSCH« der 1. Weißrussischen Front, Generalmajor Melnikow, der Chef der Abteilung der Abwehr »SMERSCH« der 3. Stoßarmee, Oberst Miroschnitschenko, der Chef der Abteilung der Verwaltung der Abwehr »SMERSCH« der 1. Weißrussischen Front, Oberstleutnant Barssukow, der Chef der Abteilung der Abwehr »SMERSCH« des 79. Schützenkorps, Oberstleutnant Klimenko, der Chef der politischen Abteilung des 79. Schützenkorps, Oberst Krylow, der Chef der Erkundungsabteilung der 3. Stoßar-

[10] »SMERSCH« = »Tod den Spionen«.

mee, Oberstleutnant Gwosd, der Chef der Abteilung »SMERSCH« der 207. Schützendivision, Major Aksjonow, der stellvertretende Chef der Abteilung der Abwehr »SMERSCH« der 207. Schützendivision, Major Chasin, der Chef der Unterabteilung der Abteilung der Abwehr »SMERSCH« der 3. Stoßarmee, Major Bystrow, der Oberoperationsbeauftragte der Verwaltung der Abwehr »SMERSCH« der 1. Weißrussischen Front, Hauptmann Chelimskij, der Korpsarzt des 79. Schützenkorps, Oberstleutnant des Medizinischen Dienstes Gratschow, der Dolmetscher für die deutsche Sprache - der Chef der Untersuchungsgruppe der Erkundungsabteilung der 3. Stoßarmee -, Hauptmann Alperowitsch, verfaßten die vorliegende Akte wie folgt:

Am 2. Mai 1945 wurden im Zentrum von Berlin im Gelände des Bunkers der deutschen Reichskanzlei einige Meter von der Eingangstür entfernt von Oberstleutnant Klimenko und den Majoren Bystrow und Chasin in Anwesenheit von Berliner Einwohnern - den Deutschen Lange, Wilhelm, Koch der Reichskanzlei, und Schneider, Karl, Garagenmeister der Reichskanzlei - um 17.00 Uhr die angekohlten Leichen eines Mannes und einer Frau entdeckt; die Leiche des Mannes war von niedrigem Wuchs, der Fuß des rechten Beines steckte in halbgekrümmter Stellung (Klumpfuß) in einer angekohlten Metallprothese; darauf lagen die Überreste einer verkohlten Parteiuniform der NSDAP und ein angesengtes goldenes Parteiabzeichen; bei der verkohlten Leiche der Frau wurde ein angesengtes goldenes Zigarettenetui entdeckt, auf der Leiche ein goldenes Parteiabzeichen der NSDAP und eine angesengte goldene Brosche.

Zu Häupten der beiden Leichen lagen zwei Walther-Pistolen Nr. 1 (durch Feuer beschädigt).

Am 3. Mai d. J. wurden vom Zugführer der Abwehrabteilung

»SMERSCH« der 207. Schützendivision, Oberleutnant Iljin, im Bunker der Reichskanzlei in einem separaten Zimmer auf Betten liegend Kinderleichen[11] im Alter von drei bis vierzehn Jahren aufgefunden. Sie waren mit leichten Nachthemden bekleidet und zeigten Vergiftungserscheinungen.
Da in den erwähnten Leichen Dr. Goebbels, seine Ehefrau und deren Kinder erkannt worden sind, wurden alle Leichen zur Leichenschau und zwecks Identifikation durch Personen, mit denen sie nahe bekannt waren, in die Räumlichkeiten der Abteilung »SMERSCH« des 79. Schützenkorps der 1. Weißrussischen Front gebracht.
Zur Identifikation der Leichen an Ort und Stelle wurden die Kriegsgefangenen – der persönliche Vertreter von Großadmiral Dönitz im Führerhauptquartier, Vizeadmiral Voß, Hans-Erich, geb. 1897, der Garagenmeister der Reichskanzlei, Schneider, Karl Friedrich Wilhelm, und der Koch der Reichskanzlei, Lange, Wilhelm – hinzugezogen, die Goebbels, dessen Ehefrau und Kinder persönlich gut gekannt haben.
Vizeadmiral Voß, Lange und Schneider identifizierten eindeutig die Leichen – beim Verhör und bei der Vorführung der Leichen – als Goebbels, dessen Ehefrau und Kinder. Dabei erklärte Vizeadmiral Voß auf die Frage, an welchen Merkmalen er in der angekohlten männlichen Leiche den ehemaligen Reichspropagandaminister Dr. Goebbels erkenne: die angekohlte Leiche habe eine unverkennbare Ähnlichkeit mit Goebbels, was durch die Form des Schädels, die Linien des Mundes, die Prothese, die Goebbels am rechten Bein trug, durch das Vorhandensein des goldenen Parteiabzeichens der NSDAP sowie durch die Überreste der verkohlten Parteiuniform bestätigt werde. Gleichzeitig erklärte Voß, daß er sich die letzten Tage (drei Wochen hindurch) bis zum 1. Mai

[11] Fünf Mädchen und ein Knabe.

d. J. ununterbrochen im Führerhauptquartier aufgehalten habe und persönlich mit Hitler, Goebbels und deren nächster Umgebung zusammengekommen sei. Am 30. April d. J. erfuhr Voß vom Selbstmord Hitlers und der kurz vor dem Tode erfolgten Ernennung Dr. Goebbels' zum Reichskanzler.

Am 1. Mai d. J. sah Voß Goebbels zum letzten Mal um 20.30 Uhr im Luftschutzbunker, wo Hitlers Hauptquartier untergebracht war. Dabei erklärte Goebbels im Gespräch mit Voß, daß er dem Beispiel Hitlers folgen, d. h. seinem Leben durch Selbstmord ein Ende setzen werde.

Voß erkannte in der angekohlten weiblichen Leiche die Ehefrau Goebbels' und begründete seine Aussage mit den Angaben, daß die Frauenleiche dem Wuchs nach (etwas über mittelgroß) und wegen des goldenen Parteiabzeichens der NSDAP die Leiche der Ehefrau Goebbels' sei. (Sie war die einzige deutsche Frau, die dieses Abzeichen trug; es war ihr von Hitler drei Tage vor seinem Selbstmord überreicht worden.)

Außerdem entdeckte man bei der Untersuchung des bei der Frauenleiche aufgefundenen Zigarettenetuis auf der Innenseite eines der Deckel das Monogramm »Adolf Hitler – 29. X. 34« in deutscher Sprache; das Etui sei, wie Voß erklärte, in den letzten drei Wochen von der Ehefrau Goebbels' benützt worden.

Bei der Besichtigung der Kinderleichen identifizierte Voß alle ausnahmslos als die Kinder von Goebbels, da er sie mehrmals gesehen hatte; eines der Mädchen, die etwa dreijährige Goebbels-Tochter Heide, sei zu wiederholten Malen in der Wohnung von Voß gewesen.

Die zur Leichenidentifikation hinzugezogenen obengenannten – der Koch Lange und der Garagenmeister Schneider – bestätigten ausdrücklich, daß sie beide in der angekohlten

Männerleiche Dr. Goebbels erkennen, wobei sie ihre Behauptung mit der Gesichtsform, dem Körperwuchs, der Schädelform und der Metallprothese am rechten Bein begründeten.
Der Koch Lange hat, in Anwesenheit der in der vorliegenden Akte oben erwähnten Militärs, ebenfalls in den Kinderleichen die Kinder von Goebbels erkannt; er nannte zwei der Kinder beim Vornamen, das Mädchen Hilde und den Knaben Helmut, die er persönlich längere Zeit gekannt hatte.
Bei der äußeren Untersuchung der Kinderleichen stellte der Korpsarzt - Oberstleutnant des medizinischen Dienstes Gratschow - fest, daß der Tod der Kinder dadurch herbeigeführt wurde, daß man das giftbildende Karboxyhämoglobin in den Organismus einführte.
Aufgrund dieser Angaben folgern wir, die Unterzeichneten, daß die besichtigten angekohlten Leichen - des Mannes, der Frau sowie der sechs Kinder - die Leichen des deutschen Reichspropagandaministers Dr. Joseph Goebbels, dessen Ehefrau und deren Kinder sind.
Worüber vorliegende Akte abgefaßt wurde.
Die Erklärungen von Voß, Lange und Schneider, die zur Identifikation herangezogen wurden, wurden durch den Dolmetscher für die deutsche Sprache, den Chef der Untersuchungsgruppe der Erkundungsabteilung der 3. Stoßarmee, Hauptmann Aljperowitsch, abgegeben.

Chef der Verwaltung der Abwehr »SMERSCH« der 1. Weißrussischen Front, Generalleutnant (A. Wadiss)

Stellvertretender Chef der Verwaltung der Abwehr »SMERSCH« der 1. Weißrussischen Front, Generalmajor (Melnikow)

Chef der Abteilung der Abwehr »SMERSCH« der 3. Stoßarmee Oberst (Miroschnitschenko)

Chef der Abteilung der Verwaltung der Abwehr »SMERSCH« der 1. Weißrussischen Front, Oberstleutnant (Barssukow)

Chef der Abwehrabteilung »SMERSCH« des 79. Schützenkorps, Oberstleutnant (Klimenko)

Chef der Abwehrabteilung »SMERSCH« der 207. Schützendivision, Major (Aksjonow)

Stellvertretender Chef der Abwehrabteilung »SMERSCH« der 207. Schützendivision, Major (Chasin)

Chef der politischen Abteilung des 79. Schützenkorps, Oberst (Krylow)

Chef der Erkundungsabteilung der 3. Stoßarmee, Oberstleutnant (Gwosd)

Chef der Unterabteilung der Abteilung »SMERSCH« der 3. Stoßarmee, Major (Bystrow)

Oberoperationsbeauftragter der Verwaltung der Abwehr »SMERSCH« der 1. Weißrussischen Front, Hauptmann (Chelimskij)

Korpsarzt des 79. Schützenkorps, Oberstleutnant des Medizinischen Dienstes (Gratschow)

Zugführer der Abwehrabteilung »SMERSCH« der 207. Schützendivision, Oberleutnant (Iljin)

Dolmetscher für die deutsche Sprache, Chef der Untersuchungsgruppe der Erkundungsabteilung der 3. Stoßarmee, Hauptmann (Aljperowitsch)

Der Inhalt der vorliegenden Akte wurde mündlich durch den Dolmetscher Aljperowitsch aus dem Russischen ins Deutsche übersetzt und von uns verstanden; wir bestätigen sie durch unsere Unterschrift.
Die Personen, die die Identität der vorgeführten Leichen feststellten:
der Kriegsgefangene der deutschen Wehrmacht, Vizeadmiral (Voß), der Koch der Reichskanzlei (Lange), der Garagenmeister der Reichskanzlei (Schneider).

So wurde die Prozedur der Identifizierung des Reichspropagandaministers und Gauleiters von Berlin seiner Ehefrau und ihrer 6 Kinder zu einer ersten Etappe der Suchaktionen.

Es gibt zweierlei Verfahren, deren sich ein Geschichtsforscher bei der Darlegung seiner Studien bedient. Er kann z. B. den Leser nur vom Endergebnis in Form von Dokumenten, Zeugenaussagen und Schlußfolgerungen informieren. Wahrscheinlich wäre diese Methode die richtigste. Aber sie ist so unpersönlich, daß der Autor dabei ganz automatisch in den Hintergrund tritt. Die lange Geschichte der aufopferungsvollen Suchaktionen, die Freuden und Enttäuschungen, unerwartete, widerspruchsvolle Erkenntnisse und die Wege zur Meisterung der scheinbaren Gegensätze – das alles würde dann dem Leser vorenthalten bleiben.

Es gibt aber auch eine andere Methode. Ich weiß nicht, ob sie einem Berufshistoriker munden kann, aber der Leser würde dabei bestimmt auf seinen Geschmack kommen, ist es doch viel spannender, gemeinsam mit den Suchenden einem Geheimnis nachzuspüren.

Es fiel mir gar nicht schwer, die Hauptpersonen der Suchaktion ausfindig zu machen, die am 2. Mai 1945 im Garten der Reichskanzlei gestartet wurde. Der unmittelbare Teilnehmerkreis dieser Suchaktion beschränkte sich auf relativ wenige Personen. Theoretisch konnten ihm Abwehroffiziere auf Divisions-, Korps-, Armee- und Frontebene angehören. Da aber die Divisions- und die Korpsebene hier praktisch zusammengezogen wurde – der Abwehrchef des 79. Korps erschien im Garten der Reichskanzlei gemeinsam mit Abwehroffizieren der 207. Schützendivision – kamen auch für diesen engen Kreis nur wenige Personen in Frage. Im Stab der Front beschäftigten sich wiederum nur einige wenige Personen mit der Untersuchung, noch weniger waren es im Stab der Front, was ja durch den Charakter des »Objekts« bedingt war. Ich werde ihre Namen in meiner Beschreibung nennen.

Nun erlaube ich mir aber eine Abschweifung und erzähle über einige Einzelheiten der »Fahndung innerhalb einer Suchaktion«. Es handelt sich um meine Kollegen – Schriftsteller und Journalisten. Ihre Namen fehlen in den Dokumenten, wurden jedoch von Klimenko und den anderen sofort genannt: Boris Gorbatow und Martyn Mershanow. Selbstverständlich begab ich mich gleich zu einem von ihnen, dem bekannten Altmeister der sowjetischen Reportage, Martyn Iwanowitsch Mershanow.

Martyn Mershanow verlebte die letzten Kriegstage in Berlin. Gemeinsam mit Boris Leontjewitsch Gorbatow schrieb er die Chronik historischer Ereignisse: Sie verfaßten den berühmten »Prawda«-Artikel über die Kapitulation Deutschlands, der sich auch heute noch mit großem Interesse liest.

Martyn Mershanow blätterte in seinen alten Notizbüchern und erzählte mir, wie er Augenzeuge der besagten Suchaktion geworden war[12]:

»Am 2. Mai 1945 beschlossen Boris Gorbatow und ich, getrennt voneinander zu handeln. Boris fuhr zum Stab der Front nach Straußberg, während ich im Stab des 79. Korps bei Perewjortkin blieb. Erst am Abend verabschiedete ich mich und fuhr mit meinem Jeep durch den Teltowwald. Plötzlich hörte ich die Kanonade. Der Himmel wurde von explodierenden Geschossen hell erleuchtet. Was konnte dort wohl los sein? Ich begegnete einem Offizier des Kraftfahrzeugbataillons und hörte von ihm, daß irgendeine größere deutsche Gruppierung nördlich von Berlin den Durchbruch nach Westen versuche. Der Offizier riet mir abzuwarten, was ich auch recht ungern tat, rettete mir jedoch, wie es sich später herausstellte, dadurch das Leben.

Sehr spät, gegen Mitternacht, kam ich beim 79. Korps wieder an, enttäuscht, weil ich nicht durchkommen konnte. Aber meine Stimmung änderte sich schlagartig, als mich ein Stabs-

---

[12] Gespräche mit M. Mershanow.

offizier zu einer interessanten Schau einlud. Er machte mich mit dem Abwehrchef, Oberstleutnant Klimenko, bekannt, der in einem Lkw aus der Reichskanzlei die Leichen von Goebbels und seiner Frau mitbrachte. Die Leichenschau war in der ehemaligen Wohnung des Direktors des Gefängnisses Plötzensee. Die Leichen lagen auf einer abgerissenen Tür. Dann wurden sie in einen großen Raum hineingetragen. Da hörte ich natürlich auf, mit dem Schicksal zu hadern – meine Rückfahrt zum Korps hat sich gelohnt!
Am 3. Mai, frühmorgens, etwa um 5.00 Uhr, wurde Vizeadmiral Voß zur Identifizierung vorgeführt. Bald danach erschienen meine Journalisten-Kollegen, unter ihnen Boris Gorbatow, Roman Karmen und Bildreporter Morosow. Die Identifizierungsobjekte wurden auf den Hof hinausgetragen, wo man sie fotografierte und für die Filmchronik filmte.
Ich unterhielt mich mit Georgi Wassiljewitsch Aksjonow, Abwehrchef der 207. Division. Seinen Bericht habe ich niedergeschrieben. In der Nähe des Reichstagsgebäudes hätten seine Soldaten Schneider, Lange und Ziehm festgenommen. Klimenko, Chasin und Bystrow nahmen sie mit und begaben sich zur Reichskanzlei ...«
»Gelang es Ihnen damals, davon in der Presse zu berichten?« fragte ich Martyn Mershanow.
»Am 3. Mai kehrten wir zum Stab der Front zurück und faßten einen Artikel, betitelt ›In der Wolfshöhle‹, ab. In der Nacht zum 4. Mai wurde er nach Moskau durchgegeben, blieb aber unveröffentlicht. Die Redaktion zog es wahrscheinlich vor, in den freudigen Tagen des Sieges mit einem so düsteren Thema erst einmal abzuwarten. Wir waren indes von anderen Ereignissen in ihren Bann gezogen: Am 6. Mai überquerten wir die Elbe und trafen uns mit den Amerikanern, am 8. Mai fuhren wir nach Karlshorst ...«
Mershanows Kladde war mir eine willkommene Unterstüt-

zung bei der Rekonstruktion der Ereignisse jener Zeit. Die Aufzeichnungen von Boris Gorbatow sind leider nicht erhalten. Seine Witwe Nina Nikolajewna Archipowa wollte jedoch freundlicherweise in den alten Archiven nachsehen, während ich im zentralen staatlichen Literatur- und Kunstarchiv nach Gorbatows Notizen suchte. Zu meinem Leidwesen konnten wir aber nichts Interessantes zutage fördern.

Die Materialien der Filmchronik fanden sich dafür recht bald. Allerdings hatte Roman Lasarewitsch Karmen damit nichts zu tun. Er war zwar in jenen Tagen in Berlin, hatte aber den Film im Plötzensee-Gefängnis nicht gedreht.

›Wer hat den Film gedreht?‹ fragte ich den weißhaarigen Routinier des sowjetischen Dokumentarfilms.

›Man müßte andere Front-Kameraleute – Posselski, Dementjew, Panow, Schneiderow – fragen ...‹

Nach einiger Zeit erhielt ich aus Riga einen Brief von Michail Schneiderow, in dem er die Geschichte des Films von Plötzensee ausführlich schilderte[13].

›... Das war am 2. Mai abends. Ich saß zusammen mit Adjutanten des Chefs der politischen Abteilung der 3. Stoßarmee, als ein Offizier hereintrat und berichtete, man habe Goebbels' Leiche aufgefunden. Der Chef der politischen Abteilung war gerade beim Mitglied des Kriegsrates der Armee. Der Offizier ging dorthin, um den Fund zu melden. Ich begleitete ihn.

Ich flehte sie an, die Leiche bis zum Morgen nicht wegzubringen, denn ich wollte sie am Fundort filmen.

Das hatte man mir versprochen, aber als ich am nächsten Tag mit einigen Offizieren aus dem Armeestab hinausfuhr, stellte ich fest, daß die Leiche von Goebbels, seiner Frau und seinen

---

[13] Der Brief von M. Schneiderow vom 27. 5. 1968.

Kindern sowie die Leiche von General Krebs zum Stab des Korps abtransportiert wurden. Der Korpsstab befand sich im Gefängnisgebäude.

Auf den Tischen lagen die Leichen von Goebbels, seiner Frau, ihrer sechs Kinder und des Generals Krebs, der erst wenige Tage zuvor mit unserem Kommando über die Kapitulation verhandelt hatte.

Wie sahen die Leichen aus?

Die halbverkohlte Leiche Goebbels'. Stark verkohlt nur die Füße. Der rechte Fuß steckte in halbgekrümmter Stellung in einer gut erhaltenen Metallprothese. Die ganze Leiche angeschwärzt durch Feuer – deutliche Spuren der Verkohlung. Erhalten sind Teile des Uniformrocks und des Hemdes. Trotz der Wirkung des Feuers sah Goebbels' Leiche Karikaturen sehr ähnlich, die unsere Zeitungen sehr oft abdruckten, und wir konnten ihn ohne Mühe identifizieren.

Daneben lag die Leiche seiner Frau. Das war ein völlig verkohltes Skelett, so daß man es nicht gleich identifizieren konnte. (Man erzählte uns, daß die beiden Leichen am Eingang zum Bunker, unweit der Reichskanzlei, entdeckt worden waren.) Neben den Leichen wurden Flaschen mit Resten einer Brennflüssigkeit und viel verbranntes Papier gefunden: Spuren der zur Verbrennung der Leichen benutzten Stoffe.

Noch ein Stück weiter lagen ihre Kinder. Sie waren im Bunker in Kinderbetten, vergiftet, aufgefunden worden, bekleidet mit Nachthemden. Sie wirkten wie schlafende Kinder, von Fieber befallen, denn ihre Körper, Arme und Gesichter waren mit roten Flecken bedeckt: Die Körper waren nicht steif und haben die Elastizität nicht eingebüßt.

Am Ende des Raumes lag die Leiche des Generals Krebs. Ich weiß nicht, ob er erschossen wurde oder Selbstmord beging, aber seine Leiche war nicht verbrannt, und man konnte ihn unschwer identifizieren. Gut sichtbar waren die auffallenden

Narben an seinem Gesicht. (Er hatte keine Stiefel an, und seine Hose war etwas heruntergelassen.)
Für Filmaufnahmen war es im Raum viel zu dunkel.
Wegen Lichtmangel mußte ich im Zeitrafferstil filmen, obwohl ich auch dann nicht sicher war, daß etwas daraus wird. Daher bat ich nach dem Ende der Vernehmung, die Leichen in den Hof hinauszutragen und die Vernehmung noch einmal für mich vorzuspielen. Sie können sich vorstellen, was ich an Überzeugungskraft investieren mußte, um mich durchzusetzen. Natürlich weiß ich, daß es mit allen oben geschilderten Vorgängen nichts zu tun hat, doch ich sage es nur, weil im Film auch einzelne Szenen im Freien vorkommen.«
Auf Anraten M. I. Mershanows habe ich auch Major Aksjonow besucht, der in der Akte ebenfalls genannt wird. Dazu mußte ich nach Belorußland fahren.
... Die Stadt Gorki, unweit von Orscha, war im Krieg wie tausende andere belorussische Städte stark in Mitleidenschaft gezogen. Heute ist sie nicht nur vollkommen wiederaufgebaut, sondern noch viel schöner als früher geworden. Es ist ein Vergnügen, auf ihren asphaltierten Straßen spazierenzugehen; eine besondere Freude ist es gewiß für ihn, der nach dem Krieg viele Jahre hier Bürgermeister gewesen ist. Sein Name ist Georgi Wassiljewitsch Aksjonow, Oberstleutnant a. D. In den stürmischen Tagen des Mai 1945 war Major Aksjonow Chef der Abwehrabteilung der 207. Schützendivision.
Georgi Aksjonow betrat als einer der ersten sowjetischen Offiziere am 2. Mai das Gelände der Reichskanzlei, als die Kriegshandlungen bereits beendet waren. Er gehörte dem Kommando an, das die Leiche von Goebbels entdeckt hatte, untersuchte die unterirdischen Gänge und Räume der Reichskanzlei, als sie noch von Überresten des zusammengebrochenen Reiches wimmelten. Auf den Tischen lagen ver-

schiedene Papiere und Unterlagen herum: Zum Teil waren sie schon früher verbrannt, doch eine große Menge davon war im riesigen, Goebbels gehörenden Lederkoffer verstaut. Die von der Abwehr der 207. Schützendivision festgenommenen Schneider, Lange und Ziehm leisteten bei Suchaktionen im Bunker am 2. und 3. Mai 1945 wertvolle Hilfe ...

Der 2. und 3. Mai brachten also die ersten Erfolge.

Aber das war erst der Anfang. Nun mußte Hitler gefunden werden – lebend oder tot.

Lassen wir wieder I. I. Klimenko zu Worte kommen. Er erinnert sich an die Ereignisse am 3. Mai[14]:

»Natürlich fragten wir Voß, wo denn Hitler sei. Voß gab keine klare Antwort und erzählte nur, daß er zusammen mit Hitlers Adjutanten Berlin verlassen habe. Diese hätten ihm erzählt, daß Hitler seinem Leben ein Ende bereitet habe; die Leiche sei im Garten der Reichskanzlei verbrannt worden. Nach der Vernehmung am 3. Mai beschloß ich, wieder zur Reichskanzlei zu fahren, um dort irgendwelche Anhaltspunkte zu finden.

Wir fuhren mit dem Jeep hin, in dem außer mir Voß, ein Oberstleutnant von der Nachrichtenabteilung der Armee und ein Dolmetscher saßen. In der Reichskanzlei stiegen wir in den Bunker hinab. Es war dunkel. Wir beleuchteten den Weg mit Taschenlampen. Voß benahm sich etwas schrullig, war nervös. Dann stiegen wir hinauf.

Es war gegen neun Uhr abends. Wir traten an ein großes ausgetrocknetes Löschwasserbecken, in dem viele Leichen lagen. Hier sagte Voß, während er auf eine Leiche zeigte: ›Oh! Das ist Hitlers Leiche!‹

Diese Leiche war angezogen, an den Füßen steckten gestopfte

[14] Gespräch mit Klimenko.

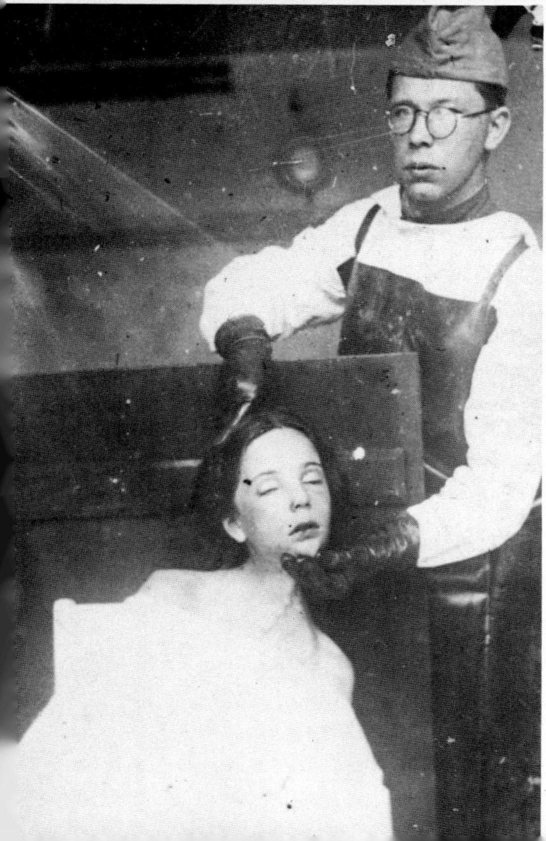

25 Die Leichen der Goebbels-Kinder und des Generals Krebs in Plötzensee

26 Helga Goebbels, die älteste Tochter, nach der Obduktion in Buchau

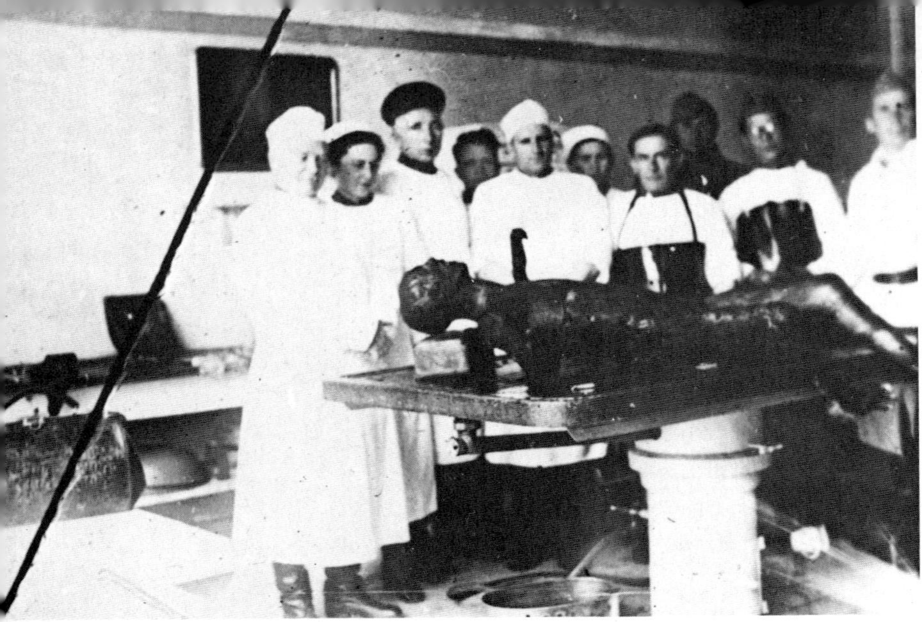

27 Die Obduktionskommission vor der Leiche von Goebbels

28 Die Kiste mit der Leiche Adolf Hitlers

29 Die Obduktionskommission vor der Leiche von General Krebs

30 Die Kiste mit der Leiche Eva Brauns

31 Vor der Leiche von Joseph Goebbels

Socken. Nach einer Weile fing Voß an zu zweifeln: ›Nein, nein, ich kann nicht genau sagen, daß es Hitler ist.‹ Offen gesagt, auch ich hatte wegen der gestopften Socken Zweifel!«
Der ehemalige Chef der Untersuchungsabteilung, Hauptmann M. W. Alperowitsch, heute Geschichtsforscher mit Spezialgebiet Lateinamerika, bestätigte ebenfalls den Bericht Klimenkos:
»Als wir im Hof der Reichskanzlei ankamen, untersuchten wir zunächst den Garten. Hier näherte sich Voß einer der in Vielzahl herumliegenden Leichen und sagte: ›Das ist ja Hitler!‹ Doch dann begann er daran zu zweifeln.«

Und nun wieder Klimenko:
»In Plötzensee wies ich meine Mitarbeiter an, unter den Gefangenen jemanden ausfindig zu machen, der Hitler persönlich gekannt habe und uns bei der Identifizierung helfen könne.
Der 4. Mai kam. Vom Morgen an suchte man unter den Gefangenen nach möglichen Zeugen, und etwa gegen 11.00 Uhr kehrte ich zusammen mit sechs Zeugen in den Garten der Reichskanzlei zurück. Wir liefen zum Wasserbecken, doch die Leiche war schon nicht mehr da!
Ich wollte ins Gebäude, man ließ mich aber nicht hinein, denn zu dieser Zeit gehörte die Reichskanzlei bereits zum Abschnitt der 5. Stoßarmee. Ich mußte erst in die Kommandantur gehen, die sich in einem anderen Flügel der Reichskanzlei befand, um dort einen Passierschein zu holen. In einem Saal lag eine Leiche, die Hitler ähnlich aussah.[15]
Nur einer von sechs Zeugen sagte, es könne Hitler sein. Die fünf anderen leugneten es entschieden. Von den Offizieren,

[15] Jetzt kann man nicht mehr genau sagen, ob es sich dabei um dieselbe Leiche handelte, die Voß aufgefallen war.

die auch dabei waren, erfuhr ich, daß man einen sowjetischen Diplomaten erwarte, der bei der Identifizierung helfen könne. Das war gegen 12 Uhr.

Bei mir waren Zugführer Panassow und einige Soldaten. Jemand von meinen Soldaten fragte: ›Wo haben Sie Goebbels gefunden?‹ Wir gingen in den Garten, zum Bunkerausgang. Soldat Iwan Tschurakow von unserem Zug stieg nebenan in einen Trichter, der mit verbranntem Papier übersät war. Ich bemerkte, daß dort eine Panzerfaust steckte, und rief Tschurakow zu: ›Kriech ja heraus, sonst fliegst du noch in die Luft!‹ Tschurakow antwortete: ›Genosse Oberstleutnant, hier sind Beine zu sehen!‹

Wir begannen, sie freizuschaufeln und zogen aus dem Trichter zwei Leichen hervor, die Leichen eines Mannes und einer Frau. Freilich bin ich zuerst überhaupt nicht auf den Gedanken gekommen, daß es die Leichen von Hitler und Eva Braun sein könnten, da ich annahm, seine Leiche liege schon in der Reichskanzlei, und man brauche sie lediglich noch zu identifizieren. Deswegen habe ich angeordnet, die Leichen in Dekken einzuhüllen und wieder zu beerdigen. Im Reichskanzleigebäude setzte man inzwischen die Identifizierung fort ...«

I. Klimenko war nicht der einzige, der die Leiche in einem nichtangebrannten Uniformrock gesehen hatte. Der Kameramann Michail Jakowlewitsch Posselski erzählte mir:

»Schon am 2. Mai machten wir die ersten Aufnahmen in der Reichskanzlei, im Gebäude und im Garten. Das schien uns nicht genug. Wir setzten daher die Aufnahmen fort. Am 4. Mai, wenn ich mich recht erinnere, fuhren Kameramann I. W. Panow und ich wieder zur Reichskanzlei. Das Gebäude war diesmal abgesperrt. Panow gelang es, Zulassungsscheine für uns beide zu besorgen. Im Haus sahen wir in einem Raum eine Leiche im Uniformrock. ›Wir sind gerade bei der Identifizierung‹, sagte man uns, ›das ist wahrscheinlich Hitler‹.

Die Identifizierung wurde von einem General geleitet.[16] Er holte einen Papierbogen und zog in der Mitte eine senkrechte Trennlinie. Alle Deutschen, die zur Identifizierung hierher gebracht wurden, mußten sich in der rechten oder linken Spalte eintragen, je nachdem, ob sie der Meinung waren, dies sei Hitlers Leiche oder nicht. Die meisten glaubten nicht, daß es Hitler war.

Man hat uns die Aufnahmen gestattet. Aber der Raum war nur schwach beleuchtet, so daß man die Leiche in den Garten hinaustragen mußte. Der abgedrehte Film wurde nach Moskau geschickt, doch später erzählte man uns, es sei nicht Hitlers Leiche gewesen.«

Ausschnitte aus diesem Film konnte man Jahre später im sowjetischen Dokumentarstreifen »Chronik ohne Sensationen« sehen: die Reichskanzlei, die Leiche und der kurze Kommentar des Sprechers: ›Doch, das war nicht Hitler ...‹«

Unter den Offizieren und Generalen der 1. Weißrussischen Front gab es niemanden, der Hitler jemals gesehen hatte. Da jedoch in Berlin die Kapitulation unterzeichnet werden sollte, befanden sich dort sowjetische Diplomaten, die Hitler vor dem Krieg gesehen hatten. Klimenko bezeugt, daß gerade sie bei der Identifizierung ein gewichtiges Wort mitgeredet haben.

Aber welcher Diplomat kam da in Frage? In einem Gespräch mit mir meinte Iwan Klimenko, das müßte Wladimir Semjonowitsch Semjonow gewesen sein, der bald danach sowjetischer Hochkommissar in Deutschland wurde. Bei passender Gelegenheit fragte ich W. S. Semjonow, ob das stimmt. Er verneinte: er kam erst später nach Berlin. Es fiel uns jedoch ein, daß dafür ein anderer Deutschlandkenner in Frage käme – Andrej Anrejewitsch Smirnow.

---

[16] An seinen Namen konnte sich M. Posselski nicht erinnern. Vielleicht war das General Wadis.

Im Sommer 1968 konnte ich A. A. Smirnow sprechen (er war damals nach 10jähriger Dienstzeit in Bonn als sowjetischer Botschafter in der Türkei tätig). »Waren Sie dabei?« fragte ich nicht ohne innere Spannung.
Smirnow bejahte und fügte hinzu, daß er um die fragliche Zeit politischer Berater des Befehlshabers der 1. Weißrussischen Front war.
»Natürlich würde jeder, der Hitler früher gesehen hatte, sofort feststellen, daß es ein anderer war«, behauptete mein namhafter Gesprächspartner. Er erzählte mir:
»In der zweiten Aprilhälfte 1945 erhielt ich einen neuen Dienstauftrag als politischer Berater des Befehlshabers der 1. Weißrussischen Front, Marschall der UdSSR G. K. Shukow, und fuhr zusammen mit einigen Diplomaten nach Lansberg, zum Stab der Front. Als unsere Truppen Berlin besetzten, lag unser Frontstab in der Stadt Straußberg. Gleich nach der Kapitulation fuhr ich in Begleitung meines ständigen Assistenten, Korolkow, nach Berlin. Ich kann mich noch heute an diese Tage gut erinnern, und wäre ich Schriftsteller, würde ich vielleicht meine Erzählung so beginnen: ›Im Mai 1945 roch die Stadt nach Rauch und Verwesung.‹ Wir begaben uns ins Stadtzentrum, zur Reichskanzlei. Am Kaiserplatz hielt mich eine Streife sogar für einen Deutschen, weil ich diplomatische Uniform anhatte. Als sie jedoch die großen Staatswappen der UdSSR auf meinen Schulterstücken sahen, war das Mißverständnis geklärt.
In der Reichskanzlei empfing uns ein Offizier, der sich als Kommandant des Gebäudes vorstellte; er zeigte uns die Leiche in einem der Räume. Das war die Leiche eines gedrungenen, fülligen Mannes, dem Äußeren nach ein typischer Kleinbürger, im schwarzen Uniformrock, mit einer klaffenden Einschußwunde in der Stirn. Daneben lag – zu Identifizierungszwecken – ein großes Hitler-Bild. Da ich während

meiner früheren Arbeit in Deutschland Hitler mehrmals vor dem Krieg gesehen hatte, sagte ich sofort, daß es nicht Hitler war. Korolkow stimmte mir zu.

Der Kommandant dankte uns und berichtete, daß man ihm in diesen Tagen schon mehrere vermeintliche Hitlerleichen gezeigt hätte.

Später unternahmen wir mehrere Abstecher in die Stadt. Mich hatte besonders ein Treffen unweit vom Brandenburger Tor beeindruckt, wo einige deutsche Offiziere, die mich anscheinend für einen hohen Truppenführer hielten, auf mich zukamen und fragten:

›Wo ist hier die Sammelstelle für Kriegsgefangene?‹

Ich setzte ihnen auseinander, daß eine Sammelstelle sich am Ende der Frankfurter Allee befinde, und wies ihnen den Weg. Dieser kurze Wortwechsel prägte sich in mein Gedächtnis ein. Später, als ich Botschafter in der Bundesrepublik Deutschland war und auf den vergangenen Krieg hin angesprochen wurde, erzählte ich immer von dieser Szene und begleitete meine Erzählung mit der Frage: Ist es nicht eine Schande, wenn in Deutschland, im Zentrum seiner Hauptstadt, deutsche Offiziere einen Russen fragen, wie man auf kürzestem Weg in die Gefangenschaft kommt? Ich wollte meinen Gesprächspartnern zu verstehen geben, womit ein erneuter Versuch enden kann, einen Krieg gegen die Sowjetunion anzuzetteln. Ich unterhielt mich einmal zu diesem Thema mit einem SPD-Prominenten, dem Bremer Bürgermeister Wilhelm Kaisen. Er fragte mich immerzu, wie es wohl passieren konnte, daß die Sowjetunion in den ersten Kriegsmonaten so viele Niederlagen hatte einstecken müssen. Ich gab zurück: Natürlich haben wir viele Fehler gemacht, vor allem haben wir uns allzu sehr auf die deutsche Anständigkeit verlassen. Trotz aller Vorbehalte glaubten wir nämlich, daß die Deutschen den für sie so günstigen Vertrag vom August

1939 einhalten würden. Wir haben weiterhin die Fähigkeit deutscher Politiker überbewertet, die Situation nüchtern einzuschätzen. Wir gingen davon aus, daß jeder vernünftig denkende Mensch einsehen sollte, womit ein Überfall auf die Sowjetunion enden würde. Schließlich haben wir den Selbsterhaltungstrieb dieses Volkes und seiner Politiker überschätzt, denn Hitler brachte das deutsche Volk an den Rand der Selbstvernichtung«.

Smirnows Befund veranlaßte Klimenko, sich noch einmal mit dem Fund Iwan Tschurakows zu befassen. Am frühen Morgen des 5. Mai kehrte er mit seinem Stellvertreter Derjabin und dem Fahrer Zybotschkin in den Garten zurück, um den Trichter freizulegen. Die beiden Leichen wurden herausgezogen. Aus diesem Grunde also wurde das anfangs zitierte Protokoll über den Leichenfund nicht vom 4., sondern erst vom 5. Mai datiert.

Außerdem wurden im Trichter, in einer größeren Tiefe, zwei Hundekadaver gefunden. Auch darüber wurde eine Akte aufgesetzt.

Wo ist Iwan Tschurakow jetzt? Ich habe ihn leider nicht auffinden können, so daß ich den Lesern nichts von der Laufbahn eines Menschen erzählen kann, dem in jenen Tagen eine so wichtige Rolle zufiel. Er war einer von Millionen einfachen Soldaten, die auf ihren Schultern die gewaltige Bürde des Vaterländischen Krieges getragen haben.

Ein paar Tage später, am 13. Mai, hatten sowjetische Streifen einen SS-Mann aufgespürt, der sich als einer der Leibwächter des Führers entpuppte. Er hieß Harry Mengershausen (in Klimenkos Dokumenten wird er versehentlich Mengeshausen genannt). Als einer der Augenzeugen sollte er zeigen, wie und wo Hitlers Leiche verbrannt und eingegraben worden war. Nachdem er seine Angst bezwungen hatte, führte er die sowjetischen Offiziere zu demselben Trichter, in dem Iwan

Tschurakow die Leichen entdeckt hatte. Es wurde daraufhin folgendes Protokoll angefertigt:

AKTE

Betr. Beerdigungsstelle der Leichen von Adolf Hitler und seiner Frau
1945, den 13. Mai Berlin

Wir, die Unterzeichneten: der Leiter der Abwehrabteilung »Smersch« des 79. Schützenkorps, Oberstleutnant Klimenko, der Oberuntersuchungsrichter der Abwehrabteilung »Smersch«, Katyschew, der Leiter des Vermessungstrupps des 79. Schützenkorps, Unterleutnant Kalaschnikow, die Soldaten des Sonderzuges bei der Abwehrabteilung »Smersch« des 79. Schützenkorps, Olejnik, Tschurakow, Nawasch, Mjalkin, besichtigten zusammen mit dem Zeugen Mengeshausen, Harry, an diesem Tage die Stelle, wo die Leichen des deutschen Reichskanzlers Adolf Hitler und seiner Frau beerdigt wurden.

Der Zeuge Mengeshausen, Harry, erklärte, daß er als Angehöriger der SS-Kampfgruppe Mundtkes[17] vom 20.–30. April 1945 zur Verteidigung des Geländes der Reichskanzlei und zum unmittelbaren Schutz Adolf Hitlers eingeteilt war.

Am 30. April 1945, gegen Mittag, hielt er Wache unmittelbar im Gebäude der Neuen Reichskanzlei, wo er auf dem Korridor an Hitlers Arbeitszimmer vorbei bis zum blauen Speisesaal[18] entlang gehen mußte.

Während des Kontrollganges durch den oben erwähnten

[17] So steht es im russischen Text. Der Chef der Kampfgruppe, die das Regierungsviertel zu verteidigen hatte, war der SS-Brigadeführer und Generalmajor der Waffen-SS, Wilhelm Mohnke.

[18] Die Benennung »blauer Speisesaal« kommt häufig in Klimenkos Dokumenten vor; es muß der sogenannte Mosaiksaal gemeint sein.

Korridor blieb Mengeshausen im blauen Speisesaal vor dem äußersten Fenster stehen, das dem Ausgang zum Garten am nächsten lag, und beobachtete, was im Garten der Reichskanzlei los war.
In diesem Augenblick trugen die Sturmbannführer Günsche und Linge aus dem Notausgang des »Führerbunkers« die Körper von Adolf Hitler und seiner Frau Ifa Braun[19] (seiner Privatsekretärin)[20] nach draußen. Das weckte sein Interesse, und er verfolgte aufmerksam, was weiter geschah.
Hitlers persönlicher Adjutant Günsche begoß die Körper mit Benzin und steckte sie in Brand. Nach einer halben Stunde waren die Körper Hitlers und seiner Frau verbrannt; sie wurden in einen Granattrichter gebracht, der etwa einen Meter neben dem obenerwähnten Notausgang lag, und dort begraben.
Der gesamte Vorgang - das Hinaustragen, die Verbrennung und die Beerdigung der Leichen Adolf Hitlers und seiner Frau - wurde von Mengeshausen persönlich aus einer Entfernung von 600 Metern[21] beobachtet.
Ferner erklärte Mengeshausen, daß man im genannten Trichter am 29. April 1945 auch Hitlers Hund beerdigt habe. Seine besonderen Merkmale: ein hochgewachsener Schäferhund mit langen Ohren, schwarzem Rücken und hellen Flanken. Von Paul Phenie[22], der eigens Aufsicht über den Hund führte, erfuhr Mengeshausen, daß er vergiftet wurde.
Bei der Besichtigung der von Mengeshausen gezeigten Örtlichkeiten haben sich seine Aussagen als wahr erwiesen. Während seines Kontrollganges am 30. April 1945 konnte Mengeshausen vom Fenster des blauen Speisesaals aus recht gut

---

[19] Es handelt sich gewiß um Eva Braun.
[20] Was sie nie war.
[21] So steht es im Text (tatsächlich waren es nur 60 Meter).
[22] Name nicht identifiziert.

alles sehen, was sich beim Notausgang des ›Führerbunkers‹ abspielte. Die Aussagen des Zeugen Mengeshausen sind um so glaubwürdiger, als wir aus dem bezeichneten Trichter im Mai 1945[23] die durch Feuer entstellten Leichen eines Mannes und einer Frau sowie zwei vergiftete Hunde herausgezogen haben, die, wie von anderen Zeugen erkannt wurde, Hitler und seiner Privatsekretärin Ifa Braun gehörten.
Eine nach Augenmaß angefertigte Skizze des Ortes, an dem die Leichen Hitlers und seiner Frau entdeckt wurden, sowie Aufnahmen der Stellen, die vom Zeugen Mengeshausen gezeigt wurden, sind beigefügt.
Darüber ist eine Akte in der Stadt Berlin in der Reichskanzlei aufgesetzt worden.

Leiter der Abwehrabteilung »Smersch« des
79. Schützenkorps
Oberstleutnant gez. (Klimenko)

Oberuntersuchungsrichter und Dolmetscher der
Abwehrabteilung »Smersch« des 79. SK
Oberleutnant gez. (Katyschew)

Leiter des Vermessungstrupps des 79. SK
Gardemajor gez. (Gabelok)

Photokorrespondent des 79. SK
Unterleutnant gez. (Kalaschnikow)

Soldaten der Abwehrabteilung »Smersch« des 79. Sk
gez. (Olejnik)
(Tschurakow)
(Nawasch)
(Mjalkin)

Schema Zeuge (gez. Mengeshausen)

Damit ist der Teil unserer Geschichte zu Ende, der sich im Garten der Reichskanzlei abspielte. Am 5. Mai früh wurden die Leichen Hitlers, Eva Brauns und der zwei Hunde in Dek-

[23] Auslassung im russischen Text.

ken eingewickelt in Granatenkisten gelegt, von der Gruppe Klimenko aus der Reichskanzlei hinausgetragen und später zur Abwehrabteilung der 3. Stoßarmee im nördlichen Berliner Vorort Buch gebracht.

TEIL VI

Das Gutachten des Doktor Faust

Nachdem die Gruppe Klimenko ihre Suchaktion beendet hatte, mußte geklärt werden, ob man wirklich die Leichen derjenigen gefunden hatte, die man suchte. Die zweite Frage betraf die Ursachen ihres Todes. Die erste Frage sollten die Abwehrleute, Kriminologen und Mediziner beantworten, die zweite ausschließlich die Mediziner.

Lassen wir nun die Mediziner zu Worte kommen. An die Stelle des Soldaten Iwan Tschurakow rückt die Figur des Doktor Faust Schkarawski in den Vordergrund. Ich habe diesen Vornamen nicht aus der Luft gegriffen: so heißt wirklich ein schon zu Jahren gekommener Mann, Gerichtsarzt von Beruf, der damals den Posten des gerichtsmedizinischen Chefexperten der 1. Weißrussischen Front bekleidete.

Mittlerweile ist der Oberst des medizinischen Dienstes Dr. Faust Jossifowitsch Schkarawski in den Ruhestand getreten. Er gewährte mir ein Gespräch in seiner Kiewer Wohnung.

»Sie und nicht nur Sie allein wundern sich über meinen Vornamen. Ich bin dazu auf folgende Weise gekommen: Mein Vater war ein bescheidener Angestellter in einer Zuckerfabrik in Lutschany, unweit von Kiew, ein einfacher Mensch also, der sich aber zu den Bildungswerten und zu gebildeten Menschen hingezogen fühlte. Deswegen waren meine Taufpaten ein Revierarzt und dessen Tochter; sie haben mir diesen Na-

men gegeben. Ich bin selber halb Ukrainer, halb Pole, darf mich aber für einen rein sowjetischen Mediziner halten.
1925 habe ich die Medizinische Hochschule in Kiew absolviert. Wir waren die erste Generation der sowjetischen Ärzte in der Ukraine. Ich wurde Revierarzt, und von 1929 an arbeitete ich auf dem Gebiet der Gerichtsmedizin. Später war ich als Bezirksarzt und an den Lehrstühlen für Gerichtsmedizin an der Kiewer Medizinischen Hochschule und am Institut für Ärztefortbildung tätig. Gerade vor Kriegsausbruch schickte man mich in die Leningrader militärmedizinische Akademie. Es begann der Krieg, und ich kehrte nach Kiew zurück. Ich war in den Schlachten bei Stalingrad und Kursk dabei und wurde gerichtsmedizinischer Chefexperte zunächst der Donfront, später der Zentralfront und schließlich der 1. Weißrussischen Front. Nach dem Krieg promovierte ich zum Dr. med., arbeitete in Kiew.
Ich muß erwähnen, daß ich als gerichtsmedizinischer Experte mehrere Tausende Leichen seziert habe. Die Untersuchungsmethoden waren mir gut bekannt, weil ich in diesem Fach früher auch Studenten unterrichtet hatte.
Anfang Mai bestellte mich der Chef des medizinischen Dienstes der 1. Weißrussischen Front, General Barabanow, zu sich. Barabanow sagte mir, daß das Mitglied des Kriegsrates der 1. Weißrussischen Front, General Telegin, eine sehr wichtige medizinische Expertise angeordnet habe. Ich fuhr sofort mit einem Wagen nach Berlin-Buch zur 3. Stoßarmee.«
Konstantin Fjodorowitsch Telegin, heute Generalleutnant a. D., erinnert sich noch gut daran:
»Ich habe wirklich solch einen Befehl gegeben: Man hatte mich von Moskau aus angerufen und angewiesen, die entdeckten Leichen der faschistischen Führer, über deren Fund wir nach Moskau berichtet hatten, ordentlich zu begutachten. Die Leiche von Goebbels wurde ja bereits am 2. Mai gefunden.«

»Und galt dieser Befehl auch für Hitlers Leiche?«
»Der Befehl galt für alle, die man finden würde ...«
Am 5. Mai betrat Dr. Faust Schkarawski ein kleines Haus, das in einem bewachten Garten stand. Später kamen nach Buch noch andere medizinische Experten: Krajewski, Maranz, Gulkewitsch, Boguslawski.
Als ich Anfang 1968 im Büro des korrespondierenden Mitglieds der Akademie der medizinischen Wissenschaften der UdSSR, Prof. Dr. Dr. Nikolai Alexandrowitsch Krajewski, erschien, war er erstaunt über unser Gesprächsthema:
»Ja, ich bin derselbe Krajewski, der zusammen mit Dr. Schkarawski das Protokoll unterzeichnet hat. Ich habe aber nie gedacht, daß ich noch einmal auf dieses Thema zurückkommen müßte.«
N. A. Krajewski, einer der größten sowjetischen Spezialisten für pathologische Anatomie, war während des Krieges der Chefpathologieanatom der 1. Weißrussischen Front, am Ende des Krieges sogar Chefpathologieanatom der ganzen Roten Armee. Am 30. April stieß er in Berlin zu seinen Kollegen von der 1. Weißrussischen Front und wurde in die gerichtsmedizinische Kommission aufgenommen, die von Dr. Schkarawski geleitet wurde. Andere Mitglieder der Kommission waren: Dr. Anna Jakowlewna Maranz[1], die Nachfolgerin Krajewskis auf dem Posten des Chefpathologieanatomen der 1. Weißrussischen Front (zur Zeit arbeitet sie in einem Krankenhaus Kiews), der Armeepathologieanatom Juli Valentinowitsch Gulkewitsch (derzeit Professor in Minsk) und der gerichtsmedizinische Armeesachverständige Boguslawski.
Ich stellte Prof. Krajewski einige Fragen:
»Wo ist die Obduktion vorgenommen worden?«

---

[1] Sie hat unmittelbar seziert.

»Als Basis diente uns ein chirurgisches Armeelazarett, das in den Kliniken von Buch untergekommen war. Die Obduktion ging in einem Leichenschauhaus vor sich, wo das gesamte spezielle medizinische Instrumentarium vorhanden war; die Verhältnisse waren also ganz normal.«

»Wer war während der Expertise im Zimmer?«

»Unsere Kommission, einige Sanitäter und der bekannte Moskauer Professor Graschtschenkow, der sich zu dieser Zeit in Berlin aufhielt. Aber er beobachtete nur.«

»Haben Sie gewußt, wessen Leiche Sie seziert haben?«

»Was die Familie Goebbels und General Krebs anbetrifft, ja. Zu den beiden anderen Leichen gab es keine genauen Angaben, man hat nur davon gesprochen, daß es vermutlich Hitler und Eva Braun seien.«

»Wann sind diese zwei Leichen seziert worden?«

»Ich glaube, am 8. Mai.«

Professor Krajewski hatte recht. Dieses Datum ist auch im Protokoll angegeben.

Die Aufgabe war für die Experten ebenso einfach wie kompliziert. Für die professionellen Gerichtsmediziner und Pathologieanatomen war es bei weitem nicht die erste Expertise. Andererseits aber mußten sie diesmal besonders sorgfältig vorgehen. Nach den allgemeinen, für ein medizinisches Gutachten geltenden Prinzipien besteht jede Untersuchung aus zwei Teilen: Beschreibung und Befund. Jeder Teil des Gutachtens wurde also gesondert angefertigt und unterzeichnet, die Beschreibung an Ort und Stelle, der Befund erst nach einiger Zeit. Nach sowjetischen Regeln steht einem Experten eine Frist bis zu drei Tagen frei, in der er sich schlüssig werden kann. Wenn eine zusätzliche Untersuchung, etwa eine chemische Untersuchung, notwendig ist, wird diese Frist entsprechend verlängert. Wir werden sehen, daß sich die Experten an dieses Verfahren gehalten haben, damit sie auch die chemische Untersuchung[2] vornehmen lassen konnten. So waren 13 Akten fertiggestellt:

Nr. 1–2	zwei Töchter von Goebbels
Nr. 3–4	zwei Hunde
Nr. 5–6	Ehefrau von Goebbels
Nr. 7	General Krebs
Nr. 8–11	drei Töchter und der Sohn von Goebbels
Nr. 12–13	Adolf Hitler und Eva Braun

Faßt man die wichtigsten Anhaltspunkte der Beschreibung zusammen, so ergibt sich daraus ein aufschlußreiches Bild: Die Akten 1, 2, 8, 9, 10 und 11 (die Kinder von Goebbels) weisen aus: »Im Mund bei allen Ampullensplitter. Bittermandelgeruch von der Gehirnsubstanz«; »Lungen scharlachrot«; die chemische Untersuchung zeigte »das Vorhandensein von Zyanverbindungen«, und der Befund lautete: »Vergiftung durch Zyanverbindungen.«

Man sieht also, daß die Experten hier auf direktem Wege, von der Beschreibung bis zum Befund, vorangegangen sind. Bei den Kindern von Goebbels war die Arbeit der Sachverständigen am einfachsten, weil ihre Leichen keine Brandverletzungen aufwiesen. Auch die Leiche von General Krebs war nicht durch Feuer entstellt. An Krebs konnten die Sachverständigen bei der Obduktion der Brust- und Bauchhöhle einen »ausgeprägten bitteren Mandelgeruch« verspüren; bei der chemischen Untersuchung der inneren Organe wurde »das Vorhandensein von Zyanverbindungen« festgestellt.

Übrigens widerlegt dieser Befund die in der westdeutschen Geschichtsschreibung verbreitete Meinung, der letzte Gene-

[2] Sie wurde im Frontlaboratorium Nr. 291 vorgenommen und am 10. Mai 1945 abgeschlossen.

ralstabschef, General Hans Krebs, sei wie ein Soldat gestorben und habe sich mit der Pistole erschossen.[3]
Zwar hat die Kommission an seinem Kopf drei Wunden mit zerfetzten Rändern vorgefunden, doch handelte es sich nur um leichte Verletzungen, keineswegs um Einschüsse. Der Befund lautete: Tod durch Vergiftung mit Zyanverbindungen.
Anders war es um die Leichen von Joseph (Akte Nr. 5) und Magda Goebbels (Akte Nr. 6) bestellt. Sie wiesen starke Verkohlung auf. Trotzdem konnten Spuren gefunden werden, die eine Feststellung der Todesursachen ermöglichen. Nach der Untersuchung der Leiche von Goebbels gab die Kommission zu Protokoll: »Zwischen den Zähnen des rechten Unterkiefers wurde ein Splitter aus dünnem weißen Glas gefunden, der von einer Ampulle stammt«; beim Sezieren der Lungen »ein schwacher Bittermandelgeruch«. Die chemische Analyse ergab das Vorhandensein von Zyanverbindungen im Blut und in den inneren Organen. Bei Magda Goebbels wurden »Splitter einer dünnwandigen Ampulle mit einer blauen Kappe« gefunden; die chemische Analyse ergab gleichfalls das »Vorhandensein von Zyanverbindungen«.
Die zwei Hundekadaver, die man aus dem Trichter im Garten der Reichskanzlei herausgeholt hatte, schienen zunächst nicht besonders interessant zu sein. Der eine Kadaver (Akte Nr. 3) war ein großer deutscher Schäferhund. Auf der Schleimhaut der Zunge wurden »zwei Splitter einer dünn-

[3] Man hat bei Krebs keine Ampullensplitter im Munde gefunden. Die Spuren von Zyanverbindungen entdeckte man erst bei der Untersuchung der inneren Organe. Krebs muß also die Ampulle verschluckt haben. In der Akte wird Krebs irrtümlicherweise »Generalmajor Krips« genannt. Das erklärt sich dadurch, daß die Kommission keine entsprechenden Unterlagen hatte.

wandigen Glasampulle« entdeckt, die Analyse ergab Zyanverbindungen. Verletzungen wurden nicht festgestellt. Der andere Kadaver (Akte Nr. 4), ein kleinerer, schwarzer Hund, hatte einen Kopfdurchschuß. »Fremdkörper wurden im Maul nicht gefunden.« Die chemische Untersuchung ergab dennoch das »Vorhandensein von Zyanverbindungen«. Befund? »Die Todesursachen sind eine Vergiftung durch Zyanverbindungen und eine tödliche Kopfverletzung mit wesentlicher Zerstörung der Gehirnsubstanz.«

Als ich einen der namhaftesten sowjetischen Gerichtsärzte, Prof. Dr. Wladimir Michailowitsch Smoljaninow, fragte, was diese Auskunft besage, antwortete der Professor:

»Wissen Sie, das sieht einer sogenannten ›toxikologischen Probe‹ sehr ähnlich. Dem einen Hund hat man eine Ampulle im Maul zerdrückt, der andere mußte die Ampulle verschlucken und wurde dann erschossen.«

Wahrscheinlich hatte Prof. Smoljaninow recht, denn seine Deutung wird auch durch die Erinnerungen von Günsche und Linge bestätigt:

»In einem Gang des Führerbunkers standen Prof. Haase und Feldwebel Tornow, der Hitlers Hund abgerichtet hatte. Haase hielt eine Ampulle mit Zyankali und eine Zange in der Hand. Er hatte von Hitler den Befehl erhalten, den Hund Blondi zu vergiften. An Blondi wollte Hitler die Wirkung des Giftes erproben. Gegen Mitternacht wurde Blondi auf der Toilette vergiftet. Tornow riß dem Hund das Maul auf, und Haase griff hinein und zerdrückte mit der Zange die Giftampulle. Das Gift wirkte auf der Stelle.«

Jetzt können wir zu den abschließenden und wichtigsten Unterlagen des Gutachtens, vor allem zu den Akten Nr. 12 und Nr. 13, übergehen.

AKTE NR. 12

über die gerichtsmedizinische Untersuchung der durch Feuer entstellten Leiche eines Mannes (vermutlich Hitlers Leiche)

Berlin-Buch, den 8. Mai 1945
Leichenschauhaus CAFS[4] Nr. 496

Die Kommission, bestehend aus dem gerichtsmedizinischen Chefsachverständigen der 1. Weißrussischen Front, Oberstleutnant des medizinischen Dienstes F. J. Schkarawskij, dem Chefanatomen der Roten Armee, Oberstleutnant des medizinischen Dienstes N. A. Krajewskij, dem amtierenden Chefpathologieanatomen der 1. Weißrussischen Front, Major des medizinischen Dienstes A. J. Maranz, dem gerichtsmedizinischen Armeesachverständigen der 3. Stoßarmee, Major des medizinischen Dienstes J. I. Bogusslawskij und dem Armeepathologieanatomen der 3. Stoßarmee, Major des medizinischen Dienstes J. W. Guljkewitsch, hat auf Befehl des Mitgliedes des Kriegsrates der 1. Weißrussischen Front, Generalleutnant Telegin, vom 3. mai 1945 die Leiche eines Mannes (vermutlich Hitlers Leiche) gerichtsmedizinisch untersucht.
Bei der Untersuchung wurde festgestellt:

A. *Äußerliche Untersuchung*

In einem Holzkasten (163 cm lang, 55 cm breit, 53 cm hoch) wurden die Überreste der durch Feuer entstellten Leiche eines Mannes eingeliefert. Auf der Leiche wurde ein an den Rändern verbranntes Stück gelben Strickstoffes gefunden, 25 × 8 cm groß, das mit einem Trikotagehemd Ähnlichkeit hat.

[4] Abkürzung für das Chirurgische Armeefeldlazarett.

Da die Leiche erheblich beschädigt ist, läßt sich das Alter des Toten schwer schätzen. Vermutlich lag das Alter etwa zwischen 50 und 60 Jahren. Der Tote ist 165 cm groß (die Messung ist ungenau, weil das Gewebe verkohlt ist), das rechte Schienbein 39 cm lang. Die Leiche ist stark verkohlt und riecht nach verbranntem Fleisch. Ein Teil des Schädeldaches fehlt.[5] Erhalten sind Teile des Hinterhauptbeines, des linken Schläfenbeines, die unteren Teile der Joch- und Nasenbeine sowie der Ober- und Unterkiefer. Die Verbrennungen sind an der rechten Schädelseite stärker als an der linken. In der Schädelkapsel sind Teile des durch Feuer beschädigten Gehirnes und der harten Gehirnhaut zu sehen. Am Gesicht und am Körper fehlt die Haut völlig; nur Überreste der verkohlten Muskeln blieben erhalten. Am Nasenbein und an den Oberkieferknochen sind viele kleine Risse vorhanden. Die Zunge ist verkohlt, die Zungenspitze fest zwischen den Zähnen des Ober- und Unterkiefers eingeklemmt.

Im Oberkiefer sitzen 9 Zähne, die durch eine Brücke aus gelbem Metall (Gold) verbunden sind. Die Brücke ist durch Stifte am zweiten linken und am zweiten rechten Schneidezahn befestigt. Diese Brücke besteht aus 4 oberen Schneidezähnen (2⌋ 1⌋ ⌊1 ⌊2), 2 Eckzähnen (3⌋ ⌊3), dem linken Backenzahn (⌊4) und dem ersten und zweiten Backenzahn rechts (4⌋ 5⌋), wie in der Skizze angegeben. Der linke erste Schneidezahn (⌊1) stellt eine weiße Zahnplatte dar, mit Sprüngen und einem schwarzen Defekt im Email unten. Diese Platte ist vorn an der sichtbaren Seite des Metall (Gold)zahnes eingearbeitet. Beim zweiten Schneidezahn, dem Eckzahn und dem Backenzahn links sowie beim ersten und zweiten Schneidezahn und dem ersten Backenzahn links

[5] Einige Zeit später wurden in dem von Iwan Tschurakow entdeckten Trichter Hinterkopfteile eines Schädeldaches gefunden, die womöglich zu Hitlers Leiche gehörten. Darüber später.

sowie beim ersten und zweiten Schneidezahn und dem ersten Backenzahn rechts handelt es sich um übliche Porzellanzahnplatten, die in ihrem rückwärtigen Teil an der Brücke befestigt sind. Der rechte Eckzahn hat eine Vollkrone aus gelbem Metall (Gold). Die Oberkieferbrücke ist hinter dem zweiten *(wohl irrtümlich statt »ersten«)* Backenzahn links (⌊4) senkrecht abgesägt.
Der Unterkiefer liegt frei in der angesengten Mundhöhle. Seine Alveolarfortsätze sind hinten abgebrochen und haben spitze Ränder. Die Knochenplatte des Unterkiefers ist an der vorderen Fläche und am unteren Rand angekohlt. An seiner vorderen Fläche sind angekohlte Spitzen der Zahnwurzeln zu erkennen. Der Unterkiefer besteht aus 15 Zähnen, 10 davon sind künstlich. Die Schneidezähne (2⌋ 1⌋ ⌊1 ⌊2) und der erste rechte Backenzahn (4⌋) sind natürlich, mit erheblich abgenutzten Kauflächen und erheblich freiliegenden Zahnhälsen. Der Zahnschmelz hat einen bläulichen Schimmer und ist am Zahnhals schmutziggelb. Die Zähne links (4, 5, 7 und 8) sind künstlich, aus gelbem Metall (Gold), und bilden eine Brücke aus Goldkronen, die an dem dritten, dem fünften (in der Brücke ist es der 6. Zahn) und dem achten (in der Brücke ist es der 9.) Zahn befestigt ist. Auf dem zweiten rechten Backenzahn (5) sitzt eine Krone aus gelbem Metall (Gold), die durch eine bogenförmige Platte mit dem rechten Eckzahn (3) verbunden ist. Ein Teil der Kaufläche und der hinteren Oberfläche des rechten Eckzahnes ist mit einer Gelbmetall(Gold)platte der Brücke überdeckt. Der erste rechte Mahlzahn ist künstlich, weiß, und besitzt eine Goldverankerung, die mit der Brücke des zweiten kleinen Backenzahnes und des rechten Schneidezahnes verbunden ist.
Im Munde wurden Glassplitter gefunden, Teile von der Wand und dem Boden einer dünnwandigen Ampulle.

Die Halsmuskeln sind verkohlt, die Rippen auf der rechten Seite fehlen, sind verbrannt. Die rechte Seite des Brustkorbes und des Bauches sind restlos verbrannt, durch die entstandene Öffnung kann man die rechte Lunge, die Leber und die Därme sehen. Das Geschlechtsglied ist angekohlt. Im Hodensack, der angesengt, aber erhalten ist, wurde nur die rechte Hode gefunden. Im Leistenkanal konnte die linke Hode nicht gefunden werden.
Der rechte Arm ist stark verbrannt, die Enden des Oberarmknochens und die Knochen des Unterarmes sind gebrochen und angekohlt. Die trockenen Muskeln sind schwarz und stellenweise braun, sie zerfallen bei Berührung in einzelne Fasern. Erhalten blieben Überreste des verbrannten Teiles (etwa ⅔) vom linken Oberarm. Das freie Ende des Oberarmknochens ist verkohlt und tritt aus dem trockenen Gewebe hervor. Auch die beiden Beine sind verkohlt. Das weiche Gewebe ist an vielen Stellen nicht vorhanden; es ist verbrannt und abgefallen. Die Knochen sind zum Teil verbrannt und zerbröckelt. Feststellbar sind eine Fraktur des rechten Oberschenkelknochens und des rechten Schienbeines. Der linke Fuß fehlt.

B. *Innere Untersuchung*

Die Lage der inneren Organe ist normal. Die Lungen sind an der Oberfläche schwarz, an der Schnittfläche dunkelrot und von ziemlich fester Konsistenz. Die Schleimhaut der oberen Atmungswege ist dunkelrot. Die Herzkammern sind mit geronnenem rötlich-braunem Blut gefüllt. Der Herzmuskel ist zäh und sieht wie gekochtes Fleisch aus. Die Leber ist an der Oberfläche schwarz, sie zeigt Verbrennungen, ist von ziemlich fester Konsistenz und an der Schnittstelle gelb-grau. Die Nieren sind etwas geschrumpft und haben die Ausmaße 9 × 5 × 3,5 cm, ihre Hauthülle kann leicht abgelöst werden; die

Oberfläche der Nieren ist glatt, das Muster verwischt, sie sehen wie gekocht aus. Die Harnblase enthält 5 cm^3 gelblichen Harns, ihre Schleimhaut ist grau. Milz, Magen und die Därme weisen starke Verbrennungen auf und sind stellenweise fast schwarz.

Anmerkung:

1. Der »Smersch«-Abteilung der 3. Stoßarmee wurden folgende der Leiche entnommene Gegenstände am 8. 5. 45 übergeben:
   a) eine Oberkieferbrücke aus gelbem Metall, bestehend aus 9 Zähnen;
   b) ein angesengter Unterkiefer, bestehend aus 15 Zähnen.
2. Nach dem Protokoll über die Vernehmung der Frau Käthe Heusermann kann man annehmen, daß die in der Akte beschriebenen Zähne und die Brücke dem Reichskanzler Hitler gehören.
3. In ihrem Gespräch mit dem gerichtsmedizinischen Chefexperten der Front, Oberstleutnant Schkarawski, das am 11. 5. 45[6] in den Räumen von CAFS Nr. 4946 stattfand, hat Frau Käthe Heusermann den Zustand des Gebisses von Hitler in allen Einzelheiten beschrieben. Ihre Beschreibung stimmt mit den anatomischen Angaben über die Mundhöhle des unbekannten Mannes überein, dessen verbrannte Leiche wir geöffnet haben.

[6] Ich fragte N. Krajewskij, wie dieses Datum im Obduktionsbericht erscheinen konnte, der am 8. 5. abgefaßt wurde. Er erläuterte, das Protokoll sei ursprünglich mit der Hand niedergeschrieben worden, dann erst entschloß man sich, die Angaben von Heusermann hinzuzufügen. Wie wir schon oben gezeigt haben, ist der Zeitabstand zwischen der Beschreibung und der Schlußfolgerung durchaus vertretbar.

Anlage:

Der Akte wird ein Reagenzglas mit gläsernen Ampullensplittern beigelegt, die im Munde des Toten gefunden wurden.

Gerichtsmedizinischer Chefsachverständiger der Front, Oberstleutnant des medizinischen Dienstes (gez. Schkarawskij)

Chefarzt für path. Anatomie der Roten Armee, Oberstleutnant des medizinischen Dienstes (gez. Krajewskij)

Amtierender Chefarzt für path. Anatomie der 1. Weißrussischen Front, Major des medizinischen Dienstes (gez. Maranz)

Gerichtsmedizinischer Sachverständiger der 3. Stoßarmee, Major des medizinischen Dienstes (gez. Bogusslawskij)

Armeefacharzt für path. Anatomie, Major des medizinischen Dienstes der 3. Stoßarmee (gez. Guljkewitsch)

Schlußfolgerung

Aufgrund der gerichtsmedizinischen Untersuchung der teilweise verbrannten Leiche eines unbekannten Mannes und der Untersuchung anderer Leichen aus dieser Gruppe (Akten-Nr. 1–11), kommt die Kommission zu folgenden Schlüssen:

1. *Anatomische Charakteristik der Leiche*

Da die Körperteile stark verkohlt sind, ist es unmöglich, das Aussehen des Toten zu beschreiben. Man kann aber folgendes feststellen:

a) Die Körpergröße beträgt etwa 165 Zentimeter (einhundertfünfundsechzig).
b) Das Alter (nach allgemeiner Entwicklung, der Größe der Organe, dem Zustand der unteren Schneidezähne und des rechten kleinen Backenzahnes zu urteilen) schwankt zwischen 50 und 60 Jahren (fünfzig bis sechzig).

c) Die linke Hode konnte weder im Hodensack, noch im Samenstrang innerhalb des Leistenkanals oder im kleinen Becken gefunden werden.
d) Der wichtigste anatomische Fund, der zur Identifizierung der Person ausgewertet werden kann, ist das Gebiß mit vielen künstlichen Brücken, Zähnen, Kronen und Füllungen (siehe die Akte).

2. *Todesursache*

An dem durch Feuer stark verunstalteten Körper wurden keine sichtbaren Zeichen schwerer tödlicher Verletzungen oder Erkrankungen festgestellt.
Das Vorhandensein der Überreste einer zerdrückten Glasampulle in der Mundhöhle und gleichartiger Ampullen in der Mundhöhle der anderen Leichen (siehe die Akten Nr. 1, 2, 3, 5, 6, 8, 9, 10, 11 und 13), der ausgeprägte Bittermandelgeruch, der von den Leichen ausgeht (Akten Nr. 1, 2, 3, 5, 8, 9, 10, 11) und die gerichtschemische Untersuchung der inneren Organe, wobei Zyanverbindungen festgestellt wurden (Akten Nr. 1, 2, 3, 4, 5, 6, 7, 8, 9, 10, 11), gestatten der Kommission, den Schluß zu ziehen, daß der Tod in diesem Falle durch Vergiftung mit Zyanverbindungen verursacht wurde.[7]
So der Inhalt des Protokolls Nr. 12. Ehe wir näher auf die Frage eingehen, wessen Leiche untersucht wurde, wenden wir uns noch dem Protokoll Nr. 13 zu, in dem das Ergebnis der gerichtsmedizinischen Untersuchung einer Frauenleiche festgehalten wurde (vermutlich Eva Braun). Da diese Akte genauso ausführlich abgefaßt ist, werden wir hier nur die für uns wichtige Schlußfolgerung zitieren:
»... An der stark verkohlten Leiche wurden Spuren einer

---

[7] Es folgen die Unterschriften.

Splitterverwundung des Brustkorbes mit Hämotothorax, Verletzungen einer Lunge und des Herzbeutels sowie 6 kleine Metallsplitter entdeckt. Außerdem wurden in der Mundhöhle die Überreste einer zerdrückten Glasampulle gefunden.

In Anbetracht dessen, daß solche Ampullen in anderen Leichen vorhanden sind - Akten Nr. 1, 2, 3, 4, 5, 6, 7, 8, 9, 10, 11 -, daß ein bitterer Mandelgeruch beim Sezieren der Leichen entsteht - Akten Nr. 1, 2, 3, 4, 5, 6, 7, 8, 9, 10, 11 -, und auf Grund der gerichtschemischen Untersuchung der Organe jener Leichen, in denen Zyanverbindungen gefunden wurden - Akten Nr. 1, 2, 3, 4, 5, 6, 7, 8, 9, 10, 11 -, kommt die Kommission zum Schluß, daß trotz der schweren Verwundung des Brustkorbes die unmittelbare Todesursache eine Vergiftung mit Zyanverbindungen war.«

Wollen wir den beschreibenden Teil und die Feststellung in den Akten 12 und 13 besonders genau unter die Lupe nehmen. Die Sachverständigen hatten es in diesen beiden Fällen mit den am stärksten verunstalteten von allen 13 Leichen zu tun. Wegen dieser Erschwernis für die Untersuchung müssen zwei Sätze um so wichtiger genommen werden: »Im Munde wurden Glassplitter gefunden, Teile von der Wand und dem Boden einer dünnwandigen Ampulle.« (Akte Nr. 12) - und »In der Mundhöhle wurden gelbliche Glassplitter von einer dünnwandigen Ampulle gefunden.« (Akte Nr. 13). Diese Funde ermöglichten der Kommission in ihrem Resümee in beiden Fällen den Analogieschluß: »Der Tod ist infolge einer Vergiftung mit Zyanverbindungen eingetreten.«[8]

[8] Dieser Schlußfolgerung widersprechen die am Körper von Eva Braun entdeckten Splitterverwundungen keineswegs. Allem Anschein nach entstanden sie erst während der Verbrennung der Leiche im Garten, die unter Artilleriebeschuß lag. Nur Granatsplitter konnten den Bluterguß im Brustteil verursacht haben.

Über die Geschichte der Identifizierung der beiden Leichen sind schon einige Versionen im Umlauf. Manche entbehren nicht des Anekdotischen. Die Illustrierte »Stern« veröffentlichte vor vielen Jahren eine Erzählung von Dr. med. Arnaudow, einem gebürtigen Bulgaren, der Bürger der Bundesrepublik geworden ist. Er erzählte im Detail, auf welche Weise er die Leichen von Hitler und Eva Braun habe identifizieren können.
Als ich diesen Bericht einigen Teilnehmern der echten Identifizierung vorlegte, stieß ich auf ironisches Lächeln. Gewiß, sie erinnerten sich an einen jungen bulgarischen Studenten, den sie am 9. Mai 1945 in der Charité kennengelernt hatten. Ihm fiel dort eine recht bescheidene Funktion zu: Auf die Bitte von Prof. Karl von Eicken begleitete der junge bulgarische Student die sowjetischen Offiziere von der Charité zum Kurfürstendamm, wo sie Hitlers Zahnarzt, Prof. Blaschke, ausfindig machen sollten. Sicher war es in jener Zeit keine einfache Aufgabe, und Arnaudow hat sie mit Glanz gemeistert. Damit war aber seine Mission auch schon beendet.
Hier ist es an der Zeit, unseren Lesern zwei sowjetische Offiziere vorzustellen, die eine beachtliche Rolle in unserer Geschichte gespielt haben. Es sind Andrej Seliwerstowitsch Miroschnitschenko, Chef des Abwehrdienstes der 3. Stoßarmee, und sein Stellvertreter, Wassili Iwanowitsch Gorbuschin. Hätten ihre biographischen Angaben einem Untersuchungsbeamten der Gestapo vorgelegen, so hätte er die Namen sofort mit dem Vermerk »Sonderbehandlung« versehen. Denn beide waren als Arbeitersöhne langjährige Mitglieder der Kommunistischen Partei (Miroschnitschenko seit 1930, Gorbuschin seit 1932), und außerdem hatten sie als Berufsoffiziere der Tscheka (Miroschnitschenko seit 1930, Gorbuschin seit 1938) viele Jahre dem Kampf gegen die Feinde des Sowjetstaates gewidmet.

Natürlich hätten auch andere sowjetische Offiziere als erste im Garten der Reichskanzlei erscheinen können. Oberst a. D. A. S. Miroschnitschenko, den ich auf jene Ereignisse ansprach, sagte, diese Aufgabe hätte »jeder Abwehr- oder Aufklärungsoffizier mit nicht minderem Pflichtgefühl ausgeführt«. Aber die Geschichte akzeptiert namenlose Helden nur äußerstenfalls. Da der Abwehrdienst der 3. Stoßarmee diese ungewöhnliche Aufgabe in Berlin übernommen hatte und da in dieser Phase der Suchaktion, an der wir jetzt angelangt sind, die Zeugenfahndung einsetzte, mußte sich Wassili Gorbuschin entsprechend seinen Funktionen in der Abteilung beschäftigen. Dabei halfen ihm Major Bystrow und die Dolmetscherin J. Rshewskaja-Kagan, die später eine bekannte sowjetische Schriftstellerin wurde. Sie war die erste, die alle Fahndungsaktionen und die damit zusammenhängenden Ereignisse beschrieben hat. Ihre Studien und das später in Moskau erschienene Buch »Berlin, Mai 1945« haben allgemeines Interesse gefunden.
Wenn Oberst Miroschnitschenko und Gorbuschin nach den Maßstäben der Gestapo und des SD mindestens zweimal hätten vernichtet werden sollen, so hätte Gorbuschin nach dem Willen Hitlers noch ein drittes Mal liquidiert werden müssen: er war nämlich Leningrader. Aber die Leningrader durchkreuzten Hitlers Rechnung. Die schwersten Zeiten, die Wintermonate 1941/42, verlebte Gorbuschin in Leningrad, wo er die in die Stadt eingeschleusten deutschen Agenten bekämpfte. Vom März 1942 an war er im Wolchow-Abschnitt, seit 1943 im Stab der 3. Stoßarmee eingesetzt. Und am 9. Mai 1945 verfolgte Gorbuschin in Berlin eine komplizierte, unklare Fährte. Er sollte herausfinden, ob die im Garten der Reichskanzlei gefundenen Leichen ganz sicher die von Adolf Hitler und Eva Braun waren.
»Anatomische Beweise« (Gebiß und Zahnprothesen) waren

sicherlich ein wichtiger Anhaltspunkt. Wie sollte man aber nachprüfen, ob es sich wirklich um die Gebisse Hitlers und Eva Brauns handelte? Es stand lediglich fest, daß Hitler viele Jahre vom Prof. von Eicken, Fachmann für Hals-, Nasen- und Ohrenkrankheiten, behandelt wurde. Gorbuschin erzählt: »Morgens am 9. Mai zog ich aus, um nach Hitlers Zahnärzten zu suchen. In einer Berliner Klinik lernten wir deren Leiter, Prof. von Eicken, kennen. Im Gespräch mit ihm stellte es sich heraus, daß Hitlers Privatzahnarzt Prof. Blaschke gewesen war. Wir begaben uns sodann zur Klinik dieses Professors. Im Auftrage Prof. von Eickens begleitete uns sein Mitarbeiter, ein junger Bulgare, der in Berlin studierte und dort während des Krieges steckenblieb.[9]

In der Klinik von Prof. Blaschke wurden wir von einem Dr. Bruck empfangen. Als Bruck erfuhr, daß wir seinen Chef wegen einer für das sowjetische Oberkommando wichtigen Angelegenheit sprechen wollten, teilte er mit, daß der Professor selbst nicht im Hause sei, und fragte, ob eine Assistentin des Professors, Käthe Heusermann, ihn vertreten könne. Ich ließ sie zu einer Unterredung einladen und durch den bulgarischen Studenten abholen.

›Wo ist die Krankengeschichte über die Zähne Adolf Hitlers?‹ fragte ich Käthe Heusermann.

›Hier in der Kartei‹, antwortete sie.

Frau Heusermann suchte schnell nach und zog aus dem Karteikasten eine Karte heraus, die sich als die Krankengeschichte von Adolf Hitler erwies. Die Eintragungen zeugten davon, daß der Führer sehr schadhafte, mehrmals reparierte Zähne gehabt hatte.

Wir brauchten auch die Röntgenbilder der Zähne Hitlers, aber die gab es in der Klinik nicht. Auf meine Frage, wo sie

[9] Höchstwahrscheinlich war das Arnaudow.

zu finden seien, antwortete Käthe Heusermann, sie müßten im Arbeitszimmer Prof. Blaschkes in der Reichskanzlei aufbewahrt worden sein.
Ohne uns weiter in der Klinik aufzuhalten, fuhren wir zusammen mit Käthe Heusermann zur Reichskanzlei. Hier stiegen wir in den Keller hinunter, fanden den zahnärztlichen Behandlungsraum von Prof. Blaschke und entdeckten bald mit Hilfe von Frau Heusermann Röntgenbilder von den Zähnen des Führers und einige fertige Goldkronen, die ihm aufzusetzen sein Zahnarzt keine Zeit mehr gehabt hatte.
Käthe Heusermann teilte mir mit, daß Kronen und Brükken für Hitler und Eva Braun von dem Zahntechniker Fritz Echtmann angefertigt worden seien, dessen Adresse sie kannte. Später trafen wir Echtmann zu Hause an. Ich erklärte, weswegen wir kamen, und lud ihn ein, mit uns zu kommen. Er war gerne dazu bereit.
Frau Heusermann und Echtmann habe ich getrennt vernommen. An der Vernehmung nahm auch Major Bystrow teil.
Auf meine Fragen beschrieben Käthe Heusermann und Fritz Echtmann die Zähne Hitlers in allen Einzelheiten aus dem Gedächtnis. Ihre Angaben über die Brücken, Kronen und Zahnfüllungen entsprachen genau den Eintragungen der Krankengeschichte und den Röntgenbildern, über die wir verfügten. Dann wurden ihnen die Kieferknochen, die der männlichen Leiche entnommen worden waren, zur Identifizierung vorgelegt. Frau Heusermann und Echtmann erkannten sie eindeutig als die Adolf Hitlers.
Danach baten wir die Zahnärzte im gleichen Verfahren, die Zähne von Eva Braun zu beschreiben. Als die beiden unsere Fragen eingehend beantwortet hatten, legten wir ihnen die Goldbrücke vor, die beim Sezieren der weiblichen Leiche abgenommen worden war.

Käthe Heusermann und Fritz Echtmann sagten sogleich, daß dieser Zahnersatz Eva Braun gehörte. Dabei fügte Fritz Echtmann hinzu, daß die neuartige Konstruktion der für Eva Braun gefertigten Brücke seine eigene Erfindung sei und kein Zahntechniker bisher eine ähnliche Befestigungsmethode angewandt habe.
Dann kamen unsere medizinischen Experten wieder zusammen. Nach der Untersuchung der Krankengeschichte, der Röntgenbilder und des Kiefers mit den Zähnen der verkohlten männlichen Leiche, die am 4. Mai im Garten der Reichskanzlei gefunden worden war, kamen die Sachverständigen zu dem endgültigen Schluß, daß diese Zähne Adolf Hitler gehörten.«
Wir haben allen Grund, der Erzählung W. I. Gorbuschins Glauben zu schenken, zumal sie von den Vernehmungsprotokollen jener Tage bestätigt wird. Hier ist eines der Protokolle:

VERNEHMUNGSPROTOKOLL

den 9. Mai 1945 im Felde

Ich, Oberst Miroschnitschenko, habe heute Prof. von Eikken, Karl, geb. 1973 in Mühlheim a. d. Ruhr, Hochschulbildung, Nationalität - deutsch, parteilos, als Zeugen vernommen. Von Eicken ist Leiter der Zentralen Berliner Klinik für Hals-, Nasen- und Ohrenkrankheiten. Wohnhaft in Berlin-Dahlem, Schweinfurtstraße 17.
Vor der Verantwortung für falsche Aussagen ist Prof. Eicken gewarnt.

Unterschrift

MIROSCHNITSCHENKO: Wie lange sind Sie in der Zentralen Berliner Klinik für Hals-, Nasen- und Ohrenkrankheiten tätig?
VON EICKEN: In der Zentralen Berliner Klinik für Hals-,

Nasen- und Ohrenkrankheiten bin ich seit 1922 ununterbrochen tätig.

M.: Haben Sie Personen, die der Regierung Deutschlands angehörten, medizinisch betreut?

v. E.: Ja, ich hatte Zugang zur Reichskanzlei, und ich habe Mitglieder der deutschen Regierung mehrmals ärztlich behandelt.

M.: Wen behandelten Sie konkret und welche medizinische Hilfe leisteten Sie den führenden Persönlichkeiten der deutschen Regierung?

v. E.: Von den führenden Persönlichkeiten der deutschen Regierung leistete ich mehrmals folgenden Personen medizinische Hilfe:

1. Reichsmarchall Göring vom Ende Juli 1944 bis September 1944. Erkrankung des Halses.

2. Reichskanzler Hitler. Ihm habe ich im Mai 1935 Polypen im Hals wegoperiert. Vom Juli 1944 bis 30. Dezember 1944 behandelte ich Hitler erneut: Nach dem Attentat auf ihn am 20. Juli 1944 stellte ich bei ihm die Beschädigung des Trommelfells infolge der Bombenexplosion fest. Hitlers Gehör verschlechterte sich danach in starkem Maße. Auf operativen Eingriff verzichtete ich jedoch, da Hitlers Gehör sich wieder verbesserte. Deshalb beschränkte ich mich nur auf die Beobachtung des Patienten.

Außerdem ließ sich Hitler in der gleichen Zeit bei mir wegen funikulären[10] Angina behandeln. Später bildete sich bei ihm infolge einer Komplikation nach der funikulären Angina wieder ein Polyp im Hals. Er wurde von mir im November 1944 entfernt. Sechs Wochen nach der Operation suchte ich Hitler am 30. Dezember 1944 wieder auf, um den Zustand seines Halses nach der Operation zu prüfen.

---

[10] So steht es im Text. Gemeint ist offenbar Angina follicularis.

M.: Welche medizinische Behandlung erhielt Hitler von Ihnen noch?
v. E.: Sonst habe ich Hitler nicht behandelt, und nach dem 30. Dezember 1944 habe ich ihn nicht mehr getroffen.
M.: Können Sie andere Ärzte nennen, die Hitler medizinisch betreuten?
v. E.: Sein ständiger Arzt, Prof. Morell. Er war sein Privatarzt und hielt sich ständig in der Reichskanzlei auf. Zahnärztlich ließ sich Hitler von einem Zahnarzt der Reichskanzlei behandeln, dessen Name mir unbekannt ist. Er befand sich ebenfalls ständig in der Reichskanzlei. Der Name dieses Arztes müßte dem Professor Steinhart, stellvertretenden Direktor der Abteilung Zahnmedizin der Charité, bekannt sein.
M.: Wissen Sie über irgendwelche Körperfehler Hitlers Bescheid?
v. E.: Bei der Halsoperation und Behandlung der funikulären Angina bemerkte ich, daß Hitler im Unter- und im Oberkiefer vorwiegend künstliche Zähne hatte, jedoch keine abnehmbare Zahnprothesen. Soviel ich mich erinnern kann, waren diese künstlichen Zähne aus gelbem Metall sowie gleicher Farbe wie die natürlichen Zähne. Andere physische Fehler Hitlers sind mir nicht bekannt.
Das Protokoll ist nach meinen Aussagen richtig niedergeschrieben und mir aus dem Russischen ins Deutsche rückübersetzt.[11]

Unterschrift
(von Eicken)

Auf Grund dieser Vernehmung wurde der Name des Zahnarztes, Prof. Blaschke, festgestellt sowie Frau Heusermann und Echtmann ausfindig gemacht. Frau Heusermann wurde

[11] Dieser Vernehmung wohnte auch W. I. Gorbuschin bei. Sie wurde von J. Rhewskaja gedolmetscht.

mehrmals vernommen, am 10. Mai von Gorbuschin selbst.[12] Hier ist die wichtigste Stelle der Vernehmung:

GORBUSCHIN: Können Sie nach den Zahnbrücken feststellen, ob sie Hitler gehören?
HEUSERMANN: Ja, ohne Zweifel.
G.: Es werden Ihnen eine Oberkieferzahnbrücke und ein Unterkiefer mit Zähnen vorgelegt. Ist Ihnen bekannt, wem diese Zähne gehören?
H.: Die mir vorgelegten Zähne gehören dem deutschen Reichskanzler Adolf Hitler. Im Oberkiefer links sieht man hinter dem vierten Zahn eine deutliche Spur, die beim Durchsägen der Goldbrücke mit der Bohrmaschine entstand, als der sechste Zahn gezogen wurde. Diese Zahnextraktion wurde von Prof. Blaschke unter meiner Assistenz im Herbst 1944 vorgenommen ...
Alle übrigen Beweise dafür, daß diese Zahnbrücken Adolf Hitler gehören, sind mit den von mir früher aus dem Gedächtnis genannten identisch, mit der Ausnahme des vierten Zahnes rechts unten, der, wie ich glaubte, ein künstlicher Porzellanzahn sein müsse. Aber aus den mir vorgelegten Zähnen ergibt sich tatsächlich, daß dieser Zahn natürlich ist.
Außerdem half Frau Heusermann den Zahntechniker Fritz Echtmann ausfindig zu machen, der am 11. Mai die Aussagen von K. Heusermann bestätigte. Am 18. Mai wurde Echtmann vom Leiter der Abwehrabteilung »Smersch«, General Wadis, vernommen. Hier das Protokoll:

PROTOKOLL

Echtmann, Fritz, geb. 1913 in Praus bei Danzig, Deutscher, Fachschulbildung, Zahnarzt von Beruf, parteilos, verheiratet, war als

[12] J. Rhewskaja dolmetschte auch bei dieser Vernehmung.

Techniker in der zahnärztlichen Praxis von Prof. Blaschke tätig, der als Zahnarzt die Reichskanzleiangehörigen betreute. Wohnhaft in Berlin, Bleibtreustraße 12.

den 18. V. 45

Die Dolmetscherin Kagan ist über die Verantwortung gemäß Art. 95 des StGB der RSFSR in Kenntnis gesetzt.

(Unterschrift)
Kagan

Vernehmungsbeginn: 14.00
Vernehmungsschluß: 15.30

WADIS: Bestätigen Sie Ihre Aussagen vom 11. Mai 1945?
ECHTMANN: Ja, meine Aussagen bei der Vernehmung am 11. Mai bestätige ich in vollem Umfang.
W.: Erzählen Sie über ihren praktischen Aufgabenkreis als Zahntechniker.
E.: Seit 1938 arbeitete ich als Zahntechniker im privaten zahnärztlichen Labor von Prof. Blaschke, Kurfürstendamm 213, und fertigte im Auftrag des Letzteren Zahnbrücken und -prothesen an.
Aus diesem Grund war ich nur einige Male in der Zahnklinik von Prof. Blaschke in der Reichskanzlei.
W.: Haben Sie Zahnprothesen, Zahnbrücken oder künstliche Zähne für die führenden Repräsentanten der deutschen Regierung angefertigt?
E.: Bei den meisten Aufträgen zur Anfertigung von Zahnbrücken und -prothesen – ich erhielt sie ständig durch Prof. Blaschke – wußte ich in der Regel nicht, für wen sie bestimmt sind. Ich arbeitete anhand der mir vorliegenden Gipsabdrücke. 1944 erhielt ich jedoch den Auftrag, Zahnbrücken für Magda Goebbels (Ehefrau von Goebbels) und für Hitlers Geliebte Eva Braun anzufertigen. Dabei wurde

ich von Prof. Blaschke und seiner technischen Assistentin, Goisermann[13], angewiesen, den Auftrag besonders sorgfältig auszuführen.
W.: Wissen Sie noch gut, welche Zahnbrücke Sie für Hitlers Geliebte, Eva Braun, hergestellt haben?
E.: Ja, ich weiß sehr gut, welche Zahnbrücke für Eva Braun angefertigt wurde.
Die Zahnbrücke für Eva Braun wurde aus Gold und Polopont hergestellt. Sie wurde mit einer Goldkrone auf dem siebten Zahn und dem auf dem vierten Zahn sitzenden Goldanhänger im Unterkiefer rechts befestigt. Der fünfte und sechste Zahn dieser Brücke wurden aus Polopont hergestellt.
W.: Es werden Ihnen gleich vier Zahnbrücken vorgelegt. Können Sie sagen, welche davon Sie selbst angefertigt haben?
E.: Von den vier mir vorgelegten Zahnbrücken habe ich eine erkannt. Sie wurde von mir persönlich 1944 für Hitlers Geliebte Eva Braun angefertigt.
W.: Wie können Sie beweisen, daß die betreffende Zahnbrücke von Ihnen persönlich angefertigt worden ist und Eva Braun gehört?
E.: Ich behaupte, daß diese Zahnbrücke von mir persönlich gemacht wurde. Ich habe sie an vielen Details und Besonderheiten erkannt. In meiner ganzen Laufbahn als Zahntechniker habe ich eine solche Zahnbrücke zum ersten Mal speziell und nur für Eva Braun hergestellt. Ein charakteristisches Merkmal dieser Zahnbrücke ist die neuartige Methode der Befestigung der beiden Kunstzähne an der Brücke mit goldenen Halbringen, die im Zahn so versteckt sind, daß sie von außen nicht zu sehen sind. Dieses Modell der Zahnbrücke ist meine eigene Erfindung. Außer für Eva Braun

[13] Russische Schreibweise durch hartes »G«.

habe ich eine solche Zahnbrücke für niemanden gemacht und in meiner Praxis eine ähnliche Methode der Befestigung von Zähnen nie gesehen.
W.: Sie behaupten also, daß die von Ihnen identifizierte Zahnbrücke von Ihnen persönlich für Eva Braun angefertigt wurde.
E.: Ja, ich bestätige, daß die von mir identifizierte Zahnbrücke im Herbst 1944 von mir persönlich für Hitlers Geliebte Eva Braun angefertigt wurde. Ich erinnere mich gut daran, weil meine erste Goldbrücke für Eva Braun von ihr abgelehnt wurde, da bei offenem Mund das Gold sichtbar war.
Danach baute ich eine zweite Zahnbrücke, in der dieser Mangel behoben wurde, weil ich eine neuartige Methode anwandte, die ich eingangs erwähnt hatte. Deshalb blieb mir diese Zahnbrücke gut im Gedächtnis.
Das Vernehmungsprotokoll ist mir auf Deutsch verlesen worden, auf Grund meiner Aussagen richtig niedergeschrieben, was durch meine Unterschrift bestätigt wird.

Unterschrift
(Echtmann)

Am 11. Mai wurde Frau Heusermann von Dr. Schkarawski befragt. Hier sind seine Erinnerungen:
»Am 11. Mai 1945 wurde mir die Krankengeschichte Hitlers in das erwähnte chirurgische Feldlazarett Nr. 496 in Buch zugestellt. Auch Käthe Heusermann, eine Assistentin des Stomatologen Hitlers, Prof. Blaschke, wurde dorthin gebracht. Sie hatte als Mundhöhlenspezialistin Hitlers Zähne mitbehandelt. Ich erinnere mich genau, welche Angst sie bei der Vernehmung hatte. Aber die Vernehmung verlief sehr friedlich, eigentlich wie eine gewöhnliche Unterredung zwischen Medizinern.
Ich, ein sowjetischer Arzt, sprach mit einer deutschen Ärz-

32/33 Die Leichen von General Krebs (oben) und von Joseph Goebbels (unten)

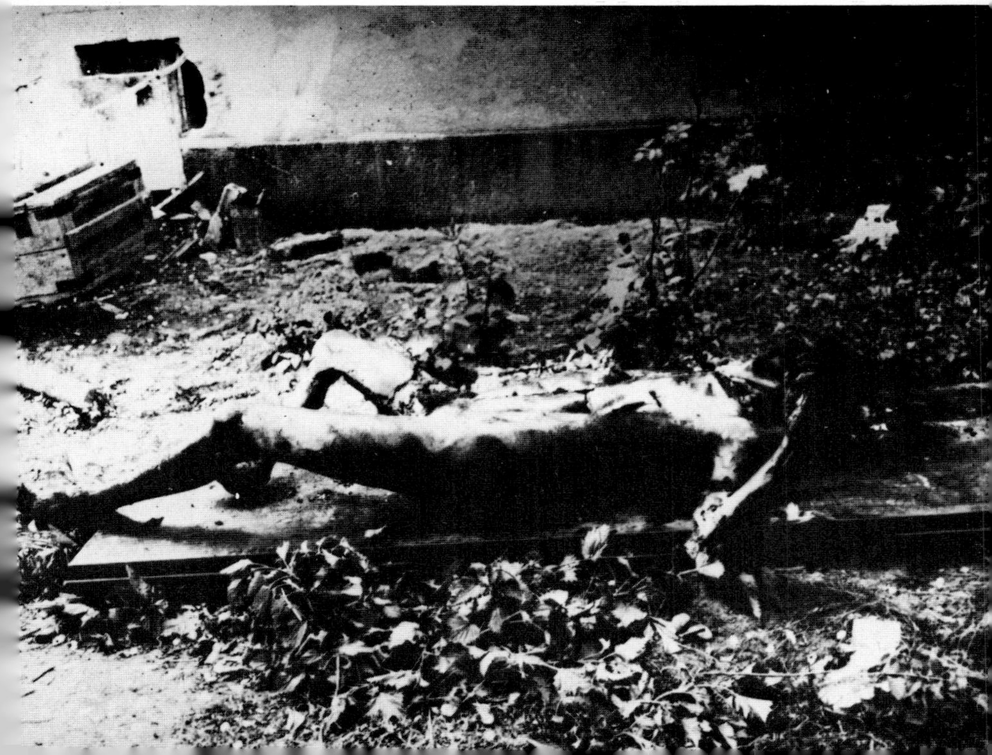

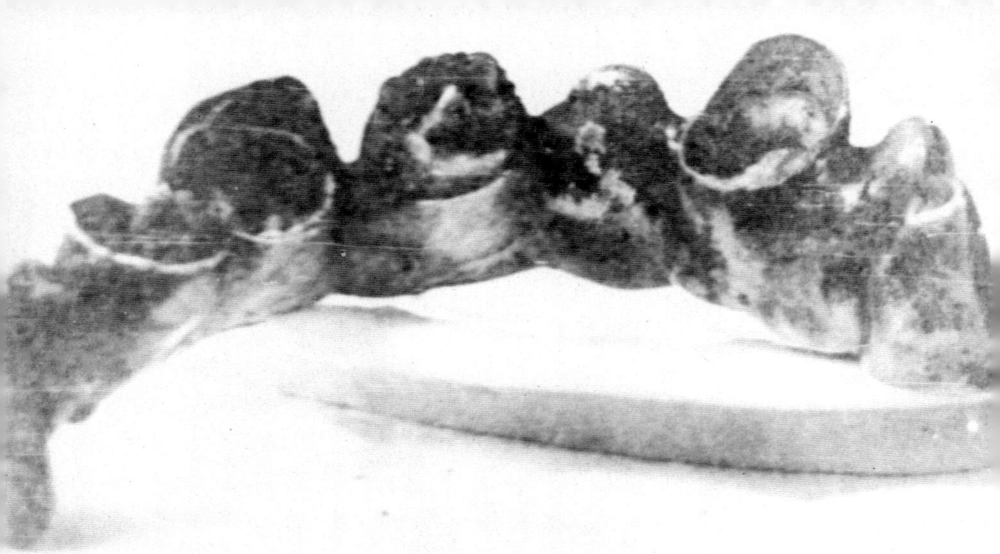

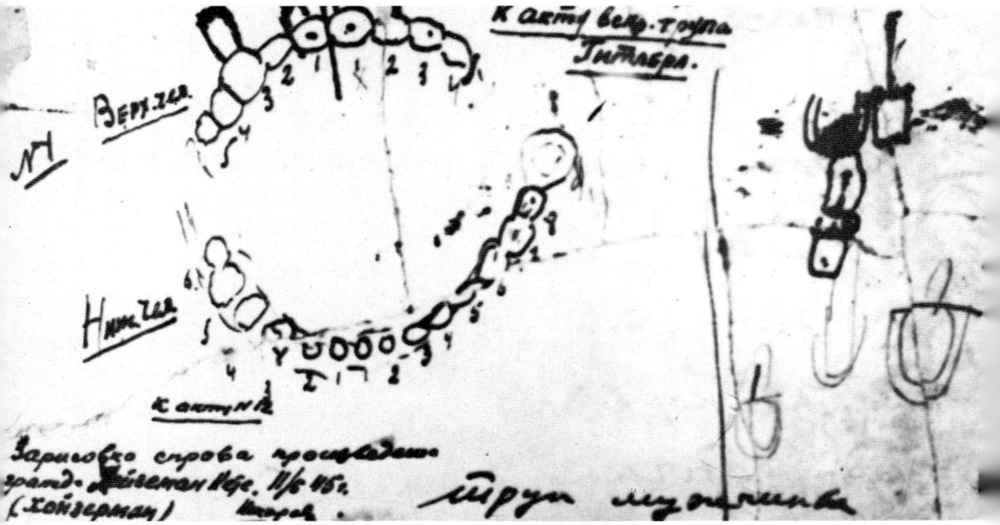
К акту вскр. трупа
Гитлера.
№1
Верх. чел.
Нижн. чел.
(Хойзерман)

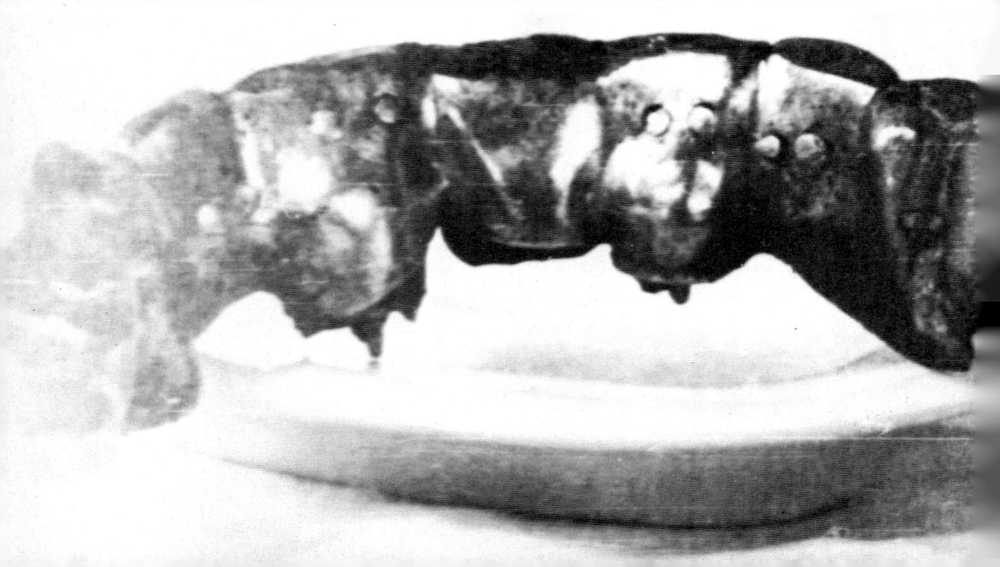

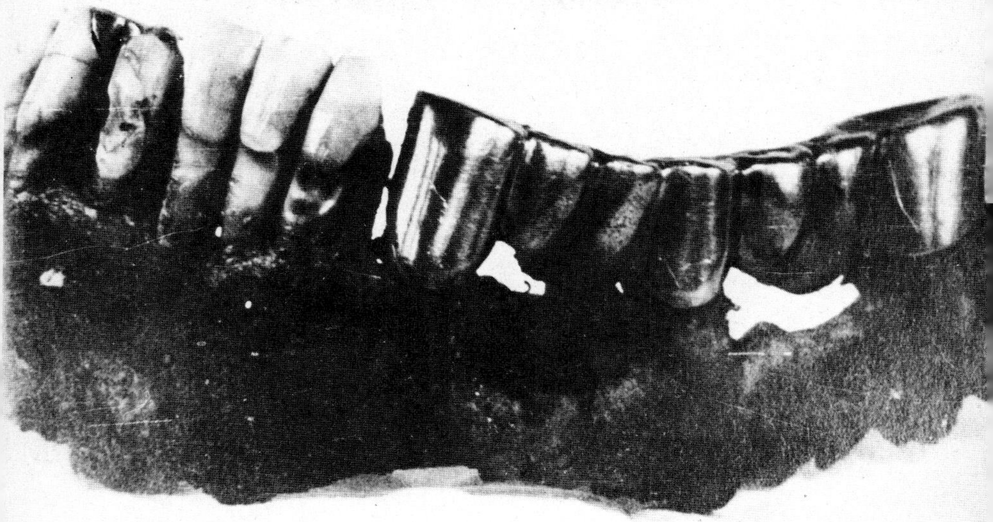

34 u. 35 Teil der oberen Zähne Hitlers, von hinten photographiert (linke Bildseite oben und unten)

38 Gesamtansicht (Skizze)

36 u. 37 Hitlers untere Zähne von vorn (oben) und von hinten (unten) photographiert

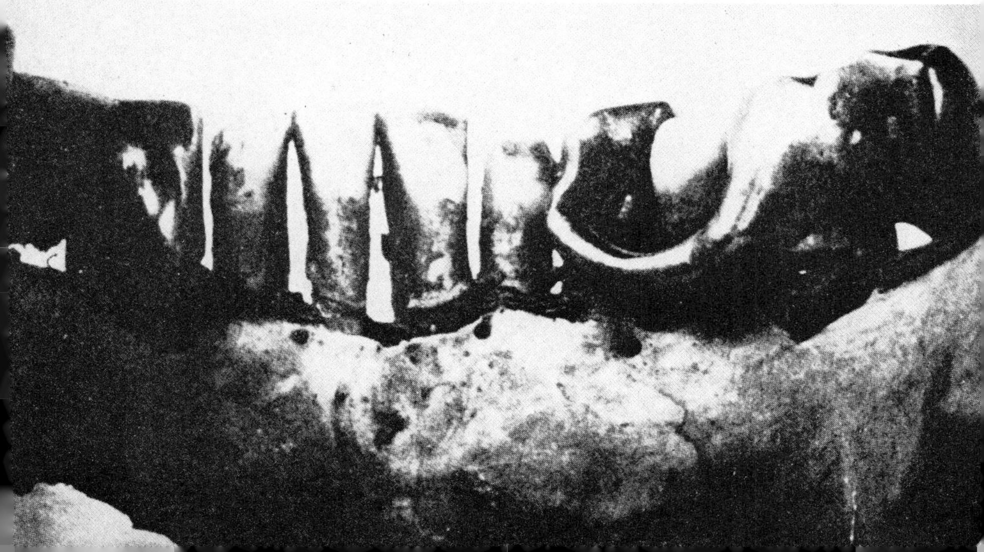

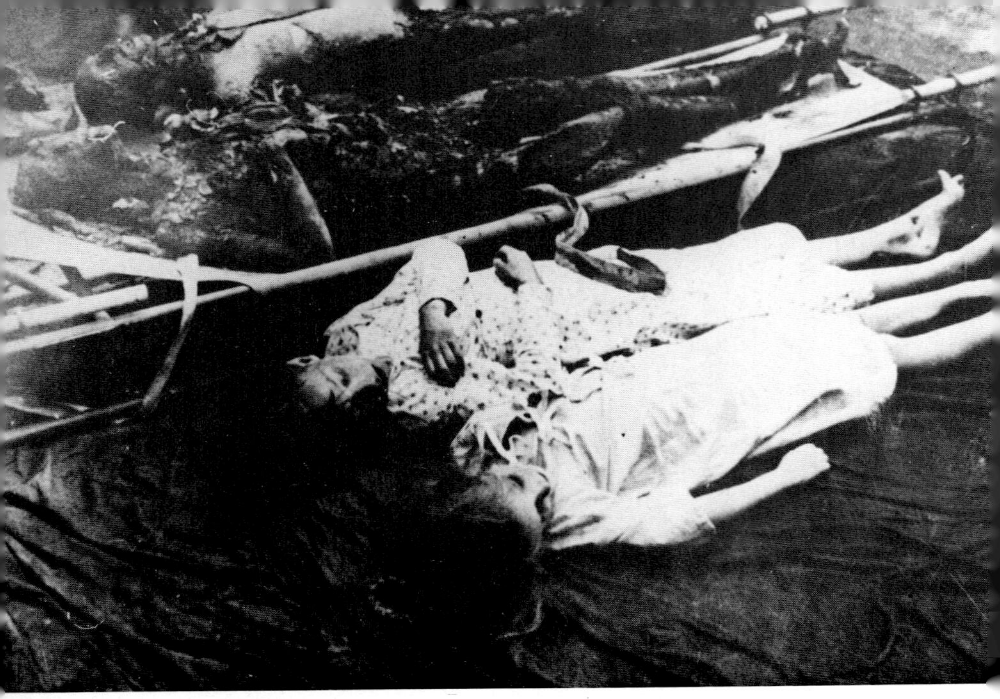

39 Die Leichen von 2 Goebbels-Kindern

40 Die Leiche von »Blondi«

tin. Im Laufe des Gesprächs, das etwa zwei bis drei Stunden dauerte, aß Frau Heusermann gerne unsere Bonbons. Ihre Ängstlichkeit war bald verflogen. Sie beschrieb genau die Besonderheiten der Zahnprothesen Hitlers und zeichnete sie mit eigener Hand. Ich mußte mit ihr sogar streiten, weil ich bei der Untersuchung der Zähne eine Einzelheit übersehen und mich beim Zählen der Stahlstifte verrechnet hatte. Es erwies sich, daß sie recht gehabt hatte.
Nach dem Abschluß des theoretischen Teils unserer Unterredung gingen wir zum praktischen Teil über, das heißt, ich wollte die Richtigkeit ihrer Angaben anhand der Prothesen selbst überprüfen, die bei mir im Schreibtisch lagen. Ich nahm sie aus dem Tisch heraus und legte sie Heusermann vor. Frau Heusermann wiederholte alles nochmals in Einzelheiten und erklärte ausdrücklich, daß die ihr vorgelegte Prothese tatsächlich die Zahnprothese Hitlers sei. Das Bild war absolut klar, sowohl für Frau Heusermann als auch für mich, dem gerichtsmedizinischen Experten.«
Natürlich wurde Frau Heusermann auch offiziell vernommen. Hier eines der Vernehmungsprotokolle:

PROTOKOLL

Heusermann, Käthe, geb. 1909 in Liegnitz (Schlesien), Nat. deutsch, Fachschulbildung, parteilos, vor der Besetzung Berlins durch die Rote Armee in der zahnärztlichen Praxis als Assistentin des Professors Blaschke tätig. Wohnhaft in Berlin, Pariserstraße 49–40, App. 1.

den 19. Mai 1945

Vernehmungsbeginn: 1.15
Vernehmungsschluß: 6.00
Frage: Sagen Sie bitte, seit wann und als was arbeiteten Sie im zahnärztlichen Kabinett der Reichskanzlei?
Antwort: Ich habe keine spezielle zahnärztliche Schule ab-

solviert, aber seit April 1937 machte ich einen praktischen Lehrgang in der privaten Praxis von Prof. Blaschke, Kurfürstendamm 213, durch. Prof. Blaschke war seit 1932 Privatzahnarzt Hitlers, wobei er in der Reichskanzlei auch ein zahnärztliches Kabinett hatte.

Von Dezember 1944 bis 20. April 1945 arbeitete ich als Assistentin von Prof. Blaschke in dessen Kabinett in der Reichskanzlei.

Frage: Welche führenden Persönlichkeiten der deutschen Regierung gehörten zu den Patienten Prof. Blaschkes in seiner Praxis in der Reichskanzlei?

Antwort: Prof. Blaschke betreute in seinem zahnärztlichen Kabinett in der Reichskanzlei den Reichskanzler Hitler und seine Geliebte Eva Braun, weiterhin den Reichsminister Goebbels, dessen Frau Magda und alle ihre sechs Kinder, den Reichsführer SS Himmler, den Reichsleiter Dr. Ley, den Reichspressechef Dr. Dittrich und andere Führer des Reiches.

Frage: Welche konkrete Hilfe mußten Sie Prof. Blaschke bei der zahnärztlichen Behandlung der führenden Persönlichkeiten der deutschen Regierung leisten?

Antwort: Meine Hilfe für Prof. Blaschke bei der Behandlung der führenden Persönlichkeiten der deutschen Regierung bestand darin, daß ich ihm bei Behandlungsprozeduren Instrumente und Medikamente reichte. Ich mußte auch einzelne Vorgänge genau beobachten und ohne besondere Hinweise seinerseits ihm rechtzeitig notwendige Instrumente und Medikamente geben. Deshalb wußte ich über den Zustand der Zähne jedes Patienten, insbesondere solcher Staatsmänner wie Hitler, Goebbels, Himmler und anderer, gut Bescheid.

Frage: Welche zahnärztliche Hilfe mußte Hitler, speziell in letzter Zeit, in Anspruch nehmen?

Antwort: Die meisten Zähne Hitlers waren künstlich, einen großen Teil davon hatte ihm Prof. Blaschke 1932 eingesetzt. Seitdem überwachte Prof. Blaschke ständig den Zustand seiner Zähne und behandelte sie.

Von 1944 bis Januar 1945 mußte ich Prof. Blaschke sechsmal bei der Behandlung von Hitlers Zähnen assistieren; wir entfernten den Zahnstein und bestrichen das Zahnfleisch mit Salbe.

Im Herbst 1944 zog Prof. Blaschke Hitler in meiner Anwesenheit den sechsten Zahn links im Oberkiefer (erster Molarzahn). Zu diesem Zweck begleitete ich Prof. Blaschke zum Hauptquartier Hitlers in Rastenburg (Ostpreußen). Um diesen Zahn zu ziehen, mußte Prof. Blaschke mit der Bohrmaschine die Goldbrücke zwischen dem 4. und 5. Zahn im Oberkiefer links durchsägen; dabei hielt ich den Spiegel im Munde Hitlers und beobachtete genau den ganzen Vorgang. Im Oberkiefer links wurden also der 5. künstliche Goldzahn und der 6. natürliche Zahn mit Goldkrone gezogen. Infolgedessen blieb im Oberkiefer links als letzter der 4. Zahn übrig.

Frage: Beschreiben Sie den Zustand der Zähne im Ober- und Unterkiefer Hitlers.

Antwort: Der Oberkiefer Hitlers stellte eine Goldbrücke dar, abgestützt durch den 1. Zahn links mit einer Fensterkrone, die Wurzel des zweiten Zahnes links, die Wurzel des ersten Zahnes rechts und den dritten Zahn rechts mit einer Goldkrone. Der ganze Oberkiefer zählte 4 Zähne links und 5 Zähne rechts. Die künstlichen Zähne waren aus Gold angefertigt und auf der vorderen Seite mit einer Porzellanschicht überzogen.

Der Unterkiefer zählte 14 Zähne und bestand aus zwei Brükken. Der linke Teil hatte acht Zähne, der rechte sechs Zähne. Der rechte Teil zählte fünf natürliche Zähne: den 1., 2.,

3., 4., 5.; der sechste Zahn ist künstlich, aus Gold, die Frontseite mit Porzellanschicht überzogen; durch eine Goldbrükke mit dem 3. und 5. Zahn verbunden.

Im linken Teil blieben acht Zähne, davon fünf natürliche: 1., 2., 3., 5. und 8., während der 4., 6. und 7. Zahn aus Gold waren und mit einer Goldbrücke am 3., 5. und 8. Zahn befestigt waren.

Frage: Erinnern Sie sich an die Besonderheiten der Zähne und der Zahnbrücken Hitlers?

Antwort: Ja, ich erinnere mich genau an die Besonderheiten der Zähne und Zahnbrücken Hitlers.

Frage: Ihnen wird ein Unterkiefer mit Goldbrücken und Zähnen sowie die Goldbrücke mit Zähnen des Oberkiefers vorgelegt. Können Sie sagen, wem sie gehören?

Antwort: Die mir vorgelegten Goldbrücken und Zähne des Ober- und Unterkiefers sind mir gut bekannt, denn sie gehören dem Reichskanzler Adolf Hitler.

Frage: Auf Grund welcher Angaben behaupten Sie, daß die Ihnen vorgelegten Goldbrücken und Zähne Adolf Hitlers gehören?

Antwort: Ich behaupte, daß die mir vorgelegten Goldbrükken und Zähne Hitler gehören, weil ich an dem mir vorgelegten Oberkiefer eine deutliche Spur sehe, die von der Bohrmaschine beim Durchsägen der Goldbrücke über dem 4. Zahn hinterlassen wurde; an diese Spur kann ich mich gut erinnern, denn sie wurde im Herbst 1944 hinterlassen, bei der Extraktion des 6. Zahnes Hitlers durch Prof. Blaschke unter meiner Assistenz.

Außerdem liegen hier alle Besonderheiten der Zahnbrücken und Zähne Hitlers deutlich auf der Hand, die ich vorhin bereits erwähnt habe.

Frage: Sie bleiben also dabei, daß die Ihnen vorgelegten Zahnbrücken und Zähne Hitler gehören?

Ja, ich behaupte das und erkläre noch einmal, daß die mir vorgelegten Goldbrücken und Zähne Hitler gehören.
Frage: Sind Ihnen die Besonderheiten der Zähne der Geliebten Hitlers, Braun, bekannt und worin bestehen sie?
Antwort: Ja, die Besonderheiten der Zähne Eva Brauns sind mir gut bekannt, denn ich habe als Assistentin Prof. Blaschkes mehrmals an der Behandlung ihrer Zähne teilgenommen. Bei Eva Braun fehlten im Unterkiefer rechts zwei Zähne: der 6. und 7. Im Sommer 1944 fertigte der Techniker Prof. Blaschkes, Echtmann, Fritz, für sie eine Zahnbrücke aus Gold und Plaste, und unter meiner Beteiligung setzte ihr Prof. Blaschke diese Brücke ein. Die Zahnbrücke stützte sich auf eine goldene, zementierte Krone, aufgesetzt auf den achten Zahn rechts und auf eine goldene Verbindung auf dem fünften Zahn rechts. Außerdem haben wir ihr vor einem Monat einen Zahn im Oberkiefer, den sechsten links, gezogen.
Frage: Ihnen werden eine Goldbrücke und Zähne vorgelegt. Können Sie sagen, wem sie gehören?
Antwort: Die mir vorgelegten Zahnbrücke und Zähne gehören Eva Braun, der Geliebten Hitlers.
Frage: Auf Grund welcher Angaben behaupten Sie, daß die Ihnen vorgelegten Goldbrücke und Zähne der Geliebten Hitlers, Eva Braun, gehören?
Antwort: Die Goldbrücke mit Zähnen für die rechte Hälfte des Unterkiefers vom fünften bis zum achten Zahn mit dem künstlichen sechsten und siebten Zahn hat sich mir gut eingeprägt, denn ich habe diese Goldbrücke in der Hand gehalten, sie vor der Einsetzung mit Spiritus abgewaschen. Wenn man die Goldbrücke Echtmann vorlegt, der sie eigenhändig hergestellt hat, wird er sie zweifellos als die Zahnbrücke identifizieren, die er für Eva Braun gefertigt hatte.«

In einer äußerst präzisen Stellungnahme hat Fritz Echtmann seine früheren Aussagen ausdrücklich bekräftigt. Danach kann kein Zweifel bestehen: Es handelt sich um die Leichen von A. Hitler und E. Braun.
Lassen wir an dieser Stelle Fritz Echtmann selbst sprechen. Sein Deutsch läßt verschiedentlich sehr zu wünschen übrig, was wahrscheinlich auf seinen zerrütteten Zustand durch die Kriegsgefangenschaft und die vielfachen Verhöre zurückzuführen ist.
Der Lesbarkeit halber werden die Textstellen der handschriftlich verfaßten Aussage im Druck wiedergegeben. Die dazugehörigen Zeichnungen der einzelnen Modelle sind im Anhang zu finden.

»Ich, Fritz Echtmann, Dentist und Zahntechniker, mache folgende Zusatzaussagungen zu meinem Protokoll, das in Berlin am 21. Mai 1945 gemacht wurde.
Diese Zusatzaussagungen wurden (von) mir in Berlin nicht mit aufgenommen. Da ich die Aussagen für sehr wichtig finde, bitte ich dieselbigen in meinem Protokoll aufzunehmen, da ich anhand von Abdrücke und Arbeitsmodelle, Arbeiten angefertigt habe, für Frl. Braun, sowie Röntgenaufnahmen von Hitler bearbeitet habe, bin ich genauestens über die Mundverhältnisse unterrichtet.
Ich komme jetzt zu meinen Aussagungen, die ich mittelst Zeichnungen, genaustens erklären werde.
Im Jahr 1941 habe ich zum erstenmal für Frl. Eva Braun 4 Jacketkronen gebrannt. Die Pfeile zeigen am Arbeitsmodell 1 die gebrannten Porzellankronen in Vita-Porzellanmasse.
(Modell 1)
Jacketkronen, auch Porzellankronen genannt, sind Stufenkronen. Modell 2 zeigt den Oberkiefer bei Frl. Braun mit

den noch nicht einzementierten Jacketkronen, wie die Zähne beschliffen sind.

(Modell 2)

Frl. Braun war eine sehr anspruchsvolle Patientin, und aus diesem Grund, wurden die Kronen (Jacketkronen) mehrmals gebrannt. Im Jahre 1943 wurden die mittleren Schneidezähne wieder neu von mir angefertigt. Pfeile am Modell 3 zeigen die genannten Jacketkronen. Wieder in Vita-Porzellanmasse gebrannt.

(Modell 3)

Mitte des Jahres 1944, wurden auch die seitlichen Schneidezähne neu angefertigt von mir. Die Pfeile am Modell 4 zeigen die seitlichen Schneidezähne, die ich auch in Vita-Porzellanmasse gebrannt habe.

(Modell 4)

Im Herbst 1944 habe ich für Frl. Braun eine rechte Unterkiefer-Brücke von 5–8 bestehend aus 4 Glieder. 5 und 8 je eine Goldkrone, die Zwischenglieder in Kunstharz (Palagont) mit Goldrückenplatte, zur Befestigung des Kunstharzes angefertigt. Diese Brückenausführung ist nur bei Frl. Braun angewandt worden. Ich beweise hiermit, daß die Brücke von Frl. Braun ist.

Modell 5 zeigt, das anatomische Modell rechts unten und oben, ohne Brücke. Modell 6 zeigt technisches Modell mit der angefertigten Brücke.

(Modell 5 und 6)

Ich bringe jetzt den Beweis, daß es sich hier nur um Frl. Brauns Brücke handelt. Da der Zwischenraum im Unterkiefer zwischen 5 und 8 zu klein war, den 6er und 7er in Normalgröße aufzunehmen, war ich gezwungen, statt eines 6ers einen 5er zu modellieren. Aus diesem Grunde waren jetzt rechts unten bei Frl. Braun 3 Prämolaren, 2 Eigene und ein Kunst in Kunstharz. Setzen Sie nun diese Brücke, die sich in

Ihrem Besitz befindet bei Frl. Braun im Unterkiefer ein, dann müssen Sie dieses Bild, das Modell 6 zeigt, erhalten rechter Unter- und Oberkiefer. Die technische Ausführung der rechten Unterkieferbrücke ist deshalb folgende:
4. hat Goldkrone, 6. + 5. Kunstharz (Palagont), 7. Goldkrone. Abbildung 1 zeigt die rechte Unterkieferbrücke von vorn gesehen.
Abbildung 2 zeigt die Brücke von hinten gesehen.
Abbildung 3 zeigt die Brücke von oben gesehen.
Bitte beachten Sie die Pfeile und Erläuterung.
(Abb. 1, 2 und 3)
Anfang April 1945 wurde für Frl. Braun eine kleine Brücke rechts oben 7 + 6 von mir in Arbeit genommen. Modell 7 zeigt technisches Modell mit den fehlenden oberen 6. Linker Unter- und Oberkiefer. Da diese Brücke von 7 + 6 erst am 19. April 1945 von mir fertig wurde, ist diese Brücke noch nicht im Mund von Frl. Braun gewesen. Da ich mit Prof. Blaschke, am 19. April telefonisch gesprochen habe, sagte er zu mir, daß er diese Brücke von Frl. Braun in Berchtesgaden, falls sie dort hinkommt, einsetzen wollte.
(Modell 7)
Modell 8. Oberkiefer von Frl. Braun:
I. Pfeil I. zeigt die Goldfüllung zur Brücke, die bei Frl. Braun Anfang April 1945 festgesetzt worden ist. Von Prof. Blaschke, die ich angefertigt habe.
Pfeil II zeigt den beschliffenen Zahn für die Brücke.
Pfeil III zeigt die beiden Eckzähne als Jacketkronen, die nicht von mir gebrannt worden sind, Masse daher unbekannt. Ich habe dies am Röntgenbild festgestellt, da ich auch diese Kronen für Frl. Braun neu anfertigen sollte. Wenn Sie nun meine Zeichnungen, mit dem Original-Schädel von Frl. Eva Braun vergleichen, müssen diese Zähne im Schädel sein, wie meine Zeichnungen und Erläuterungen es

beweisen. Da ich von Frl. Braun noch Arbeitsmodelle in der Praxis hatte, wollte ich Ihnen diese zur Verfügung stellen, ist aber auf einen Vorschlag von einem Ihrer Herren abgelehnt worden. Mit diesen Modellen wollte ich Ihnen mehr Beweisstücke übergeben, daß es sich hier nur um Frl. Eva Braun handelt.

N.B. das Zahnfarbenbuch wollte ich Ihnen auch geben, wo die Zahnfarbe von Frl. Braun drinstand.

Da ich für Hitler eine skelettische Prothese anfertigen sollte, wurden mir die Röntgenaufnahmen zur Ausarbeitung einer Prothese von Prof. Blaschke im Januar 1945 übergeben. Ich mußte nun eigentlich die Oberkieferbrücke bearbeiten wegen der Befestigung der Prothese. Ich hatte darüber Zeichnungen entworfen, die ich Ihnen auch in Berlin zur Verfügung stellen wollte. Auch die wurden mir abgelehnt, sie zu holen, mit dem Vermerk, es würde schon genügen, und sie glauben es, daß es sich hier nur um Hitler und Frl. Braun handelt.

Vermerken möchte ich noch, daß ich die Röntgenaufnahmen von Hitler bis zum 20. April 1945 hatte, und dieselbigen am 20. April Frau Hausermann gegeben habe, weil mir Prof. Blaschke am 20. April sagte, daß er die Aufnahmen wieder haben möchte.

Modell I zeigt die Oberkieferbrücke von Hitler, wie sie jetzt aussieht mit Wurzeln und Stiftzahnverankerung. Diese 4 Wurzeln trugen nur noch die 9gliedrige Goldbrücke. Von hinten gesehen. Wie Röntgenaufnahme zeigte.

(Modell I)

Außer dieser Brücke sind im Oberkiefer bei Hitler keine Zähne mehr drin gewesen. Bis Herbst 1944 sah die Brücke oben so aus, wie ich es an Hand von Röntgenaufnahmen gesehen habe.

Modell II zeigt die Brücke bis Herbst 1944.

(Modell II)
An dieser Stelle links oben zwischen 4 und 5 muß der Schnitt zu sehen sein. Aus diesem Grunde kann ich es behaupten, daß die Brücke, die Sie haben, nur von Hitler ist.
Falls Sie Prof. Blaschke auch haben, sollten er und Frau Hausermann auch noch bei Ihnen sein, sollte, so können die beiden Personen aussagen, daß ich Ihnen die volle Wahrheit gesagt habe.
Diese Skelett-Prothese ist für Hitler nie angefertigt worden, wegen der schlechten Kriegslage, daß mir Prof. Blaschke sagte. Ich habe nun bewiesen, daß Hitler im Oberkiefer nur 1 Goldbrücke von 9 Gliedern gehabt hat. Außer dieser Brücke befand sich im Oberkiefer kein Zahn mehr. Weiter kann ich beweisen, daß der Unterkiefer von Hitler mit je eine Goldbrücke rechts und links voll bezahnt wird. Im Frontzahngebiß befinden sich eigene Zähne.
Denn ich habe danach die obere Prothese ausgearbeitet. Aus diesem Grund weiß ich es genau, daß der Unterkiefer mit den 2 Goldbrücken voll bezahnt. Es ist hier kein Irrtum möglich, denn ich habe ja genug Beweise angeführt, daß es sich nur um Hitler und Fräulein Braun handelt. Vergleichen Sie jetzt mit einem Sachverständigen meine Zeichnungen und Erläuterungen mit Ihren Beweisstücken von Hitler und Frl. Braun, dann müssen Sie feststellen, daß es von den beiden Toten (Hitler) und Frl. Braun ist.

Fritz Echtmann«

Ich lenke damit die Aufmerksamkeit der Leser auf eine Reihe von Umständen, um die Streitigkeiten in der Frage der Identifizierung von Eva Brauns Leiche zu lösen. Erstens sieht man, mit welcher Genauigkeit diese Identifizierung vorgenommen wurde. Zweitens geht klar daraus hervor, daß die-

selbe Prothese, die zur Grundlage der Identifizierung geworden ist, von der Ärztekommission des Untersuchungsorgans vorgelegt wurde, und sich nicht im Labor von Echtmann befand.
Die Kommission Schkarawskis hat ihre Arbeit abgeschlossen. Einen symbolischeren Abschluß hätte sich kaum jemand ausdenken können: das letzte (gerichtsmedizinische) Urteil über Adolf Hitler wurde vom Doktor Faust gefällt. Einst hatte Deutschlands größter Dichter den Namen Faust zum Sinnbild für den Triumph menschlicher Vernunft erhoben. Auch diesmal hatte die Vernunft über den Wahnsinn gesiegt.

Kinder sind immer Kinder. Auch Anne Frank war ein Kind, deren Notizen beinahe symbolisch und gar nicht kindlich anmuten. Man denke an die polnischen Kinder in Auschwitz, denen Janusz Korszak vor ihrem fürchterlichen Tod wenigstens einige schöne Eindrücke vermitteln wollte. Eine der grauenhaftesten Neuerscheinungen in der »Technik der Menschenvernichtung«, eingeführt von den Hitlerfaschisten, war die systematische Ausrottung von Kindern. Vor der Gründung der KZs durch die SS ist wohl noch niemand auf die Idee gekommen, daß auch Kinder in solchen Lagern inhaftiert werden können. Anderer Meinung war jedoch Rudolf Höß, Kommandant von Auschwitz: »Die Kleinkinder wurden in der Regel getötet, weil sie für den Arbeitseinsatz viel zu jung waren.«
Die Statistik besagt, daß allein in Polen 800 000 Kinder im Alter bis 15 Jahren umgekommen sind; hinzu kommen 225 000 Jugendliche von 15 bis 18 Jahren. 200 000 Kinder wurden zwecks Eindeutschung ins Reich verschleppt. Gesamtbilanz: 2,2 Millionen Kinder und Jugendliche. Und

noch eine vielsagende Zahl: Nach dem Krieg gab es in Europa 13 Millionen Waisenkinder.[14]
Das alles setzt Maßstäbe, wenn wir uns nun etwas eingehender Mord an den sechs Kindern der Familie Goebbels befassen wollen. Aber Kinder bleiben eben Kinder, und Mord bleibt Mord. Und sogar jene Historiker im Westen, die sich mit dem Lebenswandel des ehemaligen Reichsministers für Volksaufklärung und Propaganda voreingenommen auseinandersetzen, wagen nicht zu behaupten, daß Helga (ge. am 1. 9. 1932), Hilde (13. 4. 1934), Helmut (2. 10. 1935), Holde (19. 2. 1937), Hedda (5. 5. 1938) und Heide (29. 10. 1940) freiwillig in den Tod gegangen seien.[15]
Im Durcheinander der Ereignisse um den 1. Mai 1945 wurde das Schicksal dieser Kinder kaum beachtet. Aber am Beispiel der Familie Goebbels wird es erschreckend deutlich, in welche Abgründe die Greuelpropaganda sogar ihre Urheber führen kann. Glaubten denn Goebbels und seine Frau etwa im Ernst, daß die Alliierten ihren Zorn an den sechs Kindern auslassen könnten? Trotz des unverhohlenen Zynismus von Goebbels dürfte er kaum so gedacht haben. Die Nachkriegszeit hat solche Vermutungen widerlegt. Die Kinder Himmlers, Görings und anderer Nazi-Bonzen haben ihre Eltern überlebt. Aber ein Regime, das den Mord als Mittel der Selbstbehauptung gutheißt, muß auf die Dauer Schaden an seiner eigenen Seele nehmen. Wer andere nicht als Menschen respektiert, hört früher oder später selber auf, ein Mensch zu sein.
Wie wurden die Kinder von Goebbels ermordet? Darüber gehen die Meinungen auseinander. Einige, z.B. Goebbels'

[14] »Polnische Kinder während des Krieges und der deutschen Okkupation«, Warschau 1979.

[15] Hitler zu Ehren wählte Goebbels für seine Kinder Namen, die Mit »H« anfingen.

einstiger Staatssekretär Werner Naumann, behaupten, Magda Goebbels habe selbst Hand angelegt. Eine andere Version besagt, die Mutter habe sich draußen aufgehalten, als die Ärzte ihren Kindern das Gift einspritzten. Goebbels' Biograph Helmut Heiber wiederum meint, man werde den ganzen Ablauf des Geschehens nie erfahren.

Ich möchte nicht behaupten, daß die folgenden Dokumente ein volles Licht auf die Vorgänge werfen. Aber sie haben einen Vorteil: sie wurden unmittelbar nach den Ereignissen abgefaßt. Der Leser wird bemerken, daß Tatzeuge Dr. Helmut Kunz nicht gleich die ganze Wahrheit gesagt hat. Aber die sowjetischen Untersuchungsrichter unterzogen ihn nochmals einem sehr sorgfältigen Kreuzverhör.

VERNEHMUNGSPROTOKOLL

den 7. Mai 1945

Chef der 4. Abteilung der Abwehrverwaltung »SMERSCH« der 1. Weißrussischen Front, Oberstleutnant Wassiljew, hat den Kriegsgefangenen der deutschen Wehrmacht, Kunz, Helmut Gustawowitsch, vernommen, wobei Untersuchungsrichter Oberleutnant Wlassow die Übersetzung ins Deutsche und aus dem Deutschen besorgte.

Zur Person: Kunz, Helmut Gustawowitsch, geb. 1910 in Ettlingen/Baden, Zahnarzt, zuletzt Adjutant des Chefarztes in der Sanitätsverwaltung der SS in der Reichskanzlei. Am 21. 4. 45 wurde seine Sanitätsabteilung aufgelöst, und er wurde von einem Lazarett übernommen. Als das Lazarett am 23. April aus Berlin wegzog, wurde er zur Reichskanzlei abkommandiert. Um diese Zeit gab es dort keinen Zahnarzt.

WASSILJEW: Erzählen Sie etwas eingehender, was mit Goebbels und seiner Familie passiert ist.

KUNZ: Am 27. April d. J. traf ich vor dem Abendessen Frau

Goebbels zwischen acht und neun Uhr im Korridor am Eingang zu Hitlers Bunker. Sie sagte mir, daß sie mich in einer sehr wichtigen Angelegenheit sprechen möchte und fügte gleich hinzu, die Situation sei jetzt so, daß wir wahrscheinlich sterben müßten. Deshalb bat sie mich, ihre Kinder töten zu helfen. Ich gab mein Einverständnis.
... am 1. Mai d. J. gegen 4–5 Uhr nachmittags wurde ich in meinen Praxisräumen von Frau Goebbels angerufen; sie sagte, es sei schon viel Zeit verstrichen, und bat mich, sofort zu ihrem Bunker zu kommen. Dann ging ich zu ihr, nahm aber keine Medikamente mit.
Als ich Goebbels' Wohnräume betrat, sah ich ihn selbst, seine Frau und den Staatssekretär des Propagandaministeriums, Naumann, im Arbeitszimmer, wo sie sich über etwas unterhielten.
Ich wartete etwa zehn Minuten vor der Tür des Arbeitszimmers, bis Goebbels und Naumann weggingen. Dann bat mich Frau Goebbels hinein und teilte mir mit, die Entscheidung sei nun gefallen (sie meinte den Entschluß zur Tötung der Kinder), denn der Führer sei schon gestorben, und die Truppen würden ungefähr um 8–9 Uhr einen Durchbruch versuchen. Deshalb müßten wir sterben, wir hätten keinen anderen Ausweg.
Etwa nach 20 Minuten, als wir noch miteinander sprachen, kam Goebbels in sein Arbeitszimmer zurück und sagte zu mir: »Doktor, ich wäre Ihnen sehr dankbar, wenn Sie meiner Frau helfen würden, die Kinder einzuschläfern.«
Ebenso wie seiner Frau schlug ich auch Goebbels vor, die Kinder im Lazarett unterzubringen und unter den Schutz des Roten Kreuzes zu stellen. Er erwiderte aber: »Das geht nicht, es sind doch die Kinder von Goebbels!«
Danach ging Goebbels, und ich blieb bei seiner Frau, die sich etwa eine Stunde lang mit Kartenlegen beschäftigte.

... ich ging mit seiner Frau zu ihrer Bunkerwohnung. Im Vorzimmer nahm Frau Goebbels eine mit Morphium gefüllte Spritze aus dem Schrank und gab sie mir. Dann betraten wir das Kinderschlafzimmer; die Kinder lagen schon im Bett, schliefen aber noch nicht.
Frau Goebbels sagte zu den Kindern: »Kinder, habt keine Angst, der Doktor gibt euch jetzt eine Spritze, die jetzt alle Kinder und Soldaten bekommen.« Nach diesen Worten verließ sie das Zimmer. Ich blieb dort allein und spritzte das Morphium ein – zunächst den beiden ältesten Mädchen, dann dem Jungen und den übrigen Mädchen. Ich spritzte am Unterarm unter dem Ellenbogen je 0,5 cm^3 ein, um die Kinder schläfrig zu machen. Das Spritzen dauerte ungefähr acht bis zehn Minuten, dann ging ich wieder ins Vorzimmer, wo ich Frau Goebbels antraf. Sie sagte, man müsse etwa 10 Minuten warten, bis die Kinder eingeschlafen sind. Gleichzeitig sah ich auf die Uhr. Es war 20.40 Uhr (am 1. Mai). Nach 10 Minuten ging Frau Goebbels in meiner Begleitung ins Kinderzimmer hinein, wo sie sich etwa fünf Minuten aufhielt und jedem Kind eine zerdrückte Ampulle mit Zyankali in den Mund legte. (Jede Glasampulle enthielt 1,5 cm^3 Zyankali.) Als wir ins Vorzimmer zurückkamen, erklärte sie: »Jetzt ist Schluß mit allem.« ...
WASSILJEW: Wo konnte Frau Goebbels Giftstoffe (Zyankali) bekommen?
KUNZ: Frau Goebbels selbst teilte mir mit, daß sie das Morphium und die Spritze von Stumpfegger, dem zweiten Arzt Hitlers, bekommen habe. Woher sie die Ampullen mit Zyankali hatte, weiß ich nicht ...
W.: Haben Sie allein an der Tötung der Kinder von Goebbels teilgenommen?
K.: Ja, ich war allein ...

Hier lassen wir einen Teil des Protokolls aus, da er mit unserem Hauptthema nichts zu tun hat. Kunz wurde jedoch bald darauf noch einmal vernommen. Hier sind die Auszüge aus dem Protokoll, das Untersuchungsrichter Wlassow am 19. Mai aufgenommen hat:

WLASSOW: Die Untersuchungsrichter haben Informationen, daß Ihnen Dr. Stumpfegger bei der Tötung der Kinder von Goebbels geholfen hat. Können Sie das bestätigen?
KUNZ: Ja, ich gebe zu, daß ich während der Untersuchung falsche Aussagen über die Umstände der Tötung der Kinder von Goebbels gemacht habe. Es ist wahr, daß Dr. Stumpfegger mir dabei geholfen hat. Die genauen Umstände der Tötung der Kinder von Goebbels waren so:
Nachdem ich allen Kindern Morphium eingespritzt hatte, ging ich aus dem Kinderschlafzimmer in den benachbarten Raum hinaus und wartete dort zusammen mit Frau Goebbels ab, bis die Kinder eingeschlafen waren. Sie bat mich, ihr zu helfen, den Kindern das Gift zu geben. Das lehnte ich ab und sagte, daß ich dazu nicht genug seelische Kraft hätte. Dann forderte mich Frau Goebbels auf, Dr. Stumpfegger zu holen. Nach drei bis vier Minuten fand ich Stumpfegger, der im Bunker Hitlers im Speisezimmer saß, und sagte zu ihm: »Doktor, Frau Goebbels bittet Sie, zu ihr zu kommen.« Als ich mit Stumpfegger in den Vorraum zum Kinderschlafzimmer kam, wo ich Frau Goebbels zurückgelassen hatte, war sie nicht mehr dort, und Stumpfegger ging gleich ins Schlafzimmer. Ich aber wartete im Nebenzimmer. Nach vier bis fünf Minuten kam Stumpfegger mit Frau Goebbels aus dem Kinderzimmer heraus, er ging gleich weg, ohne mir auch nur ein Wort zu sagen.«
Soweit die Aussagen von Dr. Kunz. Da Stumpfegger tot ist (er ist beim Durchbruchsversuch gefallen), ist es schwer, die

Aussagen von Kunz zu prüfen. Das Ergebnis aber ist bekannt. Es ist in den Protokollen Nr. 1–2 und 8–11 festgehalten, die am 7. und 8. Mai 1945 in Buch abgefaßt wurden. Sie alle zeugen davon, daß der Tod durch die Wirkung von Gift eingetreten ist.

TEIL VII

Entzauberte Legenden

Die jüngste deutsche Geschichte ist reich an Legenden und Mythen. Nach dem Zusammenbruch des Kaiserdeutschlands 1918 wurde die berüchtigte Dolchstoßlegende in Umlauf gebracht. Den verhängnisvollen »Dolchstoß« erhielt das Kaiserreich angeblich von der Novemberrevolution 1918. Fanatische Militaristen im Bunde mit einigen sozialdemokratischen Führern – einer von ihnen nannte die von der Front heimgekommenen Verbände »im Felde ungeschlagen« – scheuten keine Mühe, um diese Legende in die Welt hinauszuposaunen. In den 20er Jahren wurde sie von den Nazi aufgegriffen. Nach dem Zweiten Weltkrieg mangelte es nicht an Versuchen, die Legende von einer »unbesiegten« Wehrmacht zu kreieren, deren Niederlagen angeblich entweder auf Zufall oder auf Verrat, Unvermögen der Generale, Mißgriffe der Gauleiter und andere Erscheinungen gleicher Art zurückzuführen seien. An der Spitze der Wehrmacht habe aber der Führer gestanden, einsam, von allen im Stich gelassen. Ihm sei nichts anderes übriggeblieben als sich zu erschießen – so wie es der Ehrenkodex eines preußischen Offiziers verlangt ...

Legenden, Legenden ... Nach einer Legende hat Hitler gar keinen Selbstmord begangen. 1969 tauchte eine Publikation auf dem westdeutschen Büchermarkt auf, die in einem wenig bekannten österreichischen Verlag erschien und von einem noch weniger bekannten Autor – Albert Wallner – verfaßt wurde. Der Titel jedoch erregte Aufsehen: »Geschichte eines Mönches. Hitlers Flucht aus Berlin am 30. 4. 1945.« Der verblüffte Leser wurde vom Autor aufgeklärt, daß Hitler nicht etwa in der Reichskanzlei ums Leben gekommen, sondern mit einem Flugzeug nach Tibet geflüchtet sei. Dort habe er als buddhistischer Mönch zusammen mit Eva Braun gelebt, habe sich jedoch nach eigenen Worten »jung genug gefühlt, um nach einigen Jahren das angefangene Werk fortzusetzen«.

Ich kann nur rätseln, was Wallner gemeint haben mochte, als er dem Führer diese Worte in den Mund legte. Jedenfalls beeilte er sich, den Führer ein zweites Mal zu töten: Nach seiner Version habe der frischgebackene buddhistische Mönch im Winter 1947, dem »Ruf der Heimat« folgend, die ja starke Persönlichkeiten dringend brauchte, sich auf den Weg begeben und sei im heftigen Schneesturm umgekommen ...

Doch Spaß beiseite. Das anekdotische Buch Wallners ist nur halb so gefährlich wie die Versuche, Hitler als einen Märtyrer mit Dornenkranz darzustellen. Erich Kuby schrieb nicht ohne Grund, daß die Menschen aus der Umgebung des Führers daran interessiert wären, daß der Abgott des dritten Reiches mutig, mit einem Selbstschuß aus der Pistole, aus dem Leben geschieden sei.

Deshalb erscheint es mir geboten, die Geschichte über die schwierige Fahndungsaktion des sowjetischen Abwehrdienstes im Mai 1945 weiterzuerzählen.

Als die medizinische Kommission das Fazit ihrer Arbeit gezogen hatte, war die wichtigste Phase der Untersuchung der Todesursachen Hitlers, Goebbels' und anderer abgeschlossen. Die Ergebnisse der medizinischen Untersuchung wurden nach Moskau weitergeleitet.

Sie blieben aber unveröffentlicht. Weshalb? Jedenfalls nicht aus dem Grund, weil man an der Glaubwürdigkeit des medizinischen Gutachtens gezweifelt hatte. Ende Mai wurden die Ergebnisse der medizinischen Experten der sowjetischen Staats- und Kriegsführung vorgetragen. Da die medizinische Expertise als abgeschlossen galt, wurden die Leichen verbrannt und die Asche in alle Winde verweht. Am 3. Juni hat der Chef der Abwehrabteilung »Smersch« der 1. Weißrussischen Front, Generalleutnant A. Wadis, eine entsprechende Meldung nach Moskau erstattet.

Woran lag es also? Wollte man sich vielleicht nicht mit der Tatsache abfinden, daß Hitler so der gerechten Vergeltung entkommen war und hatte man eben deshalb keine offizielle Nachricht veröffentlicht? Freilich konnte man nur bedauern, daß der Kriegsverbrecher Nr. 1 nicht vor Gericht gestellt werden konnte. G. K. Shukow erinnerte sich, daß er am 1. Mai I. W. Stalin über die von Krebs überbrachte Nachricht von Hitlers Selbstmord berichtet hatte.

I. W. Stalin meinte dazu:

»Da hat er die Bescherung, dieser Schurke. Schade, daß man ihn nicht lebend fassen konnte.«

Die zuständigen Untersuchungsrichter wissen aber noch ganz genau, daß andere Überlegungen hier eine viel wichtigere Rolle gespielt haben.

Erstens wollte man die Ergebnisse des gerichtsmedizinischen Gutachtens zunächst für den Fall geheimhalten, wenn sich ein falscher, »durch Wunder erretteter« Führer einstellen sollte.[1]

Zweitens ging man davon aus, daß die noch auf freiem Fuß

[1] Einer meiner Kritiker hält dieses Argument für nicht stichhaltig und aus der Luft gegriffen, aber ich möchte betonen, daß solche Überlegungen Hand und Fuß hatten. Die Befürchtungen haben sich zwar nicht bestätigt, aber das ändert ja nichts an der Situation, die sie verursacht hat.

befindlichen Kriegsverbrecher schneller gefaßt werden können, wenn die Nachricht von der Entdeckung der Leiche Hitlers nicht gleich publik gemacht wird, G. K. Shukow meinte z. B.: »Die äußeren Umstände ließen mich zunächst an Hitlers Selbstmord zweifeln, zumal wir auch Bormann nicht gefunden hatten. Ich kam damals auf folgenden Gedanken: Ist Hitler nicht im letzten Augenblick doch entwichen, als man keine Hilfe mehr für Berlin von außerhalb erwarten konnte?«

In der Tat waren zu dem Zeitpunkt noch bei weitem nicht alle Nazi-Größen gefaßt. Himmler, mit falschen Papieren ausgestattet, versuchte in dem von den Engländern besetzten Gebiet unterzutauchen, dort hielt sich auch Ribbentrop versteckt. Einigen gelang sogar die Flucht aus dem Berliner Kessel. Die Fliegerin Hanna Reitsch konnte mit einer Maschine von der Charlottenburger Chaussee starten. Reichsjugendführer Axmann und Goebbels' Stellvertreter Naumann gelang es ebenfalls zu entkommen. Selbst die bedeutendsten Persönlichkeiten des Dritten Reiches hatten, wenn sie elementare Tarnmethoden nicht ignorierten, eine gewisse Chance, unterzutauchen. Ein derart bekannter Mann wie der Gauleiter von Ostpreußen und Reichskommissar der Ukraine, Erich Koch, konnte sich in Westdeutschland bis 1950 versteckt halten!

Zieht man das alles in Betracht, wird es klar, warum die Vertreter der Sowjetunion auch auf der Potsdamer Konferenz im Juli–August 1945 nichts über das Schicksal Hitlers verlauten ließen. All diejenigen, die eine gerechte Vergeltung für die Kriegsverbrechen forderten, waren schließlich daran interessiert, daß eine Atmosphäre geschaffen wird, in welcher die Hauptkriegsverbrecher möglichst schnell gefaßt werden.

Diese Überlegung stand nach meiner Auffassung im Vordergrund. Mein französischer Kollege A. Decaud stellt fest, daß »Stalins Hauptanliegen 1945 die Verfolgung der Überreste des Faschismus in der ganzen Welt war. Auf diesem Wege wollte er jedoch nicht allein, sondern zusammen mit den Alliierten gehen. Daher auch sein Alarmsignal: Hitler lebt. Angesichts einer Gefahr schließen sich die Menschen zusammen. Und dies war eine echte Gefahr! Eben deshalb wohl kam Stalin zur Schlußfolgerung: Hitler lebt noch.« Ich glaube, daß Decaud (der sich mit vielen meiner Thesen kritisch auseinandersetzt) die Haupttendenz jener Zeit richtig erfaßt hat: Es war das allgemeine Bestreben, nicht zuzulassen, daß die Hauptkriegsverbrecher der gerechten Strafe entgehen.

Es ging dabei nicht um das persönliche Schicksal von Hitler allein (wahrscheinlich war I. W. Stalin auch nicht ganz damit zufrieden, daß Hitler beim zukünftigen Gerichtsprozeß nicht auf der Anklagebank sitzen würde). Es ging um etwas Größeres, was auch I. W. Stalin dazu veranlaßte, G. K. Shukow vor der Pressekonferenz am 9. Juni 1945 entsprechende Weisung zu geben. Shukow gab nämlich bekannt, daß die Sowjetunion keine Informationen über Hitlers Tod besitze.[2]

Diese offizielle Verlautbarung war jedoch sozusagen die Vorderseite der Medaille. Der sowjetische Abwehrdienst befaßte sich im Juni 1945 weiterhin mit der Analyse der Informationen, vor allem wurden zahlreiche Personen befragt, die über die Umstände des Todes von Hitler Aufschluß geben könnten.

Es wurde unter anderem beschlossen, die Untersuchung weiterzuführen, um auch wirklich jede Möglichkeit eines

[2] Subjektiv gesehen war seine Aussage sogar ganz aufrichtig: Marschall Shukow erzählte mir 1968, daß er über die Ergebnisse der Kommission Schkarawski nichts wußte, denn sie wurden vom Abwehrdienst direkt I. W. Stalin gemeldet.

Fehlers oder einer Irreführung auszuschließen. Daher durfte man sich nicht auf die in Berlin gewonnenen Angaben beschränken. Sie mußten mit anderen Materialien verglichen werden. Da die sowjetischen Untersuchungsorgane über zahlreiche Personen verfügten, die sich Ende April – Anfang Mai im Bunker der Reichskanzlei aufgehalten hatten, wollte man auch von ihnen eine Antwort auf die Frage erhalten, ob Hitler grundsätzlich imstande wäre, damals aus Berlin zu entkommen.

Die sowjetischen Untersuchungsrichter haben vor allem folgende Personen nach dem Schicksal Hitlers befragt: seinen Adjutanten Otto Günsche, seinen Piloten Hans Baur, den Chef der Leibwache, Johann Rattenhuber, den Kampfkommandanten, SS-Brigadeführer Wilhelm Mohnke und andere. Zum ersten Mal wurden sie gleich nach ihrer Gefangennahme in Berlin vernommen. Es versteht sich, daß diese Verhöre einen sehr flüchtigen Charakter hatten. Außerdem war damals noch nicht bekannt, daß man auch den Kammerdiener Heinz Linge finden werde, einen Mann, der die letzten Minuten Hitlers miterlebt hatte.

Die Untersuchungsrichter konzentrierten sich bei ihren detaillierten Vernehmungen auf zwei Fragen:

Erstens: Inwieweit hatte Hitler theoretisch oder praktisch die Möglichkeit, aus Berlin zu entkommen? Zweitens: Inwieweit sind die Informationen über den Selbstmord Hitlers glaubwürdig, und wenn es tatsächlich der Fall war, wie hat er sich abgespielt? Unter diesem Blickwinkel wurden viele Zeugen ausführlich vernommen. Es wurden viele Bände Protokolle geführt, die man im Rahmen dieser Publikation unmöglich wiedergeben kann. Das Ergebnis lief auf folgendes hinaus:

Erstens: Hitler war bis zum 28. April imstande, Berlin auf dem Luftweg zu verlassen.

Zweitens: Die meisten Insassen des Führerbunkers versuchten auf jede Weise, Hitler zum Aufbruch zu überreden.
Drittens: Hitler hat diese Ratschläge in den Wind geschlagen.
Die Schlußfolgerung der Moskauer Untersuchungsrichter lautete: Hitler war zwar imstande, Berlin zu verlassen, tat das aber nicht. Somit blieb nur noch eine Frage zu klären: Auf welche Weise hat Hitler Selbstmord verübt?

Über die Maßstäbe der Lüge läßt sich streiten. Es heißt sogar, je größer die Lüge, desto eher glaube man sie. Das Naziregime lieferte den Beweis, wie buchstäblich das ganze Leben eines Staates auf Unwahrheit und Betrug aufgebaut sein kann. Selbst noch Hitlers Tod ist mit einem Lügengewebe umgeben.
Am größten war die offizielle Lüge, jene Mitteilung, die am 1. Mai von allen noch intakten Rundfunksendern des Deutschen Reiches verbreitet wurde: Der Führer Adolf Hitler sei an der Spitze der Truppe, die Berlin verteidigte, gefallen. Mir scheint, daß auf diese Lüge, so groß sie auch war, nur noch wenige hereingefallen sind. Jedenfalls hat niemand in der Sowjetunion die Meldung für wahr gehalten.
Dann kamen nach und nach die Berichte, daß sich Hitler erschossen habe. Diese Version hat sich in den verschiedenen Memoiren und auch in vielen geschichtlichen Forschungsarbeiten behauptet. Davon schrieb u. a. Rittmeister Boldt in seinem Buch »Die letzten Tage der Reichskanzlei«; diese Auffassung vertritt der bis jetzt noch lebende einstige Reichsjugendführer Axmann; zu demselben Schluß kamen zahlreiche Geschichtsforscher (Fest, Trevor-Roper, Bullock, Shirer). Bis zu einer bestimmten Zeit war die Pistolenschuß-

Version auch in sowjetischen Veröffentlichungen verbreitet.[3]

Wollen wir uns nun den Unterlagen der Moskauer Untersuchung zuwenden. Den Untersuchungsrichtern fielen merkwürdige Unstimmigkeiten in den Aussagen über den Augenblick des Selbstmordes auf. Die es eigentlich wissen und sich erinnern mußten, konnten sich nicht erinnern und wußten das Wesentliche nicht. Besonders trifft das auf die Aussagen von Günsche und Linge zu, obwohl diese beiden mehr wissen dürften als die anderen.

Linge behauptete[4], daß Hitler und Eva Braun, nachdem sie sich von ihrer Umgebung verabschiedet hatten, am 30. April gegen drei Uhr nachmittags das Zimmer betraten, in dem sie sich das Leben nehmen wollten. Linge will, nachdem Hitler die Tür zugemacht hatte, in völliger Verwirrung die Treppe

[3] Z. B. in »Die letzten Tage Hitlers« von G. L. Rosanow (Moskau 1961). Ich muß gestehen, daß auch ich in der ersten Auflage meines Buches »Auf den Spuren Martin Bormanns« (1964) diese Version unkritisch übernommen habe.

[4] In der Fassung, die bald nach seiner Rückkehr aus der Gefangenschaft veröffentlicht wurde.

	Günsche (1950)	Günsche (1960)	Linge (1969)
Haltung der Körper von Hitler und Braun	nebeneinander auf dem Sofa sitzend	Hitler im Sessel sitzend, Braun im Sessel liegend	in verschiedenen Sofaecken sitzend (Braun links)
Einschuß bei Hitler	rechte Schläfe	keine Hinweise	linke Schläfe

hinaufgelaufen und, beinahe nach draußen gelangt, dann wieder hinabgestiegen sein, weil er die Einschläge der Geschosse aus der Nähe hörte. Als er wieder vor die Zimmertür kam, öffnete er sie einen Spalt und spürte Pulvergeruch. Darauf holte er Bormann, und sie betraten gemeinsam das Zimmer. Wie Linge behauptet, saßen Hitler und Eva Braun in den entgegengesetzten Ecken eines Sofas, das an der Wand stand. Vor Hitler auf dem Tisch lag eine Walther-Pistole, Kaliber 7,65. In der linken Schläfe Hitlers war ein Einschuß zu sehen, aus dem aber kein einziger Tropfen Blut herauskam. Daraus schließt Linge, daß sich Hitler mit der linken Hand in die linke Schläfe geschossen hat.

Erich Kuby, der diese Erzählung Linges wiedergab, hatte selber ebenso bedeutende Zweifel an dieser Geschichte. Erstens ist die Annahme unwahrscheinlich, daß sich Hitler mit der linken Hand erschossen hatte: er war kein Linkshänder. Zweitens: seine Hände zitterten sehr stark. Mehr noch: die linke Hand Hitlers zitterte sogar noch stärker als die rechte, und zwar schon vor dem Attentat vom 20. Juli 1944.

Ein Vergleich der vielen Berichte, die zu verschiedener Zeit geliefert wurden, ergibt folgendes Bild:

Kempka	Shirer, Trevor-Roper	Bullock	Linge (1979)
auf dem Sofa (Hitler liegend, Braun sitzend)	auf dem Sofa nebeneinander liegend	auf dem Sofa nebeneinander liegend (Braun rechts)	auf dem Sofa nebeneinander sitzend (Braun rechts)
Mund	Mund	Mund	rechte Schläfe

Gibt es einen Ausweg aus diesem Labyrinth? Freilich, denn die Verwirrung und Uneinigkeit in den Aussagen deuten darauf hin, daß die aus dem Bunker entkommenen Personen vorsätzlich versucht haben, die Wahrheit zu vertuschen, damit die Legende entstehen konnte, der Führer habe sich männlich erschossen.

Die Moskauer Untersuchungsbeamten haben sich trotzdem mit der Hypothese des Schusses beschäftigt. Die Möglichkeit, daß sich Hitler zunächst erschossen und dann noch Gift genommen habe, wurde von vorherein ausgeschlossen. Auch die umgekehrte Reihenfolge erschien unwahrscheinlich. Da Zyankali augenblicklich wirkt, ist kaum anzunehmen, daß ein Mensch, der eine Giftampulle im Mund zerdrückt, nachher noch den Hahn abdrücken kann.

Ich fragte Prof. Dr. Wladimir Michailowitsch Smoljaninow, ob es schon Fälle gleichzeitiger Vergiftung und des Selbstmordes mit der Pistole gegeben habe. Er ist während seiner ganzen Praxis noch auf keinen derartigen Fall gestoßen. Diese Methode erfordere auf jeden Fall eine harte Hand. Nun ist aber bekannt, wie sehr Hitlers Hände zitterten. Sein niedergeschlagener allgemeiner Zustand schloß außerdem eine solche Möglichkeit aus.[5] In der ersten Auflage meines Buches habe ich unter Berufung auf Prof. Dr. Smoljaninow Zweifel an der Glaubwürdigkeit dieser Version geäußert, weil Hitlers linke Hand nicht nur zitterte, sondern praktisch gelähmt war.[6] Da Linge behauptete, daß sich Hitler in die linke Schläfe geschossen habe, war die Haltlosig-

[5] Aktive Verfechter der Version vom gleichzeitigen Selbstmord mit zweierlei Methoden sind O'Donnel und U. Bansen. Man kann sie aber nur schwer beweisen. Für mich persönlich sind die Autoren nicht ganz überzeugend, da sie in ihrem Buch »Katakombe« behaupteten, mich gesprochen zu haben. Das war aber nicht der Fall!

[6] 1. Auflage, S. 91.

keit dieser Version ganz evident. Nun haben sich aber die Anhänger der »kombinierten Methode« – zu ihnen zählen Prof. Werner Maser sowie O'Donnel und Bansen –, auf eine neue Deutung festgelegt: Der Einschuß war in der rechten Schläfe (die zweite Version Linges).[7]

Sollte man dieser neuen Fassung Glauben schenken, ist es trotzdem nicht einleuchtend, wie es Hitler bewerkstelligen konnte, denn auch seine rechte Hand zitterte. Ein Generalstabsoffizier, der den Führerbunker im März–April 1945 besucht hatte, schrieb, daß Hitler seine rechte Hand nicht mehr richtig beherrschte und diese Hand zitterte. Allerdings glaubt der Herausgeber dieser Notizen, P. Schramm – und davon berichtete er auch Dr. Röhrs –, daß der Offizier doch die linke Hand gemeint haben sollte. Röhrs führte Briefwechsel zu dieser Frage mit Hauptmann Assmann (Vertreter von Dönitz im Führerhauptquartier). Dieser äußerte jedoch: »Die linke Hand war gleichsam gelähmt, die rechte zitterte.«[8] Also läßt sogar Linges neue Fassung etliche Zweifel bestehen. Obwohl die rechte Hand in verhältnismäßig besserem Zustand war (Hitler konnte damit ohne fremde Hilfe essen), war er kaum imstande, so exakt und schnell auf den Abzug zu drücken, wie es die »kombinierte Methode« eigentlich verlangt. Das Gegenargument von Prof. Smoljaninow bleibt damit in Kraft.

Diese dritte Variante lief darauf hinaus, daß jemand Hitler, nachdem er das Gift genommen hatte, sozusagen sicherheitshalber niedergeschossen habe. Diese Annahme habe ich in der 1. Auflage meines Buches geäußert.

---

[7] O'Donnel. The Bunker. N.Y. 1978, p. 327.
W. Maser. Hitler. Bergisch Gladbach 1977, S. 1103.

[8] KTB/OKW. Bd. IV, 2 HbbA; H. D. Röhrs. Hitlers Krankheit, Neckargemünd 1966, S. 139–140.

Erst bedeutend später, 1981, stieß ich auf eine zusätzliche Bekräftigung dieser Annahme (»Gnadenschuß«), und ausgerechnet aus einer USA-Quelle! In einer Bibliothek fand ich ein Buch wo ich folgendes las:
gleich nach Beendigung der Kriegshandlungen traf eine Sondergruppe des amerikanischen Nachrichtendienstes unter der Leitung von W. F. Heimlich in Berlin ein, die damit beauftragt war, die Umstände des Todes Hitlers zu klären (eine gleiche Gruppe wurde auch vom englischen Oberkommando entsandt). Arbeitsergebnisse der Heimlich-Gruppe wurden in der 1947 in New York erschienenen Broschüre »Wer hat Hitler ermordet« (»Who killed Hitler«) von H. Moore und J. Barett veröffentlicht. Darin hieß es, daß der amerikanische Nachrichtendienst aufgrund der Zeugenaussagen zu folgenden Schlußfolgerungen gekommen war:

1. »Nach Meinung eines angesehenen Psychiaters war Hitler seinem Charakter nach zu einem Selbstmord nicht fähig.«
2. Zeugenaussagen über die Vollverbrennung der Leichen von Hitler und Braun sind skeptisch aufzunehmen, weil »es nach Meinung qualifizierter Experten unmöglich ist, einen menschlichen Körper völlig zu vernichten, indem man ihn in offener Luft verbrennt«.
3. Die Verbrennung konnte nirgendwo stattfinden außer im Garten der Reichskanzlei.
4. Zwischen dem Zeitpunkt des Selbstmordes und der Verbrennung verging ein bestimmter, und zwar ein längerer Zeitabschnitt, als es die Zeugen ausgesagt haben.
5. In dem gleichen Zeitabschnitt hätten nur zwei Menschen das Zimmer betreten können – Günsche und Linge.
6. »Ihre spezielle Aufgabe bestand darin, ihn zu erschießen, damit er den Russen nicht in die Hände kommt, und seine Leiche zu vernichten, bevor die Russen in den Bunker kommen.«

7. »Laut Rekonstruktion betrat kein anderer als Günsche Führers Zimmer und schoß ihm auf den Kopf aus einem ›Walther‹-Revolver, Kaliber 7,6 mm. Zu diesem Zeitpunkt war Hitler bereits tot.«[9]

Man kann verstehen, daß die amerikanischen Nachrichtendienstler nicht über genügend vollständige Angaben verfügten, um sich ein vollständiges Bild zu verschaffen. Vor allem fanden sie keine Überreste (daher ihre Skepsis zu Punkt 2). Sie hatten keine Angaben über Eva Braun (indem sie z. B. annahmen, sie sei auch erschossen worden). Sie hielten es auch für annehmbar, daß die Verbrennung am nächsten Tag stattfand (in Wirklichkeit war das praktisch unmöglich). Aber ich finde es ziemlich symptomatisch, daß die amerikanischen Mutmaßungen in eine ganz bestimmte Richtung gingen, nämlich in Richtung »Schuß aus fremder Hand«.

Ein weiterer wichtiger Aspekt, der den amerikanischen Nachrichtendienstlern auffiel, war, daß die Aussagen wesentlich auseinandergingen (so wechselte ein und derselbe Fahrer Hitlers, Erich Kempka, innerhalb von einigen Tagen seine Aussagen; zuerst behauptete er, E. Braun habe sich erschossen, dann sprach er aber vom Gift; zuerst sprach er von zwei Schüssen im Zimmer, dann aber von einem usw.). Sie waren also auf dieselbe Situation gestoßen, in der sich auch sowjetische Untersuchungsoffiziere befanden. In der gleichen Lage waren auch englische Nachrichtendienstler, deren vom damaligen Major, heute namhafter Geschichtswissenschaftler H. Trevor-Roper erstellte Gutachten zur Grundlage für das offizielle Gutachten wurde. (Dieses Gutachten wurde am 1. November 1945 veröffentlicht und behandelte

---

[9] Op. cit., p.p. 113–124.

den Selbstmord von Hitler und Braun[10] und die Verbrennung ihrer Leichen.)
Also das war die Annahme der Amerikaner unmittelbar nach dem Krieg. Was stellte sich noch heraus? Nicht zuletzt ein Zeugnis, daß die Idee, Hitler niederzuschießen, von ihm selbst stammt. Im Buch von Nerin E. Gun über Eva Braun, das auf Aussagen ihrer nächsten Verwandten sowie der Sekretärinnen Hitlers, Junge, Christian, Wolf und Schröder, beruht, wird unter anderem berichtet, wie Hitler seine eigene Fähigkeit einschätzte, den anrückenden Russen bewaffneten Widerstand zu leisten:
»Ich kann kein Gewehr mehr halten. Ich würde schon in den ersten Stunden zusammenbrechen, und wer wird mir dann den Gnadenschuß geben?«
Am 29. April haben Hitler und Krebs das Thema des Selbstmordes nochmals angeschnitten. Krebs sagte:
»Es ist besser, sich eine Kugel durch den Mund zu schießen.«
Hitler erwiderte darauf:
»Gewiß, wer wird aber mir den Gnadenschuß geben, wenn ich mich nicht tödlich treffe?«
Doch wer kam dafür in Frage? In der unmittelbaren Umgebung hielten sich Adjutant Günsche, Kammerdiener Linge, Chef der Leibwache Rattenhuber, Chefpilot Baur und Reichsleiter Bormann auf. Die sowjetischen Untersuchungsrichter neigen zu der Ansicht, daß der Feigling Bormann schwerlich diese Tat hätte ausführen können. Bormann hegte in jenen Tagen noch die Hoffnung, das Dritte Reich retten zu können und eine seiner Hauptfiguren zu werden; daher hätte er kaum gewagt, den Führer niederzuschießen,

10 Hitler durch Mundschuß, Braun durch Gift. (Version von Trevor-Roper)

41/42/43 Das goldene Parteiabzeichen und ein Zigarettenetui (mit dem Namenszug), Hitlers »letztes Geschenk« an Magda Goebbels

76

А К Т № 12.

судебно-медицинского исследования обгоревшего трупа мужчины /предположительно труп Гитлера/.

8 мая 1945 года город БЕРЛИН- Бух.Морг ХППГ № 496. комиссия в составе Главного судебно-медицинского эксперта 1-го Белорусского фронта - подполковника медицинской службы ШКАРАВСКОГО Ф.И. , Главного паталого-анатома Красной Армии подполковника медицинской службы КРАЕВСКОГО Н.А., И.О. Главного паталого-анатома 1-го Белорусского фронта - майора медицинской службы МАРАНЦ А.Я., армейского суд.мед.эксперта 3 Ударной Армии - майора медицинской службы БОГУСЛАВСКОГО Ю.И. и армейского паталого-анатома 3 Ударной Армии - майора медицинской службы ГУЛЬКЕВИЧ Ю.В. по приказанию Члена Военного Совета 1-го Белорусского фронта генерал-лейтенанта ТЕЛЕГИНА от 3 мая 1945 года- произвела судебно-медицинское исследование трупа мужчины /предположительно труп ГИТЛЕРА/

При исследовании обнаружено:

А. Наружный осмотр.

В деревянном ящике длиной 163 см., шириной 55см. и вышиной 53 см. доставлены остатки обгоревшего трупа мужчины. На трупе был обнаружен обгоревший по краям кусок трикотажной материи размером 25 х 8 см., желтоватого цвета, похожий на трикотажную рубашку.

В виду того, что труп обгорел, судить о возрасте трудно, можно предположить, что возраст был около 50-60 лет, рост его 165 см./измерение неточно, вследствие обугливания тканей/,

 Adolf Hitlers Obduktionsakte (1. Seite)

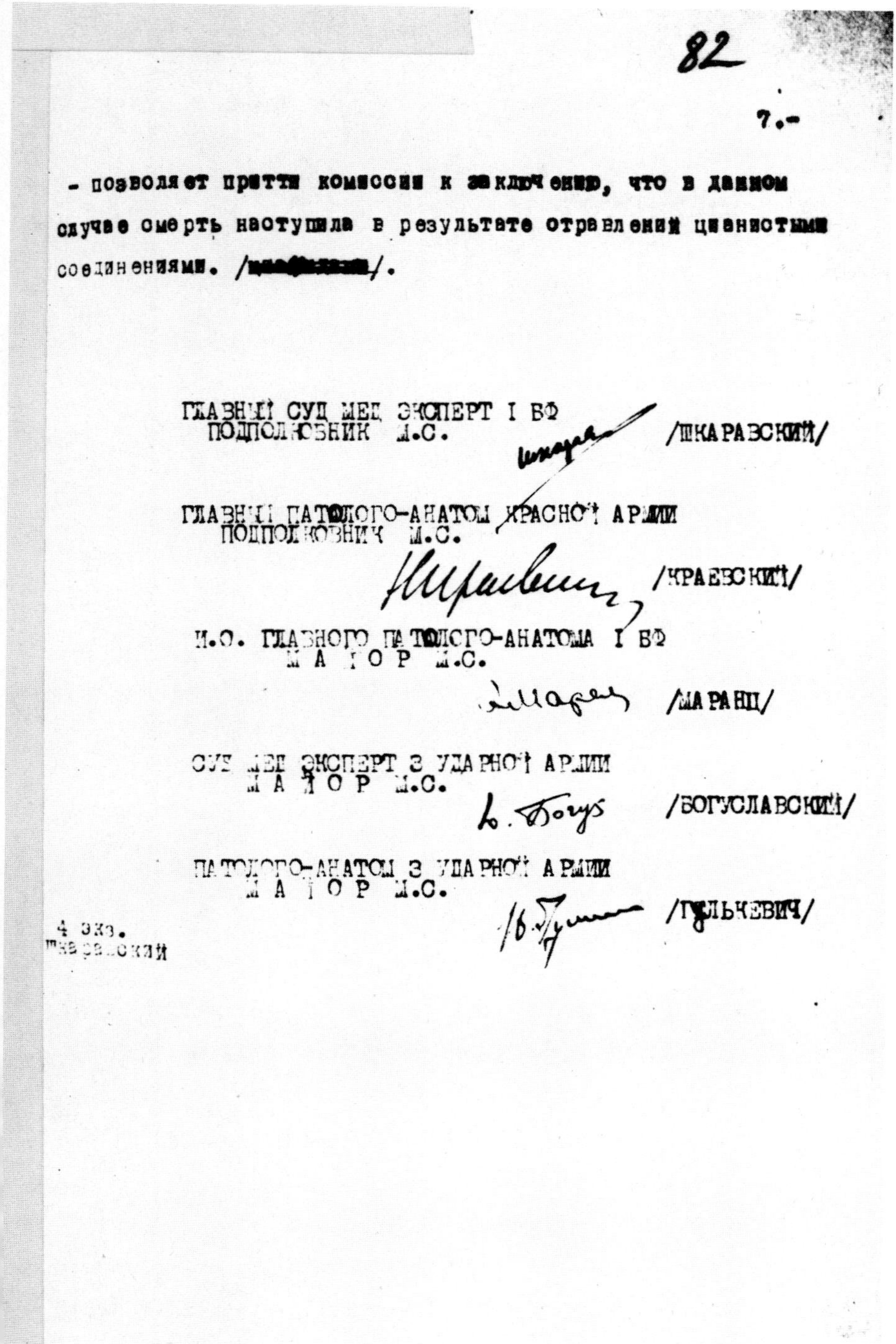

82

7.-

- позволяет придти комиссии к заключению, что в данном случае смерть наступила в результате отравлений цианистыми соединениями. /[redacted]/.

ГЛАВНЫЙ СУД МЕД ЭКСПЕРТ I БФ
ПОДПОЛКОВНИК М.С. /ШКАРАВСКИЙ/

ГЛАВНЫЙ ПАТОЛОГО-АНАТОМ КРАСНОЙ АРМИИ
ПОДПОЛКОВНИК М.С. /КРАЕВСКИЙ/

И.О. ГЛАВНОГО ПАТОЛОГО-АНАТОМА I БФ
М А Й О Р М.С. /МАРАНЦ/

СУД МЕД ЭКСПЕРТ 3 УДАРНОЙ АРМИИ
М А Й О Р М.С. /БОГУСЛАВСКИЙ/

ПАТОЛОГО-АНАТОМ 3 УДАРНОЙ АРМИИ
М А Й О Р М.С. /ГУЛЬКЕВИЧ/

4 экз.
Шкаравский

45 Adolf Hitlers Obduktionsakte (letzte Seite)

46 Am Ende – Das zerstörte Berlin im Jahre 1945

selbst wenn diese Tat geheim bleiben sollte. Ebensowenig erlauben die persönlichen Qualitäten Rattenhubers eine solche Annahme.
Könnte es vielleicht Hitlers Pilot Baur gewesen sein? Aus Zeugenaussagen geht jedoch hervor, daß er, während Hitler seinem Leben ein Ende setzte, eine viel wichtigere Sache gerade erledigte: Er versuchte nämlich, ein Geschenk zu verstecken, das er von Hitler bekommen hatte. Hitler hatte seinem Piloten sein Lieblingskonterfrei von Friedrich dem Großen vermacht, und Baur traf alle möglichen Vorkehrungen, um das Bildnis zu verwahren: Er hat die Leinwand aus dem Rahmen herausgelöst, sie um einen Spazierstock gewickelt und diesen hinter seinem Rücken verborgen.
Das Augenmerk der sowjetischen Untersuchungsrichter haben die Aussagen des SS-Brigadeführers Mohnke auf sich gezogen. Bei einer Vernehmung in der Gefangenschaft berichtete er, daß er schon am 30. April von der »Selbstvergiftung« Hitlers gehört habe.[11] Als Personen, die darüber Bescheid gewußt hatten, nannte er Goebbels, Bormann, Krebs, Burgdorf und Rattenhuber. Drei von ihnen sind tot, der vierte ist verschollen. Und was war mit Rattenhuber los?
Er geriet auch in sowjetische Gefangenschaft. In Moskau hat er einen Bericht über die letzten Tage der Reichskanzlei verfaßt. Die Aufzeichnung über den 30. April lautet:
»Gegen 13 Uhr stand ich wieder auf, ging die Posten ab und kam gegen vier Uhr in den Führerbunker. Hier teilte mir

[11] Bemerkenswerterweise spricht Linge in seinem Memoirenbuch (1979) von dem »schwersten Befehl«, bezieht ihn aber auf die Verbrennung der Leiche des Führers nach dessen Selbstmord. Doch konnte ein solcher Befehl wirklich so schwer sein, handelte es sich ja schon um einen toten Führer?

Linge mit, daß der Führer Selbstmord begangen habe und er (Linge) den schwersten Befehl Hitlers ausgeführt habe.[12] Wie ich von Dr. Stumpfegger wußte, hat er für den Führer und seine Frau Zyankali besorgen müssen. Nach der Nachricht Linges war ich trotz der Verabschiedung durch Hitler am Vortag vollkommen niedergeschlagen. Ich setzte mich auf einen Stuhl nieder, und Linge sagte mir, daß die Leichen in Decken gewickelt und beim Notausgang im Garten verbrannt wurden. Ferner teilte er mir mit, daß auf dem Teppich ein Blutfleck sei; als ich ihn erstaunt ansah, da ich doch wußte, daß Hitler Zyankali genommen hatte, sagte er mir, daß ihm Hitler befohlen habe, das Zimmer zu verlassen, und nach zehn Minuten, wenn er nichts mehr höre, es wieder zu betreten, um seinen Befehl auszuführen. Als ich sah, wie er die Pistole Hitlers auf den Tisch im Vorraum legte, wußte ich, was mit dem ›schwersten Befehl‹ gemeint war.«

In seinen späteren Aussagen fügte Rattenhuber hinzu, daß noch eine Person von dem »schwersten Befehl« wußte. Das war sein Stellvertreter, Kriminalkommissar Hoegl. Rattenhuber zufolge habe auch Hoegl von Linge gehört, daß er einen solchen Befehl auszuführen hatte. Rattenhuber: »Ich bin zum Schluß gekommen, daß Hitler der Wirkung des Giftes auf seinen Organismus nicht ganz traute und deswegen seinem Diener Linge befohlen hat, nach einiger Zeit ins Arbeitszimmer zu gehen und ihn niederzuschießen.«[13]

Einen gewissen Sinn kann man einem derartigen Befehl nicht absprechen. Es ist bekannt, daß einige chemische Stoffe (z. B. Zucker) eine neutralisierende Wirkung auf Zyanver-

---

[12] General Weidling, Kommandant des Verteidigungsbereichs von Berlin, sagte bei der Vernehmung am 2. Mai 1945 ebenfalls aus, er habe von Hitlers Selbstvergiftung gehört.

[13] Aussage Rattenhubers am 15. November 1951, in Russisch aufgenommen, dem Zeugen vorgelesen und von ihm unterschrieben.

bindungen ausüben.[14] Und die Angst, daß er einmal in »den russischen Zoo« geraten könnte, war bei Hitler so ausgeprägt, daß er die Wirkung der Zyanampulle zunächst an seinem Hund erproben ließ.

Während Rattenhuber glaubte, daß Linge den »Schuß« abgefeuert hatte, waren manche sowjetische Forscher der Meinung, daß Günsche der »Schütze« war. Aber wie dem auch sei, eines ist klar: Der Schuß im geschlossenen Zimmer ist beileibe kein Beweis für den »Offizierstod« des Kriegsverbrechers Nr. 1. Schon möglich, daß Hitler wie ein Hund niedergeschossen wurde, zumal auch sein Hund, nachdem er vergiftet worden war, zusätzlich noch mit einem Schuß niedergestreckt wurde.

Wie könnte man diese für mich glaubwürdige These vom Finale dieser Geschichte noch zusätzlich bekräftigen, nachdem ich in der ersten Auflage schon die Aussagen Rattenhubers veröffentlicht habe? Rattenhuber lebte damals noch, gab aber keinen Kommentar dazu, hatte jedenfalls meine Informationen nicht widerlegt. Linge wurde von BBC interviewt. Auf die Frage »Stimmt es, daß Sie Hitler niedergeschossen haben?« gab er zurück: »Nein, das stimmt nicht.« (Wohlgemerkt: Die Antwort schließt nicht aus, daß der Schuß von jemand anderem abgefeuert werden konnte. Gleichsam um dies zu bestätigen, fügte Linge hinzu: »Ich war in der Nähe von Hitler und habe keinen Schuß gehört ...«) Er wurde weiterhin gefragt: »Zu diesem Zeitpunkt waren viele hohe Nazi-Offiziere in der Nähe. Warum behaupten die Russen, daß Sie den Schuß ausgelöst hätten?« Seine Antwort: »Ich habe von Hitler den Auftrag bekommen, die Leichen mit

[14] In der Geschichte der Gerichtsmedizin ist ein solcher Fall registriert worden: Das Zyankali blieb bei Rasputin unwirksam, weil es ihm im süßen Kuchen verabreicht worden war.

Benzin zu begießen und zu verbrennen.«[15] Und wieder reimt sich nicht alles zusammen! In seinen Memoiren verliert Linge überhaupt kein Wort darüber, obschon er meine Veröffentlichungen kannte und sich sogar darauf an mehreren Stellen berief.

Aber da gab es noch eine wichtige Überlegung - auf Grund eines neu entdeckten Dokumentes.

Im Protokoll 12 gibt es eine Zeile, die für mich lange Zeit nicht so rätselhaft, aber viele Möglichkeiten verbergend blieb. Diese Zeile lautet: »Ein Teil des Schädeldeckels fehlt«. Grundsätzlich war dieses Fehlen verständlich: die Leiche war angebrannt und zerstört, warum sollte sich diese Zerstörung nicht auch auf den Schädel ausbreiten? (Andererseits könnte das Fehlen eines Teiles der Schädeldecke die Folge eines Schusses sein. Dies scheint weniger wahrscheinlich, eher die Folge einer Schädelsprengung nach Hitzeeinwirkung.)[16]

Während der Arbeit an der ersten Ausgabe des Buches und meiner Gespräche mit den Teilnehmern der Identifizierung habe ich von ihnen erfahren, daß diese Schädelteile später in derselben Grube gefunden wurden, in der Iwan Tschurakow die Leichen entdeckte. Ich machte dazu eine entsprechende Bemerkung im Buch. Als aber in den Jahren nach der Herausgabe des Buches die neue Diskussion entstand, machte ich mich auf die Suche nach den Dokumenten. Und ich fand sie!

Hier die Auszüge aus dem Protokoll, das den zusätzlichen Fund beschreibt:

---

[15] Hamburger Abendblatt. 4. 8. 1968 (Rückübers.).

[16] Es ist bekannt, daß eine starke Hitzeeinwirkung auf das Schädelgerüst sprengend wirken kann. Die Ursache liegt in dem Dampfdruck, der durch das relativ feuchte Hirngewebe in der geschlossenen Schädelkapsel entsteht.

A) *Untersuchung des Objekts.*
(zwei teils verkohlte Schädelteile):

Auf den inneren und äußeren Oberflächen der Knochen befinden sich viele ziemlich fest haftende Erdklumpen.
In der gesamten Länge der Knochenstücke ist die gut ausgeprägte bogenförmige Konvexität derselben festzustellen.

Ein Knochenstück stellt einen Teil des rechten Scheitelbeins und den angrenzenden Teil des Hinterhauptbeines mit der Lambdanaht dar. Diese Naht ist nicht verknöchert. Der mediale (sagittale) Rand des rechten Scheitelbeines ist frei, mit gut ausgeprägter Verzahnung. Der linke Anteil der Lambdanaht ist frei, mit erhaltener Verzahnung, der rechte Anteil ist beweglich.
Die Maße des Teils des rechten Scheitelbeines betragen: medialer (sagittaler) Rand 7,2 cm, lateraler (äußerer) Rand 8,6 cm, der stirnwärtige Rand 5,3 cm und der hinterhauptwärtige 4,7 cm. Die Stärke des Knochens am medialen (sagittalen) Rand mißt 0,4 bis 0,5 cm, am lateralen (äußeren) Rand 0,3 cm.
Die Maße des Anteils des Hinterhauptbeines sind: Länge entlang dem rechten Rand der Lambdanaht 4,7 cm, entlang dem linken Rand 4,2 cm. Der hintere Rand mißt 6,5 cm. Die Stärke des Knochens am Rand des linken Anteils der Lambdanaht ist 0,4 bis 0,5 cm, am hinteren Rand ca. 0,3 cm.
Der vordere, seitliche und hintere Rand des Knochenstücks ist uneben und hat die Form einer klein- bzw. großzahnigen Zick-Zack-Linie. Sie sind von dunkelbrauner Farbe und leicht zerbrechlich. Die Ränder der Sagittal- und Lambdanähte haben in wesentlichen Teilen ihrer Länge das ihnen eigene Aussehen und die Dichte beibehalten. Die knöcherne Außenplatte (= Tabula externa) am vorderen und seitlichen

Rand fehlt und läßt die innere Knochenzone erkennen. Diese hat eine hellbraune Farbe. Die Maße des Defektes betragen 6,5 × 1,2 bis 4,7 cm. Auf der Außenplatte, am seitlichen und hinteren Knochenrand sowie am oberen Rand des o. g. Defektes ist eine streifenförmige braun- bzw. schwarzfarbige Verkohlung mit einer Breite von 1 bis 1,8 cm festzustellen. An weiteren Teilen der Außenseite des rechten Scheitelbeines und Hinterhauptbeines ist eine Antragung in Form kleinerer grauschwarzer Flecken zu sehen. In diesem Abschnitt ist die Außenplatte sehr dicht.
Die knöcherne Innenseite des Scheitel- und Hinterhauptbeines ist an ihrem vorderen, seitlichen und hinteren Rand braun, trocken und leicht zerbrechlich. In weiteren Teilen hat sie ihre Eigenfarbe und Dichte.
Auf der Schuppe des Hinterhauptbeines befindet sich ein längsverlaufender Spalt von 1,7 cm Länge, dessen oberes Ende ungefähr in der Mitte des rechten Anteils der Lambdanaht liegt.

Das andere Knochenstück stellt einen Teil des linken Scheitelbeins dar. Seine Maße sind: Länge am medialen Rand 7,4 cm, am äußeren Rand 7,5 cm und am hinterhauptwärtigen Rand 5,7 cm. Die Dicke am Sagittalrand ist 0,4 bis 0,5 cm, am Außenrand 0,2 bis 0,3 cm und am hinteren Rand 0,4 cm.
Der vordere Rand der Knochenplatte ist uneben, grobzahnig, leicht zerbrechlich und hat eine braune Farbe. Der Außenrand ist uneben und feinzahnig. Die Pfeilnaht hat fast in ihrer gesamten Länge und der hintere Rand auf einer Länge von 3,2 cm das ihnen eigene Aussehen und die Dichte beibehalten. Am hinteren Rand ist ein Defekt in Halbmondform feststellbar; Maße: Länge 1,5 cm, Basis 2,5 cm. In der gesamten Länge des vorderen Randes fehlt die Außenplatte

und eröffnet die Mittelschicht. Diese ist von hellbrauner Farbe und leicht zerbrechlich. Am gesamten oberen Rand dieses Defekts befindet sich eine braune bzw. schwarze Verkohlung in Form eines 0,8 bis 1,3 cm breiten Streifens. Unmittelbar hinter dem verkohlten Abschnitt liegt parallel zu ihm ein 7,5 cm langer und 0,5 bis 1,2 cm breiter rußähnlicher Streifen.

Auf der Außenseite sieht man am äußeren Seitenrand, näher zum hinteren Rand, einen 4,5 × 0,5 bis 1,2 cm großen verkohlten Abschnitt. Im weiteren Verlauf des Knochens ist die Außenplatte dicht. Wenn man die Scheitelbeine längs der Sagittalnaht zusammenlegt, so erkennt man, daß die verbrannten Abschnitte dieser Knochen einen verkohlten Streifen bilden ...

Die Innenseite der Knochenplatte weist etwa 3,6 cm von der Spitze der Lambdanaht und 1 cm rechtwinklig nach links von der Sagittalnaht einen Knochendefekt auf. Er hat annähernd eine runde Form und einen Durchmesser von 0,5 bis 0,6 cm.

Der Hinterrand ist leicht schräg nach hinten außen ausgebildet.

Auf der Außenseite erscheint der Knochendefekt wie ein Krater. Die Ränder verlaufen nach außen schräg. Der Defekt mißt 2 × 1,5 cm. Die Knochenplatte ist 0,4 cm dick ...

Schlußfolgerungen:

1. Rekonstruktiv gehören die teils verkohlten Schädelknochen zu einem Individuum. Wölbung und Nahtverlauf sprechen für Schädelknochenteile eines erwachsenen Menschen.
2. Der Knochendefekt des linken Scheitelbeines hat Kraterform. Der größere Durchmesser des Kraters ist außen.

Dieser Defekt ist charakteristisch für einen Ausschuß. Das bedeutet, daß ein Projektil das Schädeldach an dieser Stelle von innen nach außen durchschlagen hat.
Die Lokalisation des Defektes, die Form und die Größe des Ausschusses (zusammen mit oben erwähnter Tatsache) gibt die Möglichkeit dazu, den Schuß als Mundschuß oder als rechten Schläfenschuß zu identifizieren. Es ist anzunehmen, daß der Schuß von unten nach oben, von rechts nach links, nach hinten erfolgte.

3. Die Beinteile erweisen nur 2 kleine Spalten beim Ausschuß. Das eine Schädelbein ist beim Ausschuß etwa 0,4 cm dick. Daraus ist zu ersehen, daß der Schuß aus einer Waffe mittleren Kalibers abgefeuert wurde (wofür auch die beträchtliche Länge des Schußkanals in der Gehirnmasse spricht).
4. Aus der Beschreibung des Schädelgewölbes ist zu sehen, daß die Schädelbeine durch die Pfeilnaht getrennt sind; die Schuppe des Nackenbeines ist durch eine linke Abzweigung der Lambdanaht getrennt; die rechte Abzweigung ist beweglich. Auf der Innenplatte des linken Schädelbeines wurden mehrere kleine Beinsplitter festgestellt. Das spricht dafür, daß der Schuß aus ganz geringer Entfernung erfolgte.«

Was bedeuten diese Feststellungen für unsere Diskussion über: »Gift, Schuß-, Nachschuß-Theorie«?

August Bebel soll einmal gesagt haben, daß wenn ihn seine Gegner lobten, er sich stets die Frage stellte, ob er nicht einen Fehler begangen hätte.
Noch vor der Zeit, als ich mich verstärkt mit den Unterlagen befaßte, die in diesem Buch behandelt werden, war ich mit der Literatur der Neonazi gut vertraut. Sie schilderte

Adolf Hitler als einen »mutigen« Feldherrn, der sein Ziel nur deshalb verfehlt hatte, weil er von den undankbaren Generalen, feigen Gauleitern und vor allem von den Deutschen verraten wurde, die »um fünf Minuten nach zwölf« die Waffen niedergelegt hatten. Da ich über diese Auslegeart des Zusammenbruchs des Dritten Reiches und dessen Anführer gut im Bilde war, konnte ich annehmen, daß neue dokumentarische Beweise, die diese Legende torpedieren können, nicht überall mit Begeisterung aufgenommen werden. Ich war darauf vorbereitet und beschloß, mich mit offenem Visier den Gegenargumenten zu stellen. Ich ließ die grundsätzlichen Dokumente und Unterlagen, sowie Untersuchungsergebnisse in der Presse einiger westlicher Länder (BRD, USA, England, Frankreich, Italien) veröffentlichen.

Wie erwartet, habe ich neben positiven Zuschriften auch negative erhalten. Es bildete sich recht bald eine ganze Front, die mich scharf attackierte. Um nochmals mit Bebel zu sprechen: meine Gegner schimpfen auf mich, also habe ich keinen Fehler begangen ...

Seltsamerweise kamen die schärfsten Kritiken ausgerechnet aus England. Hier zogen gegen mich renommierte Kenner dieser Geschichtsperiode zu Felde, unter ihnen der Publizist David Irving, bekannt durch seine Arbeiten über die Bombardierung Dresdens und die Enthüllungen der Hintergründe des Mordes an General Sikorski; Professor Hugh Trevor-Roper, dessen Veröffentlichung »Die letzten Tage des Adolf Hitler« (1946) bis heute im Westen als Standardwerk für alle gilt, die sich mit dem Lebenslauf des Führers befassen[17]; Pro-

[17] Es ist vielleicht eine Taktlosigkeit meinerseits, daß ich Prof. Trevor-Roper nicht zitiert habe und auf seine Arbeit nicht extra eingegangen bin. Ich sah jedoch meine Aufgabe nicht darin, bereits Veröffentlichtes in Erinnerung zu bringen, sondern vielmehr neues, dem Professor noch unbekanntes, Material ans Licht kommen zu lassen.

fessor A. P. G. Taylor, Verfasser mehrerer Studien über den Zweiten Weltkrieg, und Allan Bullock, Autor des Standardwerkes »Adolf Hitler«.

Dem geflügelten Wort »Viel Feind – viel Ehr'« folgend, sollte ich eigentlich ganz zufrieden sein, daß der Streit auf einer solch hohen Ebene geführt wurde. Das hauptsächliche Gegenargument lautete: Warum hat sich die Sowjetunion endlich entschlossen, dieses Material publik zu machen? In diesem Zusammenhang wurden die allermöglichsten Vermutungen ausgesprochen. Trevor-Roper beispielsweise wollte erfahren haben, daß westlichen Verlagen der Einblick ins russische Original verwehrt worden sei. Ferner wurde die Authentizität des Materials in Frage gestellt. Einige Presseorgane, z. B. der Spitzenreiter der Springer-Presse, »Die Welt«, meinten, die Dokumente seien »speziell für den Westen« »hergestellt« und würden weder in der Sowjetunion noch in den sozialistischen Ländern veröffentlicht. Die Publikation sollte also nach der alten Methode der westlichen Propaganda allein deshalb in Mißkredit gebracht werden, weil sie aus der Sowjetunion kam.

Freilich könnte ich meine englischen Kollegen und Opponenten darauf aufmerksam machen, daß nach den in England geltenden Bestimmungen wichtige Staatsdokumente erst nach 30jähriger Archivfrist publiziert werden dürfen. Folglich sind die 23 Jahre, die die Abfassung der Hitler-Akten von deren Veröffentlichung trennt, keinesfalls eine ungewöhnliche Frist, zieht man insbesondere die verschiedensten obengenannten Umstände in Betracht, welche eine sofortige Publikation erschwert haben.

Was die Authentizität der Dokumente betrifft, so halte ich es nicht für nötig, eine Diskussion über diese Frage zu beginnen. Zum Unterschied von Trevor-Roper allerdings hatten die meisten Verfasser der Kritiken in den Zeitungen der

BRD, der USA und anderer Länder eine solche Diskussion gar nicht im Sinn. Der polemische Eifer des Professors war einfach unbegründet: Die Verleger der Dokumente hatten uneingeschränkte Möglichkeiten, sich mit dem russischen Text bekanntzumachen, der ihnen in Ablichtungen vorgelegt wurde, sogar mit allen Druckfehlern, die den Stenotypistinnen des sowjetischen Stabs in der Hast der Nachkriegszeit unterliefen. Überdies wurde das Buch in der UdSSR und in anderen sozialistischen Ländern herausgegeben.
Mir wurde außerdem vorgehalten, daß ich die Aussagen deutscher Zeugen nicht genügend beachtet und die Ausführungen Günsches, Linges und anderer gar ignoriert habe. Prof. Trevor-Roper behauptete, für ihn sei absolut überzeugend, daß vier Personen, die an verschiedenen Stellen zu verschiedener Zeit festgenommen wurden, Hitlers Schuß gehört haben wollten. Leider ist dieses Argument nicht stichhaltig. Sicher waren sie an verschiedenen Stellen festgenommen, aber zuvor waren sie doch alle beisammen! Elementare Kriminalistik besagt, daß in einem solchen Fall die Wahrscheinlichkeit einer Absprache keineswegs auszuschließen, vielmehr sogar vorauszusetzen wäre. Alle diese Personen – Günsche, Baur, Linge und andere – hatten nach Hitlers Selbstmord die Möglichkeit, eine bestimmte Version untereinander auszumachen oder genauer im Einklang mit den Weisungen Goebbels' und Bormanns zu handeln.
Einen sehr energischen Angriff gegen meine Publikationen unternahm David Irving. Am 9. September 1968 erschien in der »Evening Standard« sein Artikel »Hitlers Tod. Warum ich nicht glaube, daß die Russen seine Leiche hatten«. Er habe sich mit den russischen Materialien vertraut gemacht und sei »zum Schluß gelangt, daß sich Hitler nicht vergiftet hat und ... daß die Russen nicht seine Leiche hatten«.
Warum fängt Irving seinen Bericht damit an, daß er sich vier

Stunden lang mit Otto Günsche unterhalten habe, der als Leiter eines Betriebs im Rheingebiet heute keine Journalisten empfängt. Irving gibt seine Version wieder: Hitler habe sich erschossen, dabei habe er in jeder Hand eine Pistole gehalten; Hitler habe sich in die rechte Schläfe geschossen, obwohl Günsche selbst keinen Schuß gehört hat. Man muß es Irving schon bescheinigen: er war selbstkritisch genug und fügte am Schluß hinzu:

»Zugegeben, es ist schon möglich, daß Günsche und andere Augenzeugen sich im voraus auf eine ganz bestimmte Version festgelegt haben, um die Öffentlichkeit glauben zu machen, Hitler habe sich erschossen, obwohl er sich in Wirklichkeit vergiftet hatte. So gesehen ist es klar, weshalb an der Leiche, die die Russen hatten, kein Einschuß entdeckt wurde (kein Schuß war zu hören, keine Patronenhülse gefunden). Günsche selbst beteuerte oft mir gegenüber, daß er die Russen angelogen hatte. Folglich konnte er auch mich angelogen haben.«

Und doch traute er Günsches Angaben. Warum? In erster Linie, weil es irgendeinen »alliierten Bericht« geben soll mit der Beschreibung der anatomischen Besonderheiten Hitlers. Dieser Bericht schildert die Kiefer und die Zahnprothesen ganz anders als die sowjetischen Unterlagen. Daraus schlußfolgert Irving, daß die Sowjets eine falsche Leiche untersucht hätten. Von dieser Schlußfolgerung machte auch Prof. Taylor bei seiner Kritik sowjetischer Dokumente Gebrauch. Offengestanden war das ein unerwartetes Argument für mich. Ich war schon nahe daran, das Buch von Albert Wallner und auch die Nachricht des amerikanischen Publizisten John Toland für bare Münze zu nehmen, dem man angeblich die »echte« Leiche Hitlers vorführte. Diese Leiche sei aus Deutschland in die USA abtransportiert und dort begraben worden.

Dann trat aber etwas Unverhofftes ein. Am 18. September 1968 erschien in derselben »Evening Standard« ein Brief von David Irving mit der Überschrift »Hitlers Tod: Pardon, ich habe ich geirrt«. Hier der Brieftext:
»Es kommt wirklich selten vor, daß sich einer so schnell von einer Behauptung lossagt, die er erst eine Woche zuvor so souverän vertreten hat (siehe Ausgabe vom 9. 9.). Mir stehen fünf sehr gute Röntgenaufnahmen des Schädels von Hitler von 1944 zur Verfügung. Sie sagen aus, daß die Beschreibung von Hitlers Zähnen in dem von mir früher zitierten ›Alliierten-Bericht‹ von falschen Voraussetzungen ausgegangen ist ... Die Röntgenaufnahmen zeugen unzweifelhaft davon, daß die von den Sowjets untersuchten Kiefer Adolf Hitler gehört hatten.«
Etwas später habe ich einen Brief von David Irving erhalten. Er teilte mir mit, daß die besagten Röntgenaufnahmen – sie wurden am 19. September 1944 nach dem mißglückten Attentat auf Hitler gemacht – aus der Sammlung von Dr. Morell stammten. Die Originalaufnahmen würden in einer Privatsammlung in Washington aufbewahrt.
So sah die Situation gleich nach der Veröffentlichung der sowjetischen Dokumente aus. Ich nahm jedoch an, daß es noch eine Fortsetzung dieser Geschichte geben wird. In der Tat wurde 1971 ein neuer Angriff von bundesrepublikanischen Publizisten gestartet. Die Basis dafür bildete das damals neuerschienene Hitler-Buch des Geschichtsforschers Werner Maser. Eben auf dieses Buch berief sich bei seinen massiven Angriffen Gerhard Löwenthal, der bekannte Moderator des ZDF-Magazins:

1. Die Identifizierung der von sowjetischen Soldaten entdeckten Leiche sei unglaubwürdig, und die Akte stelle eine Falsifikation dar. Die sowjetischen Behörden hätten

von der Assistentin des Prof. Blaschke, Frau Käthe Heusermann, die Kartei mit genauen Angaben über Hitlers Zähne erhalten, die auch von dem Zahntechniker Fritz Echtmann ergänzt wurden. Folglich könnten die Russen eine vorsätzlich verfälschte Akte fabriziert haben.
2. Die Leiche soll angeblich völlig eingeäschert worden sein.
3. Am zuverlässigsten wären bei der Identifizierung die Zeugnisse des Otalaringologen Dr. Erwin Giesing gewesen, der in amerikanische Gefangenschaft geriet. Die sowjetischen Behörden wußten zwar davon, hätten aber Giesing nicht vernommen.

Gerhard Löwenthal ergänzte diese Thesen (mit Hilfe von Giesing) durch einige eigene Mutmaßungen:

a) die bei Lebzeiten Hitlers gemachten Röntgenaufnahmen ergeben, was die Zähne und den Zahnarzt betrifft, ein anderes Bild als in der russischen Akte.
b) Käthe Heusermann und Fritz Echtmann hätten in der Gefangenschaft bewußt falsche Aussagen gemacht.

Der politische Hintergrund dieser Thesen war leicht zu durchschauen, denn Herr Löwenthal macht sich allzu gern alles zunutze, um sowjetische Quellen in Verruf zu bringen. Im Heft 8/1972 der Zeitschrift »Report« erschien kurz darauf ein Artikel, in dem Masers Behauptungen unterstützt wurden. Die Autoren dieser Zeitschrift beteuerten sogar, sie hätten gespürt (aus einer Entfernung von mehreren Tausend Kilometer, die Frankfurt am Main von Moskau trennen), daß »die Russen nach der Publikation Masers verunsichert waren«.
Gab es Gründe für solche ausgefallene Behauptungen? Keineswegs. Was nun die Versuche anbelangt, die Authentizität der Akte über die gerichtsmedizinische Untersuchung der

Kommission Schkarawski anzuzweifeln, so sind sie einfach lächerlich. Nur wer sowjetische Angaben von vornherein als unglaubwürdig abtut, kann solcherlei Argumenten Glauben schenken. Ehrlich gesagt, habe ich mich nicht getraut, die Verfasser der Akte nach ihrer Meinung über die Behauptungen Masers und Löwenthals zu fragen. Denn es wäre einfach erniedrigend für sie, die sie in den stürmischen Tagen des Mai 1945 alle ihre Berufskenntnisse für die Erfüllung ihrer bürgerlichen und militärischen Pflicht verwandt haben. Übrigens sprechen einige Daten in diesem Zusammenhang eine beredte Sprache: Die Untersuchung fand am 8. Mai statt, die Vernehmung von Frau Heusermann erst am 10.-11. Mai und die Vernehmung von Echtmann am 11. Mai. Schon diese Reihenfolge sollte die eventuellen Verdachtsmomente bereinigen. Mehr noch: Heusermann und Echtmann machten ihre Aussagen, ohne die Zahnprothesen zu sehen. Erst später wurden diese Aussagen mit dem in Frage kommenden Zahnersatz verglichen. Sollten die Ärzte schließlich das Protokoll »verfälscht« haben, wie haben sie dann die »falsche Zahnprothese« anfertigen können, die auf dem Foto abgebildet ist und später Frau Heusermann und Echtmann vorgelegt wurde?
Dr. Schkarawski und seine Kommission gaben die Leichenbeschreibung ohne Aussagen von Frau Heusermann und ohne Bilder. Als Gerichtsexperten haben sie sich ihrer Aufgabe gewissenhaft entledigt, dabei wurde von ihnen natürlich nicht verlangt, daß sie unbedingt die Identität der entdeckten Leiche mit Hitler nachweisen. Im Gegenteil: Sie haben Ihre Akte in sehr vorsichtigen Ausdrücken formuliert und nicht behauptet, daß es sich um Hitlers Leiche handelte. Das konnte man erst durch den Vergleich von Beweis-Stükken (Kiefer) und der Zahnformel mit objektiven Angaben und Zeugenaussagen ermitteln – was später auch geschah.

Selbstverständlich gibt es viele Punkte, über die man streiten kann. So haben Professor Leonhard Heston und Renate Heston (London, 1979) in ihrem Buch die Frage aufgeworfen, warum in der Obduktionsakte Nr. 12 die Beschreibung von der Gallenblase fehlt. Tatsächlich ist dieses Organ nicht beschrieben worden. Wie aber kommen sie zu der Behauptung über die »bürokratische Zensur vor der Veröffentlichung«? Das typische Syndrom, daß an allem Bösartigen Moskau schuld sei? Ich erkläre hiermit, daß ich die Originalakte veröffentlicht habe (alle Originale habe ich seinerzeit meinem westdeutschen Verleger vorgelegt). Es sind sogar Druckfehler und grammatikalische Fehler stehengeblieben!
Ich frage Professor Heston: Was könnten die »bürokratischen Zensoren« im Schilde geführt haben, indem sie die Beschreibung von der Gallenblase gestrichen hatten?
Dazu gibt es nur eine Erklärung: Die Beschreibung wurde in der Eile unterlassen, da den Ärzten das Objekt nicht wesentlich schien. Dazu kam, daß die Kommission von Schkarawski nicht unter den Bedingungen arbeiten konnte, unter denen Professor Heston sein solides und sachliches Buch geschrieben hat!
Weiter lenkt Heston die Aufmerksamkeit auf den Umstand, daß die Komission im Akt Nr. 12 den Geruch von bitteren Mandeln feststellte, was auf eine Vergiftung durch Blausäure hinweist. »Aber die Blausäure« – schreibt Heston – »ist sehr flüchtig, und dieser Geruch konnte nicht so lange, und zwar Tage nach der Verbrennung, erhalten geblieben sein.«
Wenn man die Akte aufmerksam liest, so ist dieser Geruch ausdrücklich an den Leichen Nr. 1–11 festgestellt worden (Joseph und Magda Goebbels, Goebbels Kinder, Hans Krebs), die praktisch unmittelbar nach dem Tode gefunden und in Augenschein genommen wurden.

Als Fazit aller kritischen Argumente darf ich den Leser auf folgendes aufmerksam machen:

1. Meine Kritiker bestreiten diesen oder jenen Aspekt der Protokolle. Aber niemand von ihnen ist imstande, deren Hauptpunkt zu widerlegen - die Identifizierung der Leiche nach odontologischen Werten im Protokoll 12. Alle übrigen Einwände (z. B. hinsichtlich des Kryptorchismus) sind nach wie vor Mutmaßungen oder, genauer gesagt, subjektiven Spekulationen zuzuordnen.

2. Der einzige Punkt, der Gegenstand von »Variationsannahmen« bleibt und, allem Anschein nach, bleiben wird, ist die Bestätigung der Selbstmordmethode. Alle in Frage kommenden deutschen Augenzeugen sind schon tot, aber auch zu ihren Lebzeiten haben sie keine klaren Aussagen gemacht. Und zwar aus dem einfachen Grund, auf dem ich bestehe: niemand von ihnen war an einer solchen Klarheit interessiert. Meine »Variationsannahme« - Vergiftung und nachher ein Schuß aus fremder Hand - bleibt in Kraft.

3. Die Zweifel an der Identifizierung der Leiche von E. Braun kamen vor relativ kurzer Zeit auf. Im Mai 1945 gab es sie noch nicht; mehr noch, sie wurden einfach für unmöglich gehalten. Die ganze Untersuchung unter Teilnahme von Echtmann und Häusermann ergab sofort positive Resultate. Leider sind heute keine zusätzlichen Spuren erhaltengeblieben (so wollte Professor Soggnaes ein Foto der Prothese von der anderen Seite bekommen, aber weder die Prothese noch andere Fotos waren erhaltengeblieben), was die Beseitigung gewisser »odontologischer« Zweifel unmöglich macht. Aber alle anderen Ergebnisse schließen die Möglichkeit einfach aus, daß aus

der Grube im Garten der Reichskanzlei die Leiche eines anderen herausgeholt werden konnte.

1972 trat im Wortstreit zu diesem Thema - ohne mein Zutun wohlgemerkt - eine ungeahnte, fast sensationelle Wende ein. Obwohl Maser absolut sicher war, daß die Akte Nr. 12 die Leiche einer ganz anderen Person beschrieb[18], bekam ich für meinen Standpunkt gerade dort Unterstützung, wo ich sie am wenigsten erwartet hatte.
... Prof. Reidar F. Sognnaes - er stammt aus Norwegen, lebt aber schon seit Jahren in den USA - gilt in der amerikanischen medizinischen (und gerichtsmedizinischen) Welt als *die* Kapazität. Er war lange Zeit Präsident der Bostoner biologischen Gesellschaft und Präsident der Stomatologischen Gesellschaft. Sognnaes ist Mitglied der Amerikanischen Akademie der Wissenschaften und Künste und leitet heute das Amerikanische Institut für stomatische Biologie, ist Ehrendoktor an der Universität Oslo und Harvard.
Er hat sich nie für den Lebenslauf Hitlers besonders interessiert, dafür aber für seltene und einzigartige stomatologische Fälle, z.B. für die Geschichte des Kunstgebisses von Präsident George Washington. Eben dadurch erklärt sich sein Interesse für die Polemik um Hitlers Zahnprothese, darunter auch für mein Buch und Masers Hinweise auf irgendwelche Röntgenaufnahmen sowie für Giesings Ausführungen.
Sognnaes nahm sich dieses Problems mit der Akribie eines

[18] Ein Hauptargument Masers bestand darin, daß bei äußeren medizinischen Untersuchungen (darunter durch Giesing) keinerlei Abnormitäten an den Geschlechtsorganen festgestellt wurden. Der in der Akte Nr. 12 beschriebene Fehler (Kryptorchismus) bleibt jedoch bei der äußeren Untersuchung oft unbemerkt. Hinzu kommt, daß sich Hitler nur sehr ungern einer umfassenden medizinischen Untersuchung unterziehen ließ, so daß sein Kryptorchismus den Ärzten vielleicht verborgen blieb.

echten Forschers und Fachmanns an. In USA-Archiven entdeckte er unter anderem:
die Beschreibung der Zähne und Zahnprothesen Hitlers, die von Hitlers Zahnarzt, Prof. Blaschke, in der amerikanischen Gefangenschaft aufgezeichnet wurde;
die Beschreibung desselben Objekts durch Dr. Giesing, den Maser als seinen »Kronzeugen« betrachtet (aufgezeichnet ebenfalls in der amerikanischen Gefangenschaft);
fünf Röntgenaufnahmen des Schädels und der Kiefer Hitlers aus dem Jahr 1944.
Einmal in Besitz dieses Materials, beschloß Sognnaes, weitere Aktionen mit dem bekannten norwegischen gerichtsmedizinischen Stomatologen, Prof. F. Stroem, gemeinsam zu unternehmen, um eventuelle Fehler auszuschließen. Das Ergebnis ihrer Untersuchung wurde dem 6. Internationalen Treffen der Gerichtsmediziner in Edingburgh im September 1972 unterbreitet. Ich hatte die Ehre, zu diesem Treffen eingeladen zu werden, und war Augenzeuge dessen, mit welchem Interesse der Vortrag von Sognnaes und Stroem aufgenommen wurde. Er umfaßt ca. 30 Seiten und mindestens genauso viele Anlagen. Den Mittelpunkt der Mitteilung bildete jedoch nach meiner Ansicht die Tabelle, die Angaben über sämtliche Bestandteile der Zahnformel Hitlers vergleichsweise vorführt.
Sognnaes und Stroem verglichen insgesamt fünf Quellen untereinander:

1. Röntgenaufnahmen des Schädels von Hitler aus dem Jahr 1944 (sie werden in USA-Archiven aufbewahrt).
2. Beschreibungen von Blaschke und Giesing in der amerikanischen Gefangenschaft (USA-Archive).
3. Von Blaschke und anderen angefertigte Skizzen (USA-Archive).

4. Von sowjetischen Untersuchungsbehörden gemachte Identifizierungsfotos.
5. Die Akte der sowjetischen Gerichtsmedizinischen Kommission.

Der Vergleich wurde nach verschiedenen »Positionen« vorgenommen (d. h. nach einzelnen Zähnen und Elementen der Zahnprothesen). Das Ergebnis faßten sie wie folgt zusammen:

Übereinstimmung direkter Angaben	Übereinstimmung indirekter Angaben	Fehlen von Angaben
148	8	14

Die Forscher haben dabei festgestellt, daß die Übereinstimmung sowjetischer Angaben mit den Röntgenaufnahmen des Unterkiefers *hundertprozentig* ist. Dasselbe trifft auch auf die Unterkieferprothese zu. Beim Vergleich des Oberkiefers verfügten die Forscher nur in einigen Punkten, z. B. beim 2. und 8. Zahn, über kein ausreichendes Material (nicht alle Zähne sind auf dem Foto deutlich genug abgebildet).
Die Forscher sind zum folgenden Schluß gelangt:
»1971 und 1972 haben zwei Autoren, die 5000 Meilen voneinander entfernt waren und keine Möglichkeit zum ständigen Kontakt miteinander hatten, vergleichende Angaben der odontologischen und anderen Identifizierung der Leiche Hitlers studiert. Unsere Gemeinschaftsarbeit ermöglichte es uns, jetzt ihnen unser vergleichendes Gutachten zu präsentieren, das sich auf folgende Unterlagen gründet:

1. Vollständige Vernehmungsprotokolle des amerikanischen Nachrichtendienstes von 1945.
2. Beigefügte Röntgenaufnahmen, die aus zweierlei Anläs-

sen gemacht wurden. Sie enthalten Information über charakteristische stomatologische Merkmale, und zwar: a) den oberen mittleren Schneidezahn links mit angeschmelztem Metallzusatz, typisch für die sogenannte Fensterkrone; b) eine Zahnbrücke besonderer Art rechts; c) eine Reihe spezifischer Behandlungsspuren; d) Spuren mehrerer Erkrankungen.

3. Interpretation der obenerwähnten Angaben und deren Vergleich mit der 1968 veröffentlichten russischen Akte sowie mit anderem Material.

Die Autoren sind zum Schluß gekommen, daß die ihnen zur Verfügung stehenden Unterlagen eine einwandfreie stomatologisch begründete Bestätigung dessen darstellen, daß Hitler tatsächlich während des Zusammenbruchs der Nazi-Diktatur im Jahre 1945 ums Leben gekommen ist und die Russen die echte Leiche Hitlers gerichtsmedizinisch untersucht haben.«[19]

Übrigens: Die Schlußfolgerungen R. Sognnaes' sind auch von

---

[19] Der volle Text des Gutachtens wird in der Anlage beigefügt. Als Sognnaes die Unterlagen der Obduktion der Leiche von Eva Braun studierte, stellte er fest, daß er für eine Identifizierung wie im Falle Hitlers hier kein ausreichendes Material hat. Er besaß unter anderem keine Röntgenaufnahmen und stützte sich vor allem auf die Aussagen Prof. Blaschkes in der amerikanischen Gefangenschaft. Beim Vergleich von Blaschke-Aussagen mit der Akte Nr. 13 konstatierte Sognnaes beträchtliche Unterschiede, die, wie er am 29. 8. 1980 an mich schrieb, »leider von einer nicht genügenden Übereinstimmung mit sowjetischen posthumen Angaben in Berlin zeugen«. Ich schätze die Berufsethik von Prof. Sognnaes hoch ein, die ihm nicht erlaubte, hier die gleichen Schlüsse wie im Fall Hitler zu ziehen. Aber an der Identifizierung dürfte das nichts ändern. Die Zugehörigkeit der Zähne wurde ja definitiv (und unabhängig voneinander) von F. Echtmann und K. Heusermann bestätigt. (Unter anderem anhand von einer Brücke, die Blaschke nicht erwähnte.) Für die Identität der Leiche mit Eva Braun sprechen die Umstände ihrer Entdeckung sowie die Spuren der Giftkapsel.

Vertretern der Rechtsmedizin der Bundesrepublik übernommen worden. Professor Dr. Rolf Endris (Institut für Rechtsmedizin der Universität Mainz) veröffentlichte im »Archiv für Kriminologie« (1975, S. 95–102) einen Beitrag, in dem er hervorhebt, daß die Umstände des Todes von Hitler bis zuletzt umstritten waren. Die Lage änderte sich nach dem Erscheinen der ersten Ausgabe dieses Buches (1968), nach der Veröffentlichung von Aussagen Blaschkes und der Entdeckung der Röntgenbilder (1972). Nach Vergleich aller Angaben stellt Endris fest, daß die Identifizierung aufgrund odontologischer Merkmale möglich war. Die Letzteren besagen aber folgendes: Die natürlichen Zähne, die 1945 durch sowjetische Kommission festgestellt wurden, stehen in voller Übereinstimmung mit den Angaben Blaschkes; Hinweise über prothetische Arbeiten sind durch die Röntgenaufnahmen vom 21. 10. 1944 teilweise bestätigt worden. Ferner beschreibt Endris das gesamte Zahnschema Hitlers nach dem »Twodigit«-System, das von der Internationalen Föderation für Zahnmedizin weltweit empfohlen wird[20] (S. 18–11, 21–28, 38–31, 41–48). Abschließend schreibt Endris, daß es »aufgrund des Vergleiches von ausschließlich odontologischen Merkmalen aus verschiedenen Quellen wahrscheinlich erscheint, daß die obduzierte abgebrannte Leiche die Leiche von Hitler ist« (S. 102).

Ich fragte bei Gelegenheit Herrn Professor Endris:

»Warum nur ›wahrscheinlich identisch‹?«

»Sehen Sie, ich habe mich an die strengen Gebote der Gerichtsmedizin gehalten, die uns nicht erlauben, die volle

---

[20] Oberkiefer: oberer rechter Weisheitszahn (18) bis oberer mittlerer rechter Schneidezahn (11) über oberen mittleren linken Schneidezahn (21) bis zum oberen linken Weisheitszahn (28).
Unterkiefer: analog.

Identität aus eigenem Ermessen nur durch eine Art der Identifizierung, in diesem Falle der odontologischen Art, gelten zu lassen. Im Grunde halte ich die odontologische Identifizierung als voll bestätigt.«

»Ist überhaupt die odontologische Identifizierung wichtig?«

»Bestimmt. Wenn wir die verschiedenen Arten vergleichen wollen, so steht auf dem Platz 1 Daktyloskopie. Platz 2 besondere Merkmale. Z. B., wenn der Mensch einen Herzschrittmacher trägt, oder eine Metallprothese. Dann die Odontologie. Im Falle Hitler war die Daktyloskopie nicht verwendbar, wegen der Verbrennung. ›Besondere Merkmale‹ auch nicht, also die Odontologie.«

Ich benutzte die Gelegenheit, um meinen hilfsbereiten Gesprächspartner über manche unklaren Punkte zu konsultieren. So in der Frage über den Selbstmord. Ich habe dem Professor alle Varianten erzählt, die der verschiedenen Augenzeugen und einfachen Zeugen (beim Wort »Zeugen« hat Herr Endris ironisch gelächelt, da er in seiner Gerichtspraxis mit diesen ganz verschiedene Erfahrungen gesammelt hatte).

»Wie würden der Einschuß und der Ausschuß aussehen?«

»Dazu könnte ich Ihnen etwas zeigen«, sagte mein Gesprächspartner und führte mich in einen anderen Raum des neugebauten Instituts der Rechtsmedizin an der Universität Mainz. Hier standen mehrere Glasschränke mit präparierten Schädeln, die verschiedene Ärzte als »Kopfschuß« diagnostiziert hatten (illustriert haben).

»Das ist sozusagen ein klassischer Fall: Direkter Einschuß in die rechte Schläfe, Ausschuß aus der linken«, sagte der Professor, auf einen der Schädel zeigend, auf dem mit roten bleistiftstarken Kunststoffstäbchen Einschuß- und Ausschußöffnung verbunden waren.

»Bleibt der Kopf unversehrt?«

»Normalerweise ja. Nur bei besonderen Arten des Kopfschusses, z. B. Mundschuß in den mit Wasser gefüllten Mund, fließt alles auseinander. Sonst bleiben die Schädelknochen weitgehend intakt. Manchmal bleibt sogar das Projektil stekken, wenn der Einschuß schräg war. Dies ist jedoch bei Hitler nicht der Fall: es wurden keine Projektile gefunden, und der Einschuß wurde nicht festgestellt.«
Dann habe ich Herrn Professor Endris gefragt: »Was würden Sie sagen, wenn ein Ausschuß in der Schädeldecke festgestellt wird, auf der linken Seite?«
»Dann käme ein Mundschuß in Frage.«
»Nicht in die Schläfe?«
»Eigentlich nicht, weil dann der Lauf der Waffe ganz schräg gehalten werden muß.«
Dann zeigte ich ihm die Beschreibung des gefundenen Schädelteiles und er studierte sie sorgfältig.
»Aha. Sehen Sie, der äußere Rand des Ausschusses ist oben breiter als unten. Das deutet darauf, daß der Schuß von unten nach oben erfolgte.«
Diese Feststellung war für mich wichtig. Also, der Mundschuß? Aber gerade der Mundschuß konnte nicht von Hitler selbst abgegeben werden, da er die Ampulle zwischen den Zähnen hatte, die er zerkauen wollte.
Professor Endris war vorsichtiger als ich. Als ich ihm von den Angaben Rattenhubers erzählte, sagte er:
»Wir müßten den gleichzeitigen Schuß und Vergiftung ausschließen. Theoretisch bleibt nach dem Ampullenschluck oder Zerkauen noch einige Zeit, weil das Gift vom Körper ja noch absorbiert werden muß. Oder anders: nach dem Schuß ist der Mensch nicht sofort tot ...«
Diese letzte Variante halte ich für vollkommen unmöglich: In seinem physischen und psychischen Zustand war Hitler dazu nicht in der Lage. Zuerst Ampulle? Erinnern wir uns

daran, wie panisch, beinahe hysterisch, Hitler den Mißerfolg der »Selbstmord-Aktion« fürchtete, um »den Russen nicht in die Hände zu fallen«!
Also: Mit der Ampulle im Mund konnte der Mundschuß nicht vom Selbstmörder selbst abgefeuert worden sein. Somit: Der Schuß wurde von einem anderen abgegeben!
Ich stelle fest: Man kann über vieles streiten, aber man darf nie außer acht lassen, worum es dabei geht. Sebastian Haffner, der große Meister der Paradoxa, machte in dieser Hinsicht folgende Bemerkung: »Ich bin persönlich nicht geneigt, Hitler deshalb zu verurteilen, weil er sich vergiftet und nicht erschossen hatte, auch nicht deshalb, weil er zu keiner anderen Methode griff. Ein solches Ende hat er verdient. Was man ihm aber wirklich ankreiden kann, ist, daß er nicht schon früher seinem Leben ein Ende bereitet hat. Wäre das während Stauffenbergs Attentat geschehen, hätte er eventuell so seine Heimat gerettet. Hätte er das im Januar 1945, nach dem Fehlschlag in den Ardennen, oder nach der Katastrophe an der Weichsel, getan, hätte er wenigstens mehrere hunderttausend Leben gerettet. Doch er hatte es sehr lange hinausgezogen – bis die Russen buchstäblich an seiner Tür standen. Gerade das und nicht die Giftampulle weist ihn als Feigling aus.«[21]
In der Tat: Warum tat er das nicht früher? Uns stehen heute zahlreiche Unterlagen und Zeugnisse zur Verfügung, die eindeutig beweisen, daß Hitler und andere Nazibonzen schon lange vor der Katastrophe an der Oder sich über die unvermeidliche Niederlage im Krieg im klaren waren. Sie hatten jedoch keine Zivilcourage, um sich selbst zu gestehen (von der Außenwelt ganz zu schweigen), daß sie mit ihrem Latein am Ende waren. War das Feigheit? In Abwandlung

[21] New Statesman, London, 4. 10. 1968.

eines bekannten Spruchs von Talleyrand[22] sollte man es anders bezeichnen: Das war keine Feigheit – ein Verbrechen. Hitlers Beispiel als Persönlichkeit (und das Beispiel des Nazismus als sozialpolitisches Phänomen) gibt uns zu denken, denn ein auf die Weltherrschaft bedachtes Regime kann ungeheure militärische, politische und psychologische Kräfte in Bewegung setzen. Die außenpolitische (aber auch innerpolitische) Idee der Kräfte, die damals in Deutschland an die Macht kamen, lief so unverhüllt auf die bewaffnete Eroberung des berüchtigten »Großraums« (nicht des »Lebensraums«) hinaus, daß sie nicht mehr auf halber Strecke stehenbleiben konnten. Es heißt doch nicht umsonst in einem bekannten Lied: »... bis alles in Scherben fällt ...«

Hier könnte mir allerdings Sebastian Haffner vorhalten, ich rechtfertige die Feigheit. Wenn ein solcher Mechanismus bereits im Wesen des Regimes inbegriffen war, was hätten da einzelne Persönlichkeiten daran ändern können? Ich meine aber etwas ganz anderes. Regimes bringen ja führende Persönlichkeiten hervor, und zwar solche, die sie verdienen, aber nicht umgekehrt. Die Folgerichtigkeit, mit welcher Hitler, Himmler und ihresgleichen die Pläne zur Ausrottung ganzer Völker durchsetzten, hatte ihre Ursachen nicht mehr in der alles andere überragenden Idee von der Weltherrschaft, nicht nur in den Interessen jener, denen sie unmittelbaren Nutzen brachte, sondern sie gründete sich auch auf persönliche Entscheidungen der Politiker, die sich dieses ungeheuerliche Programm zu eigen machten.

Diese Lehre muß man heute beherzigen. Wenn man heute mit Schrecken konstatiert, daß die Idee des thermonuklearen Krieges trotz ihrer offensichtlichen Absurdität Befür-

[22] Nach der Hinrichtung des Herzogs von Enghien sagte Talleyrand zu Napoleon: »Das war kein Fehler – ein Verbrechen.«

worter gefunden hat (die nicht nur die »Wahrscheinlichkeit des nuklearen Krieges« in Erwägung ziehen, sondern auch schon dessen Varianten entwerfen[23]), wäre es ein unverzeihlicher Leichtsinn, wenn man nicht heute schon Alarm schlägt. Die Mechanismen sind in Gang gesetzt, die »Trägheitskräfte« wirken bereits, und ihre Träger kennt jeder. Werden sie noch einmal Hitlers Weg einschlagen oder vielmehr, wird man es ihnen gestatten, diesen Weg einzuschlagen?

Heinrich Himmler hat einmal verkündet, welche letzten Ehren die Machthaber des Dritten Reiches ihrem »Führer« erweisen wollten:
»Gleich nach dem Kriege werden wir ein Haus bauen, welches das größte und herrlichste Haus der Welt sein wird. Mit den Vorarbeiten haben wir bereits im Jahre 1938 begonnen. Die Kosten für dieses Haus sind mit fünfzig Milliarden veranschlagt. Die Höhe des Hauses wird 355 Meter betragen, der Durchmesser 1500 Meter. Das Fundament allein kostet drei Milliarden Mark. Es wird ein Haus werden, wie es die Welt noch nie gesehen hat. Es werden darin Festsäle und Hallen sein, die zwei- bis dreihunderttausend Menschen fassen können. Im Keller wird ein Gewölbe geschaffen werden, das gewaltiger und großartiger sein wird, als es je die Pharaonen erträumt und erbaut haben. Und das wird einmal das Grab Adolf Hitlers sein. In dieser gewaltigsten Halle

---

[23] Laut amerikanischen Archiven – Auszüge daraus hat der Autor in der Zeitschrift »Neue Zeit« (Moskau 1980, Nr. 8–10) veröffentlicht – hat der Vereinigte Ausschuß der Stabschefs der USA schon im November 1945 bis Januar 1946 die ersten Pläne eines Atomangriffs auf die UdSSR entworfen.

aller Zeiten wird der goldene Sarg stehen. Er wird besetzt sein mit den Edelsteinen des Urals.«
Dieser Tag ist nicht gekommen. Dafür kam der Tag, an dem der Soldat Iwan Tschurakow vor den Trümmern der Reichskanzlei die jämmerlich entstellte Leiche Adolf Hitlers aus dem Bombentrichter zog. Jener mit Edelsteinen des Urals besetzte Sarg, von dem Heinrich Himmler schwärmte, wurde nicht gebaut. Ein Krieg endet nicht immer so, wie es sich jene vorstellen, die ihn vom Zaune brechen. Ihnen möge der Tod des Adolf Hitler eine Lehre sein.

Anhang

1. Verteidigung von Berlin

Verteidigungsbereich Berlin
Ia/Op., Nr. 400/45 geh.

Berlin-Grunewald, den 9.3.1945.

G r u n d s ä t z l i c h e r

B e f e h l

für die

V o r b e r e i t u n g e n

zur

V E R T E I D I G U N G D E R R E I C H S H A U P T S T A D T

Die Grundsätze dieses Befehls müssen geistiges Eigentum jedes eingeteilten Führers (einschl. Volkssturm-Führer) sein. Alle Vorbereitungen müssen sich – der Einheitlichkeit halber – im Rahmen dieser Grundsätze halten.

– 1 –

A. Allgemeines:

1.) Feind.
Bei einem Feindangriff auf die Reichshauptstadt ist mit folgenden Angriffsmöglichkeiten zu rechnen:

a) Überraschender Vorstoß (Handstreich) durchgebrochener Feindteile (Panzerspitzen) mit oder ohne aufgesessener oder auf anderen Kraftfahrzeugen mitgeführter Infanterie.

b) Planmäßiges, systematisches Heranarbeiten mit Panzern und Schützenverbänden auf breiter Front, voraussichtlich in enger Zusammenarbeit mit starken Luftwaffenverbänden (Terrorangriffe).

c) Beiderseitige Umfassung und Einschließung der Reichshauptstadt.

d) Gleichzeitiger Einsatz feindlicher Luftlandetruppen (Fallschirmspringer, Lastensegler).

Angriffe gemäß a, b, c und d sind bei Tage und auch bei Nacht möglich.

2.) Auftrag.
Die Reichshauptstadt wird bis zum letzten Mann und bis zur letzten Patrone verteidigt.

3.) Kampfweise.
Mit den zur unmittelbaren Verteidigung der Reichshauptstadt zur Verfügung stehenden Kräften wird der Kampf um Berlin nicht in offener Feldschlacht ausgetragen, sondern im wesentlichen als Straßen- und Häuserkampf.
Er muß mit

F a n a t i s m u s ,
F a n t a s i e ,
mit allen Mitteln
der T ä u s c h u n g ,
der L i s t
und H i n t e r l i s t ,
mit vorbereiteten

– 2 –

und aus der Not des Augenblicks geborenen
A u s h i l f e n a l l e r A r t

a u f
ü b e r und
u n t e r d e r E r d e

geführt werden.

Hierbei kommt es darauf an, die Vorteile des eigenen Landes und die voraussichtliche Scheu der meisten Russen vor dem ihnen fremden Häusermeer restlos auszunutzen. Die genauen Ortskenntnisse, die Nutzbarmachung der U-Bahn und des unterirdischen Kanalisationsnetzes, die vorhandenen Nachrichtenverbindungen, die vorzüglichen Kampf- und Tarnmöglichkeiten in den Häusern, der festungsmäßige Ausbau von Häuserblocks – insbesondere von Eisenbetonhäusern – zu Stützpunkten, machen den Verteidiger auch bei zahlenmäßiger und materieller Unterlegenheit gegenüber jedem Feinde unüberwindlich!
Der Feind, dem keine Minute Ruhe zu gönnen ist, muß sich in dem engmaschigen Netz der Widerstandsnester, Stützpunkte und Verteidigungsblocks verzehren und verbluten. Jedes verlorene Haus oder jeder verloren gegangene Stützpunkt sind sofort im Gegenstoß wiederzunehmen. Hierbei sind Stoßtrupps unter Ausnutzung der unterirdischen Gänge unbemerkt auch in den Rücken des Feindes zu führen, um ihn überraschend von rückwärts zu vernichten.

Voraussetzung für eine erfolgreiche Verteidigung Berlins ist jedoch, daß

j e d e r H ä u s e r b l o c k ,
j e d e s H a u s ,
j e d e s S t o c k w e r k ,
j e d e H e c k e ,
j e d e r G r a n a t t r i c h t e r

bis zum äußersten verteidigt wird!

Es kommt garnicht darauf an, daß jeder Verteidiger der Reichshauptstadt die Technik des Waffenhandwerks bis ins einzelne gut beherrscht, sondern vielmehr darauf,

– 3 –

- 3 -

daß

jeder Kämpfer

vom fanatischen Willen zum

KÄMPFEN WOLLEN

beseelt und durchdrungen ist

daß er weiß, daß die Welt mit angehaltenem Atem diesen Kampf zusieht und

daß der Kampf um Berlin die Kriegsentscheidung bringen kann.

4.) Befehlsführung.

Die Vorbereitungen zur Führung des Kampfes um die Reichshauptstadt werden von mir als

Befehlshaber des Verteidigungsbereiches Berlin (Vert.B.B.)

getroffen.

Ich bin in dieser Eigenschaft mit allen Pflichten und Rechten des Kommandanten einer Festung dem Führer unmittelbar unterstellt.

Ich bin mir klar, daß diese Aufgabe der militärischen Führung nur im engsten Einvernehmen mit der politischen Menschenführung zu lösen ist und muß von allen meinen Untergebenen kameradschaftliches, rückhaltloses und vertrauensvolles Zusammenarbeiten mit allen Gliederungen und Dienststellen der Partei, des Staates und der Wehrmacht erwarten.

5.) Kräfte.

Zur Verteidigung der Reichshauptstadt stehen zur Verfügung:

a) sämtliche in den Verteidigungsabschnitten A-H u. Z vorhandenen Volkssturmeinheiten, Truppenteile und Alarmeinheiten nach Aufruf des Stichwortes "Clausewitz",

b) zusätzlich den Abschnitten zugeführte Kräfte (Korpsreserven),

c) sämtliche durch die Abschnittskommandeure aufgenommenen und eingerafften Truppenteile und Einheiten.

6.) Gliederung.

Gliederung und Abschnitts-Einteilung s. anliegende Karte (Anl. 1).

- 4 -

- 4 -

7.) Abschnittskommandeure.

Als Abschnittskommandeure werden eingesetzt:

Abschnitt	A:	Oberstleutnant	Bärenfänger
"	B:	Oberst	Clausen
"	C:	Oberst	Mootz
"	D:	Generalmajor	Schröder
"	E:	Oberstleutnant	Römhild
"	F:	Oberst	Eder
"	G:	Oberst	Schaefer
"	H:	Oberstleutnant	Roßbach
"	Z:	Oberstleutnant	Seifert.

B. Kampfführung.

8.) Alarmierung des Verteidigungsbereiches Berlin.

a) Alarmierung der Truppe.

aa) Bei Feindannäherung erfolgt die Alarmierung der Truppe durch das Stichwort

"Clausewitz".

bb) Ist mit Feindangriff zu rechnen, ist auf Stichwort

"Kolberg"

die volle Abwehrbereitschaft herzustellen.

Bedeutung und Auswirkung der Stichworte "Clausewitz" und "Kolberg" s. Anlage 2.

cc) Außerdem kann durch das OKH. zur Erfassung sämtlicher Einheiten und Truppenteile des Feldheeres, die sich in Aufstellung, Auffrischung oder Umgliederung befinden, sämtlicher Marsch- und Genesenen-Einheiten sämtlicher Urlauber- und Dienstreisenden des Feldheeres das Stichwort

"Blücher"

durchgegeben werden.

dd) Die Durchgabe der Stichworte erfolgt:

Über das Fernsprechnetz,
durch Funk,
durch Drahtfunk,
durch Melder,

- 5 -

- 5 -

durch Ausstrahlung des Senders
"Horizont" (Welle 265 kHz = 1132,1 m).

Wortlaut für Drahtfunk und Sender Horizont:

"Achtung, Achtung, Achtung!
Hier Sender Horizont!
Eine wichtige Durchsage für alle,
die es angeht: Clausewitz,
Clausewitz, Clausewitz".

Diese Durchsage erfolgt fünfmal im Abstand von je 2 Minuten.

ee) Sämtliche Dienststellen haben für die Weitergabe der Stichworte an ihre unterstellten Einheiten Sorge zu tragen.

b) Alarmierung der Bevölkerung.

Zur Alarmierung der Bevölkerung der Reichshauptstadt ist beabsichtigt, den bekannten Fliegeralarm (3 mal anschwellender Heulton) zu geben. Bei Ausfallen des elektrischen Stromes wird der Alarm durch Flakschießen ausgelöst.

Im Anschluß hieran beabsichtigt Reichsminister Dr. Goebbels über den Drahtfunk zur Berliner Bevölkerung zu sprechen und folgende Maßnahmen anzuordnen:

aa) Die Zivilbevölkerung wird aufgefordert, allen Anordnungen, die von militärischen und zivilen Stellen getroffen werden, unbedingt Folge zu leisten. Neugieriges Herumstehen ist zu unterlassen. Durchmarschierenden Verbänden der Wehrmacht und des Volkssturms ist der Marsch durch Räumen der Fahrbahn von Fußgängern und Kindern zu erleichtern. Parkende Fahrzeuge halten scharf rechts am Straßenrand.

bb) Rüstungsbetriebe, Versorgungsbetriebe und die für die Führung der Reichshauptstadt verantwortlichen Behörden und Dienststellen arbeiten weiter.

cc) Der Werkschutz sorgt für die äußere und innere Sicherheit der Betriebe. Provokateure oder aufsässige Ausländer sind vom Werkschutz sofort unter rücksichtslosem Gebrauch aller Machtmittel festzusetzen oder unschädlich zu machen.

- 6 -

9.) Sperrzonen.

a) Äußere Sperrzone:

Die am äußeren Sperr-Ring (blau) eingesetzten Sperrbesatzungen (Sicherungs- und Sperrkräfte) haben zu verhindern, daß der Feind überraschend mit gepanzerten und schnellen Truppen die Sperrlinie durchbricht.

Wenn aufgrund eigener Beobachtung des Führers der Sperrbesatzung oder aufgrund zuverlässiger Meldung der Feind mit starken Kräften beim Nachbarn durchgebrochen ist und die Sperre daher ihren Zweck nicht mehr erfüllt, kann sich unter voller Verantwortung des taktischen Führers die Sperrbesatzung zurückkämpfen.

Brücken und Übergänge sind vor dem Zurückkämpfen nachhaltig zu sprengen, soweit nicht Sonderbefehl vorliegt.

Der Rückhalt des Widerstandes in der äußeren Sperrzone sind die ausgebauten Stützpunkte (Anlage 3). Durch ihre Verteidigung haben sie feindliche Kräfte zu binden, das feindliche Vorgehen defensiv und – vor allem bei Nacht – offensiv zu verzögern.

Stützpunkte dürfen nur auf Befehl des zuständigen Abschnittskommandeurs aufgegeben werden.

Die Insel Potsdam ist als Fester Platz zu halten.

Die übrigen in der Tiefe der Sperrzone eingesetzten Kräfte wehren unter Ausnutzung ihrer Stellungen und Sperren die durch den äußeren Sperr-Ring durchgebrochenen Feindteile ab, um ein frühzeitiges Vorstoßen des Feindes auf die Reichshauptstadt zu verhindern.

Erst vor überlegenen Feindkräften kämpfen sie sich auf Befehl ihrer örtlichen taktischen Führer – dem Feinde größtmögliche Verluste zufügend – auf die HKL. zurück, wo sie von den dort stehenden Hauptkräften aufgenommen werden.

Es kommt beim Kampf in der äußeren Sperrzone darauf an, unter geschickter Ausnutzung der gebauten Sperren und angelegten Stützpunkte, die Wucht des feindlichen Angriffes zu lähmen, die Feindkräfte zu zersplittern und das Vorkämpfen des Feindes verlustreich für ihn zu verzögern.

Nur ein an Menschen und Material stark geschwächter Feind darf sich der grünen HKL. nähern!

Die in der äußeren Sperrzone in erster Linie für Luftverteidigungsaufgaben zunächst verbleibenden Flakbatterien haben ihre Stellung bei überraschendem Feindvorstoß zu verteidigen. Sie dürfen nur auf Befehl des Verteidigungsbereiches Berlin, der 1. Flakdivision oder des zuständigen Abschnittes in die vorbereiteten Stellungen in der äußeren oder inneren Verteidigungszone zurückgenommen werden. Vorbereitung des Stellungswechsels siehe Ziffer 12.

Geschütze dürfen nur nach Versch uß der letzten Granate und nur zerstört in Feindeshand fallen.

Über jedes Geschütz, das durch die eigene Truppe zerstört in Feindeshand gefallen ist, ist dem Verteidigungsbereich Berlin durch den Batterie-Chef, Zugführer oder sonstigen Überlebenden innerhalb 24 Stunden eine Meldung über die 1. Flakdivision vorzulegen.

b) Äußere Verteidigungszone.

In der äußeren Verteidigungszone ist die Masse der eigenen Kräfte einzusetzen.

Die grüne HKL (= äußerer Verteidigungsring, siehe Anlage 1) ist zu halten.

Darüber hinaus ist es gerade bei schwachen Kräften nötig, durch starke Tiefengliederung, insbesondere von schweren Waffen und Artillerie, ein unüberwindliches Hauptkampffeld zu schaffen.

Auch wenn einzelne Panzerspitzen und russische Infanterie durchgebrochen sind, hat jeder auf seinem Platz weiterzukämpfen, um

aa) eine Ausweitung des feindlichen Einbruchs zu verhindern und

bb) die Voraussetzungen zur erfolgreichen Durchführung von Gegenstößen und Gegenangriffen zu schaffen.

-8-

In die HKL eingebrochener Feind ist in sofortigem Gegenstoß oder planmäßig vorbereitetem Gegenangriff wieder hinauszuwerfen. Hierzu sind von jedem Abschnitts-Kommandeur, Unter-Abschnitts-Kommandeur und Kompanie-Chef Reserven auszuscheiden und getarnt an günstig gelegenen Plätzen bereit zu halten.

Erfahrungsgemäß hat der sofort angesetzte, energisch geführte Gegenstoß beim Russen – möglichst in seine Flanke – größeren Erfolg und kostet weniger eigene Verluste als der Gegenangriff. Voraussetzung für seine erfolgreiche Durchführung ist jedoch, daß keine Sekunde versäumt wird! Jeder Führer und Unterführer hat blitzschnell zu handeln und das Schwächemoment des Feindes voll auszunutzen, bevor sich dieser in der neugewonnenen Stellung eingenistet und schwere Waffen nachgezogen hat.

Daher: Alle GegenstoßeReserven gehören dicht hinter die HKL in unmittelbare Nähe der örtlichen Führer, andernfalls kommen sie bei Einbrüchen zu spät.

Abschnittsreserven sind beweglich in unmittelbarer Nähe der Gefechtsstände bereit zu halten. Gedecktes Heranführen und Einsatzmöglichkeiten im Gelände sind zu erkunden. Die Reserven sind genau einzuweisen. Mit der Möglichkeit des Wegziehens von Reserven – je nach Kampflage – ist zu rechnen.

Als Nahtschutz sind von jedem Abschnitt Nahtreserven an beiden Abschnittsgrenzen auszuscheiden. Ihre Aufstellung und Einsatzmöglichkeit ist im gegenseitigen Einvernehmen beider Abschnitts-Kommandeure festzulegen.

Wenn die Verteidigungskraft durch Verluste so abgesunken ist, daß ein Halten der grünen HKL nicht mehr möglich ist, werde ich den Befehl zu ihrer Aufgabe für alle oder für

-8a-

einzelne Abschnitte geben.

Es beginnt nun der Kampf in der äußeren Verteidigungszone, wobei wieder um

jede Straße,

jeden Häuserblock,

jede Ruine und

jeden Meter Boden

zu kämpfen ist.

Dabei sind die unterirdischen Gänge (U-Bahn, Kanalisationssystem) weitgehend auszunutzen.

c) Innere Verteidigungszone.

Der Kampf in der inneren Verteidigungszone wird nach denselben Grundsätzen wie in der äußeren Verteidigungszone geführt.

Die S-Bahn-HKL (innerer Verteidigungsring) ist zu halten!

d) Bekämpfung feindlicher Luftlandetruppen.

Die Bekämpfung gelandeter Fallschirm- und Luftlandetruppen muß schnell und angriffsweise – auch von kleinsten Einheiten – durchgeführt werden. Es kommt darauf an, die Schwächemomente des Feindes

aa) während des Absprunges und

bb) während der Landung

geschickt auszunutzen.

Der abspringende und landende Feind muß schon in der Luft und noch während des Sammelns gefaßt und vernichtet werden. Hierzu sind alle verfügbaren Kräfte unverzüglich einzusetzen. Keine Sekunde ist zu verlieren!

Sofort antreten mit dem, was da ist! Nicht warten, bis Verbände aufgestellt, eingeteilt und organisiert sind!

Luftlandetruppen kommen immer überraschend; sie wollen Lähmung oder Panik erzielen. Ihre große Chance ist ihre Frechheit.

Deshalb: Sich nicht verblüffen lassen! Sofort dagegenschlagen! Jeden luftgelandeten Feind angreifen, wo immer man ihn trifft. Feuer der Artillerie und schweren Waffen schnellstens in den Raum der feindlichen Luftlandung!

Auch unterlegene Kräfte hatten bei schnellem, entschlossenem Handeln immer vollen Erfolg gegen Luftlandetruppen!

Durch die Abschnitts- und Unterabschnitts-Kommandeure ist enge Verbindung mit den bereits vorhandenen Flugwachen des Flugmeldedienstes und den Warnwachen des LS-Warndienstes zu halten.

Außerdem ist bei jedem Gefechtsstand ein ständiger Luftbeobachter einzusetzen.

Es kommt darauf an, daß sämtliche Meldungen über feindliche Luftlandetruppen unverzüglich an die vorgesetzten Dienststellen und an die Nachbarn weitergegeben werden.

Jede Meldung über Luftlandetruppen muß enthalten:

Wann?	Uhrzeit
Wer?	Lastensegler oder Fallschirmspringer
Wo?	Standort oder Richtung
Wie?	Weiterfliegend, Kreisend, Landend.

e) Volkskrieg im Rücken des Feindes.

Von ausschlaggebender Bedeutung ist der Kampf im Rücken des Feindes.

-9-

Hierzu sind in erster Linie Freiwillige einzusetzen, die von fanatischem Willen und Haß beseelt sind, den deutschen Heimatboden zur Hölle für den Bolschewisten werden zu lassen.

Beim Kampf im Rücken des Feindes kommt es darauf an, mit allen Mitteln der Kriegslist und Verschlagenheit dem Feinde jeden nur erdenkbaren Schaden und Verlust zuzufügen. Unter Vermeidung des offenen Kampfes sind vor allem im Schutze der Nacht Überfälle aus dem Hinterhalt auf feindliche Versorgungs- und Nachschubtransporte, auf einzelne Melder und Kfz., Anschläge auf mangelhaft bewachte Lager, Brücken, Eisenbahnen und Gefechtsstände, und Sabotageakte an Nachrichtenverbindungen des Feindes durchzuführen.

<u>Nirgends darf der Feind zur Ruhe kommen!</u>

Als Schlupfwinkel dienen die zahlreichen Wälder in der nahen und weiteren Umgebung der Reichshauptstadt; sie bieten sich förmlich für einen Kleinkrieg im Rücken des Feindes an!

Dieser Kampf im Rücken des Feindes ist schwer. Er fordert vom einzelnen Kämpfer, der unter Umständen ganz auf sich allein gestellt ist, mehr Mut, Ausdauer und Entschlußkraft, als wenn er inmitten von Kameraden und unter fester Führung zum Angriff antritt. Wer tief hinter der feindlichen Front, auf einsamen Posten, die Heimat und das Reich durch rücksichtslosen Kampf ohne alle Hemmungen gegen den Feind verteidigt und ihm Schaden zufügt, wo es nur möglich ist, erfüllt höchste soldatische Pflicht.

<u>Aufklärung:</u>

Durch die Abschnittskommandeure ist nach Durchgabe des Stichwortes "Clausewitz" unter Ausschöpfung sämtlicher verfügbaren Mittel (Fernsprechaufklärung, Entsendung von Spähtrupps, HJ auf Fahrrädern, V-Männer usw.) <u>nie abreißende Aufklärung</u> zu betreiben. Es kommt darauf an, durch ständige Gefechtsaufklärung ein klares Bild über die Feind<u>bewegungen</u>

zu erhalten und <u>frühzeitig die Hauptstoß-Richtung</u>, insbesondere feindlicher Panzer-Verbände, festzustellen.

Die <u>Abschnittskommandeure</u> haben <u>Fernsprech-Aufklärung bis in Linie der Panzerwarnringposten</u> (50 km-Grenze von Berlin) durchzuführen.

Die Aufklärungsergebnisse sind sofort dem Verteidigungsbereich Berlin zu melden.

<u>Über die Linie der Panzerwarnringposten</u> hinaus erfolgt <u>Fernsprech-Aufklärung durch Verteidigungsbereich Berlin.</u>

<u>Luft-Aufklärung</u> wird durch den Verteidigungsbereich Berlin angesetzt.

11.) <u>Panzer-Beobachtungs- und Warndienst.</u>

A) Mit der Schnelligkeit, Klarheit und Genauigkeit der Panzerwarnmeldungen steht und fällt das rechtzeitige Einleiten und der Erfolg der zu treffenden Maßnahmen.

Alle zum Panzerwarndienst und Beobachtungsdienst eingeteilten Posten sind eingehend zu belehren und zu schulen, daß jede Meldung enthalten muß:

Wann? .... Uhrzeit,

Wer? .... Anzahl und Baumuster der Feindpanzer,

Wo? .... <u>Standort</u> und Fahrtrichtung der Feindpanzer

Wie? .... mit oder ohne Begleit-Infanterie.

B) a) Für die Verteidigung von Groß-Berlin ist bis zum Umkreis von etwa 50 km von Berlin durch Vert.B.B. ein <u>Panzer- Beobachtungs- und Warndienst</u> eingerichtet, um das Herannahen fdl. Panzer rechtzeitig zu melden und die erforderlichen Maßnahmen zur Abwehr und Vernichtung derselben treffen zu können. <u>Außerdem dienst der Panzer-Beobachtungs- und Warndienst noch der Aufklärung</u>.

b) Für den Panzer-Beobachtungsdienst des Vert.B.B. werden die vorbereiteten Organisationen und Nachrichtenmittel der

- aa) Polizei
- bb) des Flugmeldedienstes
- cc) des Luftschutzwarndienstes
- dd) der Reichsbahn
- ee) des Fernsprech-, Abfrage- und Meldedienstes des AOK.9 (FAM)

ausgenützt.

c) Die von den in Ziff. b) aufgeführten Organisationen aufgestellten Warnposten geben ihre Meldungen an den <u>Panzerwarnoffizier</u> des Vert.B.B., Major <u>Holze</u>. Dieser wertet die eingehenden Meldungen sofort aus und gibt sie mit seiner Genehmigung an:

- aa) Vert.B.Bln.
- bb) Abschn.Kdre. A – H, Z
- cc) Unterabschn.Kdre.
- dd) Gauleitung Bln.
- ee) " Mark Brdbg.
- ff) Polizeipräsidium Bln.

d) Die Durchgabe der Warnmeldungen erfolgt:

- aa) auf dem Drahtwege über das Luftschutzwarnkommando
- bb) auf dem Funkwege durch Ausstrahlung des Senders "Horizont" d.1.Jgd.-Div.
- cc) durch Fkspr.d.Fkst.d.Vert.B.B. (nur an Abschn.-Kdre.)

e) Die Durchsage der <u>Panzerwarnmeldung</u> auf dem <u>Luftschutzwarnnetz</u> erfolgt in gleicher Weise wie die Durchsage der <u>Luftwarnmeldungen</u>. Den Abschn.- und Unterabschnitts-Kommandeuren werden in der Nähe ihrer Gefechtsstände bezw. Dienst-

stellen gelegene Luftschutzwarnapparate, an denen die Warnmeldungen aufzunehmen sind, in Kürze mitgeteilt. Vom Stichwort "Clausewitz" an sind durch besonders eingeteilte Schreiber (möglichst Stenografen) die Meldungen aufzunehmen und sofort an die Kdre. weiterzugeben.

f) Die Ausstrahlung durch den <u>Sen-der "Horizont"</u> (Funksprechsendungen) erfolgt auf Welle 265 k Hz = 1132,11 m. Um die Aufnahme dieser Rundstrahlungen auch bei Ausfall der Stromversorgung Groß-Berlins zu gewährleisten, werden den Abschn.-Kommandeuren für ihren Bereich eine entsprechende Anzahl von Batterieempfängern zugewiesen. Schreiber (wie Ziff. e) einteilen.

g) Die Durchgabe der Panzerwarnmeldungen <u>durch die Funkstelle des Vert.B.B.</u> im <u>Funktastverkehr</u> an die Abschn.-Kdre. erfolgt durch Sammelanruf innerhalb der zugehörigen Funkkreise. Einzelheiten hierzu werden gesondert befohlen.

h) Die Durchgabe der Panzerwarnmeldungen auf dem Draht- wie auf dem Funkwege geschieht <u>durch Übermittlung von Signalen</u> gem. Anlage des Merkblattes für den Panzer-Beobachtungs- und Warndienst (Merkbl. 77/5). Die erforderlichen Funk- bezw. Sprechtafeln werden vom Nachrichtenführer des Vert.B.Bln. ausgegeben.

C) a) Außer dem durch Vert.B.B. eingerichteten Panzer-Warn- und Beobachtungsdienst sind durch die Abschn.-Kdre. nach eigenem Ermessen in und vorwärts der äußeren Sperrzone Panzerwarnring-Posten aufzustellen. Die Meldungen dieser Posten sind auf schnellstem Wege über eingerichtete Meldeköpfe (bei fehlenden Nachr.-mitteln durch Radfahrstaffeten usw.) dem Vert.B.B. und den Nachbarabschnitten zuzuleiten.

b) <u>Sämtliche B.-Stellen</u> der Artl., Flak-Artl., Schw.Inf.-Waffen sind <u>zugleich Panzer-Beobachtungs- und Warnstellen.</u> Ausbildung im Panzer-Erkennungsdienst und Ausrüstung mit Leuchtzeichen und Flaggen ist sicherzustellen.

c) In Übereinstimmung mit AOK.9 ist folgendes <u>Leuchtzeichen</u> festgelegt:

"Panzerwarnung" = Rauchbündelpatrone violett
4 Rauchkörper, in 80 m Höhe ausgestoßen, fallen herab, violette Rauchstriche nach sich ziehend.

[illegible]

Artillerie und Flakartillerie.

Der Artillerie-Kampf wird vorwiegend von der 1. Flakdivision geführt, die für den Erdkampf dem Kdt.Vert.B.B. unterstellt ist. Die Einsatzfähigkeit der Flakartillerie für die Luftverteidigung muß so lange wie möglich erhalten bleiben.

B) Gliederung:

a) 1. Flakdivision: Kdr.: Generalmajor Sydow
Gefechtsstand: Zoo, Tiergartenufer, L-Turm
Tel.: 31 83 61

Flakgruppe Nord: Abschnitte E, F, G, H, Z (Rgt. 126)
Kdr.: Oberstlt. Nicolai
Gefechtsstand: Humboldthain, L-Turm
Tel.: 44 23 00

Flakgruppe Süd: Abschnitte A, B, C, D (Rgt. 22)
Kdr.: Oberstlt. Smollenski
Gefechtsstand: Lankwitz, Emmichblock (Flak-Kaserne)
Tel.: 74 15 92

Scheinwerfer-Rgt. 82: Kdr.: Oberst Hasenfuß
Gefechtsstand: Reinickendorf, Kaserne Div.Herm.Göring, Block 49

b) Für den Erdeinsatz der Flakartillerie ist für jeden Abschnitt ein Abschnitts-Flakführer ernannt worden.

Aufgabe: aa) Einsatz- und ausbildungsmäßige Vorbereitungen für den erdartilleristischen Kampf der Batterien und den FKT.-Einsatz,

bb) Führung der im Abschnitt eingesetzten Flakkräfte im Erdkampf.

Es werden auf Zusammenarbeit angewiesen:

14-

Abschnitts-Kommandeur A mit Abschnitts-Flakführer A:
Hptm. Jesumann
Gefechtsstand: Finanzamt Lichtenberg, Normannstr., Tel.: zunächst über Flakgruppe Süd.

Abschnitts-Kommandeur B mit Abschnitts-Flakführer B:
Hptm. Brettschneider
Gefechtsstand: Karlshorst, Fest.-Pi.-Kaserne, Tel.: 50 27 84, 50 07 06

Abschnitts-Kommandeur C mit Abschnitts-Flakführer C:
Hptm. Nolte
Gefechtsstand: Neukölln, Richardplatz 20, Tel.: 62 75 22

Abschnitts-Kommandeur D mit Abschnitts-Flakführer D:
Major Weber
Gefechtsstand: Tempelhof, Flugh.-Verw.-Gebäude, Tel.: 63 00 15, App. 1305

Abschnitts-Kommandeur E mit Abschnitts-Flakführer E:
Hptm. Gorgass
Gefechtsstand: Zehlendorf-West, Hotel Nestler, Argentinische Allee, Tel.: 85 05 70

Abschnitts-Kommandeur F mit Abschnitts-Flakführer F:
Hptm. Kothe
Gefechtsstand: Reichssportfeld, Schwimmstadion, Tel.: 99 23 41

Abschnitts-Kommandeur G mit Abschnitts-Flakführer G:
Hptm. Brosowski
Gefechtsstand: Humboldthain, L-Turm
Tel.: 44 23 00

Abschnitts-Kommandeur H mit Abschnitts-Flakführer H:
Hptm. v. Ghelius
Gefechtsstand: Pankow, Grunowstr., Gesundheitsamt, Tel.: 48 36 36

Abschnitts-Kommandeur Z mit Abschnitts-Flakführer Z:
Obstlt. Hoffmann
Gefechtsstand: Friedrichshain, L-Turm

-15-

c) Hinweis auf Einsatzrichtlinien.

Die Abschn.-Kdre. werden auf folgende Verfügungen hingewiesen:

aa) Verfügung OKL-Lw.-Führungsstab, Nr. 4250/45 geh. v. 6.2.45 (gleichlautend: Verfg. OKH/Gen St d H, Nr. 400/45 geh. v. 6.2.45):
"Richtlinien für den Einsatz der Flakartillerie im Operationsgebiet".

bb) Luftwaffen-Merkblatt 250:
"Einsatz und Kampfführung von Flak-Kampftruppe",
(Ausgabe Juli 1944), insbesondere auf Ziff. 10 u. 92.

d) Die schw. Turmflak-Abt. 123 (Flakuntergr. Friedrichshain: Kdr.: Obstlt. Hoffmann, Gefechtsstand: Friedrichshain, L-Turm, Tel.: 52 02 46) bleibt zur Bildung von Feuer-Schwerpunkten als Korps-Art. zur Verfügung Vert.B.B.

e) Heeresbatterien.

Die im Bereich der Abschnitte eingesetzten Heeresbatterien werden zunächst taktisch den Abschn.-Kdren. unterstellt.

C) Auftrag.

a) Die Artillerie (Flak und Heeres-Battr.) ohne die zunächst in erster Linie zu Luftverteidigungsaufgaben in der äußeren Sperrzone verbleibenden Flak-Batterien einschl. Flak-Kampftruppe ist in der HKL und in der Tiefe des Hauptkampffeldes so in Stellung zu bringen, daß sie

aa) den Kampf in der äußeren Sperrzone auf weiteste Entfernungen unterstützen,

bb) in beobachtetem Feuer erkannte feindl. Bereitstellungen, Pz.-Ansammlungen und Angriffe zerschlagen und erkannte fdl. Batterien niederkämpfen,

cc) feindl. Panzer in direktem Beschuß vernichten kann (Entfernungstafeln, Geländeskizzen anfertigen, Panzergranaten bereitlegen).

Störungs- und Sperrfeuer ist für die Flakartl. verboten -16-

und darf mit Rücksicht auf die Rohr- und Munitionslage nur in den dringendsten Ausnahmefällen mit Genehmigung des zuständigen Abschnitts-Flakführers geschossen werden. Für den erdartilleristischen Feuerkampf der Flakbattr. gilt die L.Dv. 400/19, IV als bindende Unterlage.

b) Stellungswechsel der zunächst in der äußeren Sperrzone in erster Linie für Luftverteidigungsaufgaben verbleibenden Flakbattr. ist so vorzubereiten (Kreuzlafettierung), daß er auf Befehl des Kdt. des Vert.B.B., der 1. Flakdivision oder des zuständigen Abschnitts in vorbereitete Stellungen in der äußeren bzw. inneren Verteidigungszone in kürzester Zeit gewährleistet ist. Zwingt die Entwicklung der Lage zum Stellungswechsel dieser Batterien in die HKL, so haben die Abschn.- und Flak-Kdre. alle Möglichkeiten der Kfz.-Gestellung auszunutzen, um den Batterien die Rückführung zu ermöglichen. Kein Flakgeschütz einschl. Munition darf dem Feind auf Grund von Kfz.-Mangel in die Hand fallen!

c) Durch Artl.-Kdr. sind in enger Verbindung mit 1. Flakdivision entsprechende Feuerpläne aufzustellen, V.B. mit Nachrichtenmitteln einzusetzen, Nachbarhilfe sicherzustellen und eine Artl.-Schutzstellung in enger Zusammenarbeit mit den Abschn.-Kdren. festzulegen.

d) Fehlendes Nachrichtengerät ist unter Ausnutzung der bestehenden Nachrichtenverbindungen (Flak-Art., Scheinwerfernetz, Postleitung und sonstige Behelfe) zu ersetzen.

D) Scheinwerfereinsatz.

Der Einsatz des Scheinw.-Rgt. 82 wird wie folgt geregelt:

a) Nähert sich der Feind dem Vert.B.B., werden die Maiden der außerhalb der HKL eingesetzten Batterien in den feindbedrohten Abschnitten nach vorbereitetem und jetzt schon bekanntzugebendem Plan durch 1. Flakdivision (Scheinw.-Rgt. 82) auf Sonder-Stichworte hinter die HKL zurückgeführt. Sie werden wie folgt verwendet:

aa) Zur Verstärkung des Personals der hinter der HKL eingesetzten Batterien nach Weisung 1. Flakdivision (Scheinw. Rgt. 82),

-17-

bb) Zur Verfügung der Abschn.-Kdre. für Betreuungsaufgaben, Verwundetenfürsorge, Notstandshilfe, Versorgungsaufgaben, Nachrichtendienst usw.

Die Bezirksführerin der Arbeitsmaiden ernennt für jeden Abschnitt eine Verbindungsführerin, die dem Abschn.-Kdr. für alle Fragen des Einsatzes der Maiden, insbesondere auch bezüglich deren Betreuung und Unterbringung zur Verfügung steht. Die Maiden sind mit Beginn der Zuführung an die Abschn.-Kdre. aus dem Dienstverhältnis der Luftwaffe entlassen und werden dem Vert.B.B. einsatzmäßig unterstellt. An der disziplinaren und führungsmäßigen Unterstellung unter RAD ändert sich nichts. Die Abschn. sind für die Versorgung, Besoldung und Unterkunft der ihnen zugeteilten Maiden verantwortlich. Bekleidung stellt weiterhin der RAD.

) Das militärische Personal der außerhalb der HKL eingesetzten Scheinw.-Battr. wird mit Teilen nach vorbereitetem und jetzt schon bekanntzugebendem Plan durch 1.Flakdiv. (Scheinw.-Rgt.82) auf Sonderstichwort zur Besetzung solcher Scheinwerfer zusammengezogen, die in der Sperrzone in Anlehnung an dort befindliche Stützpunkte bzw. Flak-Battr. im Einsatz verbleiben. Sie sind von den Abschn.-Kdren. zusammen mit den Scheinw.-Kdren.(s.d.) im einzelnen festzulegen. Die stillgelegten Scheinwerfer werden durch 1. Flakdivision (Scheinw.-Rgt. 82) zerstört.

) Die in und vor der HKL für den Erdkampf zur Verfügung stehenden Scheinwerfer (150 cm) sind so einzubauen, daß die direkte Beleuchtung des Vorfeldes und die indirekte Beleuchtung des Vorfeldes durch Erhellung des nächtlichen Himmels im Vordergrund steht. Der Einbau ist beschleunigt durchzuführen.

)1.Flakdiv. (Scheinw.-Rgt.82) bestimmt für jeden Abschn. einen älteren Offz. aus den im Abschn. eingesetzten Kräften, der für den Abschn. die Aufgaben eines Scheinwerfer-Kdrs. übernimmt. Mit ihm hat der Abschnitt alle Fragen des Scheinw. Einsatzes zu regeln.

Kdr.Scheinw.Rgt.82 ist Scheinw.-Kdr. für den Vert.B.B. und Verbindgs.-Offz. der 1.Flakdiv. zum Vert.B.B. in allen Fragen des Scheinw. Einsatzes.

13.) Panzerbekämpfung.

a) Feindliche Panzerangriffe sind geländemäßig in erster Linie im Ostteil des Vert.B.B. zu erwarten. Dies bedingt schwerpunktmäßigen Einsatz der panzerbrechenden Waffen in den Abschnitten H, A, B, C und D.

b) Einsatz panzerbrechender Waffen.
Einsatz der Flak-Kampftrupps, Pak, Festungspak und Schadpanzer hat in der HKL. und vor allem in der Tiefe der HKL. so zu erfolgen, daß unter größtmöglicher Ausnutzung der Wirkungsmöglichkeiten und gegenseitiger Ergänzung und Flankierung aller panzerbrechenden Waffen feindl. Panzerdurchbrüche in das Zentrum der Reichshauptstadt verhindert werden.

Darüber hinaus sind die übrigen Flak- und Heeres-Batterien zur Verdichtung des Panzerabwehrplanes so in Stellung zu bringen, daß sie durchgebrochene Panzer in direktem Schuß vernichten können.

Die Stellungen der Flak-Kampftrupps, der Festungspak, eingebauter Panzer sowie Flak- und Artilleriestellung sind stützpunktartig zur Rundumverteidigung auszubauen.

c) Unterstellung.
Festungspak und ortsfeste Panzer werden nach erfolgtem Einbau taktisch dem zuständigen Abschnittskommandeur unterstellt. Festungspakstäbe und Kompanien sind durch die Abschnitte wirtschaftlich zu versorgen.
Flakkampftrupps werden mit Stichwort "Clausewitz" den Abschnitten taktisch unterstellt.

d) Panzernahbekämpfung.
Hauptträger der Panzerbekämpfung ist der Panzernahkämpfer! Ihn zeichnen Draufgängertum, Kaltblütigkeit, Mut und der unbeugsame Wille zur Panzervernichtung aus.

Daher:

Die Panzerfaust gehört in erster Linie in die Hände von Freiwilligen!

Diese werden in Panzernahkampftrupps zusammengefaßt und sind in unübersichtlichem Laubengelände und im bebauten Stadtgebiet unter Ausnutzung der vorzüglichen Tarnmöglichkeiten in Häuserruinen, Kellern, auf Dächern, hinter Hecken und Mauern, an, vor und rückwärts von Panzersperren und Hindernissen einzusetzen und in Einklang mit den schweren panzerbrechenden Waffen zu bringen. Hierbei ist besonders darauf zu achten, daß nach den Erfahrungen der letzten Zeit russische Panzer nach Möglichkeit Sperren im Gelände umgehen, um sie dann von rückwärts zu erledigen.

e) Bewegliche Panzerabwehrreserve.
Sollte es dem Feinde trotz der vielen Panzersperren und Hindernisse und der eingesetzten Panzernahkampftrupps und schweren panzerbrechenden Waffen gelingen, feindliche Panzereinbrüche in die HKL. zu erzielen, so sind die Feindpanzer durch bewegliche Panzerabwehrreserven der Abschnitte anzugreifen und zu vernichten. Hierzu sind von jedem Abschnitt beschleunigt Panzerjagdkommandos (je Abschnitt mindestens 8 in Stärke 1 : 6) aufzustellen und behelfsmäßig beweglich (Fahrrad, Krad, Lieferwagen usw.) zu machen.

f) Ausbildung.
Durch ständige Ausbildung aller Dienstgrade mit der Panzerfaust und im Panzererkennungsdienst ist jeder Soldat und Volkssturmmann zu einem vollwertigen Panzernahkämpfer heranzubilden.

g) Panzerabwehrplan.
Durch Stopak Verteidigungsbereich Berlin ist in enger Zusammenarbeit mit 1. Flak-Division, Arko. und den Abschnittskommandeuren der Panzerabwehrplan aufzustellen.

14.) Verteidigung, Besetzung und Schließung von Sperren.

A) Sicherung und Verteidigung von Brücken und Sperren:

a) Die wirksame Sicherung der Übergänge über Flußabschnitte ist die wichtigste und vordringlichste Panzerabwehrmaßnahme.
Alle Nebenbrücken, deren Offenhaltung aus taktischen Gründen nicht unbedingt erforderlich ist und zu deren Verteidigung nicht genügend Kräfte zur Verfügung stehen, sind rücksichtslos panzersicher zu sperren oder zu sprengen. Entscheidung trifft Vert.B.B.
Panzerbekämpfung und Sicherung durch Brückenbesatzung.
Falsch ist eine Verteidigung, die sich nach bisherigen Grundsätzen darauf beschränkt, die Brücke in einem breit gespannten Brückenkopf zu verteidigen und die Panzersicherung der Brücke selbst nur einigen wenigen Brückenposten ohne Panzerhindernisse und ohne vorbereitete Deckungsmöglichkeit anzuvertrauen.
Richtig ist die Einteilung starker Brückenkopfbesatzungen, die keine andere Aufgabe als die unmittelbare Verteidigung der Brückeneingänge haben. Darüber hinaus Brückenkopfstellungen weit vorschieben, wenn Feindufer überhöht oder deckungslos ist, die Brücke von weit her eingesehen werden kann und genügend Kräfte zur Verfügung stehen. Panzersperren und Barrikaden sind vor den Brücken so zu bauen, daß ein überraschendes Auffahren von Panzern und der unmittelbare Panzerbeschuß auf die Brücke verhindert werden. Für Brückenkopfbesatzungen und Sprengkommandos sind schußsichere Deckungen mit gedeckter Annäherungsmöglichkeit bzw. Blenden zu schaffen.

b) Stellungen für Panzerfäuste, MG. usw. gehören nicht nur an die Sperre, sondern auch vor die Sperre. Die feindl. Panzer werden dort bekämpft, wo sie vermutlich stehen bleiben, um die Sperre zu beschießen (d.h. sobald die Sperre ins Blickfeld kommt).

B) Besetzung von Sperren.

a) Für jede Sperre ist eine Sperrbesatzung, bestehend aus

aa) einem ständigen Sicherungstrupp,

bb) einem ständigen Sperrtrupp

einzuteilen unter einem verantwortlichen Führer – dem Sperrführer –, welchen der Abschn.-Kdr. bestimmt. Die Sperrbesatzung ist in unmittelbarer Nähe der Sperre auf der dem Feinde abgewandten Seite unterzubringen. Schnelle Alarmierung durch Posten und Panzerwarnposten ist sicherzustellen. Austausch und Wechsel der Sperrbesatzung hat zu unterbleiben.

b) An taktisch wichtigen Stellen sind für Durchlässe und Brücken Offiziere einzuteilen, die für ständige Bereitstellung aller für die Sperrung notwendigen Kräfte und Mittel und für die Durchführung der Schließung verantwortlich sind.

c) Die Stärke der Sicherungstruppe ist von der taktischen Wichtigkeit der Sperre und dem Gelände abhängig. Die Stärke der Sperrtrupps (bei Brückensprengung außerdem Zündtrupps) ist unterschiedlich und richtet sich nach dem Umfang der zu leistenden Arbeit (im allgemeinen 8 Mann und mehr).

d) Aufgaben:

aa) Die Sicherungstrupps verteidigen die Sperre und stellen Tag und Nacht vorgeschobene Panzerwarnposten und Spähtrupps. Sie übernehmen gleichzeitig den Feuerschutz für den Sperrtrupp während des Schließens der Sperre und für den Zündtrupp beim Anbringen der Zündung. Ein Zurückgehen erfolgt nur auf Befehl des örtlichen taktischen Führers.

bb) Die Sperrtrupps sind für das Schließen der Sperren verantwortlich und gliedern sich nach Durchführung ihrer Aufgabe in die Verteidigung ein oder schließen weiter rückwärts liegende Sperren gemäß Befehl des Sperrführers.

cc) Die Zündtrupps überprüfen die eingebauten Ladungen und bereitliegenden Zündungen auf dauernde Brauchbarkeit (Schutz gegen Witterungseinflüsse). Nur auf Befehl des Sperrführers sind die Zündleitungen in die Sprengladung einzuführen (Zündfertigmachen der Brücke).

e) Der Sperrführer und der Führer des Sperrtrupps (bei Zündtrupps auch dessen Führer) müssen einen schriftlichen Befehl des Abschn.-Kdrs. mit genauen Angaben besitzen (Muster s. Anlage 8). Durchschlag des Auftrags an Vert.B.B.! (Außerdem wird auf "Brückenmerkblatt" und "Kampfanweisung für den Brückenkommandanten" v.Höh.Ld.Bau-Pi.Fü.1 verwiesen.

f) In der Zeit ohne Feindberührung verbessern Sicherungs- und Sperrtrupps laufend ihre Stellungen und Sperren. (Stützpunktartiger Ausbau, Kampf- und Annäherungsgräben, Ausbau von Kellern und Stockwerken, Tarnung, Geländekenntnis usw.)
Die Ausbildung ist zu vertiefen, besonders bei wenig ausgebildeten Volkssturmmännern!

C) Schließen von Sperren, Sprengen von Straßen- und Eisenbahnbrücken.

Schnelles und wirksames Schließen von offen gehaltenen Durchlässen ist am besten mittels Minen und Minenschnellsperren möglich. Wirksames Schließen mit Behelfsmitteln erfordert Zeit; diese ist von den taktischen Führern in Rechnung zu stellen. Durch Anlegen von Vorsperren und Scheinsperren wird der Gegner getäuscht, sein Vorgehen gehemmt und die erforderliche Zeit gewonnen, um die Hauptsperre unter allen Umständen zu schließen.

Das schnelle Schließen der Sperren ist nur bei eingeübten Truppe gewährleistet. Alarmmäßiges Üben von Verteidigung und Schließen der Sperren ist durchzuführen. Dabei ist festzustellen:

aa) Übermittlung von Befehlen und Meldungen,

bb) Durchgabe der örtlichen Panzerwarnung,

cc) Zeit und Kräftebedarf zum Schließen und zur Verteidigung der Sperre,

dd) Technisch und taktisch richtige Durchführung.

a) Schließen von Sperren.

Den Befehl zum Schließen der offen gehaltenen Durchlässe erteilt der im Abschnitt zuständige taktische Führer.

b) Sprengen von Straßenbrücken.

aa) Wichtige Brücken dürfen nicht frühzeitig zerstört werden. Sie sind durch Anlagen von Sperren vor und auf der Brücke zusätzlich zu sichern.

bb) Der Sperrführer befiehlt das Einführen der Zündleitungen in die Sprengladung (Zündfertigmachen), wenn Feindlage es erfordert.

cc) Den Befehl zur Sprengung erteilt der im Abschnitt zuständige taktische Führer oder Sperrführer (bei Brücken ist der Sperrführer zugleich Brückenkommandant) dann, wenn ein Übergehen des Feindes über den Fluß durch Kampf nicht mehr zu verhindern ist. Eine Annäherung einzelner Feindpanzer und Schützen rechtfertigen die Sprengung noch nicht, bevor nicht alle Mittel zur Vernichtung angewendet oder erschöpft sind. Jedoch Grundsatz: Kein Panzer darf über die Brücke!

dd) Ebenso (wie Ziff. cc) handelt der Zündtruppführer, wenn ein vorgesetzter Führer nicht zu erreichen ist.

c) Sprengen von Eisenbahnbrücken.

aa) Bei Eisenbahnbrücken ist zu unterscheiden zwischen Unterbrechung und Zerstörung. Unter Unterbrechung ist die Beseitigung oder Sprengung des Eisenbahnoberbaues zu verstehen (Schwellen, Schienen, Belag, auch horizontale Diagonalbänder usw.) auf eine Mindestlänge von 10 – 15 m, sodaß die Brücke für Panzer unpassierbar wird.

bb) Den Befehl zur Unterbrechung erteilen

der für den Abschnitt zuständige)	Voraussetzungen
taktische Führer)	wie Ziff C/
oder der Sperrführer)	b/cc und b/dd
oder der Zündtruppführer)	

cc) Den Befehl zur Zerstörung oder Freigabe zur Zerstörung erteilt Vert.B.B.

15.) Luftwaffe.

a) Der Einsatz der Luftwaffe zur Unterstützung des Verteidigungskampfes der Reichshauptstadt wird im engen Zusammenwirken mit dem Vert.B.B. erfolgen.

b) Die Aufgaben der Luftwaffe gliedern sich in:

aa) Luftaufklärung,

bb) Unterstützung auf dem Gefechtsfeld,

cc) Luftverteidigung,

dd) Luftversorgung.

c) Die Kenntlichmachung der vorderen Linie erfolgt durch Hakenkreuzfahnen und ist durch die Abschnitte vorzubereiten.

d) Die aktive Luftverteidigung der Reichshauptstadt wird von den der 1.Flak-Div. unterstellten Kräften durchgeführt. Darüber hinaus haben sich sämtliche Truppen an der Abwehr feindl. Tiefflieger-Angriffe durch Einsatz aller Gewehre und Maschinengewehre zu beteiligen.

e) Über Einsatz und Aufgabe der L.W. folgt Sonderbefehl.

16.) Reserven.

a) Zu meiner Verfügung halten sich bereit:

Wach-Btl. Gr.D.	Bln. NW.40, Rathenowerstr.10. Tel.: 35 65 71 App.339
Pz.Späh-Komp."Kalck"	Härtelager der 1.Kp./Pz.A.E.u.A.A.4 Kienwerder bei Schlieffenkaserne Tel.: 84 36 01 App. 142
Pz.Vern.Abt.1	Karlshorst, Fest.-Pi.-Schule, Zwieselerstr. Tel.: 50 14 09
Volkssturm-Btl. Roland II	Bln.-Reinickendorf - Herm.Göringkaserne Tel.: 49 20 61 App. 342
Volkssturm-Btl. 3/619	Bln.-Frohnau, Hennigsdorferstr. W.B.J.-Lager, Steinbaracken Tel.: 47 53 41
II. SS-Pol.Btl.	Berlin SW. 29, Blücherstr. 48 Tel.: 66 54 31 App.8

Pol.Ldschtz. Bt. III	Bln. Spandau, Moritzstr.1o. Tel.: 37 41 41
Pz.-Kraftwagenzug d. Polizei	Spandau Chausseestr.95/97 Maikäferkaserne Tel.: 41 62 o. App. 295

b) Die Führer der Korpsreserven haben enge Verbindung mit den Abschn.-Kommandeuren zu halten und Anmarschwege in alle Abschnitte, sowie Bereitstellungsräume in den Abschnitten zu erkunden.

I. Sonstiges.

17.) Kriegsgefangene und ausländische Arbeiter.

a) Kriegsgefangene.
Die Räumung der Kriegsgefangenen-Arbeitskommandos und Kriegsgefangenen-Unterkünfte, die in den Sperr- und Verteidigungszonen liegen und unter Umständen eine Gefahr für die kämpfende Truppe werden können, ist planmäßig vorbereitet.
Der Befehl zur Räum[illegible]gt durch den Kommandeur der Kriegsgefangenen[illegible] III (App. 382) oder, wenn unmittelbare Gefa[illegible]nge ist, durch die betreffenden Abschn.-Kdre. Den Bewachungsmannschaften sind die Ausweichunterkünfte bekannt. Verzeichnisse befinden sich außerdem bei den Abschnitten. Ferner ist beabsichtigt, alle nicht unbedingt notwendigen Kriegsgefangenen-Arbeitskommandos aus Berlin in einem Raum westlich der Stadt hinauszuführen, sodaß in der Stadt dann lediglich die für Ernährung, Rüstung und Verkehr unbedingt erforderlichen Kriegsgefangenen-Arbeitskräfte verbleiben.
Die Wachmannschaften haben schärfste Anweisung, bei Widersetzlichkeit der Kriegsgefangenen sofort von der Waffe Gebrauch zu machen, um jede Meuterei im Keime zu ersticken. Hierbei ist jeder Soldat und jeder Volkssturmmann verpflichtet, die im Kriegsgefangenen Wesen eingesetzten Wachmannschaften tatkräftig und energisch zu unterstützen.

b) Ausländische Arbeiter.
Die Räumung der Lager ausländischer Arbeiter, die unter Umständen eine Gefahr für die kämpfende Truppe werden können, ist vorbereitet und erfolgt - soweit nicht Anordnungen des Notprogramms der Industrie entgegenstehen - durch die Staats-Polzei-Leitstelle Berlin im Einvernehmen mit den zuständigen Abschn.-Kommandeuren.

18.) Standgerichtsbarkeit.

a) Fliegende Standgerichte (Gerichtsherr: Der K.General).
Zur sofortigen Aburteilung von Straftaten, die die Todesstrafe erheischen, dienen fliegende Standgerichte, die mir unmittelbar unterstehen. Diese Urteile können nur auf Todesstrafe oder Freispruch lauten. Erscheint die Todesstrafe nicht gerechtfertigt oder sind noch Ermittlungen erforderlich, so wird die Strafsache dem ordentlichen Kriegsgericht überwiesen.

b) Standgerichte gemäß § 13a der Kriegsstrafverfahrensordnung (Gerichtsherr der "nächsterreichbare" Rgts.-Kdr.

Der nächsterreichbare Rgts.-Kdr. oder ein mit gleicher Disciplinar-Strafgewalt versehener Befehlshaber (z.B. ein Unterabschnittskdr.), kann Standgerichte bilden, wenn die Aburteilung einer Straftat aus zwingenden militärischen Gründen keinen Aufschub duldet.

Wenn diese Vorbedingung erfüllt ist, ist Ermessensfrage (in kritischen Gefechtsmomenten weitherzige Auslegung). Gedacht ist insbesondere an Fälle schwerer Gehorsamsverweigerung, Feigheit und Plünderung vor dem Feind. Als Verhandlungsleiter eines solchen Standgerichts ist ein Offizier mit der"Befähigung zum Richteramt" zu bestimmen. Nur wenn ein solcher fehlt und dringende Aburteilung erforderlich ist, soll ein anderer Offz. die Verhandlung führen. Beisitzer sind in jedem Fall ein Offz. und ein Soldat in der Rangklasse des Angeklagten.

c) Standgerichte für Zivilpersonen.
Eine dritte Art von Standgerichten sind die gemäß der Verordnung des Reichsjustizministers vom 15.12.45 in feindbedrohten [illegible]chsverteidigungsbezirken für Zivilpersonen zu bildende Standgerichte, die der Aburteilung von Straftaten dienen, durch die die Kampfkraft oder Kampfentschlossenheit gefährdet wird. Dies [illegible] insbesondere für Zuwidersetzungen aus Feigheit oder Eigennutz. Das Standgericht besteht aus einem Vorsitzer mit der Befähigung zum Richteramt, einem polit. Leiter und einem Offizier.

19.) Erfassung von Urlaubern, Dienstreisenden und Versprengten.

A) Urlauber und Dienstreisende.
Die anfallenden Urlauber und Dienstreisenden werden auf das Stichwort "Blücher" (s.Anlage) nach den von der Wehrmachtkdtr. Bln. gegebenen Richtlinien erfaßt und stehen Vert.B.B. zum Einsatz zur Verfügung. Über Aufstellungsort zum Zwecke der Formierung und Bewaffnung folgt je nach Lage Befehl. Wehrmachtkdtr. Bln. meldet dann täglich 12.oo Uhr das Aufkommen an Urlaubern und Dienstreisenden.

B) Versprengte.

a) Sämtliche anfallenden Versprengten der Wehrmacht, der Polizei, des Volkssturms, des R.A.D., der O.T. usw. sind durch die Abschnitte in Auffangstellen zu erfassen und stehen ihnen zum Einsatz zur Verfügung.

b) Die Auffangstellen sind in Anlehnung an bestehende Truppenunterkünfte einzurichten, von denen Bewaffnung, Ausrüstung und Verpflegung ausgegeben werden kann.

c) Bei allen Versprengten liegt der Verdacht auf Fahnenflucht nahe. Sie sind deshalb hart anzufassen, bei schwerwiegenden Verdachtsgründen dem Standgericht zu übergeben.

d) [illegible] des Wehrmachtstreifendienstes im Wehrkreis III [illegible]richtet mit Durchgabe des Stichwortes "Clausewitz" einen verstärkten Streifen-Sperr-Ring gem. Sonderbefehl ein und führt Versprengten der nächstgelegenen Auffangstelle gem.Anl.1 [illegible]

e) Die Abschnittskommandeure melden an Vert.B.B. die Anzahl der täglich anfallenden Versprengten mit der Tagesmeldung bis 2[illegible] Uhr.

20.) Verkehrsregelung.

a) Für den Vert.B.B. sind festgelegt:
aa) Hauptdurchgangsstraßen,
bb) Verbindungsstraßen.

b) Die Verkehrsregelung, Beschilderung sowie Freihaltung der Hauptdurchgangsstraßen und Verbindungsstraßen erfolgt durch das Kommando der Schutzpolizei.

Verzeichnis der Durchgangs- und Verbindungsstraßen s.Anl.[illegible]

c) Durchgangsstraßen sind so offenzuhalten, daß auch im Durchlaß der Sperre ein 2-seitiger Verkehr gewährleistet ist. Die Breite des 2-seitigen Durchlasses beträgt mindestens [illegible]

d) Verbindungsstraßen, die mit V bezeichnet werden, sind 1-s[illegible]nig offenzuhalten, wobei die Breite des Durchlasses mindes[illegible] 4,2o m beträgt.

e) Für Hauptdurchgangsstraßen und Verbindungsstraßen besteht Parkverbot, sowie Sperre für Flüchtlingstrecks.

f) Festlegung von Einbahnstraßen und örtlich erforderlichen [illegible]leitungen, insbesondere für Schwerstlasten, führen die zuständigen Pol.-Reviere behelfsmäßig durch.

g) Jeder Führer ist verpflichtet, bei Verkehrsstockungen und Verkehrsverstopfungen verantwortlich von sich aus einzugr[illegible] und größere Verkehrsstörungen sofort an die zuständig[illegible] Verkehrs-Offiziere der Schutzpolizei zu melden.

-27-

Als Verkehrs-Offiziere der Schutzpolizei Berlin sind eingesetzt und werden wie folgt auf Zusammenarbeit mit den Abschnitten angewiesen:

Abschnitt A u. B
mit Gruppe Ost: Rev.Oblt.d.Sch.P. Schmidt
SO 36 Wrangelstr. 97/99
Tel.: 68 90 61 u. 59 07 42

Abschnitt C u. D
mit Gruppe Süd: Rev.Oblt.d.Sch.P. König
SW 29 Blücherstr. 48
Tel.: 66 54 31 u. 61 16 21

Abschnitte E u. F
mit Gruppe West: Rev.Oblt.d.Sch.P. Gremml
Charlottenburg, Bundesallee 6
Fernruf: 30 02 41 u. 93 66 16

Abschnitt G u. H
mit Gruppe Nord: Rev.Oblt.d.Sch.P. Schmidt
N 4, Chausseestr. 95/97
Tel.: 41 62 01 u. 11 52 36

Abschnitt Z
mit Gruppe Mitte: Rev.Oblt.d.Sch.P. Rochner
C 2, Kl.Alexanderstr. 21/24
Tel.: 52 41 95 u. 41 40 96

b) Außer den festgelegten Hauptdurchgangsstraßen und Verbindungsstraßen haben <u>die Abschn.-Kdre. die für die Kampfführung benötigten Straßen selbst freizuhalten</u>, sie vorsorglich gegen Feindeinsicht zu <u>maskieren</u> (Blenden aufstellen!) und besonders <u>gefährdete Räume</u> zu <u>bezeichnen</u> (Achtung! Feindeinsicht!)

i) Jeder Fußgänger, Radfahrer und Kfz.-Fahrer hat durch eiserne <u>Verkehrsdisziplin</u> und strikte Befolgung der angeordneten Verkehrsbestimmungen mit dazu beizutragen, daß die Führung schnell und reibungslos Reserven verschieben und die erforderlichen Versorgungs- und Nachschubtransporte durchführen kann.

-30-

— 30 —

21.) **<u>Alarmübungen.</u>**

Jeder Abschnittskommandeur hat sich durch laufende <u>Alarm- und Besetzungsübungen</u> von der Einsatzbereitschaft der unterstellten Truppenteile zu überzeugen. Darüber hinaus sind auch die im Falle "Clausewitz" zum Einsatz kommenden Alarmeinheiten zu Alarm- und Besetzungsübungen heranzuziehen.

Ich verlange, daß nicht nur die Führer der Alarmeinheiten in die zu besetzenden Alarm-Stellungen eingewiesen werden, sondern daß jeder Soldat und Volkssturmmann seine im Alarmfall zu besetzende MG-Stellung, sein Schützenloch, seine Panzersperre genauestens kennt und mit ausbauen hilft.

-31-

<u>..richtenverbindungen.</u>

.. Nachrichtenführer stellt sicher und hält:

aa) <u>Fernsprechverbindung zu</u>
Abschn. Kdren. A bis H und Z
Korpsreserven
1. Flakdivision
Polizeipräsidium Berlin
Gauleitung Berlin
Gauleitung Brandenburg
und möglichst lange zu
F.H.Qu.
Chef Gen.Stab
Heeresgr. Weichsel
Ob.d.E.
A.O.K. 9
Pz.A.O.K. 4
Luftflotte 6
Luftgaukdo. III
4. Fliegerdivision

bb) <u>Funkverbindung zu</u>
Abschn.-Kdren. A bis H und Z
Pz. Späh-Komp. Kalck
1. Flakdivision
Polizeipräsidium Berlin
Gauleitung Berlin
Gauleitung Brandenburg
F.H.Qu.
Chef Gen.Stab
Heeresgr. Weichsel
Ob.d.E.
A.O.K. 9
Luftflotte 6
Luftgaukdo. III
4. Fliegerdivision

<u>F u n k s t i l l e !</u>

..kanrufe Vert.B.B. sind zu beantworten!
Auf Stichwort <u>"Clausewitz"</u> ist <u>Dauer-Funkbereitschaft</u> herzustellen.

-32-

-32-

b) <u>Die in den Abschnitten vorhandenen Nachrichtennetze</u> z.B.
Leitungsnetz der S-Bahn (Reichsbahn)
" " U-Bahn (B.V.G.)
" " S.A. (Ringleitung)
" " Polizei (Fernsprech- u. Fernschreibnetz
" " Feuerwehr (Feuerschutzpolizei)
" " 1. Flakdivision (Befehlsnetz, Lukasnetz
" des Flugmeldedienstes
Funknetz der Polizei (Funksprechnetz Groß-Berlin)
sind in Zusammenarbeit mit den betr. Dienststellen zu erfassen und weitgehend in die Nachrichtenübermittlung innerhalb der Abschnitte einzubeziehen. Unterlagen hierzu können, soweit vorhanden, beim Nachrichtenführer für die Verteidigung Groß-Berlins eingesehen werden. Es kommt darauf an, daß durch überlagernde Nachrichten-Verbindungen die Verbindungen ständig sichergestellt sind.

c) Über Einsatz und Zuteilung von <u>Meldehunden und Brieftauben</u> folgt Befehl. Selbstständiges Verhandeln der Abschnitte mit privaten Brieftaubenhaltern ist zu unterlassen.

d) <u>Improvisierte drahtlose Nachrichtenmittel</u> wie optische Signale, Winkerzeichen, Flaggensignale, farbige Tücher, Radfahrer (HJ) usw. gewinnen bei der mit Sicherheit zu erwartenden Störung des Berliner Drahtnetzes erhöhte Bedeutung. Fantasie und Erfindergeist der Nachrichten-Offiziere sowie aller Dienstgrade und Männer haben hier ein reiches Betätigungsfeld.

e) Die Bestimmungen über Tarnung des Nachrichtenverkehrs (H.Dv 427) sind sorgfältig zu beachten. Es kommt darauf an, durch äußerste Sprechdisziplin das Fernsprechnetz nicht zu überlasten, Gespräche über 3 Min. sind <u>nur in dringenden Ausnahmefällen</u> zu führen

-..) <u>Meldungen.</u>

Die Abschnitte haben ab "Clausewitz" folgende taktischen Meldungen abzugeben:

a) Morgenmeldung bis 7 Uhr:
Hierbei: Verlauf der Nacht,
Anlauf der für den Tag befohlenen Maßnahmen

b) Zwischenmeldung bis 13 Uhr:

-33-

Stand der wesentlichen Kampfhandlungen.

c) Tagesmeldung bis 20 Uhr:

Zusammengefaßter Verlauf des Tages, wichtigste Feststellungen über Feindlage (s. Anlage 6)

Darüber hinaus sind sämtliche wichtigen Veränderungen der Lage unverzüglich zu melden. Verantwortlich für den Inhalt der Meldung ist der Abschn. Kdr. Durchgabe erfolgt grundsätzlich durch Ord. Offz.

24.) Gefechtsstände:

a) Für jeden Abschnitts-Stab werden zwei Gefechtsstände festgelegt. Sie tragen die Bezeichnung I und II.

b) Gefechtsstände I:

Abschn.	Gefechtsstand I	Rufnummer
A	Lichtenberg, Finanzamt Normannenstr.	(zunächst über 71 15 92)
B	Karlshorst, Fest.Pi.Sch. Zwieselerstr.	(J 2 8884/8894) 50 14 09/50 10 13
C	Niederschöneweide, Berliner Str. 139	63 13 41
D	Tempelhof, RLM, Neue Flughafenstr.	66 00 19/75 00 19
E	Zehlendorf, Argentinische Allee, Hotel Nestler	(J 5 1487) 84 21 86/85 05 70
F	Westend, Königin Elisabethstr.	(J 5 1471) 93 67 61
G	Wittenau, Mil.-Ärztl. Akademie, Cyklopstr. 3	(J 5 1488) 44 20 64/48 00 11
H	Pankow, Rathaus Breite Str.	52 02 46
Z	Bln-W 8, RLM, Leipziger Str.	12 53 24

Gefechtsstände II:

Abschn.	Gefechtsstand II	Rufnummer
A	Flakturm, Friedrichshain	(J 5 1020)
B	Luftw.-Bekl.-Amt	57 40 81/57 41 91

f) Gefechtsstand Vert.B.B.:

Berlin-Grunewald, Hohenzollerndamm 144.

Tel.: 89 75 41 und 87 93 81

oder J 5.

Ab "Clausewitz" + 6 Stunden:

Zoo, Tiergarten-Ufer, L-Turm

Tel.: J 5 1720 - 23
93 46 96.

i.V.

Verteiler im Entwurf.

2. Generalplan Ost

INHALT

TEIL A

Forderungen an eine künftige Siedlungsordnung

I. Ländliche Siedlung Allgemeine Leitgedanken

Die deutschen Waffen haben die in Jahrhunderten immer wieder umstrittenen Ostgebiete endgültig dem Reiche gewonnen.

Das Reich erblickt nunmehr seine vornehmste Aufgabe darin, diese Gebiete innerhalb kürzester Frist zu vollwertigen Reichsgauen auszubauen. Die erste Voraussetzung hierfür bildet die ländliche Siedlung und die Schaffung eines gesunden Bauerntums.

Für eine deutsche Siedlungsordnung haben folgende allgemeine Gesichtspunkte zu gelten:

a) Zur Durchführung dieser grössten Siedlungsaufgabe ist eine von der Volkskraft bestimmte Abgrenzung der Siedlungsgebiete notwendig. Vorschlag hierzu enthält Teil C, S. 71

b) Das Gelingen des Siedlungswerkes wird auf Grund der bisherigen Erfahrungen entscheidend davon abhängen, dass in allen Siedlungsgebieten eine einheitliche Befehlsgewalt geschaffen wird.

In den bereits eingegliederten Ostgebieten ist die Lenkung und die Aufsicht über die Durchführung des Siedlungsaufbaues dem Reichskommisar für die Festigung deutschen Volkstums zu übertragen.

Die weiteren Siedlungsgebiete sind als Marken des Reiches aus ihrem bisherigen staatlichen Territorialverband auszugliedern und für die Dauer des Aufbaus der Hoheitsgewalt des Reichsführers-SS zu unterstellen. Vorschlag hierzu enthält A III. In den die Marken verbindenden Siedlungsstützpunkten (vergl. Teil C) gilt das oben für die eingegliederten Ostgebiete Gesagte.

c) Die vorliegenden Grundsätze für die Durchführung des Siedlungswerkes gehen davon aus, daß dem Reich, vertreten durch den Reichskommissar für die Festigung deutschen Volkstums, die ausschließliche Verfügungsgewalt über den gesamten zu Siedlungszwecken anfallenden Grund und Boden in den Ostgebieten zusteht.

d) Für die Siedler gelten die Grundsätze der Neubauernauslese unter Berücksichtigung der Erfahrungen, die von der SS bei der rassischen und erbbiologischen Auslese gemacht sind.

e) Grund und Boden wird als Eigentum besonderen Rechts verliehen. Die Ansetzung der Siedler erfolgt durch Belehnung in der Form des Zeitlehens, das in ein Erblehen und schließlich in Eigentum besonderen Rechts übergeht.

f) Das Siedlungseigentum unterliegt den allgemeinen, im deutschen Bodenrecht begründeten Beschränkungen. Hierdurch werden Bodenspekulation, Überschuldung und unerwünschte Zersplitterung bäuerlichen Besitzes unterbunden.

Es kommt in den neu aufzubauenden Gebieten in erster Linie darauf an, das Recht des Siedlungseigentums hinsichtlich Vererbung, Belastungsfähigkeit und Veräußerbarkeit auf eine rasche Entwicklung der bäuerlichen Agrarverfassung zum Zwecke der Festigung deutschen Volkstums auszurichten. Die Schaffung eines Eigentums besonderen Rechts im Siedlungsgebiet erscheint daher im Interesse des Siedlungsfortgangs dringend geboten und entspricht geschichtlicher deutscher Siedlungsgepflogenheit.

Das im Altreich geltende Reichserbhofgesetz dient vornehmlich der Erhaltung bereits vorhandenen bäuerlichen Eigentums und scheidet daher als Rechtsordnung einer Landnahmeverfassung aus.

Im einzelnen muß die künftige Siedlungsordnung folgenden Forderungen gerecht werden:

I. Verfügungsgewalt über Grund und Boden.

Die Verfügungsgewalt über Grund und Boden liegt beim Reich,

vertreten durch den Reichsführer SS, Reichskommissar für die Festigung deutschen Volkstums:

a) Das Reich kann seine Verfügungsgewalt über Grund und Boden vorbehalten, es kann Land bedingt oder bedingungsfrei weiter begeben.

Die Verfügungsgewalt bleibt vorbehalten bei allen Staatsdomänen und -forsten, sowie allen für öffentliche Zwecke benötigten Ländereien.

b) Grund und Boden kann weiter begeben werden durch Eigentumsbestätigung an bisherige Eigentümer, sowie im Falle der Umsiedlung oder im Vollzuge der Neuansiedlung durch Belehnung.

c) Das Ziel der Belehnung durch das Reich ist die Schaffung von Neueigentum besonderen Rechts. Es wird durch den Einsatz der ganzen Arbeitskraft und durch die persönliche Leistung des Lehnsnehmers und seiner Familie unter Mithilfe des Reiches erworben.

2. Die Belehnung mit Grund und Boden.

a) Das Reich, vertreten durch den Reichsführer SS, Reichkommissar für die Festigung deutschen Volkstums, errichtet in eigener Durchführung oder durch Beauftragte Lehnshöfe und -stellen, die es mit dem notwendig erachteten Anfangsbesatz an Gebäuden, Geräten, Vieh und Vorräten ausstattet.

b) Die hierfür erforderlichen Mittel werden möglichst aus der dem Reich in den neuen Ostgebieten angefallenen Wertmasse bestritten. Die Möglichkeiten der Mittelaufbringung sind im Teil B niedergelegt.

c) Der Lehnsnehmer (Bauer, Handwerker, Inhaber von Landarbeitereigenheimen) erwirbt sein Lehen mit Unterstützung des Reiches. Es hat dafür als Gegenleistung eine Siedlungsschuld abzutragen, deren Gesamthöhe auf Grund der Ertragsfähigkeit des Hofes und einer Vierkinderfamilie festgelegt und grundsätzlich innerhalb einer Generation (33 Jahre) abgedeckt wird. Die auf diese Siedlungsschuld erfolgenden jährlichen Tilgungsbeträge sind der Ertragsentwicklung der Höfe und der Kinderzahl nach hierfür noch auszuarbeitenden Sonderbestimmungen anzupassen.

3. Die Form der Belehnung.

Die über den Weg der Belehnung erfolgende Ansiedlung sieht drei Stufen, das Zeitlehen, das Erblehen und das Eigentum besonderen Rechts vor.

Das Zeitlehen.

a) Wer sich um ein Lehen bewirbt, muß lehensfähig sein, d.h. bestimmte noch im einzelnen festzulegende persönliche und sachliche Voraussetzungen erfüllen. Mit der Größe des Lehens erhöhen sich die Anforderungen. Ebenso gelten für bestimmte Grenzsicherungszonen (Wehrbauergebiete) besondere Bedingungen.

b) Grundsätzlich kann jeder Lehensfähige, gleichgültig ob er eigenes Vermögen besitzt oder nicht, ein Lehen erwerben. Lehensfähige Bewerber, die eigenes Vermögen besitzen, haben je nach der Größe des Lehens einen Anzahlungsbetrag zu entrichten. Die diesbezüglichen Vereinbarungen werden im Lehensbrief festgelegt.

c) Das Lehensverhältnis des Zeitlehners dauert 7 Jahre. Nach Ablauf dieser Frist kann es entweder in ein Erblehen umgewandelt oder einjährig zum I. Juli des folgenden Kalenderjahres wechselseitig gekündigt werden.

(Damit ist dem Reich die Möglichkeit offengelassen, Erblehen dort zu verweigern, wo sich Familien für die Ostaufgabe nicht geeignet erweisen.)

d) Die ersten Wirtschaftsjahre sind Freijahre. Die Zeit vom 4. bis 7. Jahre gilt als Anlaufzeit, in der mäßige Tilgungsbeträge zu entrichten sind.

e) Bei nicht odnungsgemässer Bewirtschaftung, persönlicher Unzuverlässigkeit, oder wiederholter Vernachlässigung der eingegangenen Leistungsverpflichtungen kann das Zeitlehen auch kurzfristig gekündigt werden.

Erblehen.

a) Das Erblehen ist von keiner Seite kündbar.

b) Der Erblehner kann seines Lebens - zu Gunsten eines Geeigneten Familienmitgliedes - nur verlustig gehen, wenn er die Lehensfähigkeit verliert oder sich eines groben Verstoßes gegen die Lehensvertragsverpflichtungen schuldig macht.

c) Die Höhe der Tilgungsbeträge wird nach Maßgabe der Ertragsentwicklung und der Kinderzahl in regelmäßigen, nicht zu eng bemessenen Zeitabschnitten bis zur endgültigen Tilgung neu festgesetzt.

d) Der Lehenshof wird auf die Dauer von 20 Jahren von allen Reichssteuern befreit.

Eigentum besonderen Rechts.

Nach 20 Jahren oder nach erfolgter Abdeckung von mindestens der Hälfte der gesamten Siedlungsschuld geht das Erblehen in das Lehenseigentum des Bauern über. Bei besonderen Verdiensten für Volk und Reich kann Lehenseigentum auch früher verliehen werden.

a) Belastungsfähigkeit.

I. Um den raschen Ausbau des Siedlungswerkes unter Beteiligung der gesamten Volkswirtschaft zu fördern, können sich die neu errichteten Lehenshöfe und Stellen - neben der Ausstattungshilfe des Reiches - zusätzlischen Kredites bis zu einer bestimmten Belastungsgrenze bedienen.

2. Die Belastungsgrenze lehensbäuerlichen Eigentums wird bestimmt nach der Ertragsfähigkeit.

3. Vollstreckungen in das Lehenseigentum sind nur mit Genehmigung des Lehensgerichts nach Maßgabe der hierfür zu erlassenden Sonderbestimmungen zulässig.

b) Veräusserbarkeit.

I. Vielfach finden tüchtige Siedler in der Aufbautätigkeit selbst ihre Befriedigung und Bewährung. Die Aufbauerfahrung gerade dieser Siedler soll für das Vorwärtsschreiten des

Siedlungswerks nicht verloren gehen. Daher soll ihnen nicht die Möglichkeit genommen werden, an anderer Stelle die Errichtung eines allenfalls großeren Hofes in Angriff zu nehmen. Auch sollen späterhin solche Siedlungsbewerber, die aus irgendwelchen Gründen der harten Aufgabe eines Hofausbaues nicht voll gewachsen sind, in die Lage versetzt werden, Höfe zu erwerben, für welche der Grund zum Ausbau bereits gelegt ist.

Lehenseigentum ist daher unter bestimmten, dem Aufbau der Ostgebiete dienenden Voraussetzungen an Lehensfähige mit Genehmigung veräusserbar.

2. Sind lehensfähige direkte Erben vorhanden, so kommt eine Veräusserungsgenehmigung nur dann in Frage, wenn nachgewiesen wird, daß die Veräußerung zum Zwecke der Beschaffung eines anderen, zu mindest gleichgroßen Hofes im Ostgebiet erfolgt.

3. Das Genehmigungsverfahren umschließt zugleich die Regelung des zulässigen Veräußerungspreises. Dabei ist mit Rücksicht auf den Anteil der Gemeinschaft an der Werterhöhung der Höfe eine angemessene Wertzuwachsabgabe an das Reich in Rechnung zu stellen.

4. Lehenseigentum ist grundsätzlich unteilbar.

c) Vererbbarkeit.

I. Der Lehenshof kann nur an Lehensfähige vererbt werden.

2. Dem Lehensbauern ist es zuzuerkennen, daß das durch seinen Osteinsatz erworbene Eigentum im Erbgange in erster Linie seiner direkten Nachkommenschaft zufällt. Aus diesem Grunde ist Lehenseigentum nicht nur an einen lehensfähigen Sohn, sondern bei Fehlen von Söhnen auch an eine Lehensfähige Tochter vererbbar. In Grenzsicherungszonen,in denen die Agrarverfassung unmittelbar Wehrfunktionen besitzt (Wehrbauerngebiete) können bei Fehlen von Söhnen Töchter nur dann erben, wenn durch Heirat mit einem wehrbauernfähigen Mann die Aufgabenerfüllung des Hofes in jeder Hinsicht sichergestellt ist.

3. Sind im Erbfalle keine lehensfähigen Erben vorhanden, so muß Lehenseigentum innerhalb Jahresfrist an Lehensfähige übertragen werden. Anderenfalls verfällt der Hof dem Reich, das den gerechten Erlös desselben nach Abzug der noch auf dem Hof ruhenden Verbindlichkeiten den Erben zuerkennt.

4. Wenn innerhalb der Aufbautätigkeit Rücklagen für die Geschwisterausstattung nur in unzureichendem Umfange gemacht werden konnten, ist im Rahmen der Belastungsgrenze für die weichenden Erben Kredit-Inanspruchnahme zulässig, sofern die Mittel im Aufbaugebiet zur Förderung der Siedlung dienen.

d) Lehenseigentum bedeutet eine Verpflichtung gegenüber Volk und Reich. Wer diese Verpflichtung verletzt, ist nicht mehr lehensfähig. Die Aberkennung der Lehensfähigkeit erfolgt durch das Lehensgericht.

Das Reich kann durch Entscheid des Lehensgerichtes das Lehenseigentum einziehen, wenn der Lehensnehmer nicht mehr lehensfähig ist.

Es kann anstelle der Einziehung treuhänderische Verwaltung angeordnet werden.

4. Lehensgerichte.

a) In den Siedlungsgebieten werden Lehensgerichte und Oberlehensgerichte eingerichtet.

b) Die Gerichte entscheiden unter dem Vorsitz des Trägers der Reichshoheit.

II. Städtische Siedlung.

Allg. Leitgedanken.

Die Heranziehung deutscher Menschen zur Eindeutschung und zum Aufbau der Städte des Ostens setzt voraus, daß werbende Lebensumstände und Entwicklungsmöglichkeiten geboten werden. Deshalb darf der Gesichtspunkt der Bindung der städtischen Siedler nicht in den Vordergrund gestellt werden, vielmehr muß die dem Wesen der Stadt entsprechende Bewegungsfreiheit augenfällig sein.

Gleichwohl wird eine Eindeutschung der Städte ohne Seßhaftmachung des größten Teils der wirtschaftlich selbständigen Stadtbevölkerung und vieler Arbeiter und Angestellten nicht ermöglicht werden und gesichert sein. Auch in der Stadt muß deshalb die Verbindung mit dem Boden in sträkerem Maße angestrebt werden; die Heranziehung städtischen Volkes ist auch Siedlung. Die Eindeutschung der Städte ist unmöglich, wenn nur mit einer durch Dienstbefehl, Arbeitseinsatz oder wirtschaftliche Spekulation unstetigen städtischen Bevölkerung zu rechnen ist. Gerade auch die Stadtbevölkerung soll im Osten ihre dauernde Heimat finden.

Aus dieser Spannung zwischen städtischer Beweglichkeit, Freizügigkeit und Aufstiegswilligkeit einerseits und dem Ziel der Ansiedlung andererseits ergeben sich folgende besondere Bestimmungen für die städtische Siedlung:

Besondere Forderungen.

I. Auch in den Städten muß das Bodenmonopol des Reiches verwirklicht sein, um jede Bodenspekulation auszuschalten und die Planungsfreiheit zu sichern. Das gilt vor allem für die Siedlungsmarken.

2. Fremdvölkische Personen dürfen in den Städten nicht Grundbesitzer sein.

3. Eine besonders günstige Möglichkeit der Bindung an den Osten bietet die Förderung des Eigentums.

Als besonders zweckmäßig erscheint die dem Reichsheimstättengesetz zu Grunde liegende Regelung, die gewisse Bindungen hinsichtlich der Veräusserung und Vererbung, sowie einen erhöhten Rechtsschutz (z.B. gegen unverschuldete Pfändung) in Notfällen vorsieht.

Die Heimstättenform ist auch geeignet, den Gedanken des Erbhandwerkers zu verwirklichen[1].

---

1. Hierüber sind Erörterungen gemeinsam mit dem Rasse- und Siedlungshauptamt im Gange.

4. Auch in den Städten muß die Erlangung von Grundbesitz für gewerbliche Betriebe oder für die Errichtung von Eigenheimen grundsätzlich ohne Kapitalanzahlung möglich sein.

5. Von entscheidender Bedeutung ist der bevorzugte Einsatz der für den sozialen Wohnungsbau vorgesehenen Mittel in den Siedlungsgebieten des Ostens. Die großzügige, ausreichende und beispielhafte Lösung des Wohnungsproblems ist der wichtigste Beitrag zur Steigerung der Anziehungskraft der Oststädte.

6. Zusätzliche Beschränkungen des freien Grundstückeigentums, des Grundstückverkehrs und der Baufreiheit, die über die im geltenden Bau- und Bodenrecht festgelegten oder zu erwartenden Vorschriften hinausgehen, sind nicht erwünscht. Im Gegenteil wäre zur freien Entfaltung eine Lockerung dieser Bestimmungen in den neuen Siedlungsstädten zu erwägen.

7. Soweit finanzielle Erleichterungen für den Osteinsatz gewährt werden (z.B. Steuervergünstigungen, Tilgungserleichterungen, Gehaltszuschläge), sollte dabei die Dauer der Ansässigkeit im Osten maßgebend sein.

8. Bei der Zulassung von Handwerks- und Kleinhandelsbetrieben ist eine zahlenmäßige Beschränkung anzustreben, um eine Übersetzung dieser Berufe zu verhindern. Solchen Bindungen würden unzweifelhaft die Vorteile einer Sicherung der Lebenshaltung gegenüberstehen.

III. Schaffung von Siedlungsmarken.

Siedlung und Verwaltung.

Bei der Eingliederung der Ostgebiete ist bisher der Weg beschritten worden, daß nach einer verhältnismäßig kurzen Zeit der Militärverwaltung die allgemeine Zivilverwaltung eingeführt wurde, sei es durch vollkommene Eingliederung in die Organisation (Reichsgau) oder durch Einsetzung eines CdZ (Bialystok). In beiden Fällen ist alsbald der Apparat der inneren Verwaltung und der Sonderverwaltungen mit der gleichen Aufgabenstellung und Methode wie im übrigen Reich entwickelt worden.

In diesen Gebieten ist die volkspolitisch bestimmte Siedlung nur ein Teilgebiet der allgemeinen Verwaltung. Die Eindeutschungs- und Sicherungsziele stehen neben anderen Verwaltungszielen. Demgemäß wird die vom Reichskommissar für die Festigung Deutschen Volkstums in Anspruch genommene Siedlungs- und Palnungshoheit in diesen Gebieten immer neben der allgemeinen Verwaltungshoheit der Reichsstatthalter (Oberpräsidenten, CdZ) stehen, sich praktisch mit dieser überschneiden und meist nur im Wege der Verhandlung, oft unter wesentlichen sachlichen Opfer gesichert werden müssen. Im Generalgouvernement und in den besetzten Ostgebieten ist diese Lage durch die staatsrechtliche Sonderstellung in verstärktem Maße gegeben.

Marken des Reiches.

An der vordersten Front des deutschen Volkstums gegenüber dem Russen- und Asiatentum sind aber bestimmte Gebiete vorgezeichnet, die eine besondere Reichsaufgabe haben. In diesen Gebieten ist zur lebenswichtigen Sicherung des Reiches nicht nur der Einsatz von Machtmitteln und Organisation, sondern gerade von deutschen Menschen als bodenständiger Bevölkerung notwendig. Hier soll in vollkommen fremder Umwelt deutsches Volkstum mit dem Boden verwurzelt und in seinem biologischen Bestand für die Dauer gesichert werden. Diese Gebiete sind zunächst der Gotengau und das Ingermanland. Ferner wird ein weiteres Gebiet, das Memel-Narewgebiet in Vorschlag gebracht. (Teil C S.7I)

In diesen Gebieten ist die Siedlungs- und Eindeutschungsaufgabe neben dem Grenzsicherungsauftrag so überragend, daß die allgemeine Verwaltung ein Teilgebiet der Siedlung ist. Alle Verwaltungszwecke müssen hier ausschließlich von der Siedlung bestimmt werden. Es wird deshalb ein bereits im Generalplan Ost enthaltener Gedanke fortentwickelt und der Vorschalg gemacht, im Osten Siedlungsmarken zu bilden.

Die Hoheitsgewalt des Reichsführers SS in den Marken.

Die Siedlungsmark ist aus ihrem bisherigen staatsrechtlichen Territorialverbande auszugliedern und unmittelbar unter dem Führer der Hoheitsgewalt des Reichsführers-SS als Reichskommissar für die Festigung deutschen Volkstums für die Dauer des Aufbaues zu unterstellen. Der Reichsführer-SS übernimmt gegenüber dem Führer die Verantwortung für die Eindeutschung und den ihrem besonderen Reichssicherheitszweck entsprechenden Aufbau. Nach Erfüllung des Auftrages werden die Siedlungsmarken in das Reichsgebiet eingegliedert und können nun - unter Beachtung gewisser Rücksichten - der allgemeinen Verwaltung unterstellt werden.

Die Hoheitsgewalt des Reichsführers-SS umfaßt in den Siedlungsmarken für Funktion der Rechtsetzung, der Rechtsprechung und des Vollzugs. Da die Aufgaben des Reichsführers-SS im Reiche, im germanischen Volkstum und in der SS weit über den Auftrag der Verwaltung der Siedlungsmarken hinausgehen, wird er hierbei durch einen SS-Führer vertreten. Dieser ist im Rahmen des Reichskommissariats Chef einer zentralen Dienststelle mit folgenden Arbeitsbereichen:

I. Siedlungspolitik und Planung
2. Siedlerauslese und -einsatz
3. Siedlungsdurchführung
4. Verwaltung und Finanzierung.

Orgahisation der Siedlungsmarken.

a) An jeder Siedlungsmark ist ein Markhauptmann eingesetzt, der dem Reichsführer-SS für die Besiedlung der Mark verantwortlich ist.

b) Die Siedlungsmark ist gegliedert in Kreise und Ämter. Dem Markhauptmann unterstehen im Kreis: der Kreishauptmann

im Amt: der Amtmann.

c) Die Arbeitsbereiche der Dienststelle des Markhauptmanns sind die gleichen wie in der zentralen Dienstelle.

d) Im Kreis und in den Ämtern entfallen Siedlungspolitik und Siedlungsauslese.

Die Arbeitsbereiche.

Im Einzelnen ist zu den Arbeitsbereichen der Markenverwaltung auszuführen:

Zu I.) Der Siedlungspolitik und Planung obliegt bei der zentralen Dienststelle und bei den Markhauptleuten die Erarbeitung der allgemeinen siedlungspolitischen Grundsätze und die Aufstellung der Grundsätze des Siedlungsplanes. Die Kreishauptleute sorgen im Rahmen der ihnen gegebenen siedlungspolitischen Weisungen für die Aufstellung des Kreisplanes und die Abstimmung der von den Amtmännern vorgelegten Dorfpläne.

Zu 2.) Dem Aufgabenbereich Siedlerauslese und -einsatz obliegt in engster Zusammenarbeit mit den Heimatgauen die Menschenauswahl und Menschenlenkung.

Zu 3.) Der Siedlungsdurchführung obliegen die organisatorischen und technischen Aufgaben der Siedlung und die Bewirtschaftung des Grund und Bodens. Die technische Durchführung kann an natürliche und juristische Personen als Beauftragte vergeben werden .

Zu 4.) Der Verwaltung obliegt die Ordnung des volksgemeinschaftlichen, wirtschaftlichen und kulturellen Lebens in den Siedlungsmarken und ihren Bereichen, die Regelung des Lebens und Einsatzes der fremdvölkischen Kräfte, die allgemeine Sicherheit, die Vermittlung des Austausches von Gütern zwischen den Marken und dem Reiche bzw. den besetzten Ostgebieten,die Erstellung und Unterhaltung der Gemeinschafts- und sonstigen öffentlichen Einrichtungen, soweit sie nicht im Zuge der Siedlungsdurchführung (vgl. 3) erstellt werden und das gesamte Finanzwesen, einschließlich der Ausstellung von Lehnsbriefen und der Kontrolle ihrer Einhaltung.

Es gilt der Grundsatz der weitgehenden Verlagerung der Verantwortung nach unten. Auf der Reichs-, Mark- und Kreisstufe sind Rechtsetzung und Vollzug vereinigt. Der Amtmann hat ausschließlich Vollzugsaufgaben.

Der Siedlungsgang.

a) Die Siedlung erfolgt nach landsmannschaftlichen Gesichtspunkten (vgl. Vorlage vom 30. Aug. 1940). Es werden daher in der Regel die Siedlungswilligen eines Heimatkreises in Dorfgemeinschaften zusammengefaßt. Jede solche Dorfgemeinschaft untersteht einem Siedlungsführer.

b) Der Siedlungsführer sorgt für den Zusammenhalt seiner Gemeinschaft, für die vorläufige Bewirtschaftung in dem ihm anvertrauten, im Aufbau befindlichen Dorfbereich und versieht alle notwendigen Verwaltungsaufgaben. Aus dem Kreise der Siedlungsführer werden die Amtmänner bestimmt. Ihnen sind die Siedlungsführer für die straffe Aufgabendurchführung verantwortlich.

c) Siedlungsführer, Amtmänner und Kreishauptleute sollen Lehnnehmer sein.

d) Bei gegebener Eignung kann an einen Siedlungsführer auch die Durchführung eines Siedlungsvorhabens als selbständiger Unternehmer übertragen werden.

Rechtsprechung.

Beim Markhauptmann, beim Kreishauptmann und beim Amtmann wird das Gericht gebildet, das aus dem Hoheitsträger als Vorsitzenden und einer bestimmter Zahl im Bereich ansässiger Männer als Besitzern besteht.

Die Gerichte entscheiden nach den Grundgesetzen der SS und dem für die Marken geltenden Recht.

Die Markhauptleute unterstehen der SS- und Polizeigerichtsbarkeit.

Die Mitwirkung des Reiches.

Der Aufbau der Gebiete erfordert die ideelle und materielle Mitwirkung der Altreichsgaue. Jeder Heimatgau sollte Patenschaft für mindestens je einen Ostkreis übernehmen.

TEIL B

Überblick über die Kosten des Aufbaues der eingegliederten Ostgebiete und ihre Aufbringung

Reichsführer SS hat den Auftrag erteilt, die voraussichtlich durch den Ostaufbau entstehenden Kosten festzustellen. Es ist zu prüfen, wie weit es möglich ist, die Ostsiedlung von der finanziellen und sonstigen materiellen Hilfe des Reiches unabhängig zu machen; denn die vorhandenen Lasten des Reiches und die in Zukunft zu erwartenden sonstigen Reichsaufgaben sind außerordentlich groß.

Beim nachfolgenden Überblick über die Aufbaukosten und die Möglichkeit der Finanzierung ist zu beachten:

a) Da die Finanzierungsprobleme des Ostaufbaues in einem einheitlichen Rahmen gesehen werden müssen, ist die Untersuchung auf den gesamten, Stadt und Land umfassenden Aufbau ausgedehnt worden. Die folgende Darstellung enthält naturgemäß zahlreiche Schätzungen; sie kann deshalb nur als vorläufiger Überschlag gewertet werden.

b) Im Einklang mit den vom Reichsführer SS über den zeitlichen Ablauf der Gesamtplanung gegebenen Richtlinien gehen die Darlegungen von den eingegliederten Ostgebieten aus. Die Ergebnisse können sinngemäß auf die gleichzeitig mit den eingegliederten Ostgebieten auszubauenden Siedlungsgebiete Krim und Ingermanland ausgedehnt werden(vgl. Teil C).

c) es ergibt sich, daß es nicht möglich sein wird, den Aufbau ausschließlich oder überwiegend aus der gegenwärtigen Wirtschaftskraft der Siedlungsgebiete selbst zu entwickeln.(Tabelle I.1). Vielmehr erfordert der auf verhältnismäßig kurze Zeit geplante Aufbau der eingegliederten Ostgebiete neben der Wirtschaftskraft des jeweiligen Aufbaugebietes die Mithilfe des gesamten Reiches.

d) Da es nicht möglich sein wird, die über die vorhandenen Werte hinaus für den Aufbau erforderlichen Mittel ausschließlich aus dem Reichshaushalt zu beschaffen, wird es für notwendig erachtet, eine weitgehende Auflockerung der Gesamtfinanzierung des Ostaufbaues in Teilfinanzierungen anzustreben. Hierbei werden alle hierfür überhaupt infrage kommenden leistungsfähigen Träger des Reichsgebietes erfaßt werden müssen.

e) Über die Finanzierungsmöglichkeiten, die zum Aufbau der gesamten Ostgebiete herangezogen werden müssen, ist in II.1 eine Gesamtübersicht gegeben.

f) Die Verteilung der in den eingegliederten Ostgebieten entstehenden Aufbaukosten auf einzelne Träger ist in Tabelle II.2 dargestellt. Die hier gezeigte weitgehende Aufgliederung setzt allerdings voraus, daß die Lenkung der Finanzierung für den gesamten Aufbau aller Siedlungsgebiete im Osten in der Hand des Reichskommissars liegt. Hierdurch wird vermieden, daß die Anforderungen von Arbeitskräften und Geldmitteln sich überschneiden oder zersplittern. Der RKF muß die Möglichkeit haben, die einzelnen Finanzierungsbereiche einander anzupassen und gegebenenfalls für Übertragbarkeit der Mittel zu sorgen.

g) Um darzulegen, wie sich die Aufbaumaßnahmen und damit die erforderliche Aufbringung der Mittel zeitlich verteilen, ist in III. versucht, einen Zeitplan des Arbeits- und Geldmitteleinsatzes aufzustellen.

Die sich hieraus für die Aufbauträger ergebende zeitliche Belastung ist als wesentlichstes Ergebnis der Untersuchung in III.3 angeführt.

Es ergibt sich im Endergebnis, daß die jährliche Belastung der einzelnen Aufbauträger durchaus im Rahmen des Möglichen bleibt. E i n e Voraussetzung muß allerdings dabei erfüllt sein, nämlich, daß die Wirtschaftskräfte von Volk und Staat eine entscheidende Wendung zum Osten nehmen.

I. A u f b a u k o s t e n

1. Tabelle: Gliederung der Aufbaukosten
2. Erläuterungen zur Tabelle.

I.2. Erläuterungen zur Tabelle: Gliederung der Aufbaukosten.

Bei der Zusammenstellung der Aufbaukosten handelt es sich vorerst noch um eine grobe Schätzung aufgrund der vorliegenden z.T. noch unvollständigen Planungen. Mit deren Fortschreiten muß die Aufstellung verfeinert, ergänzt und unterbaut werden.

Als Ziel des Aufbaues ist zugrunde gelegt, die eingegliederten Ostgebiete zu vollentwickelten, den gesündesten Teilen des Altreiches ähnlichen Gebieten aufzubauen.

Es ist versucht, diejenigen Geldmittel zu erfassen, die nach dem Baukostenindex 1938/39 für den endgültigen Aufbau der eingegliederten Ostgebiete erforderlich sind. Dabei wird unterstellt, daß eine normale Vergabe der Aufträge an Unternehmer erfolgt; es können also z.B. durch kolonnenmäßigen Einsatz von billigen Arbeitskräften Ersparnisse erzielt werden.

Die Aufbaumaßnahmen sind nach dem Gesichtspunkt ihrer technischen Zusammengehörigkeit gegliedert. Dabei ist unterschieden zwischen

1. Landschaftsaufbau,
2. Schaffung des Verkehrs- und Versorgungsnetzes,

3. ländlicher Aufbau,

4. Industrieaufbau,

5. städtischer Aufbau.

Zu diesen Kosten müssen noch die allgemeinen Unkosten hinzugezählt werden, die für

- Zwischenzinsverluste,
- Umsiedlungen(hierzu gehört z.B. auch die Erstattung von Betriebsverlusten, die den Betrieben in der Zeit der Umsiedlung und während der Anlaufzeit entstehen).
- Werbung(z.B. Steuererleichterung),
- Überwachung und Lenkung des Aufbaues

entstehen und die sich z.Zt. schwer erfassen lassen. Sie werden daher bei den folgenden Untersuchungen nicht berücksichtigt.

1. Im Landschaftsaufbau sind

   Aufforstung

   Landschaftsgestaltung und

   kulturbautechnische Maßnahmen

zusammengefaßt. Durch sie wird die dem deutschen Menschen heimatgewohnte Umgebung geschaffen und die landwirtschaftliche Nutzung nach deutschem Vorbild überhaupt erst ermöglicht.

a) Forstwirtschaftlicher Aufbau.

Aufgrund der Feststellungen, die anschließend an das Abkommen über die Aufforstung und die Regelung der Eigentumsverhältnisse an Waldflächen in den eingegliederten Ostgebieten vom 15.7.41 zwischen Reichsführer SS, Reichskommissar für die Festigung deutschen Volkstums, und dem Reichsforstmeister getroffen sind, müssen ca. 11.000 qkm aufgeforstet bzw. nachgeforstet werden.

b) Landschaftsgestaltung

Es handelt sich hier vor allem um die wasserwirtschaftlich und klimatologisch wichtige Pflanzung der Haupt- und Schutzpflanzungen sowie der Feldhecken, die Bepflanzung von Uferstreifen, Steilhängen, abflußlosen Senken usw. Diese Maßnahmen erstrecken sich über die gesamte landwirtschaftliche Nutzfläche der eingegliederten Ostgebiete von ca. 55.000 qkm.

c) Kulturbautechnische Maßnahmen.

Fast 40% der künftigen landwirtschaftlichen Nutzfläche und ein großer Teil der Aufforstungsgebiete leiden unter stauender Dürre. Es ist daher neben der in 2.d) - Wasserbau - enthaltenen Regelung der Hauptvorfluter die Anlage von Gräben, Drainagen usw. in großem Umfang erforderlich.

2. In der Schaffung des Verkehrs- und Versorgungsnetzes sind zusammengefaßt:

a) Straßenbau,

b) Reichsautobahnbau,

c) Eisenbahnbau,

d) Wasserbau, Regelung der Hauptvorfluter, Bau von Schiffahrtswegen,

e) Bau der Elektrizitätserzeuger und des Verteilernetzes.

a) Straßenbau.

Erfaßt sind Reichsstraßen, Landstraßen I.C und II.C. Als Ziel ist gesetzt, die Straßennetzdichte von Ostpreußen zu erreichen; wenn diese Dichte noch unter Reichsdurchschnitt liegt, wird das Netz dank des einheitlichen Siedlungsaufbaues in den eingegliederten Ostgebieten voraussichtlich den gleichen Zweck erfüllen wie das dichtere Altreichsnetz.

b) Reichsautobahnbau.

Entsprechend dem gegenwärtigen Stand der Planung ist zunächst der Bau von zwei Nord-Süd- und zwei Ost-West-Strecken vorgesehen.

c) Eisenbahnbauten einschließlich Kleinbahnbauten.

Neben dem Bau neuer Haupt- und Nebenbahnlinien sind vor allem Ergänzungsarbeiten an dem vorhandenen Streckennetz erforderlich. Um die vorwiegend landwirtschaftlichen Gebiete, die zunächst noch nicht über einen hohen laufenden Transportbedarf verfügen, jedoch in der Bestellungs- und Erntezeit einen Spitzenbedarf an Massengütern haben, mit allem Notwendigen versorgen zu können, ist zunächst der Ausbau eines leistungsfähigen Kleinbahnnetzes vorgesehen. Es dient bereits in der Aufbauzeit für den Materialtransport und kann später nach Bedarf auf Normalspur umgestellt werden.

d) Wasserbau, Regelung der Hauptvorfluter, Bau von Schiffahrtwegen.

Es ist die Regelung der großen Vorfluter vorgesehen, die erst die Voraussetzung für Inangriffnahme der kulturbautechnischen Maßnahmen und damit für die ländliche Besiedlung überhaupt schafft. Als Schiffahrtswege sind vorgesehen die Schiffbarmachung der Weichsel und der Warthe, soweit sie in das Gebiet der eingegliederten Ostgebiete gehören, Ausbau des Brahe-Setze-Kanals, des Goploseekanals, des Oder-Warthe-Kanals.

e) Bau der Elektrizitätserzeuger und des Verteilernetzes.

Erfaßt sind: der Ausbau großer und kleiner Elektrizitätserzeuger (Wärme-, Wasser- und Windkraftwerke) und des Verteilernetzes, Anschluß an die Reichssammelschiene, Ausbau der Gausammelschienen und der gebietlichen Verteilung) bis zum Hauptdorf) nebst Errichtung der Umspannstationen. Die vorgesehene Netzdichte, die sich der brandenburgisch-pommerschen angleicht, ist - wie das Straßennetz - leistungsfähiger wie in den Altreichsgebieten, da der Siedlungsaufbau im eingegliederten Osten einheitlich entwickelt wird.

3. Der ländliche Aufbau umfaßt:

a) den Aufbau und die Ausstattung der landwirtschaftlichen Betriebe,

b) den Aufbau der nichtlandwirtschaftlichen, für die Versorgung der Bevölkerung erforderlichen Betriebe,

c) den Aufbau von Industriebetrieben auf dem Lande,

d) die Errichtung ländlicher kultureller Einrichtungen,

e) Deckung sonstigen ländlichen Wohnbedarfs,

f) Errichtung dörflicher Nebenanlagen.

a) Aufbau und Ausstattung landwirtschaftlicher Betriebe.

Die Besiedlung der früher kongreßpolnischen Gebiete bedeutet einen fast vollständigen Neuausbau, die Besiedlung und Bereinigung der bis 1918 zum deutschen Reich gehörigen Gebiete einen tiefgehenden Umbau, der zumindest die Hälfte des bestehenden berührt. Das Ziel der Besiedlung ist durch die Allgemeine Anordnung Nr. 7/II vom 26.11.40 des Reichskommissars für die Festigung deutschen Volkstums gegeben.

In den Aufbaukosten sind auch die Kosten für Inventarausstattung der Betriebe enthalten im Hinblick darauf, daß ein Teil der Auszusiedelnden nicht über erforderliches Kapital verfügt.

b) Aufbau der nichtlandwirtschaftlichen, für die Versorgung der Bevölkerung erforderlichen Betriebe.

Standort und Größe der für die Versorgung der Bevölkerung erforderlichen Betriebe(Nahversorger) ergibt sich folgerichtig aus der Bevölkerungsdichte und dem sozialen Bevölkerungsaufbau. Danach werden auf dem Lande ca. 40.000 Nahversorgerbetriebe errichtet bzw. ausgebaut werden müssen.

c) Aufbau ländlicher Industriebetriebe.

Es handelt sich hier vor allem um landwirtschaftliche Folgeindustrien(Zuckerfabriken, Konservefabriken, Kartoffelflockenindustrien usw.) und um typisch ländliche Industrien(Sägewerke, Ziegeleien, Holzförderung usw.). Ihr Vorhandensein ist zum Unterbau des ländlichen Wirtschaftslebens erwünscht.

d) Errichtung ländlicher kultureller Einrichtungen.

Hier ist die Errichtung der Gemeinschaftshäuser, Schulen, HJ-Unterkünfte, der S.S.V.-Stationen, Kindergärten und Anlagen für Leibesübungen erfaßt.

e) Deckung sonstigen ländlichen Wohnbedarfs.

Neben den mit den landwirtschaftlichen Betrieben verbundenen Wohnungen ist die Errichtung einer Anzahl selbständiger Wohnbauten erforderlich für Lehrer, Ärzte, Beamte, Arbeitsdienstführer, Straßenwärter usw. sowie für die Arbeiter in den auf dem Lande befindlichen Industrien.

f) Errichtung dörflicher Nebenanlagen.

Unter dörflichen Nebenanlagen sind verstanden: Gemeindestraßen, Wirtschaftswege, dörfliches Stromverteilungsnetz, evtl. Windkraftanlagen bzw. Nutzung kleiner örtlicher Wasserkräfte, Wasserversorgung und -verteilung, Fernsprechnetz, Wirtschaftshof und dessen Ausstattung, verwaltungsmäßige Einrichtungen; die Kosten hierfür sind mit einem Fünftel der übrigen Baukosten angenommen.

4. Der Industrieaufbau.

Die hierfür entstehenden Kosten sind nur schwer zu schätzen. Unter der Annahme, daß im Endzustand die Gesamtbevölkerung 80 Menschen/qkm betragen soll, müssen noch ca. 650.000 industrielle Arbeitsplätze geschaffen werden. Je nach Art der Industrie kostet der Ausbau eines Arbeitsplatzes einschließlich Bau und Einrichtung 6.000 bis 10.000 RM, im Durchschnitt also 8.000 RM.

5. Im städtischen Aufbau sind enthalten:

a) städtischer Wohnbau,

b) Aufbau der städtischen Nahversorgungsbetriebe,

c) Errichtung städtischer kultureller Einrichtungen,

d) Errichtung städtischer Nebenanlagen.

a) Städtischer Wohnbau.

Aufgrund des angestrebten Bevölkerungsaufbaues in den eingegliederten Ostgebieten wird die städtische Bevölkerung etwa 4,3 Millionen betragen. Diese Zahl verlangt in den ersten 20 Jahren das Vorhandensein von 1 Million Wohnungen, die teils durch Reparatur oder Umbau vorhandener Wohnungen, teils durch Abriß und durch Wohnbau geschaffen werden müssen. Die Wohnungen sind im Hinblick auf die bevölkerungspolitischen Notwendigkeiten durchschnittlich größer als im Altreich angenommen.

b) Aufbau der städtischen Nahversorgungsbetriebe.

Die zur Versorgung der städtischen Bevölkerung erforderlichen Betriebe sowie diejenigen, die zugleich für die ländliche und die städtische Bedarfsdeckung sorgen, sind mit 45.000 angenommen. Ein Teil dieser Betriebe ist bereits vorhanden, ein Teil muß ausgebaut, ein großer Teil muß erst neu geschaffen werden.

c) Errichtung der städtischen kulturellen Einrichtungen.

Neben den Anlagen, mit denen auch das Land ausgestattet ist, gehören hierher: höhere Schulen, Fachschulen, Konzert- und Theaterstätten, Krankenhäuser. Im Hinblick darauf, daß ein Teil dieser Gemeinschaftsanlagen später aus der eigenen Kraft der Bürgerschaft heraus erstellt werden wird, sind bei der Errechnung der Baukosten hier zunächst nur die lebensnotwendigsten Einrichtungen berücksichtigt.

d) Errichtung städtischer Nebenanlagen.

Zu den bereits unter den dörflichen Nebenanlagen aufgeführten Einrichtungen kommen auch hinzu: Gasversorgung und -verteilung, Entwässerungseinrichtungen, städtische Nahverkehrsanlagen

6. Vorrichtungen für den Aufbau.

Ähnlich einer großen Baustelle bedarf auch der Ostaufbau einer Anzahl verbreitender Maßnahmen. Es handelt sich um

- Erfassung der Arbeitskräfte,
- kolonnenmäßige Zusammenstellung und Schulung eines Teiles der Arbeitskräfte,
- Errichtung von Baustoffindustrien(Ziegeleien, Standardwerke), die nach Abschluß des Aufbaues in diesem Umfang nicht mehr benötigt werden und gegebenenfalls umgestellt werden müssen,
- Anlage eines eigenen Kleinbahnverkehrsnetzes zum Materialtransport, da die Reichsbahnanlagen den zusätzlichen Transport nicht übernehmen können und das Straßennetz eine Belastung im

erforderlichen Umfang nicht verträgt,

- Einrichtung der Versorgungsstellen für die Arbeitskolonnen, Herstellung und laufende Ergänzung der transportablen Arbeitslager, Einrichtung der ersten Baustellen usw.

II. Finanzierung.

II.1. Darlegung der Finanzierungsmöglichkeiten.

Der Aufbau der Ostgebiete wird finanzielle Anforderungen sehr großen Ausmaßes stellen. Die Grenzen des Auftretenden Bedarfs werden durch das Tempo des Aufbaues und durch die räumliche Ausdehnung des Aufbaubereiches bestimmt. In jedem Falle wird erforderlich sein, daß die gesamte deutsche Finanzpolitik der nächsten und weiteren Zukunft in starkem Maße auf den Osten ausgerichtet und dabei auch grundsätzlich "vom Osten her" bestimmt wird; mindestens wird in ihrem Bereich eine entscheidende Schwergewichtsverlegung nach dem Osten notwendig sein. Die Finanzprobleme des Ostens müssen dabei schlechthin als Reichsprobleme angesehen werden; sie sind auf keinen Fall - wie nur zu oft in der Vergangenheit - als "provinzielle Angelegenheiten" zu behandeln.

Bei zunächst theoretischer Betrachtung ergeben sich verschiedene Möglichkeiten der Finanzierung. Es ist dabei grundsätzlich zu unterscheiden zwischen

a) der Deckung des einmaligen Investitionsbedarfs

b) der Finanzierung des im Zusammenhang damit und anschliessend entstehenden laufenden Bedarfs.

Auf jeden Fall muß angestrebt werden, daß der laufende Bedarf aus der eigenen, wachsenden Kraft der Ostgebiete aufgebracht wird; das setzt die Schaffung eines entsprechenden Finanzsystems mit ausreichenden eigenen Einnahmemöglichkeiten der Ostgebiete voraus.

Bei der Deckung des Investitionsbedarfs muß unterschieden werden zwischen Aufwendungen, die einen reinen Zuschuß darstellen, also zu nicht ertragbringenden Anlagen führen, und solchen Aufwendungen, die ertragbringende Anlagen begründen. Reiner Zuschußbedarf muß nach Möglichkeit durch ordentliche Mittel, d.h. durch endgültige Einnahme, gedeckt werden, während für Aufwendungen, die zu ertragbringenden Anlagen führen, die Möglichkeit der Kreditfinanzierung gegeben ist. Für die Deckung des Investitionsbedarfs stehen allgemein folgende Möglichkeiten zur Verfügung:

1. Volle oder teilweise Finanzierung aus allgemeinen Mitteln des ordentlichen Reichshaushalts.

2. Volle oder teilweise Finanzierung aus Mitteln des außerordentlichen Reichshaushalts, also aus Inanspruchnahme des Reichskredits.

3. Finanzierung aus Tributleistungen bzw. Reparationen der besiegten Gegner, falls im allgemeinen außenpolitischen Rahmen an derartige Möglichkeiten gedacht wird.(Praktisch wäre das gleichbedeutend mit dem Fall 1, da derartige Mittel über den ordentlichen Reichshaushalt fließen würden).

4. Finanzierung aus den Erträgnissen oder aus der Substanz eines Sondervermögens, das aus möglichst allen wirtschaftlichen Werten des Aufbaugebietes, soweit diese Werte in Reichseigentum genommen sind oder gebracht werden können, gebildet wird,

5. Heranziehung des privaten Kapitalmarktes, gegebenenfalls unter Zugrundelegung der Vermögenswerte des Sondervermögens.

6. Finanzierung besonders geeigneter Aufgaben - insbesondere auf kulturellem Gebiete - durch bestimmte Körperschaften und Einrichtungen des Altreiches.

7. Kreditschöpfung im Rahmen des Reiches oder der einzelnen nicht in das Reichsgebiet einbezogenen Aufbaubereiche, dort gegebenenfalls auf der Grundlage des Sondervermögens.

Für die Aufwendungen, die zu ertragbringenden Anlagen führen, kommen in erster Linie Mittel des Reichskredits(2), Mittel des privaten Kapitalmarktes(5) und solche aus der Kreditschöpfung(7) in Betracht.

Erläuterungen zu den Punkten 1 bis 7.

Zu 1.(Finanzierung aus Mitteln des ordentlichen Reichshaushalts).

Der Vorzug dieser Methode besteht darin, daß endgültige Deckungsmittel zur Verfügung gestellt werden, keine Rückzahlungspflichten entstehen, die Aufbaugebiete unmittelbar nicht belastet werden. Es ist aber anzunehmen, daß aus dieser Quelle wegen der sonstigen Beanspruchung des ordentlichen Reichshaushalts Mittel nicht im notwendigen Umfange beschafft werden können.

Im Rahmen des ordentlichen Reichshaushalts kann auch daran gedacht werden, eine Zweckbindung bestimmter Mittel eintreten zu lassen, also etwa einen Teil des Aufkommens der Einkommen- und Körperschaftssteuer oder anderer großen Steuern für den Ostaufbau zu binden.

Ferner ist eine allgemeine, das Altreich treffende Oststeuer(Ostaufbausteuer) im Zusammenhang mit der nach Kriegsende vermutlich nicht zu umgehenden Reform des Reichssteuersystems zu erwägen. Diese Oststeuer wäre so auszubauen, daß jeder deutsche Volksgenosse im Altreich sich auch leistungsmäßig unmittelbar am Ostaufbau beteiligt fühlt. Denn das große geschichtliche Werk des Ostaufbaues muß in jeder Beziehung zu einer Angelegenheit des gesamten deutschen Volkes gemacht werden. Die Fragen der Oststeuerhilfe werden dadurch nicht berührt, weil diese nicht unmittelbar der Finanzierung, sondern der Ostwerbung dient.

Neben der allgemeinen Ostaufbausteuer ist auch an die Heranziehung bestimmter Steuerarten für den Ostaufbau zu denken. (Vergleiche das unter Seite 58 zur Frage der Umwandlung der Hauszinssteuer Gesagte).

Zu 2.(Finanzierung aus Mitteln des außerordentlichen Reichshaushalts).

Die Anwendung dieser Methode hängt unter anderem von der weiteren Kreditentwicklung im Bereiche der Reichsfinanzen ab. Es ist zu vermuten, daß bei der starken Kreditierungrücknahme durch die Kriegsfinanzierung der Spielraum in den kommenden Jahren hier eng sein wird.

Für die Abwicklung des durch Inanspruchnahme des Reichskredits entstehenden Schuldendienstes(Tilgung und Verzinsung) stehen folgende Möglichkeiten zur Verfügung:

a) Einstellung der Mittel für den Schuldendienst in den ordentlichen Reichshaushalt(dieses Verfahren würde sich von der Methode 1 nur dadurch unterscheiden, daß die Aufbringung des Bedarfs an endgültigen Deckungsmitteln auf einen weiteren Zeitraum verteilt wird).

b) Ganze oder teilweise Leistung des Schuldendienstes aus den Erträgnissen, gegebenenfalls sogar aus dem Bestand eines zu bildenden Sondervermögens.

Zu 3.(Finanzierung aus Tributleistungen usw.)

Unter den hier bestehenden Möglichkeiten kommt vor allem der Einsatz von fremdvölkischen Arbeitskräften infrage (z.B. Kriegsgefangene, Zivilgefangene, Polizeigefangene). Es besteht auch die Möglichkeit der Einführung einer allgemeinen Arbeitspflicht als Ersatz für die in diesen Gebieten wegfallende militärische Dienstpflicht der Fremdvölkischen.

Zu 4.(Finanzierung aus einem Sondervermögen).

Im Sinne des Grundgedankens,den Aufbau möglichst weitgehend auf die Vermögenswerte und Volkskräfte der Siedlungsgebiete selbst abzustellen bzw. in anderer Weise auf eigene Füße zu stellen und von Zuschüssen, Kontingenten und Bewilligungen dritter Stellen unabhängig zu machen, wird es für erforderlich gehalten, in Form eines Sondervermögens einen besonderen Vermögensstand des Reichskommissars zu bilden.

In dieses Sondervermögen sollen fließen:

a) Das land- und forstwirtschaftlich genutzte Grundvermögen.

b) sonstiges Grundvermögen.

c) Verkaufserlöse für Grundvermögen.

d) Sonstige Vermögen, insbesondere gewerbliche Betriebe.

e) Eigene Einnahmen aus Grundvermögen(Vermietung, Verpachtung, Gewinne).

f) Anzahlungen und Amortisationen von Siedlern.

g) Betriebe und Vermögensmassen außerhalb des Siedlungsgebietes, die der Siedlungsaufgabe gewidmet sind.

h) Der Gegenwert aus dem Einsatz fremdvölkischer und sonstiger verfügbarer Arbeitskräfte.

Das so zu bildende Sondervermögen ist nicht gleichartig mit der Erscheinungsform des Sondervermögens, wie sie sich bis jetzt bei Reichsbahn, Reichspost und den Eigenbetrieben der deutschen Gemeinden ergeben hat. Allen diesen bisherigen Anwendungsfällen des Begriffes Sondervermögen ist gemeinsam, daß jeweils ein geschlossener Betrieb bzw. eine einheitliche Unternehmung vorliegt. Diese dienen einem bestimmten Unternehmenswerk, für den sich kaufmännische Bewirtschaftungsgrundsätze und das Ziel einer Unternehmungsrentabilität ergeben. Das Sondervermögen des Reichskommissars weicht hiervon entscheidend ab, da es sich um eine gegebenenfalls uneinheitliche Vermögensmasse handelt, die in ihren einzelnen Teilen nicht einem gleichen Betriebs- bzw. Unternehmenszweck dient. Entgegen der herkömmlichen Verwendung von Sondervermögen ist hier vielmehr seine Aufgabe, Finanzierungsgrundlage bzw. Finanzierungsquelle zu sein. Daraus ergibt sich, daß beim Sondervermögen des Reichskommissars die Vermögenserhaltung nicht unbedingt notwendig ist, da der Finanzierungsprozeß eines Tages abgeschlossen sein muß, soweit es sich um Deckung des Investitionsbedarfs handelt. Es kann also gegebenenfalls auch der Bestand des Sondervermögens für Zwecke der Finanzierung angegriffen werden. Das Sondervermögen ist die Grundlage eines eigenen Finanzierungsträgers.

Zu 6.(Finanzierung durch bestimmte Körperschaften und Einrichtungen des Altreiches).

Hier ist der Gedanke der Patenschaften fruchtbar zu machen. So könnten z.B. wohlhabende Gemeinden des Altreiches zum Ausbau von Schulen, Volksbibliotheken usw. im Aufbaugebiet beitragen. Ferner könnte der Reichsstand des Deutschen Handwerks zum Aufbau der Handwerksbetriebe, die übrigen Organisationen der gewerblichen Wirtschaft für ihre betreffenden Wirtschaftsgruppen wirksame Mithilfe leisten.

Zu 7.(Finanzierung durch Geld- bzw. Kreditschöpfung).

Angesichts der starken Inanspruchnahme dieser Finanzierungsmethode im Rahmen der Kriegsfinanzierung muß bei ihrer Heranziehung für den Ostaufbau ernsthaft die Frage gestellt werden, wo die Grenzen für eine solche Kreditschöpfung zu suchen sind. Die Kredit- bzw. Geldschöpfung kann als geeignetes Finanzierungsmittel in Anspruch genommen werden(vergleiche das Beispiel der Zentralnotenbank der Ukraine), wenn die erforderlichen volkswirtschaftlichen Reserven(in Form von Grund und Boden, Arbeitskräften, Rohstoffen usw.) vorhanden sind und durch den Krediteinsatz einer werteschaffenden Verwendung zugeführt werden. Dabei spielt neben der allgemeinen Vertrauenslage das Zeitmoment(Spanne zwischen Inanspruchnahme des Notenbankkredits und seiner endgültigen Abdeckung aus den Erträgen der geschaffenen Anlage) eine wesentliche Rolle.

II.3. Erläuterungen zur Tabelle: Verteilung der Aufbaukosten auf einzelne Träger.

Bei der Aufbringung der für die Aufbaumaßnahmen erforderlichen Mittel ist der Grundgedanke vorherrschend, die Gesamtfinanzierung des Ostaufbaues in eine Reihe von Teilfinanzierungen aufzulockern. Zu den einzelnen Posten der Aufbaukosten ist hinsichtlich der Aufbringung folgendes zu bemerken:

1. Forstwirtschaftlicher Aufbau.

Hier können durch kolonnenweisen Einsatz von Kriegsgefangenen und sonstigen fremdvölkischen Arbeitskräften bei der Aufforstung wesentliche Mittel eingespart werden. Die nicht unbeträchtlichen Einnahmen aus den bereits ertragsabwerfenden Forsten können zweckgebunden und für die Finanzierung des forstwirtschaftlichen Aufbaues verwendet werden.

2. Landschaftsgestaltung.

Bei der Landschaftsgestaltung ist neben der Heranziehung von Kriegsgefangenen und sonstigen fremdvölkischen Arbeistkräften die Inanspruchnahme von Hand- und Spanndiensten der Gemeindeangehörigen vorzusehen.

3. Kulturbautechnik.

Hier wird man mit einer langsameren, aber über längere Zeit sich erstreckenden Inanspruchnahme der Mittel rechnen können. Einsatz von Kriegsgefangenen usw. ist möglich. Auch hier ist an den Weg der Gemeinschaftshilfe zu denken, wie er sich unter anderem in einzelnen Ostpreußischen Kreisen bewährt hat.

4. Straßenbau.

Auch hier ist gegebenenfalls größerer kolonnenweiser Einsatz von Kriegsgefangenen oder niedrig zu entlohnenden fremdvölkischen Arbeitskräften möglich.

5. Reichsautobahnen.

Hierzu müßte eine Finanzierung aus allgemeinen Reichsmitteln im Zusammenhang mit dem Aufbau des gesamten Reichsautobahnnetzes stattfinden. Im übrigen gilt das zu 4. Gesagte.

6. Eisenbahnbauten.

Für die Eisenbahnbauten muß der Finanzierungsapparat der deutschen Reichsbahn in Anspruch genommen werden, die im Rahmen ihres Sondervermögens vorzugehen hat und von sich aus vermutlich den Kapitalmarkt in Anspruch nehmen wird.

7. Wasserstraßen und Vorfluter.

Ein wesentlicher Teil der erforderlichen Leistungen kann

hier durch kolonnenweisen Einsatz von Kriegsgefangenen usw. abgegolten werden.

8. <u>Elektrizitätsversorgung</u>.

Die gesamtdeutsche Elektrizitätswirtschaft muß zu einer Leistungsgemeinschaft zusammengeschlossen werden, die die Finanzierung der Energieversorgung der Ostaufbaugebiete zur Aufgabe erhält. Die Mittel müssen aus dem Kapitalmarkt, aus Selbstfinanzierungsquellen und gegebenenfalls aus einer entsprechenden Tarifpolitik der deutschen Elektrizitätswirtschaft gewonnen werden; bei letzterer wäre unter Umständen an eine regionale Differenzierung zu ungunsten der Gebiete zu denken, die bisher vorzugsweise mit Energiewirtschaftsanlagen ausgestattet waren. Der Landwirtschaft des Altreiches darf bei dieser Maßnahme kein Schaden erwachsen.

9. <u>Landwirtschaftlich-betrieblicher Aufbau</u>.

Die hier zu investierenden Mittel führen teilweise zu ertragbringenden Anlagen. Grundsätzlich kann deshalb dabei die Inanspruchnahme des Kapitalmarktes in beträchtlichem Umfang als zweckmäßig bezeichnet werden. Gegebenenfalls wäre im einzelnen noch zu entscheiden, ob man den Weg der Pfandbriefemission durch einen besonderen Finanzierungsträger wählt oder ob der Reichskredit in seinen verschiedenen hier infrage kommenden Formen in Anspruch genommen werden soll.

Einer etwaigen Pfandbriefemission würden folgende Schwierigkeiten entgegenstehen:

a) Notwendigkeit der Zinsabwälzung auf den Reichsfiskus, da die aufgrund der Ertragsfähigkeit und Rinderzahl ermittelten Tilgungsbeträge (Teil A, 8) Zinsen nicht enthalten und im allgemeinen die Siedler Mittel für eine Verzinsung nicht aufbringen können.

b) ist im Augenblick nicht zu erkennen, ob zur gegebenen Zeit der Kapitalmarkt für die Unterbringung der Pfandbriefe offen stehen wird. Keinesfalls darf das Tempo der Siedlung von der

Möglichkeit abhängig sein, Pfandbriefe auf dem Kapitalmarkt unterzubringen. Der Einsatz des Reichskredits würde eine etwaige Pfandbriefemission wirksam unterstützen können und den Siedlungsfortgang unabhängig von der Lage des Pfandbriefmarktes machen. Allerdings ist seine Inanspruchnahme stark von der zukünftigen Inanspruchnahme des Reichskredits für anderweitige Zwecke abhängig.

Ein Teil der/Kosten der ländlichen Siedlung wird, soweit er nicht unmittelbar zu ertragbringenden Anlagen führt, aus Mitteln des ordentlichen Reichshaushaltes aufgebracht werden müssen. Eine wesentliche Erleichterung des Finanzierungsprozesses wird sich ergeben, wenn auf längere Zeit billige fremdvölkische Arbeiterkräfte zur Verfügung stehen. Im übrigen bildet die Grundlage der Finanzierung das Sondervermögen.

10. Aufbau der ländlichen Nahversorger.

Hier wird in entscheidendem Umfang an Selbstfinanzierung zu denken sein. Soweit dies nicht möglich ist, aber auf die Ansetzung bestimmter Personen besonderer Wert gelegt wird, kann man an die Finanzierung durch Reichsorganisationen denken. So könnte z.B. der Reichsstand des Deutschen Handwerks die Patenschaft für den Aufbau des Handwerks in den Ostgebieten übernehmen und die erforderlichen zusätzlichen Mittel durch Umlage auf die geeigneten Handwerksbetriebe des Altreichs gewinnen.

11. Ländliche Fernversorger.

Es gilt hierfür das zu 10. Gesagte.

12. Aufbau der ländlichen kulturellen Einrichtungen.

Es wäre hier an eine Gemeinschaftshilfe der deutschen Gemeinden zu denken. Vor allem die stärker industrialisierten Gemeinden der Mitte und des Westens des Reiches verfügen über eine hohe Finanzkraft, die sie zur Zeit insbesondere im Gewerbesteueraufkommen in Erscheinung tritt. Zu erwägen wäre, ob hier ein unmittelbares Patenschaftssystem zweckmäßig sein würde, wie es im Weltkrieg nach der Befreiung Ostpreußens für den Wiederaufbau der zerstörten ostpreußischen Gemeinden durchgeführt worden ist. Die Beschränkung auf kulturelle Aufbaumaßnahmen würde die Heranziehung der Gemeinden des Altreiches in einem tragbaren Rahmen halten.

13. Sonstiger ländlicher Wohnbedarf.

Siehe städtischer Wohnbau unter 15.

14. Dörfliche Wohnanlagen.

Es ist hierbei zu erwägen, daß Mittel des Finanzausgleichs, also allgemeine Mittel des ordentlichen Reichshaushalts bereitgestellt werden. Ebenso kann ein Lastenausgleich zwischen dem Osten und den übrigen Reichsteilen im Zusammenhang mit den Gemeindefinanzen erfolgen. Ein Teil des Aufwandes kann auf den außerordentlichen Reichshaushalt genommen werden, soweit es sich um rentable Anlagen handelt(Wasserversorgung, Elektrizitätsverteilung).

15. Städtischer Wohnungsbau.

Hier müßte, wie bei dem unter 13. angeführten sonstigen ländlichen Wohnungsbau, eine Spezialfinanzierung im Zusammenhang mit der Finanzierung des Gesamtbereiches des sozialen Wohnungsbaus auf der Grundlage des hierfür vorliegenden Führererlasses gefunden werden. Es wäre auch an eine Umbildung der bisherigen Hauszinssteuer zu denken, die ganz oder teilweise - entsprochen dem früheren Wohnungsbauanteil - zu einer Ostbausteuer umzuwandeln wäre. Diese würde den Charakter einer allgemeinen Wohnungssteuer bekommen können, mit Berücksichtigung der notwendigen sozialen und bevölkerungspolitischen Gesichtspunkte.(Also beispielsweise Steuerfreiheit für den Wohnungsmindestbedarf: erhöhte Steuer für Vermietung an Kinderlose oder Kinderarme).

16. Aufbau der Industrie.

Es ist dabei in der Hauptsache an Eigenfinanzierung zu denken, vor allem soweit Betriebe des Altreiches im Osten Tochterbetriebe errichten, die später verselbständigt werden sollen. Die Errichtung solcher Tochterbetriebe sollte bei den nicht standortgebundenen Unternehmungen mit allen Mitteln gefördert werden. So könnten z.B. solche Industriebetriebe, die sich zur Gründung von Tochterbetrieben im Osten nicht entschließen, zu einer Leistungsgemeinschaft zusammengefaßt werden, von der eine entsprechende Aufbringungsumlage zu tragen sein würde. Die Aufbringungsumlage kann ganz oder teilweise nach erfolgtem Ostaufbau zurückerstattet werden. Es wäre ferner zu prüfen, ob nicht im Zusammenhang mit der z. Zt. in großem Umfang erfolgenden Kapitalbildung bei der Industrie ein besonderer Ostaufbaukreditfonds geschaffen werden könnte; die hierbei aufgebrachten Summen könnten in ein besonderes Reichsschuldbuch eingetragen und zu gegebener Zeit durch Anleihestücke flüssig gemacht werden.

17. Städtische Wohnanlagen.

Hier gilt im wesentlichen das zu 14. Gesagte. Der Gedanke der individuellen Patenschaft von Altreichsgemeinden gegenüber bestimmten Gemeinden der Ostaufbaugebiete liegt auch hier nahe.

III. Aufbauprogramm.

1. Tabelle: Der Arbeitseinsatz auf den Baustellen in seinem Zeitablauf.

2. Tabelle: Zeitplan für die Aufbringung der erforderlichen Geldmittel.

3. Erläuterungen zu den Tabellen.

Anhang: Menschenbesatz für die Eindeutschung der eingegliederten Ostgebiete.

III.3. Erläuterungen zu den Tabellen III.1 und III.2.

A. Erläuterungen zur Tabelle III.1.:Der Arbeitseinsatz auf den Baustellen in seinem Zeitablauf.

1. Da voraussichtlich nach dem Kriege beim Arbeitseinsatz im Vergleich zu dem Geld- und Materialeinsatz die engsten Grenzen gezogen sind, ist zunächst ein Plan des zeitlichen Arbeitseinsatzes aufgestellt worden.

2. Der Arbeitszeitplan befaßt sich nur mit dem Arbeitsbedarf an den Baustellen, der vorwiegend fremdvölkische Kräfte in kolonnenmäßigem Einsatz umfassen wird.Hinzu kommen noch diejenigen Arbeitskräfte, die im Aufbaugebiet in der Nähe der Baustellen, z.B. in Kiesgruben, Ziegeleien, Werkstätten usw. für den Aufbau tätig sind und zum vorwiegenden Teil ebenfalls aus Fremdvölkischen bestehen; ihre Zahl ist zunächst auf die Hälfte der an den Baustellen Beschäftigten geschätzt. Zur Lenkung, Beaufsichtigung, Versorgung und Betreuung dieser Arbeitskräfte sind im ganzen nochmals schätzungsweise ein Viertel der am Bau Beschäftigten erforderlich.

3. Bei der beschränkten Einsatzmöglichkeit von Arbeitskräften und Material ist eine Dringlichkeitsstufung der Aufbaumaßnahmen notwendig. Unter Zugrundelegung des von Reichsführer SS gestellten Zieles, die ländlichen Gebiete des eingegliederten Ostens in einem Zeitraum von 5 Jahren nach Kriegsende einzudeutschen, ergibt sich folgende zeitliche Rangordnung der Aufbaumaßnahmen:

a) Vorbereitende Arbeiten.

Hierfür ist eine Dauer von zwei Jahren angenommen; diese zwei Jahre sind in dem Zeitplan des Aufbaues nicht enthalten, da angenommen wird, daß der größte Teil der vorbereitenden Maßnahmen schon während des Krieges durchgeführt werden kann. Zu den vorbereitenden Maßnahmen gehört allerdings auch die Anlage des für den Materialtransport benötigten Verkehrsnetzes, die Einrichtung von Ziegeleien, von Bauindustriewerkstätten, der Bau eines Kraftstromnetzes zu den Baustellen sowie die Zusammenstellung und Schulung der Arbeitskolonnen.

b) 1. Jahrfünft(1. bis 5. Jahr).

Es werden vor allem der Landschaftsaufbau und der Ausbau des allgemeinen Verkehrs- und Versorgungsnetzes in Angriff genommen, da sie die Voraussetzung für die übrigen Aufbaumaßnahmen bilden; ihre Durchführung erstreckt sich ziemlich gleichmäßig über die ersten 20 Jahre der Aufbauarbeit.

Das Schwergewicht des Aufbaues liegt auf dem Lande. Unter Berücksichtigung der Tatsache, daß in den ersten 5 Jahren noch nicht der endgültig erwünschte Leistungsstand der landwirtschaftlichen Betriebe zu erreichen ist, ist der Umfang der Maßnahmen für die Errichtung der landwirtschaftlichen Betriebe, der Nahversorgungsbetriebe und der Nebenanlagen mit ca. 40% des Gesamtaufbauvolumens in Ansatz gebracht.

Für die Stadt gilt Ähnliches wie für das Land. Da das Schwergewicht des Aufbaues in den ersten 3 Jahren aber auf dem Lande liegen muß, ist während dieser Zeit der städtische Wohnbau mit nur einem Viertel des Umfanges der Baumaßnahmen vorgesehen. Der Ausbau der städtischen Betriebe, der kulturellen Einrichtungen und der Industrie erfolgt in diesem Jahrfünft im Rahmen ihrer Vordringlichkeit.

c) 2. Jahrfünft(6. bis 11. Jahr).

Das Ziel des landwirtschaftlichen Aufbaues am Ende des 1. Jahres beträgt 70% des Endzustandes.

Das Schwergewicht des Aufbaues verlagert sich auf die Städte, deren Ausbau bis zu 60% des Endzustandes erfolgt.

d) 3. Jahrfünft(11. bis 16. Jahr).

Innerhalb dieses Zeitraumes soll der ländliche und städtische Aufbau so gefördert werden, daß vom 16. Jahr an die Initiative zu den anschließenden Durchführungsmaßnahmen bis zum endgültigen Zustand weitgehend bei den eigenen Kräften der eingegliederten Ostgebiete liegt. Dies scheint gewährleistet, wenn der ländliche Aufbau bis zu 90%, der städtische Aufbau bis zu 80% und der industrielle Aufbau bis zu 90% des Endzustandes durchgeführt ist.

e) 4. und 5. Jahrfünft(16. bis 20. Jahr und 21. bis 25. Jahr).

Beide Jahrfünfte leiten allmählich zu dem Arbeitsvolumen über, das normalerweise notwendig ist, um den laufenden Reparaturbedarf und den durch den Bevölkerungszuwachs entstehenden Bedarf an Bauten und technischen Einrichtungen zu decken. Im 26. bis 30. Jahr wird die Masse der Ersatzbauten noch etwas größer sein als normal, während mit Anfang des 30. Jahres der Aufbau als abgeschlossen angesehen werden kann.

4. Aufgrund dieses Aufbauprogramms werden benötigt:

1. und 2. Jahrfünft	300.000	Arbeitskräfte		an den Baustellen
	150.000	"	"	in den Werkstätten und zur Überwachung, Lenkung und Betreuung
zusammen	450.000			
3. Jahrfünft	200.000	"	"	an den Baustellen
	100.000	"	"	in den Werkstätten und zur Überwachung, Lenkung und Betreuung
zusammen	300.000			
4. Jahrfünft	100.000	"	"	an den Baustellen
	50.000	"	"	zur Überwachung, Lenkung und Betreuung
zusammen	150.000			
5. Jahrfünft	60.000	"	"	an den Baustellen
	30.000	"	"	zur Überwachung, Lenkung und Betreuung
zusammen	90.000			

B. Erläuterungen zur Tabelle: Zeitplan für die Aufbringung der erforderlichen Geldmittel.

1. In der Tabelle III.2 ist der sich aus dem Arbeitseinsatz ergebende zeitliche Investitionsbedarf grafisch dargestellt. Es entfallen auf die einzelnen Aufbaugruppen:

in den Vorrichtungsjahren insgesamt 2.282 Milliarden

im 1. Jahrfünft auf:

Landschaftsaufbau	0,957	
Verkehr und Versorgung	2,950	
ländlicher Aufbau	5,090	
Industrie	1,560	
städtischer Aufbau	3,700	
		14,257 " "

(Jahresdurchschnitt = 2,85 Milliarden)

im 2. Jahrfünft auf:

Landschaftsaufbau	0,957	
Verkehr und Versorgung	1,915	
ländlicher Aufbau	3,920	
Industrie	1,560	
städtischer Aufbau	5,330	
		13,672 " "

(Jahresdurchschnitt = 2,73 Milliarden)

im 3. Jahrfünft auf:

Landschaftsaufbau	0,682	
Verkehr und Versorgung	1,285	
ländlicher Aufbau	2,610	
Industrie	1,040	
städtischer Aufbau	3,180	
		8,805 " "

(Jahresdurchschnitt = 1,76 Milliarden)

im 4. Jahrfünft auf:

Landschaftsaufbau	0,275	
Verkehr und Versorgung	0,680	
ländlicher Aufbau	1,480	
Industrie	0,520	
städtischer Aufbau	1,460	
		4,515 " "

(Jahresdurchschnitt = 0,9 Milliarden)

im 5. Jahrfünft auf:

Landschaftsaufbau	0,169	
Verkehr und Versorgung	0,530	
ländlicher Aufbau	0,180	
Industrie	-	
städtischer Aufbau	1,290	
		2,169 Milliarden

(Jahresdurchschnitt = 0,4 Milliarden)

45,700 Milliarden.

2. Aus den Tabellen II.2 und III.2 ergibt sich, in welchem Zeitraum und bis zu welcher Höhe die einzelnen Aufbauträger bei dem Aufbau der eingegliederten Ostgebiete herangezogen werden müssen. Die Belastung beträgt innerhalb der einzelnen Aufbauabschnitte(in Milliarden RM):

Aufbauträger	2 Jahre Vorrichtung	Aufbauzeit nach Jahrfünften					Gesamtaufbringung je Träger
		1.	2.	3.	4.	5.	
Reichshaushalt	0,927	5,800	4,795	2,338	0,950	0,660	15,470
Reichsbahnvermögen	0,675	0,450	0,375	0,300	0,150	0,150	1,500
Gemeindevermögen	-	0,340	0,820	1,035	0,570	0,257	3,040
Verm. d. Organisation der gewerbl. Wirtschaft	0,115	0,920	0,465	0,350	0,250	-	2,100
Sondervermögen des RKF	0,395	1,962	1,207	0,644	0,060	0,022	4,290
Privater Kapitalmarkt	0,770	4,785	5,820	4,120	2,535	1,070	19.100
Aufbringung innerhalb der Aufbauabschnitte	2,202	14,257	13,482	8,805	4,515	2,150	45,500.

Hieraus ist ersichtlich, daß das Reich als Hauptträger im Hauptaufbauzeitraum 1.16 Milliarden RM im Jahr aufbringen muß; das Sondervermögen erfährt im gleichen Zeitraum eine Höchstbeanspruchung von 0,392 Milliarden RM im Jahr, was einen Arbeitseinsatz von 150.800 Mann entspricht.

Anhang

Menschenbesatz für die Eindeutschung der eingegliederten Ostgebiete

Die Eindeutschung wird als vollzogen angesehen, wenn einmal der Grund und Boden in deutsche Hand übergeführt worden ist, zum anderen, wenn die beruflichen Selbständigen, die Beamten, Angestellten, die gehobenen Arbeiter und die dazugehörenden Familien deutsch sind. Aufgrund der in den Raumordnungsskizzen niedergelegten Zielplanungen wird die ländliche Bevölkerung etwa 2,9 Millionen Menschen, die städtische Bevölkerung etwa 4,3 Millionen Menschen betragen. Für die Eindeutschung wird auf dem Lande eine Bevölkerungszahl von rund 1,8 Millionen, in der Stadt von etwa 2,2 Millionen deutscher Menschen für erforderlich gehalten.

Dem Aufbauprogramm ist zugrunde gelegt, daß die Eindeutschung des Landes innerhalb der ersten 5 Jahre nach Inangriffnahme des Aufbaues, die Eindeutschung der Städte innerhalb 10 Jahren vollzogen ist. Die Zahl der aus dem Altreich benötigten deutschen Menschen ist abhängig von dem Umfang, in dem das vorhandene Volkstum eingedeutscht(Durchführung der Volksliste) und auf den deutschen Leistungsstand gebracht werden kann. Aus diesem Grunde kann z.Zt. der noch erforderliche Zusatzbedarf an deutschen Menschen aus dem Altreich nicht festgestellt werden. Er kann mit etwa 1,5 Millionen.angenommen werden.

T E I L C

Abgrenzung der Siedlungsräume in den besetzten Ostgebieten und Grundzüge des Aufbaues.

Die Durchbringung der großen Räume des Ostens mit deutschem Leben stellt das Reich vor die zwingende Notwendigkeit, neue Besiedlungsformen zu finden, die die Raumgröße und die jeweilig verfügbaren deutschen Menschen miteinander in Einklang bringen.

Im Generalplan Ost vom 15. Juli 1941[1] war die Abgrenzung neuer Siedlungsgebiete unter Zugrundelegung einer Entwicklung von 30 Jahren vorgesehen worden. Auf Grund von Weisungen des Reichsführers-SS ist zunächst von einer Besiedlung folgender Gebiete auszugehen:

1. Ingermanland (Petersburger Gebiet)

2. Gotengau (Krim und Chersongebiet, früher Taurien);

es wird ferner vorgeschlagen:

3. Memel-Narewgebiet (Bezirk Bialystok und Westlitauen).

Dieses Gebiet gehört mit den eingegliederten Ostgebieten zum Vorfeld und ist ein geopolitischer Schnittpunkt der beiden großen Siedlungsrichtungen. Die Eindeutschung Westlitauens ist durch die Rückführung der Volksdeutschen bereits im Gange.

Es erscheint notwendig, diese drei Gebiete als Siedlungsmarken unter besonderes Recht zu stellen (A III), da sie an der vordersten Front des deutschen Volkstums eine besondere Reichsaufgabe haben.

Um diese Marken mit dem Reich in enger Verbindung zu halten und die Verkehrsverbindung zu sichern, werden längs der Haupteisenbahn- und Autobahnlinien 36 Siedlungsstützpunkte

---

I. Diese Fassung des Plans ist noch nicht gefunden worden. (Anm. d. Verf.)

(davon I4 im Generalgouvernement) in Vorschlag gebracht. Diese Siedlungsstützpunkte knüpfen an heute vorhandene günstige Zentralpunkte an und decken sich mit SS- und Polizeistützpunkten höherer Ordnung. Der Abstand der Stützpunkte von einander beträgt rund 100 km. Die Gesamtfläche jedes Stützpunktes ist mit rund 2000 qkm bemessen und entspricht also der Größe von I bis 2 Landkreisen des Altreiches. Die Führung der Stützpunkte nach Ingermanland ist im Hinblick auf die besondere Bedeutung des baltischen Raumes für die germanischen Menschen in zwei Linien vorgesehen.

I. Die Eindeutschung

Die Marken und Stützpunkte sollen in einem Zeitraum von 25 bis 30 Jahren eingedeutsch werden. Im einzelnen sind dabei folgende Sätze zu Grunde gelegt, die in den ersten großen Siedlungsabschnitten für die Eindeutschung als erforderlich gehalten werden:

Hundertsätze der Eindeutschung in den Marken

Jahrfünft:	I.	2.	3.	4.	5.
Land	50	-	-	-	-
Kleinstädte	20	20	IO	-	-
Groß- und Mittelstädte	20	20	IO		

Stützpunkten

Jahrfünft	I.	2.	3.	4.	5.
Land	-	IO	5	5	5
Kleinstädte	-	IO	IO	IO	-
Groß- und Mittelstädte	IO	5	5	5	-

Im Ingernamland wurde die künftige Stadtbevölkerung mit 200 000[I] (I939: 3 200 000) angenommen, im Gotengau die Stadtbevölkerung auf 650 000 verringert (1939: 790 000).

I. Somit sollte die <u>ganze</u> Bevölkerung Leningrads - ganz nebenbei! - vernichtet werden. (Anm. d. Verf.)

a) <u>auf dem Lande</u>:

Als Berechnungsgrundlage wurden für den Gotengau (Krim und Chersongebiet) und für die 8 Unkrainestützpunkte gute Böden angenommen. Dagegen ist bei den I4 Ostlandstützpunkten, dem Ingermanland, dem Memel-Narew-Gebiet (Westlitauen und Bialystok) und dem Generalgouvernement von mittleren Böden ausgegangen.

Der Anteil der landwirtschaftlichen Nutzfläche an der Gesamzfläche ist in den 8 Ukrainestützpunkten und im Gotengau mit 75% anzusetzen, mit 60% in den I4 Stützpunkten des Generalgouvernements und im Memel-Narew-Gebiet, mit 50% in den I4 Ostlandstützpunkten und mit 30% im Ingermanland.

Der Waldanteil an der Gesamtfläche beträgt rund 50% im Ingermanland, 50% in den Stützpunkten des Ostlandes, des Generalgouvernements und im Bialystoker Gebiet, rund 20% in Westlitauen, I5% in den Ukrainestützpunkten und rund I0% im Gotengau.

Zur Erfassung der landwirtschaftlichen Bevölkerung wurde die Nutzfläche in bäuerliche und in Großbetriebsfläche aufgeteilt. Um eine gesunde bäuerliche Lebenshaltung zu gewährliesten, ist je nach der Bodengüte und Wirtschaftslage die Hufe mit 40 bis I00 ha,der Großbetrieb mit 250 ha und mehr zu Grunde gelegt. Für die Großbetriebe wurden auf guten Böden I5 bis 20%, auf mittleren Böden 20 bis 25% der Nutzfläche ausgewiesen.

Die forstwirtschaftliche Bevölkerung wurde mit 6 Menschen je I00 ha Wald errechnet, die nicht land- und forstwirtschaftliche Bevölkerung im Dorf mit drei je I00 ha landwirtschaftlicher Nutzfläche und im Hauptdorf mit I0% der land- und forstwirtschaftlichen Bevölkerung angenommen. Die Berufslosen sind mit 8 bis I0% der nichtlandwirtschaftlichen Bevölkerung angesetzt.

b) <u>in den Städten</u>:

Die Prozentsätze der Eindeutschung in den Städten beziehen sich auf die führende Schicht im städtischen Leben; die Verwaltung und die wichtigsten Stellen der Wirtschaft werden von deutschen Menschen besetzt. Die verbleibende fremdvölkische Bevölkerung verteilt sich auf die tieferen sozialen Schichten.

2. Siedlerbilanz

a) Siedlerbedarf

Bei der Annahme eines Siedlungszeitraumes von 25 bis 30 Jahren werden in den Marken und Stützpunkten an deutschen Menschen benötigt:

Stadt	Land	zusammen
I 666 225	I 679 578	3 345 805

b) Bedarfsdeckung:

Die Deckung des Bedarfs an deutschen Menschen für die Siedlung in den Marken und Stützpunkten ist sichergestellt, wie sich unter Zugrundelegung der aus dem Generalplan Ost entnommenen Angabe ergibt. Es stehen an deutschen bzw. germanischen Menschen im Zeitraum von 25 Jahren für die Ostsiedlung zur Verfügung:

I) Siedler aus dem Altreich	3 990 000
2) Lagerumsiedler: 20 000 x 5 Köpfe	I00 000
3) Streudeutschtum aus Transnistrien und Südosten sowie Bevölkerungsüberschuß aus Banat, Batschka und Siebenbürgen	500 000
4) Volksdeutschtum aus Übersee	I00 000
5) Germanische Siedler aus Nord- und Westeuropa	I50 000
	4 900 000

Anmerkung:

Die Zahl der Altreichssiedler setzt sich zusammen aus:

Landbevölkerung:

a) IOO 000 heiratsfähige und siedlungswillige Paare nach Kriegsende	220 000
b) 220 000 bäuerliche Familien, die bei Bereinigung der übervolkerten Agrargebiete im Altreich in Frage kommen: 220 000 x 3,5 Köpfe	770 000
c) 20 000 alljährl. Siedlernachwuchs: 20 000 x 25 x 2 Köpfe	I 000 000
Stadtbevölkerung: vorläufig mit 2% jährl. Abgabe geschätzt	2 000 000
	3 990 000

Hierzu käme noch derzeit nicht zu überblickende Anzahl von Auslandsdeutschen. Ferner ist zu berücksichtigen, daß von dem nichtgermanischen Volkstum durch systematische Auslese und Leistungszucht gewonnen werden können von den:

Baltenvölkern (Esten: über 50% Letten: bis zu 50% Litauer: bis zu I5%)	650 - 750 000
Goralen	80 000
zusammen etwa	750 000

Die Gesamtzahl der verfügbaren Siedler beträgt damit 5,65 Millionen.

In der vorstehenden Siedlerbilanz sind folgende Reserven nicht enthalten:

1) Menschenverschiebungen von Stadt zu Stadt im Zuge von industriellen und verwaltungsmäßigen Standortverlegungen,

2) Freimachung von Kräften im öffentlichen und wirtschaftlichen Bereich durch Vereinfachung der Verwaltung und Rationalisierung des Apparats,

3) Verstärkung des ländlichen Siedlungsnachwuchses in Auswirkung des Landdienstes.

Die oben stehende Gesamtzahl der verfügbaren Siedlerkräfte deckt den Bedarf der Marken und Stützpunkte sowie auch der eingegliederten Ostgebiete.

Bedarf der Marken und Stützpunkte	3,345 Mill.
Bedarf der eingegliederten Ostgebiete	I,5 -"-
	4,845 Mill.

3. Verhältnis zu den Umvölkern

Da auf die Mitarbeit der in den Gebieten jetzt bodenständigen Bevölkerung nicht verzichtet werden kann, muß die zu schaffende Völkerordnung im Ostraum auf eine Befriedung der dortigen Einwohner abzielen. Diese Befriedung wird dadurch erreicht, daß die nötige Bereitstellung von Siedlungsland für die Ansetzung deutscher Menschen nicht wie bisher durch Evakuierungen, sondern durch Umsetzung der bisherigen Bewohner auf anderes Kolchose- und Sowchoseland mit gleichzeitiger Verleihung von Bodenbesitzrechten erfolgt. Diese Umsetzung muß gebunden sein an eine sinnvolle Auslese nach dem Leistungsprinzip und mit einem sozialen Aufstieg der positiven Kräfte des fremden Volkstums Hand in Hans gehen.

4. Aufbaukosten

Die Aufbaukosten in den eingegliederten Ostgebieten sind auf 500 000 RM je qkm bei einer Bevölkerungsdichte von 80 Menschen errechnet werden. Das bedeutet einen Gesamtaufbauaufwand von 6 250 RM je angesetzten deutschen Siedler. Daraus ergibt sich für die Marken und Stützpunkte ein Gesamtkostenbetrag einer Zeitspanne von 25 Jahren von 20 909,6 Mill.RM. Die zeitliche Kostengliederung und die Aufgliederung nach Marken und Stützpunkten sind aus der Tabelle C 2 ersichtlich.

Ausblick

Das vorgelegte Siedlungsprogramm, das die Eindeutschung und den Siedlungsaufbau der eingegliederten Ostgebiete, der

Marken und Stützpunkte vorsieht, ist die Aufgabe der Nachkriegsgeneration. Von der Beständigkeit des Siedlungswillens und der Nachhaltigkeit der Siedlungskraft des Germanentums hängt die endgültige Ausfüllung der hier vorläufig begrenzten Siedlungsräume ab. Vor allem wird die Dauer unserer kolonisatorischen Kraft darüber entscheiden, ob es der nächsten Generation gelingt, erstmalig die nördliche und südliche Richtung der historischen Germanenzüge zu einem in der Mitte geschlossenen Raum zu verbinden und damit endgültig der europäischen Kultur zu sichern.

Zusammenfassung der Ergebnisse

A. Die Forderungen an eine künftige Siedlungsordnung erstrecken sich auf die Klarstellung der Verantwortungsbefugnis, des wahrzunehmenden Bodenrechts und Aufbaugrundsätze in den eingegliederten und noch einzugliedernden Ostgebieten.

Die verantwortliche Befehlsgewalt soll in Händen des Reichsführers-SS als dem Reichkommissar für die Festigung deutschen Volkstums liegen; dementsprechend auch die Verfügungsgewalt über den Grund und Boden und die Lenkung und politische Betreuung des Siedlungsaufbaues. Unter seiner Leitung werden Lehensgehöfte und -stellen mit Unterstützung des Reiches in Gestalt von Zeitlehen errichtet, die in unkündbare Erblehen und später in Lehenseigentum besonderen Rechts überzuführen sind.

Innerhalb des städtischen Aufbaus wird die Verknüpfung von städtischer Bewegungsfreiheit und anzustrebender Seßhaftigkeit in den neuen Heimatgebieten durch Schaffung von Eigenheimen, Durchführung eines sozialen Wohnungsbaues und nach der Dauer der Ansässigkeit gestaffelte finanzielle Vergünstigungen angestrebt.

Die straff gegliederte Verwaltungsorganisation in den während der Zeit des Aufbaues verselbständigten Marken ist auf die Bedürfnisse der Siedlung abgestellt.

B. Die Kosten des Aufbaues in den eingegliederten Ostgebieten sind schätzungsweise mit 45,7 Mrd. RM veranschlagt. Ihre Finanzierung ist auf möglichst viele Aufbauträger verteilt (Reichshaushalt, Reichsbahnvermögen, Gemeindevermögen, Vermögen der Organisationen der gewerblichen Wirtschaft, privater Kapitalmarkt, neuzubildende Sondervermögen des RKF[I]).

Es wurde ein Aufbauprogramm in 5 Jahresplänen entworfen. Darin umfaßt das erste Jahrfünft vorwiegend den ländlichen, das zweite vorwiegend den städtischen Aufbau. Innerhalb der beiden ersten Jahrfünfte werden an den Baustellen etwa 300 000, insgesamt rund 450 000 Arbeitskräfte erforderlich sein. Für die zeitliche Aufbringung der Geldmittel wird neben dem privaten Kapitalmarkt der Reichshaushalt während des Hauptaufbauzeitraumes mit jährlich I,I6 Mrd. und das Sondervermögen des RKF mit einer jährlichen Höchstbeanspruchung von 0,392 Mrd. herangezogen.

C) Bei der Abgrenzung der Siedlungsräume in den besetzten Ostgebieten wird auf

I) das Ingermanland,

2) den Gotengau,

3) das Memel-Narew-Gebiet und

4) 36 Siedlungsstützpunkte

hingewiesen, für deren Eindeutschung auf dem Lande und in den Städten ein Plan die Fristen absteckt. Dabei ergibt sich ein Siedlerbesatz von knapp 3,5 Mill. deutschen Menschen, dem eine Gesamtziffer von rund 5,5 Mill. Siedlern gegenübergestellt werden kann, mit welcher auch die Ansiedlung in den eingegliederten Ostgebieten (Bedarf rund I,5 Mill. Menschen) sicherzustellen ist.

3. Obduktionsakte

1. Protokoll über die Entdeckung der Familie Goebbels

Akte
Identifikation der Leichen des deutschen Reichspropagandaministers Joseph Goebbels, der Ehefrau von Goebbels und deren 6 Kindern

Berlin, 3. Mai 1945

Wir, die Unterzeichneten, der Chef der Verwaltung der Abwehr »SMERSCH«[1] der 1. Weißrussischen Front, Generalleutnant Wadiss, der stellvertretende Chef der Verwaltung der Abwehr »SMERSCH« der 1. Weißrussischen Front, Generalmajor Melnikow, der Chef der Abteilung der Abwehr »SMERSCH« der 3. Stoßarmee, Oberst Miroschnitschenko, der Chef der Abteilung der Verwaltung der Abwehr »SMERSCH« der 1. Weißrussischen Front, Oberstleutnant Barssukow, der Chef der Abteilung der Abwehr »SMERSCH« des 79. Schützenkorps, Oberstleutnant Klimenko, der Chef der politischen Abteilung des 79. Schützenkorps, Oberst Krylow, der Chef der Erkundungsabteilung der 3. Stoßarmee, Oberstleutnant Gwosd, der Chef der Abteilung »SMERSCH« der 207. Schützendivision, Major Aksjonow, der stellvertretende Chef der Abteilung der Abwehr »SMERSCH« der 207. Schützendivision, Major Chasin, der Chef der Unterabteilung der Abteilung der Abwehr »SMERSCH« der 3. Stoßarmee, Major Bystrow, der Oberoperationsbeauftragte der Verwaltung der Abwehr »SMERSCH« der 1. Weißrussischen Front, Hauptmann Chelimskij, der Korpsarzt des 79. Schützenkorps,

1 »SMERSCH« = »Tod den Spionen«.

Oberstleutnant des Medizinischen Dienstes Gratschow, der Dolmetscher für die deutsche Sprache – der Chef der Untersuchungsgruppe der Erkundungsabteilung der 3. Stoßarmee –, Hauptmann Alperowitsch, verfaßten die vorliegende Akte wie folgt:
Am 2. Mai 1945 wurden im Zentrum von Berlin im Gelände des Bunkers der deutschen Reichskanzlei einige Meter von der Eingangstür entfernt von Oberstleutnant Klimenko und den Majoren Bystrow und Chasin in Anwesenheit von Berliner Einwohnern – den Deutschen Lange, Wilhelm, Koch der Reichskanzlei, und Schneider, Karl, Garagenmeister der Reichskanzlei – um 17.00 Uhr die angekohlten Leichen eines Mannes und einer Frau entdeckt; die Leiche des Mannes war von niedrigem Wuchs, der Fuß des rechten Beines steckte in halbgekrümmter Stellung (Klumpfuß) in einer angekohlten Metallprothese; darauf lagen die Überreste einer verkohlten Parteiuniform der NSDAP und ein angesengtes goldenes Parteiabzeichen; bei der verkohlten Leiche der Frau wurde ein angesengtes goldenes Zigarettenetui entdeckt, auf der Leiche ein goldenes Parteiabzeichen der NSDAP und eine angesengte goldene Brosche.
Zu Häupten der beiden Leichen lagen zwei Walther-Pistolen Nr. 1 (durch Feuer beschädigt).
Am 3. Mai d. J. wurden vom Zugführer der Abwehrabteilung »SMERSCH« der 207. Schützendivision, Oberleutnant Iljin, im Bunker der Reichskanzlei in einem separaten Zimmer auf Betten liegend Kinderleichen[2] im Alter von drei bis vierzehn Jahren aufgefunden. Sie waren mit leichten Nachthemden bekleidet und zeigten Vergiftungserscheinungen.
Da in den erwähnten Leichen Dr. Goebbels, seine Ehefrau und deren Kinder erkannt worden sind, wurden alle Leichen zur Leichenschau und zwecks Identifikation durch Personen, mit denen sie nahe bekannt waren, in die Räumlichkeiten der Abteilung »SMERSCH« des 79. Schützenkorps der 1. Weißrussischen Front gebracht.
Zur Identifikation der Leichen an Ort und Stelle wurden die Kriegsgefangenen – der persönliche Vertreter von Großadmiral Dönitz im Führerhauptquartier, Vizeadmiral Voß, Hans-Erich, geb. 1897, der Garagenmeister der Reichskanzlei, Schneider, Karl

2 Fünf Mädchen und ein Knabe.

Friedrich Wilhelm, und der Koch der Reichskanzlei, Lange, Wilhelm – hinzugezogen, die Goebbels, dessen Ehefrau und Kinder persönlich gut gekannt haben.
Vizeadmiral Voß, Lange und Schneider identifizierten eindeutig die Leichen – beim Verhör und bei der Vorführung der Leichen – als Goebbels, dessen Ehefrau und Kinder. Dabei erklärte Vizeadmiral Voß auf die Frage, an welchen Merkmalen er in der angekohlten männlichen Leiche den ehemaligen Reichspropagandaminister Dr. Goebbels erkenne: die angekohlte Leiche habe eine unverkennbare Ähnlichkeit mit Goebbels, was durch die Form des Schädels, die Linien des Mundes, die Prothese, die Goebbels am rechten Bein trug, durch das Vorhandensein des goldenen Parteiabzeichens der NSDAP sowie durch die Überreste der verkohlten Parteiuniform bestätigt werde. Gleichzeitig erklärte Voß, daß er sich die letzten Tage (drei Wochen hindurch) bis zum 1. Mai d. J. ununterbrochen im Führerhauptquartier aufgehalten habe und persönlich mit Hitler, Goebbels und deren nächster Umgebung zusammengekommen sei. Am 30. April d. J. erfuhr Voß vom Selbstmord Hitlers und der kurz vor dem Tode erfolgten Ernennung Dr. Goebbels' zum Reichskanzler.
Am 1. Mai d. J. sah Voß Goebbels zum letzten Mal um 20.30 Uhr im Luftschutzbunker, wo Hitlers Hauptquartier untergebracht war. Dabei erklärte Goebbels im Gespräch mit Voß, daß er dem Beispiel Hitlers folgen, d.h. seinem Leben durch Selbstmord ein Ende setzen werde.
Voß erkannte in der angekohlten weiblichen Leiche die Ehefrau Goebbels' und begründete seine Aussage mit den Angaben, daß die Frauenleiche dem Wuchs nach (etwas über mittelgroß) und wegen des goldenen Parteiabzeichens der NSDAP die Leiche der Ehefrau Goebbels' sei. (Sie war die einzige deutsche Frau, die dieses Abzeichen trug; es war ihr von Hitler drei Tage vor seinem Selbstmord überreicht worden.)
Außerdem entdeckte man bei der Untersuchung des bei der Frauenleiche aufgefundenen Zigarettenetuis auf der Innenseite eines der Deckel das Monogramm »Adolf Hitler – 29. X. 34« in deutscher Sprache; das Etui sei, wie Voß erklärte, in den letzten drei Wochen von der Ehefrau Goebbels' benützt worden.
Bei der Besichtigung der Kinderleichen identifizierte Voß alle aus-

nahmslos als die Kinder von Goebbels, da er sie mehrmals gesehen hatte; eines der Mädchen, die etwa dreijährige Goebbels-Tochter Heide, sei zu wiederholten Malen in der Wohnung von Voß gewesen.
Die zur Leichenidentifikation hinzugezogenen obengenannten – der Koch Lange und der Garagenmeister Schneider – bestätigten ausdrücklich, daß sie beide in der angekohlten Männerleiche Dr. Goebbels erkennen, wobei sie ihre Behauptung mit der Gesichtsform, dem Körperwuchs, der Schädelform und der Metallprothese am rechten Bein begründeten.
Der Koch Lange hat, in Anwesenheit der in der vorliegenden Akte oben erwähnten Militärs, ebenfalls in den Kinderleichen die Kinder von Goebbels erkannt; er nannte zwei der Kinder beim Vornamen, das Mädchen Hilde und den Knaben Helmut, die er persönlich längere Zeit gekannt hatte.
Bei der äußeren Untersuchung der Kinderleichen stellte der Korpsarzt – Oberstleutnant des medizinischen Dienstes Gratschow – fest, daß der Tod der Kinder dadurch herbeigeführt wurde, daß man das giftbildende Karboxyhämoglobin in den Organismus einführte.
Aufgrund dieser Angaben folgern wir, die Unterzeichneten, daß die besichtigten angekohlten Leichen – des Mannes, der Frau sowie der sechs Kinder – die Leichen des deutschen Reichspropagandaministers Dr. Joseph Goebbels, dessen Ehefrau und deren Kinder sind.
Worüber vorliegende Akte abgefaßt wurde.
Die Erklärungen von Voß, Lange und Schneider, die zur Identifikation herangezogen wurden, wurden durch den Dolmetscher für die deutsche Sprache, den Chef der Untersuchungsgruppe der Erkundungsabteilung der 3. Stoßarmee, Hauptmann Aljperowitsch, abgegeben.

Chef der Verwaltung der Abwehr »SMERSCH« der 1. Weißrussischen Front, Generalleutnant (A. Wadiss)
Stellvertretender Chef der Verwaltung der Abwehr »SMERSCH« der 1. Weißrussischen Front, Generalmajor (Melnikow)
Chef der Abteilung der Abwehr »SMERSCH« der 3. Stoßarmee Oberst (Miroschnitschenko)
Chef der Abteilung der Verwaltung der Abwehr »SMERSCH« der 1. Weißrussischen Front, Oberstleutnant (Barssukow)
Chef der Abwehrabteilung »SMERSCH« des 79. Schützenkorps, Oberstleutnant (Klimenko)

Chef der Abwehrabteilung »SMERSCH« der 207. Schützendivision, Major (Aksjonow)
Stellvertretender Chef der Abwehrabteilung »SMERSCH« der 207. Schützendivision, Major (Chasin)
Chef der politischen Abteilung des 79. Schützenkorps, Oberst (Krylow)
Chef der Erkundungsabteilung der 3. Stoßarmee, Oberstleutnant (Gwosd)
Chef der Unterabteilung der Abteilung »SMERSCH« der 3. Stoßarmee, Major (Bystrow)
Oberoperationsbeauftragter der Verwaltung der Abwehr »SMERSCH« der 1. Weißrussischen Front, Hauptmann (Chelimskij)
Korpsarzt des 79. Schützenkorps, Oberstleutnant des Medizinischen Dienstes (Gratschow)
Zugführer der Abwehrabteilung »SMERSCH« der 207. Schützendivision, Oberleutnant (Iljin)
Dolmetscher für die deutsche Sprache, Chef der Untersuchungsgruppe der Erkundungsabteilung der 3. Stoßarmee, Hauptmann (Aljperowitsch)

Der Inhalt der vorliegenden Akte wurde mündlich durch den Dolmetscher Aljperowitsch aus dem Russischen ins Deutsche übersetzt und von uns verstanden; wir bestätigen sie durch unsere Unterschrift.
Die Personen, die die Identität der vorgeführten Leichen feststellten:
der Kriegsgefangene der deutschen Wehrmacht, Vizeadmiral (Voß)
der Koch der Reichskanzlei (Lange)
der Garagenmeister der Reichskanzlei (Schneider)

2. Obduktionsakten

Akte Nr. 1

der gerichtsmedizinischen Untersuchung der Leiche eines unbekannten, dem Aussehen nach etwa 15 Jahre alten Mädchens (einer Tochter von Goebbels?)[3]

7. V. 1945, Berlin-Buch, Leichenhalle des 496. Chirurgischen Feldlazaretts.

Die Kommission, bestehend aus dem gerichtsmedizinischen Chefsachverständigen der 1. Weißrussischen Front, Oberstleutnant des med. Dienstes Schkarawskij, F. J., dem Chefarzt für path. Ana-

3 Helga Goebbels, 12 Jahre alt.

tomie der Roten Armee, Oberstleutnant des med. Dienstes Krajewskij, N.A., dem amtierenden Chefarzt für path. Anatomie der 1. Weißrussischen Front, Major des med. Dienstes Maranz, A.J., dem gerichtsmedizinischen Armeesachverständigen der 3. Stoßarmee, Major des med. Dienstes Bogusslawskij, J.I., und dem Armeefacharzt für path. Anatomie der 3. Stoßarmee, Major des med. Dienstes Guljkewitsch, J.W., hat auf Befehl des Mitglieds des Kriegsrates der 1. Weißrussischen Front, Generalleutnant Telegin, vom 3.V.1945 die Leiche des unbekannten Mädchens (vermutlich die Leiche einer Tochter von Goebbels) gerichtsmedizinisch untersucht.
Bei der Untersuchung wurde festgestellt:

A. *Äußere Untersuchung:*
Die Leiche gehört einem Mädchen, dem Aussehen nach etwa 15 Jahre alt, gut ernährt, in ein hellblaues Nachthemd mit Spitzen gekleidet. Größe: 1 m 58 cm. Brustumfang in der Höhe der Brustwarzen – 65 cm. Farbe der Hautdecken und der sichtbaren Schleimhäute blaßrot mit kirschrotem Ton. Auf der rückwärtigen Körperoberfläche verstreut rote Totenflecke mit kirschrotem Ton, die sich nicht mehr wegdrücken lassen. Die Fingernägel sind bläulich. In der Gegend der Schulterblätter und des Gesäßes ist die Haut infolge Drucks ausgeprägt blaß. Die Haut des Bauches ist infolge Fäulnis schmutziggrün verfärbt. Die Totenstarre ist nur in den Gelenkverbindungen des Fußes vorhanden. Kopfform länglich, seitlich abgeflacht. Kopfhaare lang, dunkelblond, zu Zöpfen geflochten, Gesichtsform oval, in Richtung des Kinns spitz zulaufend. Stirn leicht fliehend. Farbe der Augenbrauen dunkelblond, lange Wimpern. Farbe der Regenbogenhaut blau. Nase gerade, von regelmäßiger Form, klein, Augen geschlossen. Die Bindehaut der Scleren hat stark vermehrten Blutgehalt. Knochen und Knorpel der Nase fühlen sich beim Betasten unverletzt an. Nasenlöcher und äußerer Gehörgang frei. Mund geschlossen. Zungenspitze zwischen den Zähnen etwas eingeklemmt. Beim Umwenden der Leiche und beim Druck auf den Brustkorb wird aus Mund und Nase der Leiche Blutserum abgesondert und ist ein kaum merklicher Geruch von Bittermandeln feststellbar.
Im Munde sind 28 Zähne vorhanden: 8 Schneidezähne, 4 Eck-

zähne, 8 Backenzähne und 8 Mahlzähne. Im Oberkiefer und Unterkiefer sind je 14 Zähne vorhanden. Zahnschmelz nicht defekt. Im Munde wurden zwischen Zahnfleisch und Wange der Kopf einer bläulichen Glasampulle mit einem roten Pünktchen in der Mitte und einzelne Glassplitter der Ampullenwand gefunden.
Brustkorb normal ausgebildet, Brustdrüsen klein, in den Achselhöhlen keine Behaarung festgestellt. Bauch flach. Äußere Geschlechtsorgane normal entwickelt. Große Schamlippen und Venusberg bis zum oberen Rand der Symphyse behaart. Hymen ringförmig, Knochen der Extremitäten fühlen sich beim Betasten unverletzt an. Die Füße sind in den Gelenkverbindungen des Fußes stark gestreckt. Zeichen von Gewalteinwirkung wurden auf der Körperoberfläche nicht festgestellt.

B. *Innere Untersuchung:*
Lage der Brust- und Bauchorgane normal. Der Herzbeutel enthält etwa zwei Teelöffel klare seröse Flüssigkeit. Auf der rückwärtigen und äußeren seitlichen Oberfläche beider Lungen sowie zwischen den Lungenlappen über der Pleura sind zahlreiche Blutergüsse verschiedener Form von 1,5 mm bis 3 mm im Durchmesser vorhanden. Beide Lungen sind vorne hochrot, rückwärts dunkelrot, beim Betasten flaumig. Bei Druck wird von der Schnittoberfläche beider Lungen eine geringe Menge einer schaumigen, dunkelroten Flüssigkeit ausgeschieden. Die Schleimhaut der oberen Atmungswege ist dunkelrot. Das Herz hat die Größe der rechten Faust der Leiche. Gewicht des Herzens 200 gr, in den Herzkammern dunkles flüssiges Blut. Herzmuskel von schlaffer Konsistenz. Stärke der Wand der rechten Herzkammer 0,3 cm, der linken Herzkammer 0,6 cm, Herzklappen sind dünn und durchsichtig. Lungenarterie frei. Intima der Aorta glatt und glänzend.
Bauchfell glatt und glänzend, in der Bauchhöhle bis zu zwei Eßlöffel einer gelben klaren Flüssigkeit vorhanden. Schleimhaut der Speiseröhre hat etwas bläuliche Färbung. Im Magen sind etwa 200 cm^3 einer gelblichen speiseähnlichen Masse enthalten. Faltung der Magenschleimhäute geglättet. Darminhalt wie üblich. Schleimhaut des Dünn- und Dickdarms etwas blaß. Die 22 x 11 x 13 x 9 cm große Leber voll durchblutet, von üblicher Festigkeit, ihre Zeich-

nung ein wenig verwischt. Die Gallenblase enthält etwa 20 cm^3 gelbliche Galle, ihre Schleimhaut ist genarbt. Gallengang frei, Bauchspeicheldrüse im Zustand der Leichenerweichung. Die Größe der Milz beträgt 10 x 5,5 x 2 cm, Milzkapsel runzelig, auf der Schnittfläche dunkelkirschrot, schlaff (Fäulnisveränderungen.)
Nebennieren blaß, erweicht. Beide Nieren von gleicher Größe 9,5 x 5 x 3 cm, ihre Kapsel ist leicht abnehmbar, ihre Oberfläche glatt, Zeichnung auf der Schnittfläche verwischt (Fäulnis). Schleimhaut des Nierenbeckens blaß.
Gebärmutter fest, 4 cm lang, in der Höhe der Eileiter 3 cm breit, 2 cm dick.
Äußerer Gebärmuttermund schlitzförmig, geschlossen. In der Gebärmutterhöhle eine geringe Menge von Schleim, Gebärmutterschleimhaut blaß. Eierstöcke und Eileiter ohne besondere Veränderungen.
Schädelknochen unverletzt, Gefäße der harten Hirnhaut etwas injeziert; in ihrem Längssinus eine geringe Menge flüssigen Blutes. Es wird eine starke Erweiterung der Gefäße der weichen Hirnhaut festgestellt. An der Gehirnsubstanz ist ein ausgeprägter Geruch von Bittermandeln spürbar. In den Ventrikeln des Gehirns ist etwas klare Flüssigkeit enthalten, ihr Adergeflecht ist voll durchblutet.
Für die gerichtsmedizinische Untersuchung wurden entnommen:

1. Glas-Teil des Magens mit Inhalt.
2. Glas-Teil des Dünn- und Dickdarms mit Inhalt.
3. Glas-Teil der Lungen, des Herzens, der Leber, der Milz und der Nieren.
4. Glas-Teil des Gehirns.
5. Reagenzglas mit Blut.

Die erwähnten Objekte wurden nicht konserviert, 7/5 wurden für eine Untersuchung auf Zyanverbindungen und basische Gifte dem san. epidem. Frontlaboratorium Nr. 291 zugeleitet.
Anmerkung: Der Akte wurde ein Reagenzglas mit Splittern der Glasampulle, die im Munde der Leiche gefunden wurden, beigegeben.

Unterschriften der Kommission:

Gerichtsmed. Chefsachverständiger der 1. W.F., Oberstleutnant d.m.D. (Schkarawskij)
Chefarzt für path. Anatomie der Roten Armee, Oberstleutnant d.m.D. (Krajewskij)

Amtierender Chefarzt für path. Anatomie der 1. W.F., Major d.m.D. (Maranz)
Gerichtsmed. Armeesachverständiger der 3. Stoßarmee, Major d.m.D. (Bogusslawskij)
Armeefacharzt für path. Anatomie der 3. Stoßarmee, Major d.m.D. (Guljkewitsch)

Schlußfolgerung:

Aufgrund der gerichtsmedizinischen Obduktion der Leiche eines ca. 15jährigen Mädchens und der gerichtsmedizinischen Untersuchung seiner inneren Organe kommt die Kommission zu folgenden Schlüssen:

1. Bei der Obduktion wurden keine Verletzungen oder krankhaften Veränderungen festgestellt, die den Tod der Verstorbenen verursacht haben könnten.
2. Im Mund wurden Splitter einer zerdrückten Glasampulle gefunden, bei der Sektion der Leiche spürte man einen ausgeprägten bitteren Mandelgeruch, und bei der chemischen Untersuchung der inneren Organe wurde darin das Vorhandensein von Zyanverbindungen festgestellt.

Deshalb muß die Schlußfolgerung gezogen werden, daß der Tod des 15jährigen Mädchens infolge Vergiftung durch eine Zyanverbindung eingetreten ist.

Unterschriften der Kommission:

Gerichtsmedizin. Chefsachverständiger der 1. W.F., Oberstleutnant d.m.D. (Schkarawskij)
Chefarzt für path. Anatomie der Roten Armee, Oberstleutnant d.m.D. (Krajewskij)
Amtierender Chefarzt für path. Anatomie der 1. W.F., Major d.m.D. (Maranz)
Gerichtsmedizin. Armeesachverständiger der 3. Stoßarmee, Major d.m.D. (Bogusslawskij)
Armeefacharzt für path. Anatomie der 3. Stoßarmee, Major d.m.D. (Guljkewitsch)

»Schema (Beschreibung und Befund) zu den Obduktionsberichten über die Kinder von Goebbels«

Die Kinder:	Symptome:	Chemische Untersuchung:	Befund:
Akte Nr. 1 Helga s. S. 100	Ampullensplitter im Munde. Gehirnmasse hat einen bitteren Mandelgeruch. Lungenfarbe: rot.	Zyanverbindungen vorhanden	Vergiftung durch Zyanverbindungen
Akte Nr. 2 Heide (hier nicht abgedruckt)	Ampullensplitter hinter der Backe. Gehirnmasse hat einen bitteren Mandelgeruch.	Zyanverbindungen vorhanden	Vergiftung durch Zyanverbindungen
Akte Nr. 8 Hedda (hier nicht abgedruckt)	Ampullensplitter im Munde. Beim Sezieren der Lungen entsteht ein bitterer Mandelgeruch.	Zyanverbindungen vorhanden	Vergiftung durch Zyanverbindungen
Akte Nr. 9 Holde (hier nicht abgedruckt)	Ampullensplitter im Munde. Gehirn und Lungen haben einen bitteren Mandelgeruch.	Zyanverbindungen vorhanden	Vergiftung durch Zyanverbindungen
Akte Nr. 10 Helmut s. S. 123	Ampullensplitter im Munde. Gehirn und Lungen haben einen bitteren Mandelgeruch.	Zyanverbindungen vorhanden	Vergiftung durch Zyanverbindungen
Akte Nr. 11 Hilde (hier nicht abgedruckt)	Ampullensplitter. Gehirn und Lungen haben einen bitteren Mandelgeruch.	Zyanverbindungen vorhanden	Vergiftung durch Zyanverbindungen

Akte Nr. 3

der gerichtsmedizinischen Untersuchung des Schäferhundkadavers

7. Mai 1945, Berlin-Buch, Leichenhalle des 496. Chirurgischen Feldlazarettes.

Die Kommission, bestehend aus dem gerichtsmedizinischen Chefsachverständigen der 1. Weißrussischen Front, Oberstleutnant des medizinischen Dienstes Schkarawskij, F. J., dem Chefarzt für path. Anatomie der Roten Armee, Oberstleutnant des medizinischen Dienstes Krajewskij, A., dem amtierenden Chefarzt für path.

Anatomie der I. Weißrussischen Front, Major des medizinischen Dienstes Maranz, A. J., dem gerichtsmedizinischen Armeesachverständigen der 3. Stoßarmee, Major Bogusslawskij, J. I., und dem Armeefacharzt für path. Anatomie der 3. Stoßarmee, Major des medizinischen Dienstes Guljkewitsch, J. W., hat auf Befehl des Mitglieds des Kriegsrates der 1. Weißrussischen Front, Generalleutnant Telegin, den Kadaver des Schäferhundes gerichtsmedizinisch untersucht.

Bei der Untersuchung wurde festgestellt:

A. *Äußere Untersuchung:*
Kadaver des großen Hundes (Hündin), Hunderasse: Deutscher Schäferhund. Farbe des Fells – auf dem Rücken dunkelgrau, Bauch hellgrau. Um das Maul herum schwarze Flecken. Rute mäßig bauschig. Länge des Kadavers vom Hinterhauptbein bis zum Ansatz der Rute 91 cm. Zähne weiß, die Spitzen der Eckzähne etwas abgenutzt.
Zitzenwarzen graugetönt, gut ausgebildet, bei Druck wird keine Absonderung festgestellt.
Auf der Schleimhaut der Zunge wurden zwei Splitter einer dünnwandigen Glasampulle gefunden: ein Teil des Bodens der Ampulle und ein Teil der Wand. Auf der Schleimhaut des Gaumens kleiner Kratzer mit glatten Rändern, der Schleim im Mund ist blutig. Um die Kratzer herum sind Blutergüsse vorhanden.
Andere Schädigungen wurden am Kadaver des Hundes nicht festgestellt, die langen Knochen fühlen sich beim Betasten unverletzt an.

B. *Innere Untersuchung:*
Lage der inneren Organe normal, Durchblutung mäßig. Im Herz und in den großen Gefäßen lockere rote Blutgerinnsel.
Bei der Öffnung ist der ausgeprägte Geruch von Bittermandeln spürbar.
Magen- und Darmtrakt enthält eine bedeutende Menge halbverdauter Nahrungsmassen mit unangenehmem sauren Geruch.
Bei der Untersuchung der inneren Organe wurden keine sichtbaren krankhaften Veränderungen festgestellt.

Für die chemische Untersuchung wurden 10 cm^3 Blut entnommen und in ein Reagenzglas gefüllt. Außerdem wurden Teile der Lungen, des Herzens, der Leber, der Nieren, der Milz, des Magens und der Därme in ein Glas gegeben.
Die genannten Objekte wurden ohne Konservierung dem san. epidem. Frontlaboratorium Nr. 291 zur gerichtsmedizinischen Untersuchung auf das Vorhandensein von Zyanverbindungen und basischen Giften zugeleitet.

Kommission:

Gerichtsmedizinischer Chefsachverständiger der 1. W. F., Oberstleutnant d.m.D. (Schkarawskij)
Chefarzt für path. Anatomie der Roten Armee, Oberstleutnant d.m.D. (Krajewskij)
Amtierender Chefarzt für path. Anatomie der 1. W. F., Major d.m.D. (Maranz)
Gerichtsmedizinischer Sachverständiger der 3. Stoßarmee, Major d.m.D. (Bogusslawskij)
Armeefacharzt für path. Anatomie der 3. Stoßarmee, Major d.m.D. (Guljkewitsch)

Gutachten:
Aufgrund der gerichtsmedizinischen Untersuchung des Kadavers des Schäferhundes und der gerichtschemischen Untersuchung seiner inneren Organe kommt die Kommission zu den Schlußfolgerungen:
1. Irgendwelche Schädigungen sowie krankhafte Veränderungen, die den Tod des Hundes hätten herbeiführen können, wurden bei der Obduktion nicht festgestellt.
2. In der Schleimhaut des Mauls und der Zunge wurden Splitter einer dünnwandigen Glasampulle gefunden, bei der Obduktion des Kadavers war der Geruch von Bittermandeln spürbar, und bei der gerichtschemischen Untersuchung wurde in den inneren Organen das Vorhandensein von Zyanverbindungen festgestellt.
3. Es muß also gesagt werden, daß der Tod des Hundes durch die Vergiftung mit Zyanverbindungen eingetreten ist.

Kommission:

Gerichtsmedizinischer Chefsachverständiger der 1. W. F., Oberstleutnant d.m.D. (Schkarawskij)
Chefarzt für path. Anatomie der Roten Armee, Oberstleutnant d.m.D. (Krajewskij)
Amtierender Chefarzt für path. Anatomie der 1. W. F., Major d.m.D. (Maranz)

Gerichtsmedizinischer Sachverständiger der 3. Stoßarmee, Major d.m.D. (Bogusslawskij)
Armeefacharzt für path. Anatomie der 3. Stoßarmee, Major d.m.D. (Guljkewitsch)

Akte Nr. 4

der gerichtsmedizinischen Untersuchung des Kadavers eines kleinen schwarzen Hundes

7. Mai 1945, Berlin-Buch, Sezierhalle des Chirurgischen Feldlazaretts Nr. 496.

Die Kommission, bestehend aus dem gerichtsmedizinischen Chefsachverständigen der 1. Weißrussischen Front, Oberstleutnant d.m.D. Schkarawskij, F. J., dem Chefarzt f. path. Anatomie der Roten Armee, Oberstleutnant d.m.D. Krajewskij, N.A., dem amtierenden Chefarzt für path. Anatomie der 1. Weißrussischen Front, Major d.m.D. Maranz, A. J., dem gerichtsmedizinischen Armeesachverständigen der 3. Stoßarmee, Major des medizinischen Dienstes Bogusslawskij, J.I., und dem Armeefacharzt für path. Anatomie der 3. Stoßarmee, Major des medizinischen Dienstes Guljkewitsch, J.W., hat auf Befehl des Kriegsrates der 1. Weißrussischen Front, Generalleutnant Telegin, die gerichtsmedizinische Untersuchung und Obduktion des Kadavers eines kleinen schwarzen Hundes vorgenommen.
Bei der Untersuchung wurde festgestellt:

I. *Äußere Untersuchung:*
Es handelt sich um den Kadaver eines kleinen schwarzen Hundes (Hündin) mit langem Zottelhaar und kurzer Rute. Länge des Hundes von der Hinterhauptwölbung bis zum Rutenansatz 58 cm, Schulterhöhe (vom oberen Winkel des Schulterblattes) bis zu den Krallenspitzen 28,5 cm.
Das Maul ist voller roter Blutgerinnsel. Am Kopf ist über dem linken Ohr eine runde Wunde mit 1 cm Durchmesser (Einschuß) vorhanden, die andere Wunde liegt am unteren Teil der Schnauze zwischen den Unterkieferästen, ihre Maße sind 1,2 cm x 1,5 cm, die Wundränder sind zerfranst (Durchschuß).

Der Schußkanal, der beide Öffnungen verbindet, verläuft durch die Schädelhöhle und bildet in der linken Hälfte des Unterkiefers zur Maulhöhle hin einen offenen Bruch. Um die Verletzung herum sind ausgetretene Blutergüsse vorhanden. Fremdkörper wurden im Maul nicht gefunden. Auf dem Bauch sind links und rechts unter dem Rippenbogen zwei runde Schußöffnungen mit einem Durchmesser von 1 cm zu erkennen.

II. Innere Untersuchung:
Der Schußkanal verläuft durch die Bauchhöhle und zerreißt strahlenförmig die Leber. In der Bauchhöhle sind bis zu 400 cm^3 flüssiges Blut enthalten. Bei der Obduktion ist der spezifische unangenehme Hundegeruch zu spüren.
Lage der inneren Organe normal, ihr Bau ist ohne sichtbare Veränderungen. Blutmenge vermindert, Farbe des Blutes blaßrot.
Für die gerichtsmedizinische Untersuchung wurden Stückchen der Leber, des Herzens, der Nieren, der Milz, der Lungen, des Magens und des Darmes entnommen und in ein Glas gefüllt. Die Organe wurden ohne Konservierung dem san. epidem. Frontlaboratorium zur chemischen Untersuchung auf das Vorhandensein von Zyanverbindungen und die Gruppe basischer Gifte zugeleitet.

Kommission:
Gerichtsmedizinischer Chefsachverständiger der 1. W.F., Oberstleutnant d.m.D. (Schkarawskij)
Chefarzt für path. Anatomie der Roten Armee, Oberstleutnant d.m.D. (Krajewskij)
Amtierender Chefarzt für path. Anatomie der 1. W.F., Major d.m.D. (Maranz)
Gerichtsmedizinischer Sachverständiger der 3. Stoßarmee, Major d.m.D. (Bogusslawskij)
Armeefacharzt für path. Anatomie der 3. Stoßarmee, Major d.m.D. (Guljkewitsch)

Gutachten:
Aufgrund der gerichtsmedizinischen Untersuchung und der Obduktion des Kadavers des kleinen schwarzen Hundes und der gerichtschemischen Untersuchung seiner inneren Organe und des Blutes kommt die Kommission zu den Schlußfolgerungen:
1. Bei der Untersuchung wurden ein zu Lebzeiten erfolgter Durchschuß des Hundekopfes mit der Einschußöffnung über dem linken

Ohr und ein Bauchdurchschuß festgestellt. Die Verletzungen sind ihrem Charakter nach tödlich.

2. Durch die gerichtschemische Untersuchung wurde das Vorhandensein von Zyanverbindungen in den inneren Organen festgestellt. Die Todesursachen sind eine Vergiftung durch Zyanverbindungen und eine tödliche Kopfverletzung mit wesentlicher Zerstörung der Gehirnsubstanz. Die Methode der Tötung des Hundes kann man sich folgendermaßen vorstellen: zuerst wurde er wahrscheinlich mit einer kleinen Dosis von Zyanverbindungen vergiftet, dann wurde der vergiftete, in Agonie liegende Hund erschossen.

Kommission:
Gerichtsmedizinischer Chefsachverständiger der 1. W. F., Oberstleutnant d.m.D. (Schkarawskij)
Chefarzt für path. Anatomie der Roten Armee, Oberstleutnant d.m.D. (Krajewskij)
Amtierender Chefarzt für path. Anatomie der 1. W. F., Major d.m.D. (Maranz)
Gerichtsmedizinischer Sachverständiger der 3. Stoßarmee, Major d.m.D. (Bogusslawskij)
Armeefacharzt für path. Anatomie der 3. Stoßarmee, Major d.m.D. (Guljkewitsch)

Akte Nr. 5

der gerichtsmedizinischen Untersuchung der teilweise verbrannten Leiche eines unbekannten Mannes (vermutlich die Leiche von Goebbels).

9. Mai 1945, Berlin-Buch, Chirurgisches Feldlazarett Nr. 496.

Die Kommission, bestehend aus dem gerichtsmedizinischen Chefsachverständigen der 1. Weißrussischen Front, Oberstleutnant des medizinischen Dienstes Schkarawskij, F. J., dem Chefarzt für path. Anatomie der Roten Armee, Oberstleutnant des medizinischen Dienstes Krajewskij, N.A., dem amtierenden Chefarzt für path. Anatomie der 1. Weißrussischen Front, Major des medizinischen Dienstes Maranz, A. J., dem gerichtsmedizinischen Armeesachverständigen der 3. Stoßarmee Major des medizinischen Dienstes Bogusslawskij, J. I., und dem Armeefacharzt f. path. Anatomie der 3. Stoßarmee, Major des medizinischen Dienstes Guljkewitsch,

J.W., hat auf Befehl des Mitglieds des Kriegsrates der 1. Weißrussischen Front, Generalleutnant Telegin, die teilweise verbrannte Leiche eines unbekannten Mannes gerichtsmedizinisch untersucht.
Bei der Untersuchung wurde festgestellt:

1. *Äußere Untersuchung:*
Zusammen mit der Leiche wurden zwei angesengte schwarze Lederschnürschuhe gefunden, der rechte Schuh ist im Vergleich zum linken in seinem hinteren Teil breiter. Seine Breite entspricht den Maßen der Lederprothese, die mit der Leiche eingeliefert wurde. Die 2 cm breite Längsschiene aus Metall ist für den Unterschenkel bestimmt und hat zwei ringförmige Fixierklammern aus dem gleichen Metall für die Wadenmuskeln. Der untere Teil der Prothese besteht aus Leder mit einer Metallsohle und ist für den rechten Fuß des Toten bestimmt. Unter der Leiche wurden verbrannte Kleidungsstücke und eine feuergeschwärzte »Walther«-Pistole Nr. 1 entdeckt. Neben der Leiche wurden außerdem gefunden: ein Stück angesengte schwarze Wolle mit einem glänzenden schwarzen Streifen, wie er auf Zivilhosen in Form schmaler Lampassen auf der Außennaht vorkommt, die angesengten Borten und ein Teil des Kragens der hellgelben NSDAP-Uniform mit goldgelbem Seidenfutter, angebrannte Stücke eines weißen Unterhemdes mit Fabrikzeichen – 4326, 3716, 381235, A.S. – 11797 ARDT, und ein Brusteinsatz mit einem gestickten roten Wäschezeichen »4327–8«.
An den Füßen der Leiche stecken teilweise verbrannte dunkle Seidensocken, um den Hals liegt eine gelbe Seidenkrawatte mit einem runden Metallabzeichen, das mit dem Hakenkreuz und der Aufschrift »NSDAP« versehen ist.
Die Leiche des dem Aussehen nach etwa 45–50 Jahre alten Mannes von unterdurchschnittlicher Größe ist zu einem großen Teil angekohlt, sie hat eine Boxer-Pose eingenommen, mit ausgebreiteten, in den Ellenbogengelenken halbgebeugten Armen und mit in den Knien halbgebeugten Beinen, Gesicht und Hals sind im ganzen, der Hals im oberen Teil angekohlt (rechts stärker), sie sind schwarz gefärbt. Die Ohrläppchen blieben als formlose, verkohlte, kleine Vorsprünge erhalten.

Schädel- und Gesichtskonturen haben ihre Form bewahrt; die Augen sind geschlossen, etwas eingefallen; die Nase ist mäßig groß mit einem kleinen Höcker im mittleren Teil des Nasenrückens, ihre Breite proportional zur Länge; der Mund steht halboffen, die oberen Zähne sind groß und stehen stark über den unteren vor (Prognathie). Die Stirn ist in beachtlichem Maße fliehend, das Gesicht läuft in Richtung des Kinns spitz zu.
Schädelumfang in der Höhe der Hinterhauptwölbung und der Augenbrauenbogen 50 cm. Große Diagonale von der Hinterhauptwölbung bis zum Kinn 24 cm. Größtes Quermaß des Kopfes – 15 cm.
Der Schädel ist seitlich erheblich abgeflacht (nähert sich dem Dolichozephalus). Kopfhaare nicht vorhanden, verbrannt. Mund halboffen, Lippen trocken, schwarz, angekohlt.
Rechter Unterarm, von der Mitte angefangen, fehlt, die Enden des vorhandenen Stumpfes verkohlt, schwarz, bröckeln leicht. Linker Arm und linkes Bein sind erhalten, angekohlt, darauf stellenweise tiefe Sprünge der Haut und der angekohlten trockenen Muskeln.
Angekohlt sind ebenfalls die Brustwand und die linke Hälfte der Lenden. Rechter Oberschenkel und teilweise der Unterschenkel verkohlt.
Äußere Geschlechtsorgane haben ihre Form behalten, sind stark verkleinert, verrunzelt, trocken.
Die Haut der beiden Unterschenkel ist von pergamentartiger Konsistenz und braun. Der rechte Unterschenkel, vom äußeren Knöchel bis zum oberen Rand des äußeren Teiles der Epiphyse des Schienbeines ist 33,5 cm lang, der rechte Unterschenkel ist zwischen den analogen Punkten 38 cm lang. Umfang des rechten Unterschenkels an der dicksten Stelle – 18 cm, des linken aber – 27 cm. Obwohl der rechte Unterschenkel verkohlt ist, läßt sich die starke Atrophie im Vergleich zum linken eindeutig feststellen. Umfang des Oberschenkels in seinem mittleren Teil – 35 cm, des linken aber – 43,5 cm.
Der rechte Fuß wurde durch die Einwirkung des Feuers nicht verändert. Er ist mit der Sohle so nach innen gekehrt, daß er mit den Unterschenkelknochen fast einen rechten Winkel bildet.
Die Gegend der Gelenkverbindung des Fußes ist stark deformiert,

Fuß verkürzt, verdickt. Der linke Fuß ist 21,5 cm lang, der rechte hingegen (maximale Länge) 18 cm. Die mit der Leiche eingelieferte und oben von uns beschriebene Prothese entspricht völlig der Deformation des rechten Fußes.
Mundhöhle: Um das Gesicht zu erhalten, wurde ein kosmetischer Schnitt unter dem linken Unterkiefer vorgenommen, so konnte die Mundhöhle, hauptsächlich links, im einzelnen untersucht werden.
Dabei wurde festgestellt:
Die oberen inneren *(wohl irrtümlich statt mittleren)* Schneidezähne sind im Vergleich zu den äußeren und besonders zu den unteren groß. Der rechte erste obere Schneidezahn überdeckt etwas den zweiten rechten Schneidezahn. Der zweite Backenzahn links oben hat eine Goldplombe. Der erste und der zweite obere Mahlzahn links haben je eine weiße Metallplombe.
An den übrigen Zähnen des Unterkiefers links auf der äußeren und inneren Seite, sowie an den Zähnen des Oberkiefers wurden keine Besonderheiten festgestellt.
Der zweite Backenzahn und der erste Mahlzahn unten haben einen bis zu 5 mm breiten Abstand. Zwischen den Zähnen des rechten Unterkiefers wurde ein Splitter aus dünnem weißem Glas gefunden, der von einer Ampulle stammt.

2. *Innere Untersuchung:*
Skelettmuskeln und innere Organe sehen wie gekocht aus, sind blaßgraurot gefärbt. Lage der inneren Organe der Brust- und Bauchhöhle normal. Alle Organe sind von fester Konsistenz, außer den Lungen, die besonders links mäßig durchblutet und etwas pflaumig sind.
Beim Sezieren der Lungen entstand ein schwacher bitterer Mandelgeruch. Die Pleurahöhlen enthalten keine freie Flüssigkeit, die Lungen liegen frei, die Färbung ist auf der Schnittfläche dunkelrot.
Das Herz enthält etwas flüssiges dunkles Blut. Bauchfell glatt; Leber fest, trocken, graubraun gefärbt, normal geformt, verkleinert. Milz klein, Kapsel runzlig. Zeichnung der Nieren erhalten. Der 5 cm lange Wurmfortsatz liegt frei, der Magen ist leer, die Schleimhaut weist eine ausgeprägte Faltung auf. Harnblase ist

leer. Im Darm ist eine geringe Menge gewöhnlichen Inhaltes vorhanden.

Für die chemische Untersuchung wurden entnommen:

a) 10 cm^3 Blut in ein Reagenzglas;

b) in ein Glas wurden Stückchen der Lungen, des Herzens, der Leber, der Nieren und der Milz gelegt;

c) in ein zweites Glas wurden ein Teil des Magens und des Darms gelegt.

Schlußfolgerung:

Aufgrund der äußeren Untersuchung und der Obduktion der teilweise verbrannten Leiche des unbekannten Mannes und der Ergebnisse der gerichtschemischen Untersuchung seiner inneren Organe kommt die Kommission zu den Schlußfolgerungen:

1. Anatomische Charakteristik der Leiche:

Die Leiche des Unbekannten ist stark angekohlt, so daß einige seiner charakteristischen Besonderheiten verwischt sind. Für die Identifizierung der Person ist folgendes zu berücksichtigen:

a) Körpergröße – kleiner als der Durchschnitt;

b) Alter schwankt zwischen 45 und 50 Jahren;

c) Infolge des verkürzten Unterschenkels und des nach innen gekrümmten Fußes in der Gelenkverbindung des Fußes ist das rechte Bein verdünnt und verkürzt; dadurch erklärt sich das Vorhandensein der Prothese für den rechten Fuß und des orthopädischen rechten Schuhes;

d) Besonderheiten des Kopfes: seitlich abgeflacht, Stirn stark fliehend, in Richtung des Kinns sich stark verjüngendes Gesicht, mäßig große Nase mit einem kleinen Höcker; die vorderen oberen Zähne überdecken die unteren.

e) Besonders wichtig sind der Zustand der Zähne des Ober- und Unterkiefers und die erhebliche Anzahl von Plomben.

2. *Todesursache:*

An der teilweise verbrannten Leiche wurden keine sichtbaren Zeichen schwerer tödlicher Verletzungen oder Erkrankungen festgestellt.

Bei der Untersuchung der Leiche war der Geruch von Bittermandeln zu spüren; im Mund wurden Splitter einer Ampulle gefunden. Durch die chemische Untersuchung der inneren Organe und des

Blutes wurde das Vorhandensein von Zyanverbindungen erwiesen. Es muß also die Schlußfolgerung gezogen werden, daß der Tod des unbekannten Mannes infolge einer Vergiftung durch eine Zyanverbindung eingetreten ist.

Kommission:
Gerichtsmedizinischer Chefsachverständiger der 1. W.F., Oberstleutnant d.m.D. (Schkarawskij)
Chefarzt für path. Anatomie der Roten Armee, Oberstleutnant d.m.D. (Krajewskij)
Amtierender Chefarzt für path. Anatomie der Roten Armee, Major d.m.D. (Maranz)
Gerichtsmedizinischer Sachverständiger der 3. Stoßarmee, Major d.m.D. (Bogusslawskij)
Armeefacharzt für path. Anatomie der 3. Stoßarmee, Major d.m.D. (Guljkewitsch)

Akte Nr. 6 der gerichtsmedizinischen Untersuchung der teilweise verbrannten Leiche einer unbekannten Frau (der Ehefrau von Goebbels).

9. Mai 1945. Berlin-Buch. Leichenhalle des Chirurgischen Feldlazaretts Nr. 496.

Die Kommission, bestehend aus dem gerichtsmedizinischen Chefsachverständigen der 1. Weißrussischen Front, Oberstleutnant des medizinischen Dienstes Schkarawskij, F. J., dem Chefarzt für path. Anatomie der Roten Armee, Oberstleutnant des medizinischen Dienstes Krajewskij, N. A., dem amtierenden Chefarzt für path. Anatomie der 1. Weißrussischen Front, Major des medizinischen Dienstes Maranz, A. J., dem gerichtsmedizinischen Armeesachverständigen der 3. Stoßarmee, Major des medizinischen Dienstes Guljkewitsch, J. W., hat auf Befehl des Mitglieds des Kriegsrates der 1. Weißrussischen Front, Generalleutnant Telegin, die teilweise verbrannte Leiche einer unbekannten Frau (vermutlich der Ehefrau Goebbels) gerichtsmedizinisch untersucht.
Bei der Untersuchung wurde festgestellt:

A. *Äußere Untersuchung*
Zusammen mit der Leiche wurden die verkohlten Überreste der Kleidung in die Leichenhalle geschafft, unter denen ein angekohl-

tes Stück gelb-kaffeebraunen Trikotgewebes gefunden wurde. In der Asche wurden ferner feuergeschwärzte Metallhaarklammern, ein Druckknopf und eine Schnalle sowie ein rundes Metallabzeichen (aus Kupfer) mit dem Hakenkreuz entdeckt.

Die Leiche gehört einer dem Aussehen nach 30–40jährigen Frau, Körpergröße (infolge der Verkohlung ungenau) 1,56 m, Brustumfang in der Höhe der Brustwarzen 66 cm. Irgendwelche Hinweise, die von einer Mißbildung oder Deformation der Toten zeugen, wurden bei der Untersuchung der verkohlten Leiche nicht festgestellt. Ernährungszustand: durchschnittlich. Die Leiche ist stark angekohlt, fast überall von schwarzer Färbung. Braune Haut von pergamentartiger Konsistenz blieb nur auf einzelnen Teilen des Rückens, des Gesäßes, auf der rechten Schulter, den Oberschenkeln und auf einem Unterschenkel erhalten. Die Haut ist an den Rändern der genannten Abschnitte angekohlt, von schwarzer Farbe, auf der Haut sind tiefe Risse, die bis zu den tiefliegenden Muskeln reichen. In den übrigen Regionen ist die Körperoberfläche in verschiedenem Grad verkohlt, die Schädelknochen links in der Scheitel- und Schläfengegend und die Rippen rechts sind angesengt. In der klaffenden Schädelhöhle ist trockene Gehirnsubstanz sichtbar. Auf dem Hinterhaupt und auf einem Teil der rechten Schläfengegend sind bis zu 40 cm lange rötlichblonde Haare vorhanden. Eben da wurde in den Haaren eine Teilperücke aus ebenso rötlich-blondem Haar gefunden. In den Haaren stecken viele Haarklammern und gewöhnliche Metallhaarnadeln. Das Gesicht ist verkohlt, seine Formen sind noch erhalten. Nase, Lippen, Wangen sind angesengt.

Im Mund wurden Splitter einer dünnwandigen Ampulle mit einer blauen Kappe gefunden. Die halbverbrannten Kiefer liegen frei in der Mundhöhle und waren leicht herauszunehmen.

Der Oberkiefer hat 14 Zähne, davon vier natürliche Schneidezähne und zwei Eckzähne. Der zweite Backenzahn links ist künstlich, auf goldener Basis mit einer Brücke vom ersten Backenzahn. Auf dem linken ersten Mahlzahl ist eine kleine Plombe, auf dem zweiten Mahlzahn links eine goldene Halbkrone und eine Plombe angebracht, auf dem ersten Backenzahn rechts eine Plombe aus Weißmetall, auf dem ersten Mahlzahn eine Goldplombe und auf dem zweiten Mahlzahn zwei Goldplomben.

Unterkiefer – mittlerer Teil des Unterkiefers ganz vorhanden, sein vertikaler Abschnitt rechts blieb erhalten, links hingegen fehlt er.
Im Unterkiefer sind vier natürliche Schneidezähne, zwei Eckzähne und die ersten zwei Backenzähne vorhanden, diese Zähne sind weiß, die Kauflächen mäßig abgenützt. Links hat der zweite Backenzahn eine goldene Halbkrone, auf einem linken Mahlzahn steckt eine große Plombe.
Rechts ist der erste Backenzahn stark abgenützt, der zweite Backenzahn fehlt.
Der erste Mahlzahn rechts fehlt, von ihm geht eine dünne Goldplatte aus, die in eine goldene Brücke und Krone des zweiten und dritten rechten Mahlzahnes übergeht.
Brustkorb zylinderförmig, Brustdrüsen klein, etwas angebrannt. In der rechten Achselgegend ist infolge der Verbrennung der Rippen auf einem umfangreichen Abschnitt ein großer Defekt entstanden. Bauch flach, äußere Geschlechtsorgane angekohlt.

B. *Innere Untersuchung*
Lage der Organe der Brusthöhle normal, Lungen liegen frei. Die rechte Lunge ist stark verkleinert, fest, angesengt. Die linke Lunge ist pflaumig, rosagrau gefärbt (gekochtes Aussehen). Trachea und Bronchien durch Feuereinwirkung zusammengeschrumpft, ihre Schleimhaut blaßrot. Das verkleinerte Herz behielt seine Form, die Muskeln sehen wie gekocht aus, in den Herzräumen und in den großen Gefäßen ist etwas dickes, rotes Blut vorhanden.
Die Organe der Bauchhöhle liegen normal. Bauchfell und Organe trocken, sehen wie gekocht aus. Die Leber ist fest, gekocht. Milzkapsel runzelig, auf der Schnittfläche rot. Zeichnung der Nieren erhalten. Magen leer, Falten der Schleimhaut klar ausgeprägt. Der Darm enthält eine geringe Menge Inhalts, Wurmfortsatz erhalten. Harnblase zusammengepreßt, leer. Gebärmutter normal birnenförmig, Größe: 7–4–3 cm, Gebärmutterhöhle frei. Allen Organen haftet Brandgeruch an.
Für die chemische Untersuchung wurden entnommen:
1. 10 cm^3 Blut (in einem Reagenzglas).
2. Ein Teil der Lungen, der Leber, der Milz, der Nieren, des Magens und Darms; alles wurde in ein Glas gefüllt.

Das eben Erwähnte wurde ohne Konservierung dem san. epidem. Frontlaboratorium Nr. 291 zur gerichtschemischen Untersuchung auf Zyanverbindungen und auf die Gruppe der basischen Gifte zugeleitet.

Der Akte werden beigefügt:

1. Reagenzglas mit einem Glassplitter der dünnwandigen Ampulle mit hellblauem Kopf, das der Mundhöhle der Leiche entnommen wurde.
2. Eine Walther-Pistole Nr. 1
3. Ein Stück des verbrannten Hemdes
4. Angesengte Haarklammern, ein Druckknopf u. a.
5. Unterkiefer mit 12 Zähnen, darunter drei mit Goldkronen
6. Oberkiefer mit 14 Zähnen
7. Naziabzeichen
8. Eine Strähne rotblonden Haares
9. Ein Teil der rotblonden Perücke

Kommission:

Gerichtsmedizinischer Chefsachverständiger der 1. W.F., Oberstleutnant d.m.D. (Schkarawskij)
Chefarzt für path. Anatomie der Roten Armee, Oberstleutnant d.m.D. (Krajewskij)
Amtierender Chefarzt für path. Anatomie der 1. W.F., Major d.m.D. (Maranz)
Gerichtsmedizinischer Sachverständiger der 3. Stoßarmee, Major d.m.D. (Bogusslawskij)
Armeefacharzt für path. Anatomie der 3. Stoßarmee, Major d.m.D. (Guljkewitsch)

Schlußfolgerung:

Aufgrund der gerichtsmedizinischen Untersuchung und der Obduktion der Leiche einer unbekannten Frau und der Ergebnisse der gerichtschemischen Untersuchung ihrer Organe kommt die Kommission zu den Schlußfolgerungen:

1. *Anatomische Charakteristik der Leiche:*

Infolge der starken Verbrennung des Körpers kann das äußere Aussehen der Toten nicht beschrieben werden, dennoch ist aber folgendes festzustellen:

a) Körpergröße etwa 156 cm (hundertsechsundfünfzig cm).
b) Alter schwankt zwischen 30 und 40 Jahren.
c) Haarfarbe: rotblond. Maximallänge der erhalten gebliebenen Haare: bis zu 40 cm. Eine Perücke der gleichen Haarfarbe.

d) Ernährungszustand des Körpers: mäßig.

e) Der wichtigste anatomische Fund, der zur Identifizierung der Person verwendet werden kann, sind der Oberkiefer und Unterkiefer mit der großen Anzahl künstlicher Zähne, Kronen und Plomben (Siehe Obduktionsakte).

2. *Todesursache:*

An der angekohlten Leiche wurden keine sichtbaren Zeichen schwerer tödlicher Verletzungen oder Erkrankungen gefunden.

Bei der gerichtschemischen Untersuchung der inneren Organe der Leiche wurde das Vorhandensein von Zyanverbindungen festgestellt.

Bei der Obduktion wurden im Mund Splitter einer dünnwandigen Glasampulle mit hellblauem Kopf gefunden.

Es muß also die Schlußfolgerung gezogen werden, daß der Tod der unbekannten Frau durch Vergiftung mit einer Zyanverbindung eingetreten ist.

Kommission:

Gerichtsmedizinischer Chefsachverständiger der 1. W.F., Oberstleutnant d.m.D. (Schkarawskij)

Chefarzt für path. Anatomie der Roten Armee, Oberstleutnant d.m.D. (Krajewskij)

Amtierender Chefarzt für path. Anatomie der 1. W.F., Major d.m.D. (Maranz)

Gerichtsmedizinischer Sachverständiger der 3. Stoßarmee, Major d.m.D. (Bogusslawskij)

Armeefacharzt für path. Anatomie der 3. Stoßarmee, Major d.m.D. (Guljkewitsch)

Akte Nr. 7

der gerichtsmedizinischen Untersuchung der Leiche des Chefs des deutschen Generalstabs, Generalmajor Krips[4]

9. Mai 1945. Berlin-Buch, Leichenhalle des Chirurgischen Feldlazaretts Nr. 496.

Die Kommission, bestehend aus dem gerichtsmedizinischen Chefsachverständigen der 1. Weißrussischen Front, Oberstleutnant des medizinischen Dienstes Schkarawskij, F. J., dem Chefarzt für

4 Gemeint ist General d. I. Hans Krebs.

path. Anatomie der Roten Armee, Oberstleutnant des medizinischen Dienstes Krajewskij, N. A., dem amtierenden Chefarzt für path. Anatomie der 1. Weißrussischen Front, Major des medizinischen Dienstes Maranz, A. J., dem gerichtsmedizinischen Armeesachverständigen der 3. Stoßarmee, Major des medizinischen Dienstes Bogusslawskij, und dem Armeefacharzt für path. Anatomie der 3. Stoßarmee, Major des medizinischen Dienstes Guljkewitsch, J. W., hat auf Befehl des Mitgliedes des Kriegsrates der 1. Weißrussischen Front, Generalleutnant Telegin, die Leiche des Generalmajors der deutschen Wehrmacht, Krips, gerichtsmedizinisch untersucht.

A. *Äußere Untersuchung:*
Kleidung der Leiche:
1. Graugrüner deutscher Uniformrock mit Spuren abgerissener Schulterstücke und roten Kragenspiegeln mit goldener Tresse.
Über der rechten oberen Brusttasche ein goldbesticktes Hoheitsabzeichen mit Hakenkreuz.
Auf der gleichen Tasche ist ein Naziabzeichen aus Weißmetall mit der Jahreszahl »1939« angesteckt. Auf der linken Tasche ein Abzeichen aus Schwarzmetall – ein geprägter deutscher Soldatenhelm mit Hakenkreuz, unter dem Helm zwei gekreuzte Schwerter, im zweiten Knopfloch des Uniformrocks links ein rotes Band mit einem schwarzen und zwei hellen schmalen Längsstreifen. Der Rock aufgeknöpft.
2. Graue Diagonalreithosen mit ledernen Generalslampassen, die Hosen sind im Gürtel aufgeknöpft.
3. Die Füße stecken in dunkelgrauen Socken.
4. Türkisfarbenes feinmaschiges Trikotageunterhemd ohne Kragen mit drei geschlossenen Manschettenknöpfen.
5. Weiße Unterhosen.

Die ganze Kleidung ist sauber und vollständig.
Die Leiche gehört einem dem Aussehen nach 45–50jährigen Mann. Körpergröße 1 m 75 cm, Körperbau athletisch, normal, Ernährungszustand: überdurchschnittlich gut.
Farbe der Hautdecken leuchtend rot mit bläulichem Ton. Totenflecke haben die gleiche Färbung, bei Druck bleibt Farbintensität unverändert. Totenstarre in allen Muskelgruppen erhalten.

Kopf rasiert, Gesichtsform oval. Gehör- und Nasengänge frei. Knochen und Knorpel der Nase fühlen sich unverletzt an. Augen geschlossen, Hornhaut trüb. Sichtbare Schleimhäute der Lider, der Nase und der Lippen blaurötlich. Mund halboffen, Zähne dem Aussehen nach gesund, weiß, stark abgenützt. Im Unterkiefer rechts und links zwei Goldkronen mit Brücke auf den Backenzähnen. Oben sind im ersten Backenzahn rechts und in beiden Backenzähnen links Goldplomben zu sehen.

In der Mundhöhle wurden keine Glassplitter gefunden.

Brustkorb zylinderförmig, auf der vorderen Oberfläche dichte Behaarung, dunkel und graumeliert. Bauch mäßig aufgetrieben, äußere Geschlechtsorgane normal entwickelt.

Verletzungen der Leiche:

1. Am Hals rechts 1,5 cm unter dem rechten Winkel des Kiefers eine 1 x 1,3 cm große Rißwunde mit ungleichmäßig zerfransten Wundrändern, Tiefe der Wunde: 3/4 cm, um sie herum ausgetretener Bluterguß.
2. 2,5 cm vor dem äußeren Gehörgang eine 4 cm lange vertikale, 0,5 cm klaffende Wunde vorhanden. Klein zerfranste, ungleichmäßige Wundränder, quergestreiftes Gewebe und dazwischen vorhandenes Bindegewebe feststellbar. Tiefe der Wunde: 0,75 cm, um sie herum ein ausgetretener Bluterguß.
3. In der linken Scheitelgegend eine 1,5 x 0,5 cm große Oberflächenrißwunde mit gezackten Rändern. Unter der Haut um die Wunde herum ausgetretener Bluterguß.
4. Unter der Haut in der Gegend des rechten Augenbrauenbogens ein 4 x 3 cm großer Bluterguß vorhanden.

Andere Schäden wurden nicht festgestellt, die langen Knochen der Leiche sind unverletzt.

B. *Innere Untersuchung*

Schädelknochen unverletzt. Bei der Öffnung des Hirns deutlich ausgeprägter Bittermandelgeruch spürbar. Hirnhäute ohne merkliche Veränderungen, Hirngefäße etwas erweitert. In den Ventrikeln eine verringerte Menge der klaren, gelben Flüssigkeit.

Anordnung der Gehirnsubstanz typisch; graue Schicht von der weißen gut zu unterscheiden.

Lage der Organe der Brust- und Bauchhöhlen normal. Bei

ihrer Öffnung ausgeprägter Geruch von Bittermandeln spürbar. Die Lungen liegen frei, in den Pleurahöhlen ist die Pleura dunkelrot. Die Lungen sind pflaumig, voll durchblutet. Bronchien frei, ihre Schleimhaut rötlich.
Das Herz hat die Größe der Faust des Toten. Gewicht: 390 g, Herzmuskel von normaler Festigkeit, rotgrau. Klappen dünn, glänzend. Das Herz enthält eine bedeutende Menge flüssiges rotes Blut.
Bauchfell dünn, glänzend, freie Flüssigkeit in seiner Höhle nicht vorhanden. Gewicht der Leber: 1700 g, sie hat scharfen Vorderrand, Zeichnung etwas undeutlich, Durchblutung mäßig.
Gewicht der Milz: 300 g, ihre Kapsel ist runzlig, die Substanz ist schmutzigrot, durch Fäulnis verändert.
Gewicht jeder Niere: 190 g, fibröse Nierenkapsel leicht ablösbar, Zeichnung etwas verwischt, durch Fäulnis hervorgerufene Veränderungen. Harnblase enthält bis zu 100 cm^3 gelben, klaren Harn. Magen eingefallen, leer. Seine Schleimhaut graurosa. Darm nicht aufgebläht, leer. Schleimhaut graurosa.
Für die chemische Untersuchung wurden entnommen:
1. 10 cm^3 Blut, in einem Reagenzglas.
2. Ein Teil des Gehirns, der Lungen, des Herzens, der Leber, der Nieren, der Milz, des Magens und des Darms, in einem Glas.
Das Erwähnte wurde durch die Abteilung »Smersch« der 3. Stoßarmee ohne Konservierung dem san. epidem. Frontlaboratorium Nr. 291 zur gerichtschemischen Untersuchung auf Zyanverbindungen und basische Gifte zugeleitet.

Kommission:
Gerichtsmedizinischer Chefsachverständiger der 1. W.F., Oberstleutnant d.m.D. (Schkarawskij)
Chefarzt für path. Anatomie der Roten Armee, Oberstleutnant d.m.D. (Krajewskij)
Amtierender Chefarzt für path. Anatomie der 1. W.F., Major d.m.D. (Maranz)
Gerichtsmedizinischer Sachverständiger der 3. Stoßarmee, Major d.m.D. (Bogusslawskij)
Armeefacharzt für path. Anatomie der 3. Stoßarmee, Major d.m.D. (Guljkewitsch)

Gutachten:
Aufgrund der äußeren Untersuchung und der Obduktion der Leiche des Chefs des deutschen Generalstabs, Generalmajor Krips,

und der gerichtschemischen Untersuchung seiner inneren Organe kommt die Kommission zur Schlußfolgerung:

1. Die an der Leiche vorhandenen drei Kopfwunden sind ihrem Charakter nach Rißwunden und gehören zur Gruppe der leichten Verletzungen. Sie sind höchstwahrscheinlich beim Sturz des in Agonie befindlichen Körpers des Toten und beim Aufschlagen auf irgendeinen vorstehenden, kantigen Gegenstand entstanden.
2. Bei der gerichtschemischen Untersuchung der inneren Organe des Toten wurde das Vorhandensein von Zyanverbindungen festgestellt.
3. Der Tod des Generals Krips ist also offensichtlich infolge einer Vergiftung durch Zyanverbindungen eingetreten.

Kommission:
Gerichtsmedizinischer Chefsachverständiger der 1. W. F., Oberstleutnant d.m.D. (Schkarawskij)
Chefarzt für path. Anatomie der Roten Armee, Oberstleutnant d.m.D. (Krajewskij)
Amtierender Chefarzt für path. Anatomie der 1. W. F., Major d.m.D. (Maranz)
Gerichtsmedizinischer Sachverständiger der 3. Stoßarmee, Major d.m.D. (Bogusslawskij)
Armeefacharzt für path. Anatomie der 3. Stoßarmee, Major d.m.D. (Guljkewitsch)

Akte Nr. 10

der gerichtsmedizinischen Untersuchung der Leiche eines dem Aussehen nach etwa 12 Jahre alten Knaben (Sohn von Goebbels?[5])

8. Mai 1945. Berlin-Buch. Leichenhalle des Chirurgischen Feldlazaretts Nr. 496.

Die Kommission, bestehend aus dem Gerichtsmedizinischen Chefsachverständigen der Front, Oberstleutnant d.m.D. Schkarawskij, F. J., dem Chefarzt für path. Anatomie der Roten Armee, Oberstleutnant des m.D. Krajewskij, N.A., dem amtierenden Chefarzt für path. Anatomie der Front, Major d.m.D. Maranz, A. J., dem gerichtsmedizinischen Armeesachverständigen

5 Helmut Goebbels, 9 Jahre alt.

der 3. Stoßarmee, Major d.m.D. Bogusslawskij, J. I., und dem Armeefacharzt für path. Anatomie der 3. Stoßarmee, Major d. m.D. Guljkewitsch, J. W., hat auf Befehl von Generalleutnant Telegin vom 3. 5. 1945 die Leiche eines dem Aussehen nach etwa 12 Jahre alten Knaben, vermutlich Sohn von Goebbels, gerichtsmedizinisch untersucht. Bei der Untersuchung wurde festgestellt:

A. *Äußere Untersuchung:*
Die Leiche gehört einem dem Aussehen nach etwa 12 Jahre alten Knaben; sie ist in einen Pyjama aus weißem Stoff mit kleinem grünblauem und rotem Blümchenmuster gekleidet, Kleidung sauber. Körpergröße 136 cm, Brustumfang 56 cm, Schädelumfang in der Höhe der Hinterhauptwölbung und der Augenbrauenbogen 55 cm, Körperbau normal, gut genährt. Der Kopf ist seitlich etwas abgeflacht, mit bis zu 20 cm langen dunkelblonden Haaren bedeckt. Gesicht länglich, besonders in Richtung des Kinns. Nase regelmäßig geformt, proportioniert. Augen geschlossen. Farbe der Regenbogenhaut blaugrau.
Im Mund 28 Zähne vorhanden, 14 in jedem Kiefer. Zähne weiß, gesund. Die vorderen oberen Zähne etwas über die unteren vorstehend, auf der äußeren Oberfläche der Zähne des Oberkiefers eine kosmetische Drahtprothese vorhanden, die durch einen an den äußersten Mahlzähnen befestigten Bogen das Vorstehen der Zähne verhindert.
Im Mund wurden einige kleine Splitter einer dünnwandigen Glasampulle gefunden. Kleiner Kratzer auf der Zunge und der Schleimhaut des Zahnfleisches. Schleim im Mund blutig gefärbt.
Brustkorb zylinderförmig, Bauch flach. Äußere Geschlechtsorgane normal entwickelt, Behaarung auf dem Venusberg und in den Achselhöhlen nicht vorhanden. In bezug auf die Extremitäten keine Besonderheiten festzustellen.
Farbe der Hautdecken und sichtbaren Schleimhäute blaßrot. Auf der rückwärtigen und seitlichen Körperoberfläche verstreute rötliche Totenflecke vorhanden, die bei Fingerdruck nicht verblassen. Totenstarre schwach ausgebildet, blieb nur in den unteren Extremitäten erhalten. Verletzungen wurden an der Leiche nicht festgestellt, außer dem obengenannten Kratzer im Mund. Die langen Knochen fühlen sich beim Betasten unverletzt an.

B. *Innere Untersuchung:*
Weiche Schädeldecken ohne Besonderheiten, Schädelknochen unverletzt. Hirnhäute und Hirnsubstanz etwas gespannt. Gefäße der weichen Hirnhaut erweitert. In den Gehirnventrikeln geringe Menge einer gelbklaren Flüssigkeit vorhanden. Anordnung der Gehirnsubstanz wie üblich, die Hirnrinde ist von der weißen Substanz gut abgegrenzt. Bei der Öffnung des Gehirns ist deutlicher Bittermandelgeruch spürbar.
Lage der Organe der Brust- und Bauchhöhle normal. Seröse Häute dünn, glänzend, rosa gefärbt. In den serösen Höhlen eine mäßige Menge gelbklarer Flüssigkeit enthalten. Lungen liegen frei – pflaumig, am Schnitt rot; bei Druck wird an der Schnittfläche viel flüssiges rotes Blut ausgeschieden. Atemwege frei, Schleimhäute blaßrot. Bei der Öffnung der Lungen Bittermandelgeruch spürbar. Das Herz hat die Größe der Faust des Toten, sein Gewicht 130 g, Herzmuskeln sind fleischrot, ziemlich fest. Herzklappen dünn, durchsichtig, das Herz enthält flüssiges rotes Blut.
Die Leber wiegt 800 g, ihr Rand ist scharf, von üblicher Festigkeit, Zeichnung deutlich, voll durchblutet.
Die Milz wiegt 95 g, Oberfläche runzelig, Farbe beim Schnitt blaßrot. Gewicht jeder einzelnen Niere 75 g, Kapsel ist leicht ablösbar, Zeichnung etwas verwischt.
Magen leer, Schleimhaut schmutzigrot; Darm aufgebläht, Inhalt wie üblich, Schleimhaut faltig, von schmutziger Färbung. Harnblase enthält 10 cm^3 klaren Harn.
Der Akte wird ein Reagenzglas mit den Splittern der Glasampulle beigelegt, die in der Mundhöhle gefunden wurden.
Anmerkung: Für die Untersuchung wurden entnommen:
1. Reagenzglas mit Blut aus dem Herzen.
2. Glas mit einem Teil der Lungen, der Leber, des Herzens, der Nieren und der Milz.
3. Glas mit einem Teil des Magens samt Inhalt.
4. Glas mit einem Teil des Dünn- und Dickdarms samt Inhalt.
5. Glas mit einem Teil des Gehirns.

Alles Erwähnte wurde über die Abteilung »SMERSCH« der 3. Stoßarmee dem san. epidem. Frontlaboratorium Nr. 292 zur gerichtsmedizinischen Untersuchung auf das Vorhandensein von Zyanverbindungen und basischen Giften zugeleitet.

Kommission:

Gerichtsmedizinischer Chefsachverständiger der Weißrussischen Front, Oberstleutnant d.m.D. (Schkarawskij)
Chefarzt für path. Anatomie der Roten Armee, Oberstleutnant d.m.D. (Krajewskij)
Amtierender Chefarzt für path. Anatomie der Weißrussischen Front, Major d.m.D. (Maranz)
Gerichtsmedizinischer Sachverständiger der 3. Stoßarmee, Major d.m.D. (Bogusslawskij)
Armeefacharzt für path. Anatomie der 3. Stoßarmee, Major d.m.D. (Guljkewitsch)

Gutachten:

Aufgrund der gerichtsmedizinischen Untersuchung der Leiche des Knaben und der gerichtschemischen Untersuchung seiner inneren Organe kommt die Kommission zu den Schlußfolgerungen:

1. Irgendwelche Verletzungen sowie krankhaften Veränderungen, die den Tod hätten herbeiführen können, wurden bei der Obduktion nicht festgestellt.
2. Im Mund wurden Stückchen einer zerdrückten Glasampulle gefunden, bei der Obduktion war deutlicher Bittermandelgeruch spürbar, und bei der chemischen Untersuchung der inneren Organe wurde das Vorhandensein von Zyanverbindungen festgestellt.

Es muß also die Schlußfolgerung gezogen werden, daß der Tod des annähernd 12jährigen Knaben infolge Vergiftung durch Zyanverbindungen eingetreten ist.

Kommission:

Gerichtsmedizinischer Chefsachverständiger der 1. W. F., Oberstleutnant d.m.D. (Schkarawskij)
Chefarzt für path. Anatomie der Roten Armee, Oberstleutnant d.m.D. (Krajewskij)
Amtierender Chefarzt für path. Anatomie der Front, Major d.m.D. (Maranz)
Gerichtsmedizinischer Sachverständiger der 3. Stoßarmee, Major d.m.D. (Bogusslawskij)
Armeefacharzt für path. Anatomie der 3. Stoßarmee, Major d.m.D. (Guljkewitsch)

Akte Nr. 13

über die gerichtsmedizinische Untersuchung der teilweise verbrannten Leiche einer unbekannten Frau (vermutlich die Ehefrau Hitlers).

8. Mai 1945, Berlin-Buch. Leichenhalle des Chirurgischen Feldlazaretts Nr. 496.

Die Kommission, bestehend aus dem gerichtsmedizinischen Chefsachverständigen der 1. Weißrussischen Front, Oberstleutnant d.m.D. Schkarawskij, F. J., dem Chefarzt für path. Anatomie der Roten Armee, Oberstleutnant d.m.D. Krajewskij, N. A., dem amtierenden Chefarzt für path. Anatomie der 1. Weißrussischen Front, Major d.m.D Maranz, A. J., dem gerichtsmedizinischen Armeesachverständigen der 3. Stoßarmee, Major d.m.D. Bogusslawskij, J.I. und dem Armeefacharzt für path. Anatomie der 3. Stoßarmee, Major d.m.D. Guljkewitsch, J.W., hat auf Befehl des Mitgliedes des Kriegsrats der 1. Weißrussischen Front, Generalleutnant Telegin, vom 3. 5. 1945 die Leiche einer Frau (vermutlich der Ehefrau Hitlers) gerichtsmedizinisch untersucht.
Bei der Untersuchung wurde festgestellt:

A. *Äußere Untersuchung:*

Die Leiche gehört einer Frau, Körpergröße bei 150 cm. (Die Messungen sind annähernd, da einige Teile des Körpers verkohlt und stark deformiert sind). Alter schwer zu bestimmen, vermutlich zwischen 30 und 40 Jahren. Fast das ganze Schädeldach und die obere Hälfte des vorderen Schädelteils fehlen, sie sind verbrannt. Es sind nur Teile des verbrannten und gebrochenen Hinterhaupt- und Schläfenbeins vorhanden, ebenfalls blieb der untere Teil des linken Gesichtsschädels erhalten. Nase verkohlt; Mund halb geöffnet. Zunge schwarz, trocken, verkohlt.
Oberkiefer verkohlt, Alveolarfortsatz fehlt; zwischen dem harten Gaumen und der Zunge liegen rechts ein Mahlzahn und die Zahnwurzel mit breitem Zahnfach frei. Links oben sind ein lokkerer Eckzahn und zwei Backenzähne vorhanden. Die anderen Zähne fehlen im Oberkiefer. Im Mund wurde ein Stückchen Gelbmetall (Gold) von unregelmäßiger Form in der Größe 6 x 3 mm (wahrscheinlich eine Plombe) gefunden.

Im Unterkiefer links sind der 2. Schneidezahn mit dunkler Spitze, der Eckzahn, 2 Backenzähne und 2 Mahlzähne erhalten. Sie alle sind wegen sichtbarer Veränderungen durch Zahnkaries geringfügig abgenutzt. Rechts wurden keine Zähne gefunden, wahrscheinlich infolge der Verbrennung. In der Mundhöhle liegt unter der Zunge frei eine Gelbmetallbrücke (Gold), die den zweiten rechten Backenzahn und den in eine Goldkrone übergehenden 3. rechten Mahlzahn verbindet; auf der Metallplatte der Brücke sind vorn der erste und zweite künstliche weiße Mahlzahn befestigt, die sich dem Aussehen nach von natürlichen Zähnen kaum unterscheiden.

In der Mundhöhle wurden unter der Zunge und zwischen den Zähnen links 1–5 mm² große gelbliche Glassplitter von einer dünnwandigen Ampulle gefunden.

Die weichen Gewebe des Halses sind verkohlt. Brustdrüsen klein, trocken, an der Schnittfläche gelb. Rechter Teil des Brustkorbs und des Bauches stark verbrannt, ein bedeutender Teil des Gewebes fehlt hier, durch die entstandenen Öffnungen sind in der Brust- und Bauchhöhle die inneren Organe sichtbar. Abschnitte der Haut blieben in der Gegend des linken Schulterblattes, der Lenden und der linken Gesäßbacke erhalten. Der rechte Oberarmknochen ist vom unteren Drittel an verbrannt, weiches Gewebe trocken, schwarz, verkohlte Bruchstücke der Knochen des rechten Unterarmes vorhanden, rechte Hand stark deformiert (durch das Feuer). Untere Extremitäten schwarz infolge Verkohlung, trocken, deformiert. In der Haut und in den Muskeln an vielen Stellen tiefe Risse. Knochenbrüche sind nicht festzustellen. Beide Füße sind etwas besser erhalten, ihre Hautfarbe schmutzigbraun.

Verletzungen an der Leiche: im Gebiet des linken vorderen Teiles des Brustkorbes auf der Parasternallinie in der Höhe des 2. Zwischenrippenraumes in der Haut 1 x 0,9 cm große Öffnung von unregelmäßiger Form vorhanden, ringsherum deutlich ausgebildete Blutergüsse, eine ebensolche zweite Öffnung liegt weiter rechts auf einem verkohlten Abschnitt.

B. *Innere Untersuchung:*
In den Muskeln des 2. linken Zwischenrippenraumes beim Brustbein zwei Öffnungen, die in die Brusthöhle reichen. In der linken Pleurahöhle wurden bis zu 500 cm³ flüssiges Blut festgestellt. Rechte Lunge eingeschrumpft, von leberähnlicher Konsistenz, linke Lunge pflaumig, dunkelrot. Im oberen Lappen der linken Lunge sind zwei 0,4 x 0,6 cm große durchgehende Verletzungen vorhanden. In der linken Pleurahöhle wurden 6 bis zu 0,5 cm² große Metallsplitter (Stahl) gefunden. Im oberen Teil des Herzbeutels vorn zwei 0,8 x 0,4 cm große Öffnungen. Um sie herum ein deutlicher Bluterguß, ebensolche Verletzungen sind in Richtung der linken Pleurahöhle vorhanden.
Im Herzbeutel bis zu 3 cm³ Blut. Herzmuskel gekocht, graurot. Klappen dünn, glänzend. In den Herzräumen ein wenig dunkelflüssiges Blut enthalten. Lungenarterie frei. Intima der Aorta glänzendglatt. Lage der Organe der Bauchhöhle normal, Organe trocken, eingeschrumpft. Leber stark verkleinert, fest, an der Schnittfläche graubraun. Milz dunkelrot, verdichtet. Linke Niere von normaler Form, ihre Kapsel leicht ablösbar, Zeichnung etwas verwischt. Rechte Niere trocken, dunkelbraun. Magen leer, Schleimhaut schmutzigrosa, trocken. Därme verhärtet, Schleimhaut graurot. Inhalt – wie üblich, etwas trocken. Harnblase zusammengezogen, ihre Schleimhaut grau. Bei der Obduktion Bittermandelgeruch spürbar.

Beilage:
1. Breithalsiges Reagenzglas mit 6 Metallsplittern.
2. Reagenzglas mit den Glasstückchen der Ampulle.

Kommission:
Gerichtsmedizinischer Chefsachverständiger der Front, Oberstleutnant d.m.D. (Schkarawskij)
Chefarzt für path. Anatomie der Roten Armee, Oberstleutnant d.m.D. (Krajewskij)
Amtierender Chefarzt für path. Anatomie der 1. W.F., Major d.m.D. (Maranz)
Gerichtsmedizinischer Sachverständiger der 3. Stoßarmee, Major d.m.D. (Bogusslawskij)
Armeefacharzt für path. Anatomie der 3. Stoßarmee, Major d.m.D. (Guljkewitsch)

Gutachten:

Aufgrund der gerichtsmedizinischen Untersuchung der teilweise verbrannten Leiche einer unbekannten Frau und aufgrund der Expertisen über die anderen Leichen dieser Gruppe (Akten Nr. 1–11) kommt die Kommission zu den Schlußfolgerungen:

1. *Anatomische Charakteristik der Leiche*

Da die Körperteile stark verkohlt sind, ist es unmöglich, das Aussehen der Toten zu beschreiben. Man kann aber folgendes feststellen:

a) Das Alter der Toten schwankt zwischen 30–40 Jahren, wofür auch die kaum abgenutzte Kaufläche der Zähne ein Indiz ist;
b) Die Körpergröße beträgt etwa 150 cm;
c) Der wichtigste anatomische Fund, der zur Identifizierung der Person ausgewertet werden kann, sind die Goldbrücke des Unterkiefers und dessen 4 äußere Zähne.

2. *Todesursache*

An der stark verkohlten Leiche wurden Spuren einer Splitterverwundung des Brustkorbes mit Hämotothorax, Verletzungen einer Lunge und des Herzbeutels sowie 6 kleine Metallsplitter entdeckt. Außerdem wurden in der Mundhöhle die Überreste einer zerdrückten Glasampulle gefunden.

In Anbetracht dessen, daß solche Ampullen in anderen Leichen vorhanden sind – Akten Nr. 1,2,3,4,5,6,7,8,9,10,11 – daß ein bitterer Mandelgeruch beim Sezieren der Leichen entsteht – Akten Nr. 1,2,3,4,5,6,7,8,9,10,11 – und aufgrund der gerichtsmedizinischen Untersuchung der Organe jener Leichen, in denen Zyanverbindungen gefunden wurden – Akten Nr. 1,2,3,4,5,6,7,8,9,10, 11 – kommt die Kommission zu dem Schluß, daß trotz der schweren Verwundung des Brustkorbes die unmittelbare Todesursache eine Vergiftung durch Zyanverbindungen war.

Kommission:

Gerichtsmedizinischer Chefsachverständiger der Front, Oberstleutnant d.m.D. (Schkarawskij)

Chefarzt für path. Anatomie der Roten Armee, Oberstleutnant d.m.D. (Krajewskij)

Amtierender Chefarzt für path. Anatomie der 1. W.F., Major d.m.D. (Maranz)

Gerichtsmedizinischer Sachverständiger der 3. Stoßarmee, Major d.m.D. (Bogusslawskij)

Armeefacharzt für path. Anatomie der 3. Stoßarmee, Major d.m.D. (Guljkewitsch)

4. Fritz Echtmanns Modellzeichnungen zu seiner schriftlichen Aussage vom Sommer 1945

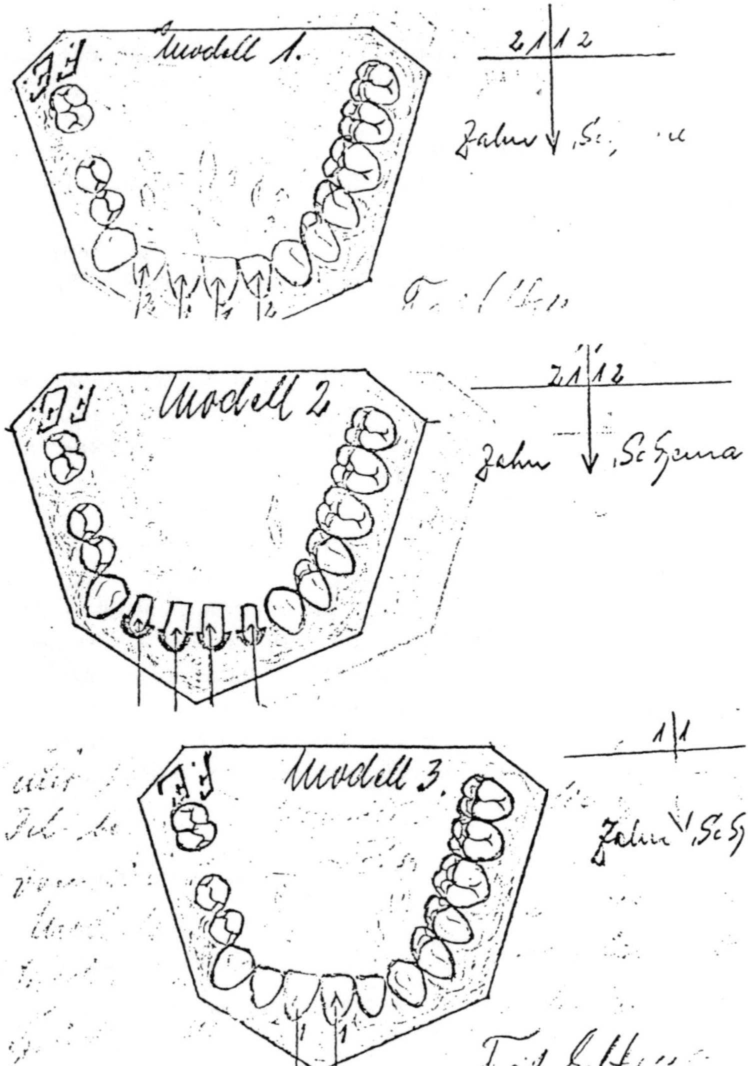

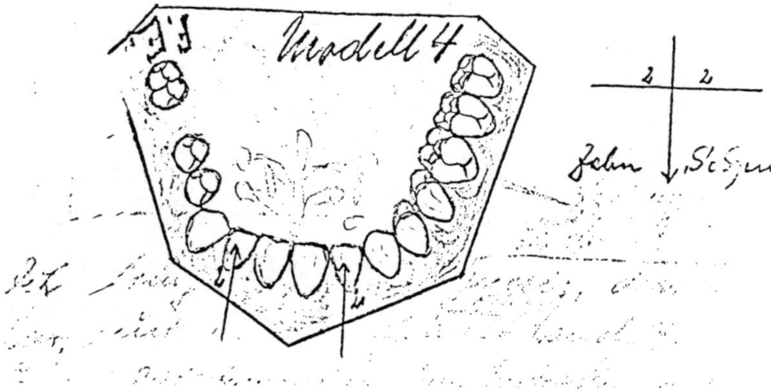
Modell 4
2 2

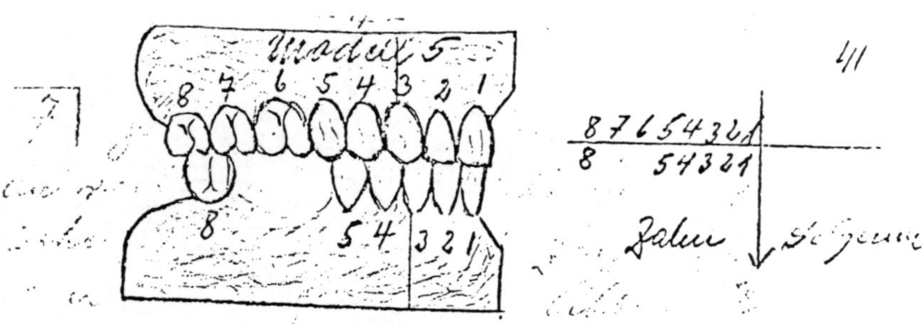
Modell 5
8 7 6 5 4 3 2 1
8 5 4 3 2 1
8 7 6 5 4 3 2 1
8 5 4 3 2 1

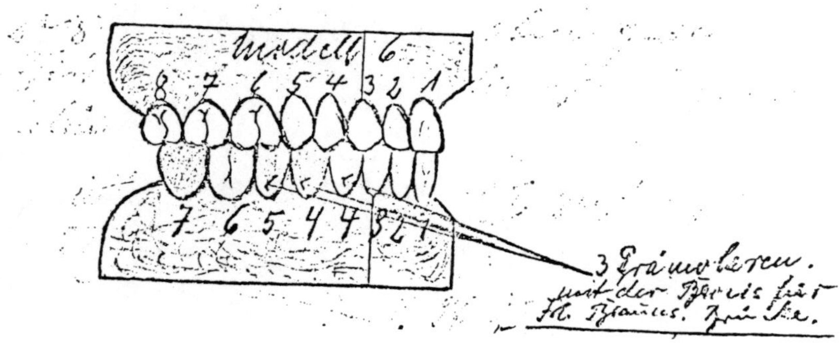
Modell 6
8 7 6 5 4 3 2 1
7 6 5 4 4 3 2 1
3 Prämolaren.

Abbildung 1

I Pfeil I. zeigt. 2 Goldk[ronen]
7 5|

II Pfeil II zeigt 6 5| im
Kunstharz. Palapont.

Abbildung 2

III Pfeil III zeigt die
Kauplatte in Gold. bei
6 5|

Abbildung 3

IV Pfeil IV zeigt die Kau-
fläche von 6 5| im Kunst-
harz. (Palapont)

V Pfeil V zeigt. 7 4| Gold
Kronen.

V Pfeil V zeigt die
Goldrückenplatte.

Fritz Ertlmann

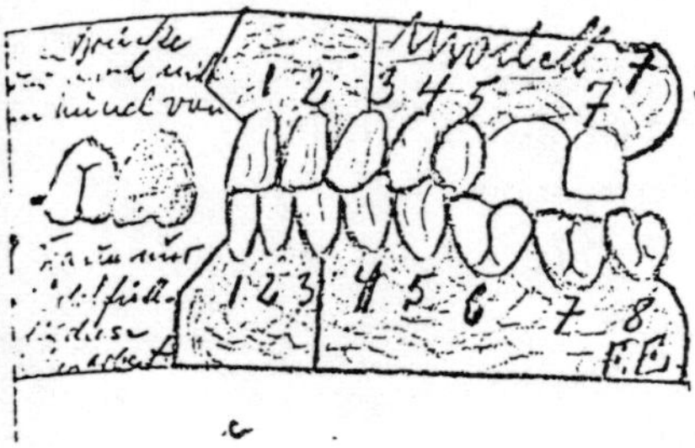

Da diese Brücke von 7 6 erst, am 19 April 1945 von mir fertig wurde, ist diese Brücke noch nicht im Munde von Fr.

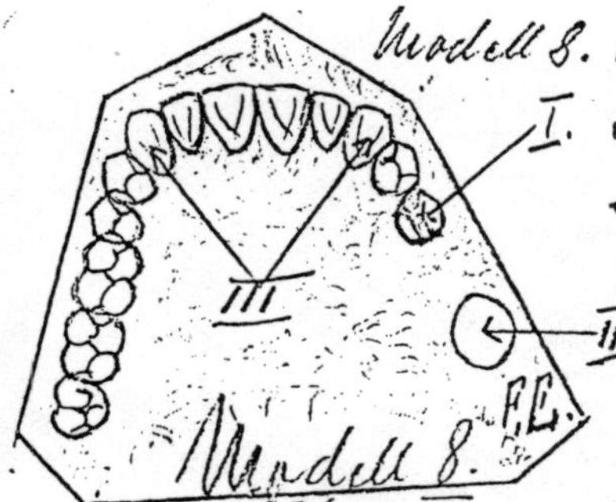

Modell 8. Oberkiefer von Fl. Braun. Pfeil I zeigt die Goldfüllung zur Brücke, die bei Fl. Braun Anfang April 1945 festgesetzt worden ist. Von Prof. Blaschke die ich angefertigt habe.
Pfeil II. zeigt den beschliffenen Zahn, für die Brücke.
Pfeil III. zeigt die beiden Eckzähne als

Wie Röntgenaufnahme zeigte.
Pfeil I. zeigt 3 Stiftzähne.
Pfeil II zeigt 1 Fensterkrone

5 4 3 2 1	1 2 3 4
Zahn	Schema.

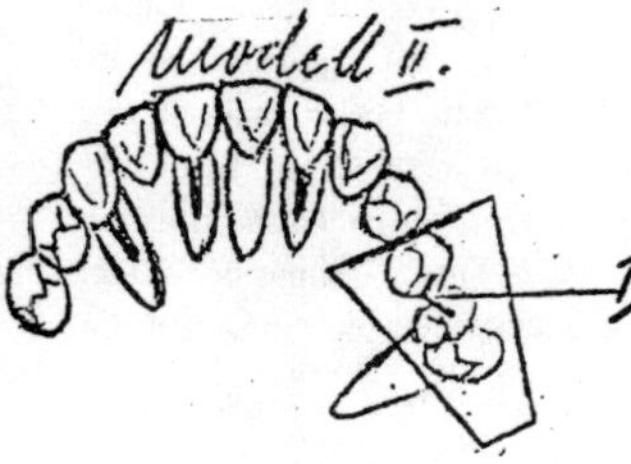

Pfeil I zeigt das abgeschnittene Brückenteil das von Prof. Blaschke im Herbst 1944 abgeschnitten wurde, und mir zur Verarbeitung übergeben wurde.

5.

The odontological identification of Adolf Hitler

Definitive documentation by X-rays, interrogations and autopsy findings

REIDAR F. SOGNNAES & FERDINAND STRÖM

Schools of Medicine and Dentistry, Center for the Health Sciences, University of California, Los Angeles, California, and Faculty of Odontology, University of Oslo, Norway

Sognnaes, R. F. & F. Ström. The odontological identification of Adolf Hitler. Definitive documentation by X-rays, interrogations and autopsy findings. *Acta Odont. Scand.* 31, 43—69, 1973.

A definitive odontological identification of Hitler has been based on several sources of documentary evidence: (1) complete testimonies recorded by American intelligence officers during the 1945 interrogations of Hitler's dentist and physicians; (2) attached to one of the above mentioned reports five head X-ray plates taken in 1944 following an assassination attempt and revealing several very characteristic dental conditions, including (a) a maxillary left central incisor with a radiopaque (metallic) restoration and with a radiolucent zone typical of a so-called »Window Crown», (b) a special dental bridge construction in the right mandibular area, in which a radiopaque (metallic) restoration on the right canine is connected by means of a metallic lingual bar to the second premolar with a cantilever extension to replace the first molar, and (c) periodontal bone breakdown around the mandibular incisor roots; (3) the above observations were compared with the various dental features depicted in the Russian autopsy report and discussed in terms of other published reports; (4) the authors' comparisons and reappraisal of these and other documentary data. The accumulated evidence now provides definite odontologic proof that Hitler did in fact die, and that the Russians did indeed recover and autopsy the right body.

Key-words: Forensic dentistry; forensic medicine; autopsy; history

Ferdinand Ström, Faculty of Odontology, University of Oslo, Geitmyrsvn. 69, Oslo, Norway

The first exhaustive investigation of the last days of Adolf Hitler was undertaken by the Oxford professor Dr. *H. R. Trevor-Roper* in 1945. The British Intelligense authorities in Germany in September of that year had given him the task to collect all available evidence on the last days of Hitler and to determine, if possible, the truth about his disappearance or demise. The resulting report of November 1st, 1945, followed by the book, »*The Last Days of Hitler*» by Trevor-Roper (1947), appeared to leave little doubt in the Western world that Hitler had indeed met his end. Furthermore, in the introduction to the third edition of his book, published in 1956, Trevor-Roper concluded that there was considerable circumstantial

Received for publication, December 5, 1972.

evidence that Hitler's remains must have come into the hands of the Russians who first occupied Berlin in 1945.

However as late as in 1965, The Soviet General *Boltin*, one of the co-editors of the Russian *War History* stated to the »Spiegel» correspondent *Eric Kuby*, that as far as he (*Boltin*) was concerned, Hitler's body had *not* been found (*Kuby*, 1965). Even today no official Soviet statement has been released regarding the death of Adolf Hitler.

In 1968 the Russian writer *Lev Bezymenski* published in West Germany a book entitled »*Der Tod des Adolf Hitler*» (*The Death of Adolf Hitler*, 1968b). *Bezymenski*'s book carried the subtitle: »*Unknown Documents from Soviet Archives*». Thus, twenty-three years after the events, Soviet sources finally permitted disclosure of details of the autopsy with various dental and medical data on the death of Adolf Hitler as well as Eva Braun, Goebbels and his family, General Krebs and two dogs. These documents provided us at long last the possibility to evaluate what might justify the claim that the Russians had recovered and identified with »fair certainty» the corpse of Adolf Hitler.

Bezymenski's report included for the first time photographs of Hitler's partially burned remains, including his dental bridgework and some of his natural teeth still in the lower jaw bone. However, no x-rays were reproduced to indicate any clear-cut conformity between subjective clinical and objective roentgenological observations.

In between these two major reports of British and Russian origins, which were in book format, there appeared in 1965 a brief summary chart on the dental status of Adolf Hitler prepared by a former captain in the U.S. Army, Dr. *Ellsworth Kelly* (1965), who had occasion to prepare his sketch from the U.S. Army report by his fellow officers who in 1945—46 had interviewed Hitler's captured dentist, Dr. Hugo Blaschke.

With reference to our comparative observations on data reported in the past, it became apparent that there were certain descriptive discrepancies, subject to subjective interpretation. Most regrettably there were not to be found the kind of objective documentation illustrating definitive x-ray observations. If available, much more conclusive evidence could be provided to supplement the information based on memory through personal interrogation.

Under these circumstances it seemed important to us (a) to re-explore all available reports by American, British and Russian investigators placed on record in the published literature, and (b) to seek out original archives and documents through which further research might contribute to a conclusive settlement of controversial questions regarding Hitler's fate and identity.

MATERIAL

The following types of observations served as documentary evidence for the analysis, correlation and conclusion reached in this study:

1. Documents from Soviet archives, originally recorded during Hitler's alleged autopsy in May 1945, and published for the first time by Bezymenski in 1968.
2. Currently declassified documents from American archives, originally recorded during the 1945—46 interrogation of Hitler's dentist and filed in the headquarters of the USA National Archives and Records Service, Washington, D.C.
3. Recently located roentgenological

evidence in the form of five authenticated head x-ray plates, originally taken of Hitler during late 1944 and uncovered in early 1972 while one of the authors (RFS) was searching wartime medical files at a satellite U.S. federal archive facility in the town of Suitland, Maryland.

The evaluation of these several sources of information will be introduced with further details on the collection and nature of the material. Particular reference will be made to the validity and objectivity of the documentation vis a vis the speculations, hearsay and even legends and myths that still surround this enigma, as exemplified by recent writings in Germany (*Maser*, 1971). We shall make little reference to much of the often repeated and already widely published and publicized statements from those who claim inside information from various unconfirmed reports and individual sources. Instead, we shall emphasize some of the most reliable objective kinds of data available to forensic science, notably the odontological findings and especially the newly uncovered x-ray evidence.

SOVIET ARCHIVES

The wartime autopsy documents from Soviet Archives, first recorded in May, 1945, were not reported until 1968 by the Soviet journalist, Lev Bezymenski, first in a German edition (1968a) and then immediately in an English edition (1968b). We will primarily be citing the English edition with a few cross-references to the German version when indicated. The discussion to follow will concentrate on three sub-topics: namely, descriptive, photographic and diagrammatic information.

1. Descriptive Information *

The autopsy report »concerning the forensic examination of a male corpse disfigured by fire (presumably the corpse of Hitler)» is given verbatim as »Document 12» in Bezymenski's book. The report dated May 8, 1945, originates from Mortuary CAFS (Surgical Army Field Hospital) at Berlin-Buch. It commences with the composition of the commission with their ranks and titles, followed by a detailed description of the examination of the charred remains.

The first part of the external examination, dealing mainly with the head and the teeth is here reprinted as cited from the autopsy report in the English version of Bezymenski's book (1968b, pp. 44—46):

> »The remains of a male corpse disfigured by fire were delivered in a wooden box (Length 163 cm., Width 55 cm., Height 53 cm.) On the body was found a piece of yellow jersey, 25 × 8 cm., charred around the edges, resembling a knitted undervest.
>
> In view of the fact that the corpse is greatly damaged, it is difficult to gauge the age of the deceased. Presumably it lies between 50 and 60 years. The dead man's height is 165 cm. (the measurements are approximate since the tissue is charred), the right shinbone measures 39 cm. The corpse is severely charred and smells of burned flesh.
>
> Part of the cranium is missing.
>
> Parts of the occipital bone, the left temporal bone, the lower cheekbones, the nasal bones, and the upper and lower jaws are preserved. The burns

* The information quoted below from the Soviet autopsy report is reprinted by permission of Harcourt, Brace & World, Inc. from »*The Death of Adolf Hitler*» by Bezymenski, © 1968 by Christian Wegner Verlag, Hamburg.

are more pronounced on the right side of the cranium than on the left. In the brain cavity parts of the fire-damaged brain and of the dura mater are visible. On face and body the skin is completely missing; only remnants of charred muscles are preserved. There are many small cracks in the nasal bone and the upper jawbones. The tongue is charred, its tip is firmly locked between the teeth of the upper and lower jaws.

In the upper jaw there are nine teeth connected by a bridge of yellow metal (gold). The bridge is anchored by pins on the second left and the second right incisor. This bridge consists of 4 upper incisors (2⌋ 1⌋ ⌊1 ⌊2)*, 2 canine teeth (3⌋ ⌊3), the first left bicuspid (⌊4), and the first and second right bicuspids (4⌋ 5⌋), as indicated in the sketch. The first left incisor (⌊1) consists of a white platelet, whith cracks and a black spot in the porcelain (enamel) at the bottom. This platelet is inset into the visible side of the metal (gold) tooth. The second incisor, the canine tooth, and the left bicuspid, as well as the first and second incisors and the first bicuspid on the right, are the usual porcelain (enamel) dental plates, their posterior parts fastened to the bridge. The right canine tooth is fully capped by yellow metal (gold). The maxillary bridge is vertically sawed off behind the second left bicuspid (⌊5). The lower jawbone lies loose in the singed oral cavity. The alveolar processes are broken in the back and have ragged edges. The front surface and the lower edge of the mandibula are scorched. On the front surface the charred prongs of dental roots are recognizable. The lower jaw consists of fifteen teeth, ten of which are artificial. The incisors (2⌉ 1⌉ ⌈1 ⌈2) and the first right bicuspid (4⌉) are natural, exhibiting considerable wear on the masticating surface and considerably exposed necks. The dental enamel has a bluish shimmer and a dirty yellow coloration around the necks. The teeth to the left (⌈4, ⌈5, ⌈7, and ⌈8) are artificial, of yellow metal (gold), and consist of a bridge of gold crowns. The bridge is fastened to the third, the fifth (in the bridge, the sixth tooth), and the eight tooth (in the bridge, the ninth tooth). The second bicuspid to the right (5⌉) is topped by a crown of yellow metal (gold) which is linked to the right canine tooth by an arching plate. Part of the masticating surface and the posterior surface of the right canine tooth is capped by a yellow metal (gold) plate as part of the bridge. The first right molar is artificial, white, and secured by a gold clip connected with the bridge of the second bicuspid and the right incisor.»

* *Editorial footnote:* The journal normally uses the F.D.I. two-digit system of designating teeth (for reference, see »Instructions to Constributors»).

This system has not been adhered to in the present paper, particularly because the author's comparisons have required citations of the accumulated documentary evidence. In order to avoid confusion, two differing systems of designating teeth have not been simultaneously used.

With translations and retyping through Russian, German, and English it is to be expected that certain technical terms are not readily explained while specific designations may even cause more or less obvious misprints. We have been on the alert to both possibilities and deemed it appropriate to point out our findings in detail in the attached footnote.*

* Some corrections in the translation of the details described above are necessary for the sake of completion of this historical record. Firstly, it concerns the following statement: →

In addition to the dental details described and reproduced above from the autopsy report published by Bezymenski (1968b, p. 44—46), it is stated (p. 47) that certain objects were taken from the corpse and handed over to the so-called SMERSH Section of the 3rd Soviet Shock Army on May 8, 1945. These objects were: »a maxillary bridge of yellow metal, consisting of 9 teeth; and a singed lower jaw, consisting of 15 teeth.» Heusermann, the chair-side dental assistant of Hitler's dentist, Dr. Hugo Blaschke (see later), was interrogated in a talk with the Soviet Chief Expert of Forensic Medicine, Lieutenant Colonel Shkaravski on May 11, 1945, in the offices of CAFS No. 496. Frau Heusermann described the state of Hitler's teeth in every detail. Her description tallies with the anatomical data pertaining to the oral cavity of the unknown man whose burned corpse we dissected,» concludes the report.

»Part of the cranium is missing». In the original German edition, on the other hand, it is stated: »Ein Teil der Schädeldaches fehlt». The latter is more precise, so the correct translation should have stated that a part of the *occipital vault* is missing. The second correction concerns the following sentence: »The first left incisor (|1) consists of a white platelet, with cracks and a black spot in the porcelain (enamel) at the bottom». In the original German edition it is stated: »Der linke erste Schneidezahn (|1) stellt eine weisse Zahnplatte dar mit Sprüngen und einem schwarzen Defekt im Email unten». Thus the word »porcelain» in the English translation is inappropriately used as a descriptive term for what simply should have been dental *enamel.* Then there are in the German as well as in the English edition some obvious typewriting errors. First of all, in the following statement: »The first right molar is artificial, white, and secured by a gold clip connected with the bridge of the second bicuspid and the right incisor», the last word should read the right *cuspid.* Further it is stated in the dental description that »The maxillary bridge is vertically sawed off behind the second left bicuspid (|5)», instead of the *first* left bicuspid (|4). This important correction is supported by *Rzhevskaya* (1967) when quoting from the same autopsy report and also by the treatment description of Hitler's dentist Dr. Hugo Blaschke (1946).

Later on, Bezymenski adds this footnote (1968b, p. 47): »I asked N. Krayevski (the autopsy pathologist) how it was possible for the date of May 11th, 1945, to appear in an autopsy report that had been written on May 8. He explained that the report had originally been written by hand; only later was it decided to add the statements of Heusermann. As was mentioned above, the delay between evidence and conclusion is absolutely normal.»

In any event, the Soviet autopsy report placed great weight on the significance of the odontological findings. Thus the conclusion of the autopsy report culminated with the following statement as cited by Bezymenski (1968b p. 49): »The most important anatomical finding for identification of the person are the teeth, with much bridgework, artificial teeth, crowns, and fillings (see documents).» The report is signed by the five members of the Autopsy Commission, headed by Lieutenant Colonel F. I. Shkaravski, Chief Expert, Forensic Medicine, (1st Byelorussian Front, Medical Service), and by Lieutenant Colonel N. A. Krayevski, Chief Anatomical Pathologist (Medical Service, Red Army).

2. *Photographic Illustrations*

One of the most important exhibits recovered from the Soviet Archives concerns the objective photographic evidence illustrating the remains of the dentition of the corpse described in autopsy document No. 12. Included were photographs of a fixed dental prosthesis, namely, a 9-unit bridge, and the charred fragment of a mandible, the latter with several intact anterior teeth and two bridges, one on the right and one on the left side. The photographs which appear in two of the several inserts of illustrations

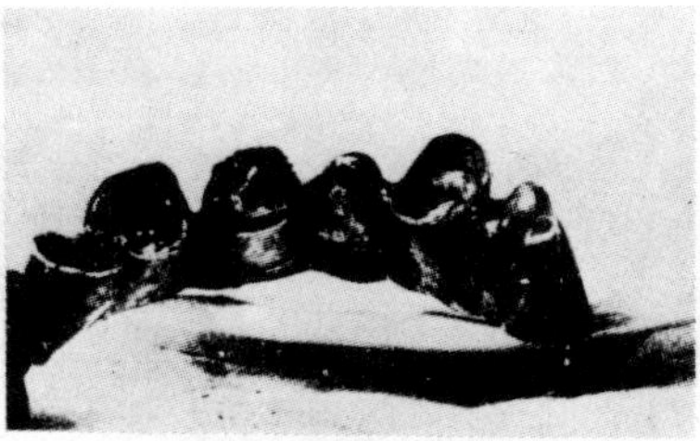

Fig. 1A. Lingual view of the nine-unit maxillary bridge reproduced from Soviet autopsy report by Bezymenski (1968b). For proper orientation and evaluation, see text.

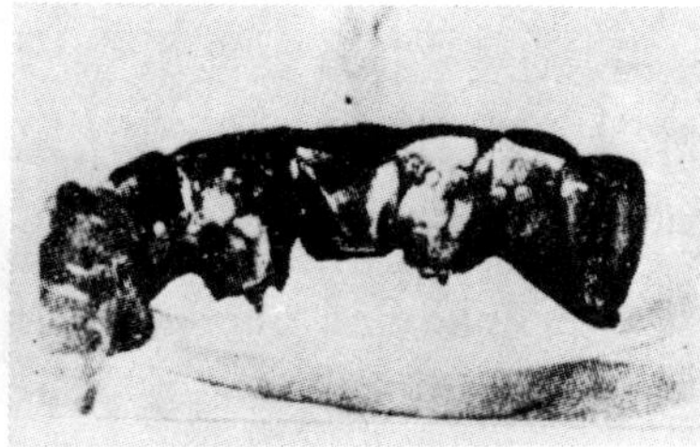

Fig. 1B. Another view of the maxillary bridge reproduced from Bezymenski. Note the metal posts emerging from the Dowel crowns of the upper right central incisor and upper left lateral incisor. Lingually are seen the ends of tiny (platinum) pins, evidently retaining anterior porcelain facings, not seen directly in this view.

presented by Bezymenski (1968b between the printed pages 54 & 55) are reproduced with his permission as our Figs. 1A, B (upper teeth) and 1C, D (lower teeth).*

The maxillary bridge is photographed from the lingual view and indicates a distinct curvature of this large bridge. Consequently, one photograph shows to the best advantage those seven elements of the nine-unit bridge which happens to culminate with the right second premolar (Fig. 1A), namely, a solid metal pontic replacement not prepared for any direct tooth or root attachment. This pontic is next followed by a similarly independent replacement, a metal back with a suggestion of a different front facing, a slit barely separating the anterior from the posterior portion. Continuing in a mesial direction, there follows then what is obviously a metallic crown for the canine. This, in turn, connects with another pontic for the lateral incisor, and then the large right central incisor, in the center of which there is barely visible what appears to be a metal post.

Moving towards the left jaw quadrant, there then follows a metallic crown for the left central incisor. The seventh tooth seen in this view is again a crown with a barely visible central post emerging from the middle (typical of a so-called Richmond crown). The eight and ninth portion of this bridge (the left canine and the first premolar described above) cannot be seen in full view in this photograph due to the curvature of the dental arch.

However, the other view, Fig. 1B, accomodates a completion of the photographic record. In this illustration, it is the upper right two premolars which are blocked from direct view, and one can barely see the lingual portion of the crown of the right canine. On the other hand, the seven remaining portions of this nine-unit bridge can be readily identified. To begin with, we note that the pontic for the upper right lateral incisor clearly shows two minute lingual marks, as two light »eye»-like dots indicative of the typical platinum posts emerging through the gold from an anterior porcelain facing. This pontic is next attached to a large central incisor. This tooth also shows two »eyes», evidence indicating the use of a porcelain facing. More importantly, this

* Figs. 1 and 2 were reproduced by courtesy of author and publisher of *The Death of Adolf Hitler* (*Bezymenski*, 1968b).

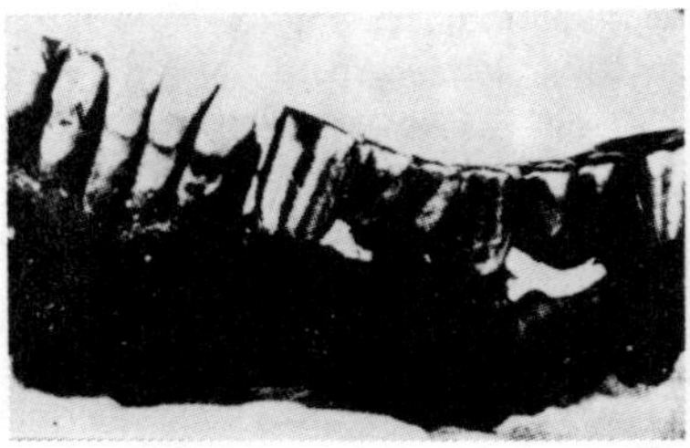

Fig. 1C. Labial-buccal view of the left side of the charred remains of the lower jaw. There is evidence of bone resorption and tooth erosion in the mandibular incisor region. Also note the distal drift of the left canine and second premolar, creating wide replacement with what appear to be twin porcelain facings for the first premolar.

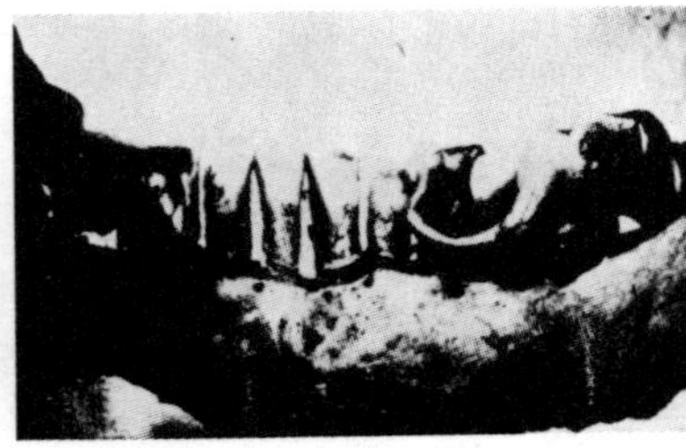

Fig. 1D. Lingual view of the incisors and right quadrant of the lower jaw showing the special bridge construction with the characteristic lingual bar, bypassing the intact first premolar.

clearly shows a metal post, albeit rather short, typical of the Richmond Crown or Dowel Crown, as it is now commonly called. Turning to the left quadrant, this restoration is attached to a smooth-backed left central incisor restoration with no markings to suggest either a platinum post facing or any post attachments. On the other hand, such evidence is clearly present on the next tooth, the left lateral incisor, which again shows the lingual »eyes» caused by the platinum posts typical of a porcelain facing, as well as a relatively short central post or dowel, typical of the Richmond Crown or »Stift-Zahn». This crown is then attached to a relatively thin reconstruction for the left canine position, obviously a metal-backed porcelain facing with no evidence of any provision for root attachments; in other words, a pontic rather than crown. Finally, this cantilevered pontic is in turn attached to an additional cantilevered replacement for the left first premolar. One cannot readily see whether or not this latter restoration has the markings of a porcelain facing. However, one can see that the distal left termination of this bridge is not amoothly polished, but has some rough striation in keeping with the previous description that it was »vertically sawed off».

In the lower jaw, several of the natural teeth were remarkably well preserved, being attached to the charred remnants of the mandible, together with a lower left bridge, seen from the buccal view, as reproduced in Fig. 1C and a right bridge, seen from the lingual view in Fig. 1D.

With regard to the natural teeth, the lower incisors evidently exhibit a good deal of dental erosion, mainly below the enamel-cementum junction. In the case of the lateral incisors, the right one shows considerable incisor wear, if not even a partially fractured incisal edge, whereas the left lateral incisor shows some dark areas possibility suggestive of dental decay. The latter may in part be super-imposed upon the erosion, since we now know that such seemingly incompatible conditions are not necessarily mutually exclusive (*Sognnaes et al.*, 1972). Both the anterior and posterior views of these incisor teeth (Fig. 1C & 1D) suggest that, aside from any postmortem destruction, there appears to have been considerable alveolar bone resorption during the life of the patient, indicative of periodontal disease.

The left lower bridge spans a space from the canine to the last molar. In addition to the full crown attachments on these terminal ends, there is a middle pillar where a full crown appears to be attached to what must be a distally drifted second premolar. The missing teeth, which have been replaced by the pontics between these three bridge attachments, are the first premolar and the first and second molar. However, due to distal drift of the second premolar and mesial drift of the third molar, the »twin» pontic replacement of the first and second molars has been reduced in width to little more than that of a single molar. By the same token, the distal drift of the second premolar has increased the first premolar space. Consequently, the pontic replacement, attached to the distal aspect of the canine crown, appears to be as wide as a molar. In the photographs of the charred remains, this latter replacement does not have as polished a buccal surface as the rest of this bridge. Instead, there seems to be a certain surface porousity which may suggest the use of porcelain facing, partly concealed by a secondary darkening from the charred buccal flesh.

The lower right bridge involves three teeth directly, but bypasses one seemingly uninvolved tooth, the right first premolar, due to a very special type of bridge construction (Fig. 1D). As will be seen from this lingual view, there is a distinct fixed connecting bar between the restorations on the canine and second premolar. By cross checking with the anterior view in Fig. 2C, it will be noted that the canine restoration does not involve the labial portion of this tooth except for a considerable slice out of the mesial-incisal corner (this may have served to restore a serious defect in this area caused either by a fracture or caries). Principally covering the lingual and interproximal surfaces this canine restoration must be classified as a so-called 3/4 crown used for attachment of the lingual bar, and thereby connected with the crown of the second premolar. Lastly, the photograph clearly shows a freehanging, cantilevered extension for replacement of the lower right first molar tooth. Being this far back in the mouth, one would not expect to need a buccal tooth-colored facing for aesthetic reasons. Yet, one can clearly detect the two little shiny »eyes» piercing through the lingual gold backing, indicating the platinum posts emerging from a porcelain facing.

3. *Diagrammatic Representation*

To a dentist, it is essential to keep records by charting a patient's dentition with its characteristically individualized anatomical, pathological and restorative features. For this purpose, various preprinted diagrammatic forms are used to depict the dental arches and individual tooth shapes. Apparently there was no dentist or ordinary dental chart available to the pathologists who performed the autopsy of Hitler's alleged body as recorded above. But fortunately an effort was made to sketch some of the dental configurations in diagrammatic form as a supplement to the descriptive and photographic data. Specifically, this sketch, which indicates the number of natural and artificial teeth present at the time of the autopsy, is illustrated in the English edition of *Bezymenski* (1968b) between text pages 54—55 and is reproduced in our Fig. 2.*

The Soviet autopsy report, dated May 8, 1945, actually made specific cross reference

* See footnote, p. 48.

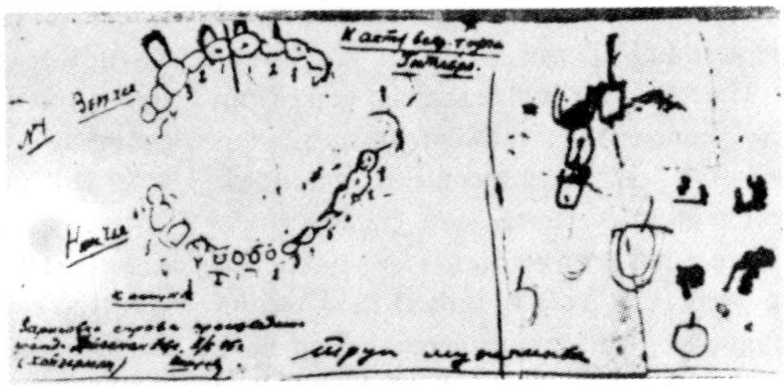

Fig. 2. Soviet pathologist's sketch alleged to be the teeth and tooth replacements of Hitler's upper and lower jaws. Annotations on the right are attributed to Mrs. Kaethe Heusermann, chairside assistant for Hitler's dentist. This illustration is reproduced from Bezymenski's English edition (1968b), but did not appear in the German version. For translation* of the Russian writing and interpretation of the diagram, see text.

between the descriptive findings and the dental diagram when stating: »as indicated in the sketch.»

The Soviet dental sketch reproduced in Fig. 2 shows in the upper jaw, a nine-unit bridge attached to four teeth with roots, namely, the upper right canine, the right central incisor and the upper left central and lateral incisors. Among the pontics of the bridge are the upper right lateral incisor and the upper right first and second premolars. The latter two teeth are freehanging cantilevered extensions on the right terminal (distal) extension of the bridge.

Similarly, the upper left side of the bridge terminates with the two cantilevered distal extensions, namely, for the replacement of the left canine and first premolar. Distally to the profile of the first premolar, a sharp black line has been drawn as the termination point. This, according to the autopsy description, is where the maxillary bridge was »vertically sawed off».

No other teeth are shown in the upper jaw, indicating that several teeth were missing without being replaced; namely, the upper right first, second and third molars, and the upper left second premolar and first, second, and third molars.

With regard to the lower jaw, the sketch indicates that the lower right second and third molars were missing without being replaced. The remaining fourteen teeth are included in the diagram as being either present or replaced by bridgework.

The lower right first permanent molar is sketched in an uninterrupted profile together with the second premolar in the shape of a figure »8», as if the two were made in one piece. The first premolar, however, is drawn in a completely independent isolated fashion, without any bridge connection on either side, indicating that this particular tooth was not involved in the adjacent bridge construction. Similarly, the four lower incisor teeth are each drawn independently. Unlike the maxillary incisors, these teeth are thus completely separated to indicate that they were not involved in any kind of bridge construction. On the other hand, on the lower left side, there are six teeth diagrammed in complete contact with each other, much like the maxillary bridge, suggesting that a fixed bridge extended from the lower left canine through the premolars and molars finally culminating distally with the third molar or wisdom tooth.

There are several annotations, handwritten in Russian, on this same sketch. To the left of the chart (see Fig. 2), next to the profile of the upper bridge, the translation reads »upper jaw» and next

* The translation of the Russian notes was done at The Institute of Slavic and Baltic Studies, University of Oslo, Head Professor Arne Gallis.

to the mandibular teeth, »lower jaw», and near the bottom, »corpse of a man». Furthermore, the notes identify the chart as belonging to the »document of the dissection of the corpse of Hitler». Lastly, it is written, rather importantly, that »the drawing on the right side is carried out by citizen Hojzerman», with an illegible first name (»Kate?»). After this, the family name of »Hojzerman» is repeated with improved writing and dated May 11, 1945; in other words, suggesting her commentary was made three days after the actual autopsy date.

The signature on this sketch is not easily legible but would appear to be that of Shkaravski, who, as indicated elsewhere, was the Chief Expert, Forensic Medicine. Kathe Heusermann's annotations on the right side of the chart are somewhat scattered, but include drawings of what probably depicts the profile of a so-called »window» crown with a distal-incisal dark defect. Attached to this tooth, a smaller one is sketched in, with a clear facing and post (probably to mean Dowel crown). The sketch shows at least one other isolated tooth profile, suggesting replacement with a post a là the Dowel crown type. One additional tooth profile suggests what may have been made to emphasize the otherwise stated presence of an open-face crown or so-called »window» crown.

All in all, while apparently there was no dentist and no standard dental form involved in the autopsy or in the post-mortem review of the dental status, there can be no question that such a chart, as reproduced in Fig. 2, does prove to be a very important kind of exhibit in forensic odontology. Indeed, what has been included in the autopsy sketch we have found to be in harmony with the essential information obtained from the descriptive and photographic documentation reproduced from the Soviet autopsy report by Bezymenski (1968b), and not in any important conflict with the data recently recovered from the American Archives to be presented below.

AMERICAN ARCHIVES

Presentation of the information obtained through the search of the American Archives will first be concerned with the very important interrogation of Hitler's dentist, including (a) description of the dental *status quo*, (b) appropriate dental charts and diagrams, and (c) history of Hitler's dental treatment record. These dental data will be supplemented with information obtained by interrogation of Hitler's physicians. Finally, a detailed analysis will be made of the most important new forensic exhibit, namely, the five head x-ray plates discovered in one of the files located in the Modern Record Branch of the U.S. National Archives, the National Document Center, Suitland, Maryland.

1. Interrogation of Hitler's Personal Dentist, Dr. Blaschke

Hitler's principal and only full-fledged dentist, hitherto known to us, was Dr. Hugo Johannes Blaschke, D.D.S., a dental graduate of the University of Pennsylvania, class of 1911. Returning to practice in Berlin, he became well known to the Nazi leaders. He was Hitler's dentist from 1934 to 1945, and was rewarded by being awarded the title of Professor and Brigadier General, Waffen S.S.

Following his capture in 1945, an eight page document was prepared at the headquarters of the United States Forces, European Theatre, Military Intelligence

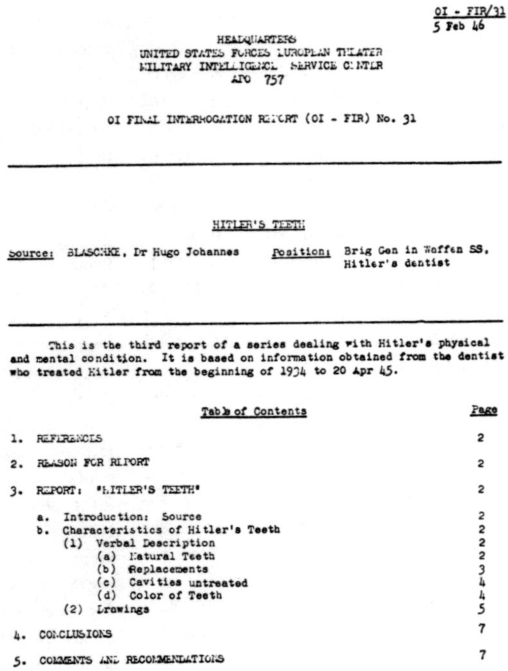

OI - FIR/31
5 Feb 46

HEADQUARTERS
UNITED STATES FORCES EUROPEAN THEATER
MILITARY INTELLIGENCE SERVICE CENTER
APO 757

OI FINAL INTERROGATION REPORT (OI - FIR) No. 31

HITLER'S TEETH

Source: BLASCHKE, Dr Hugo Johannes — Position: Brig Gen in Waffen SS, Hitler's dentist

This is the third report of a series dealing with Hitler's physical and mental condition. It is based on information obtained from the dentist who treated Hitler from the beginning of 1934 to 20 Apr 45.

Table of Contents — Page

Fig. 3. Front page of the American interrogation report recording the testimony of Hitler's dentist, Dr. Hugo Blaschke (U.S. Nat. Archives No. OI FIR 31). For detailed discussion of the report, see text.

Service Center, APO-757, known as a »Final Interrogation Report» (OI FIR 31), signed by Malcolm S. Hilty, Chief of OI section. This document also includes several diagrams and has an appendix (Annex I) of three pages in which Dr. Blaschke gives the dental treatment history of Hitler; and three additional appendices contain information regarding Eva Baun's and Martin Bormann's teeth, and about Dr. Blaschke's professional and personal background.

The frontice piece of this document is duplicated here (Fig. 3) together with two of the several sketches prepared during the interrogation to represent Hitler's dental status in the upper and lower jaws (Figs. 4 & 5).* In addition, reference will be made to some critical comments regarding one of Dr. Blaschke's last professional contacts with Hitler as a patient, and with the last contact with Hitler's dental chart and x-rays before Dr. Blaschke left Berlin in 1945.

As a preamble to the interrogation report regarding Hitler's dentistry, there is said to be three reasons for the report, namely, to provide (a) data useful in the »identification of Hitler or his remains,» (b) information to expose what might be

*Figs. 3 to 7 were reproduced from records released to the first author through the courtesy of U.S. National Archives and Records Service, Washington, D.C. and from the U.S. National Document Center, Suitland, Maryland.

future »frauds,» and (c) research material for »the historian, the doctor, and the scientist.»

Dr. Blaschke was interned on May 28, 1945, and interrogated during November and December of that year. During the interrogation, while recording the status of Hitler's teeth, Dr. Blaschke was given the privilege of consulting head x-rays taken of Hitler on September 19, 1944. The interrogators stated in connection with the ensuing report, that »information on Hitler's teeth is considered reliable.»

2. *Descriptive Dental Information*

In describing the characteristics of Hitler's teeth as existing in April 1945, the Blaschke testimony first enumerates each individual natural tooth that was present either entirely or partially during Hitler's last dental examination in early 1945. From the listing of each jaw quadrant, it is indicated that the only teeth remaining without complete or partial prosthetic replacement were the four incisor teeth and the first right premolar in the lower jaw. Next, the report describes the complete replacement of missing teeth *in toto*, by means of so-called pontics, and partial replacement of rooted teeth by means of crowns and so-called Richmond crowns (or Dowel crowns) with a »pivot» or post in the root canal to make what in German terms becomes a »Stift-Zahn.»

Maxilla. In the upper jaw is described a bridge which extends from a Richmond crown on the upper right central incisor to a full gold crown on the right canine tooth, terminating with a cantilevered, freely suspended, gold crown replacing the second bicuspid. Between these units of the bridge, the right lateral incisor is recorded as being a pontic made from a gold-backed porcelain facing. Lastly, on the right side, the report states that there is a »full gold crown over the first bicuspid» (to this we shall return for further comment later).

In the other upper jaw quadrant, the bridge continues beginning with the left central incisor which carries an incomplete crown covering three-fourths of the tooth enamel, identified as a »window» crown. This is followed by another Richmond crown (Dowel crown) on the lateral incisor and culminates again with a freely suspended porcelain-faced, gold-backed replacement of the first left premolar. Between the two last mentioned teeth, the report lists a »full gold crown on cuspid.» (In our later discussion we shall return to this replacement).

In describing this whole maxillary nine-unit bridge, Blaschke reports that the bridge originally extended farther »until the end of October, 1944». At that time, Dr. Blaschke had to remove the second left premolar by cutting the bridge »between the first and second bicuspids». The report adds that »the straight edge produced by the cutting is strikingly characteristic» (cf. pp, 47, 51 & 54 above).

Mandible. In the lower jaw, two prosthetic replacements are described. On the right side, a bridge extends from a three-quarter gold crown on the canine, »leaving in view most of frontal part of natural tooth.» To this gold backing, there was attached a »golden arch behind the first bicuspid,» which in turn was attached to a full gold crown on the second premolar. Terminating the distal portion of the bridge was a cantilevered (»freely suspended») replacement for the missing first molar.

On the left side of the lower jaw, another bridge extended over most of the left quadrant, namely, from the canine to the third molar, both covered with full gold

R 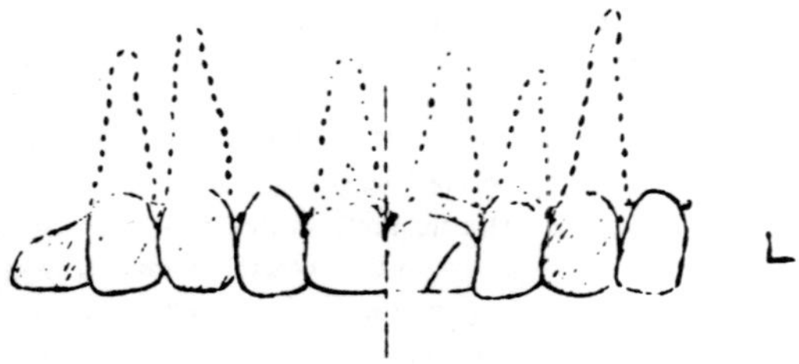 L

Fig. 4. Diagram showing anterior view of nine-unit bridge from Hitler's upper jaw reproduced from Dr. Blaschke's interrogation report.

crowns. As a pillar in between, the report also lists a gold crown on the second premolar. Between these three bridge attachments, the missing first premolar was replaced by a pontic consisting of a gold-backed porcelain facing and the missing first and second molars replaced in gold.

In addition, the descriptive aspect of the dental interrogation report calls attention to a few problems of restorative dentistry afflicting Hitler as follows: (a) »extensive caries existed for several years at the distal-lateral corner of the upper left central incisor,» and (b) in the lower left jaw »a porcelain-cement filling of the lateral incisor.»

3. Diagrammatic Information

Following the descriptive portion of the above report on Hitler's dentistry, Dr. Blaschke and his interrogators proceeded to prepare a total of eight diagrams or charts of Hitler's teeth as viewed from various projections. Two of these diagrams have been reproduced; Fig. 4, representing upper jaw, and Fig. 5, representing the lower jaw.

Upper jaw. The upper jaw diagram clearly reflects the profile of a nine-unit bridge, the distal ends of which are cantilevered, freely-suspended pontics. Besides the shaded areas of crowns and pontics, the rooted tooth attachments have been indicated by dotted lines. Thereby, we found clear evidence that the so-called Richmond crowns (»Stift-Zähne»), which were attached by metal posts in the root canals, were limited to two of the upper teeth; namely, the upper right central incisor and upper left lateral incisor.

From the frontal view of the maxillary bridge, one notes that the upper left central incisor is the only tooth which includes the sketch of a labial band at the junction between the crown and root, a documentary evidence in keeping with the »window» crown type of restoration. Also, this same tooth has a short oblique line drawn across the distal incisor corner, evidently confirming the problem of dental decay to which Dr. Blaschke made reference in the descriptive portion of his report.

In general, the use of the so-called cantilevered, »freely suspended» bridge extensions are only resorted to if absolutely necessary or demanded to avoid removable replacements, as Hitler demanded, according to Dr. Blaschke. We note that, in order to fill a few more empty spaces, the sketch as well as the descriptive text indicate that such was the case, not only on one side, but indeed on both termi-

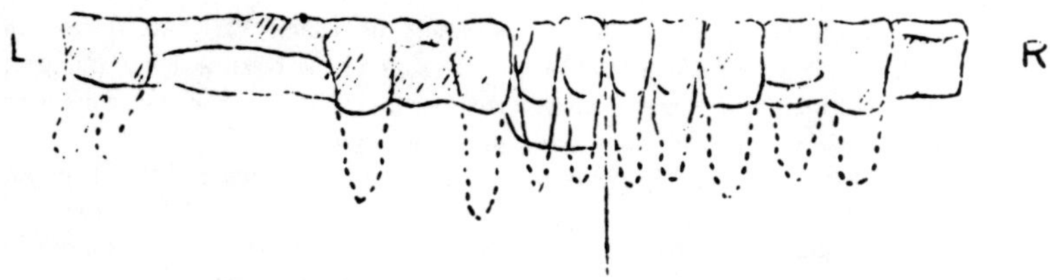

Fig. 5. Sketch from Dr. Blaschke's interrogation report showing lingual view of the lower jaw indicating clearly the premolar bypass and cantilevered bridge extension on the lower right, as well as the six-unit bridge on the left. A small defect has been suggested on the distal corner of the left lateral incisor; for details see text.

nal ends of Hitler's nine-unit maxillary bridge.

Lower jaw. The diagram depicting the teeth and their replacement in the lower jaw (Fig. 5) indicates that ten of the mandibular teeth were rooted and that five of these, the four incisors and the first right premolar, were completely uninvolved in the porsthetic bridge replacements. The replaced missing teeth, as noted in the diagram in Fig. 5, were the lower right first molar, a cantilevered extension, and the lower left first premolar and first and second molars. The lingual version shows a profile of a bypass between the lower right canine and second premolar, circumventing or bypassing the intact first premolar by a curved »bar». Distally, this unusual bridge construction is then shown to connect and culminate with a cantilevered suspension, as a pontic substitute to replace the first right molar.

Several of the sketches indicate considerable periodontal bone destruction around the roots of the lower incisors, particularly towards the left side. The diagram (Fig. 5) shows an oblique line along the distal-incisal corner of the lower left lateral incisor, suggesting the presence of some defect, presumably caused by either tooth decay or traumatic fracture.

4. Past History of Hitler's Dental Treatment

The interrogation of Hitler's dentist, Dr. Hugo Blaschke, included a separate section, Annex I, regarding Blaschke's earlier care of Hitler, a supplement to the overall report (OI FIR 31). Made available through the U.S. National Archives, this Annex represents an English translation of »notes written for this report by BLASCHKE, giving Hitler's abridged case history as a dental patient in the years 1934 to 1945.»

From his notes, there is no evidence that Dr. Blaschke ever constructed or was called upon to repair or adjust the curious bridge construction on the right side of Hitler's lower jaw. This is a point of some importance. For example, it means that Dr. Blaschke would have no record of the treatment of the lower right canine tooth. In other words, he could not know (and did not pretend to know) whether this corner tooth, which anchored the bridge anteriorly, had been injured by trauma or decay to require replacement of a large part of the mesial corner; or if the defect had been deep enough to require a root filling; or whether or not the inlay or 3/4 crown was in fact fortified with a metal post in the root canal. From the outside appearance of the completed bridge, there would be no way to tell if this tooth had been root-filled at all. In brief, the lower right bridge was clearly not made by Blaschke, but by someone else treating Hitler, presumably before 1934, when Dr. Blaschke entered the scene. The same may well have been the case with the bridge on the left side of Hitler's lower jaw. Dr. Blaschke makes no specific reference to the history of this construction in the *treatment* record.

With regard to the positive treatment situations which Dr. Blaschke himself had handled, special reference is made to three problem areas, namely in connection with trouble arising from the lower left lateral incisor, the upper left central incisor and the upper left second premolar.

It was in connection with his very first professional contact with Hitler (at the instigation of Goering) that Blaschke was called upon to remedy, in 1934, an infection, swelling and pain arising from the area of the lower left lateral incisor. In treating this condition Blaschke states: »The tooth was filled with iodoform paste (Walkhoff) and temporarily closed.»

In the upper jaw, »much more extensive work was necessary,» requiring the removal of a right and left defective bridge, and the construction of a new single fixed bridge, because »Hitler rejected a removable prosthesis.»

Dr. Blaschke states that fairly regular check-ups of Hitler's teeth were made until the outbreak of the war, after which all subsequent dental care had to wait until requested, which was not before pain arose. This did occur at least once as a result of »extensive caries» in the distal corner of the upper left incisor. This tooth, partly covered by the »window» crown, already had a pulp involvement. However, this could only be treated in a temporary fashion because of Hitler's impatience, as a result of which Blaschke states: »a conclusion of the treatment, i.e. filling of the root and final filling of the cavity, was never achieved.»

The next and apparently last major episode in Hitler's dental care followed shortly after the assassination attempt in 1944. Dr. Blaschke explained it this way: »Towards the end of September (1944) I was called to the headquarters. Hitler complained about slight tenderness of the gingiva of the upper left jaw. He was bedridden. He was, as Professor Morell told me, suffering from an inflammation of the naso-pharyngeal area.» Blaschke's clinical and roentgenological dental examinations revealed a deep pocket around the root of the upper left second premolar. Apparently, this had not caused much direct pain, or as Blaschke put it, »The pain — wrongly diagnosed as neuralgic — was killed through obtundents.» He adds that he was unable to get a clear picture of the history of these pains from Hitler who »disliked intensely talking about his health.» Not until the end of October 1944 did Dr. Blaschke get permission to perform the necessary treatment as follows: »The old bridge on the left upper jaw was then cut in front of the gold crown on the 2nd bicuspid. The tooth, together with the cut-off part of the bridge, came out very easily . . .» (cf. p. 54).

From the middle of January 1945, Hitler was constantly in the Berlin Reich Chancellery where Dr. Blaschke had installed an office, but Hitler only »came once to the dental station for a short while in mid-February for a superficial examination.» From that time on, Dr. Blaschke gives no record of any additional treatment, but he concludes with a very important statement regarding the whereabouts of the dental charts and intra-oral x-ray pictures of the teeth, two of the potentially most important elements for future forensic documentation. This concluding statement, translated from Dr. Blaschke's own written notes, as found in the United States Archives (OI FIR 31, Annex I, page 3) reads as follows:

> »The patients' file cards as well as the X-ray pictures of their teeth were, since the middle of January 1945, constantly kept at the dental station in the Voss-Strasse shelter of the Reich Chancellery.
>
> On the night of 20/21 January 1945, I was ordered to be ready for movement, with a minimum of baggage, within an hour. I was helped in packing the little portable dental station which I wanted to take with me by my dental helper, Mrs. Kaethe *Heusermann*, and my assistant, Dr. *Rohkamm*. It is possible, and even likely that the files were put in the same box as the dental station. My baggage was then supposed to be sent from the Tempelhof airfield to SALZBURG in a transport plane carrying baggage exclusively. This plane never arrived at SALZBURG, and from the Obersalzberg it could never be ascertained what had become of it.»

In the above statement, Blaschke is said to have been leaving 20/21 January. The days are right, but the month is misprinted, for he was leaving the night between *April* 20/21 (Kempner 1969). Anyhow, from the above statement, it is regrettably clear that Dr. Blaschke's detailed diagnostic and therapeutic dental record charts for Hitler and the small individual dental x-ray films used in these connections were last seen by Dr. Blaschke in the spring of 1945. For on the night of April 20-21, he was ordered to be ready for his move south after his files were sent with a transport baggage plane from Berlin's Tempelhof Airfield to Salzburg. However, this plane, according to Blaschke, evidently did not arrive, and as far as he knew, it »could never be ascertained what had become of it.» Whatever efforts may have been made since then in any part of Europe or elsewhere to recover Blaschke's files, no one has to date recovered or reproduced a single one of the ordinary kinds of dental x-ray films, to which Hitler's dentist referred.

5. *Interrogation of Hitler's Physicians*

During the search for pertinent information in the United States National Archives and Records Service, three additional documents were located regarding Hitler's health problems, namely, those originating from Hitler's several physicians.

Two of these reports deal specifically with the head and neck examinations of Hitler following the assassination attempt during the summer of 1944. In these two reports are recorded observations by two ear, nose and throat specialists, Dr. Erwin Giesing, who in 1945 was subjected to extensive interrogation by the American Army officers, and Dr. Karl von Eicken, who contributed a day by day record of the times he was consulted in connection with Hitler's sinusitis and vocal cord tumor (which Dr. Eicken earlier had removed). These two documents were located in the central Washington office of the U.S. National Archives and Records Service.

But the most elaborate medical report, compiled after interrogation of Hitler's principal private physician, Professor Doctor Theo Morell, was located together with several consultant supplements in a satellite division of the U.S. National Archives in the town of Suitland, Maryland. Evidently, Dr. Morell and his fellow physicians did not have any detailed insight into Hitler's oral and dental health. Aside from the remark that the teeth were »defective» and that Hitler at times had suffered from gingivitis and halitosis, there was not a single reference to any useful forensic dental identification features, such as specific missing teeth, intact teeth, restored teeth or replaced teeth.

This deficiency turned out to be far outweighed by a very significant appendix to the document, namely, »Annex II». This Annex to Dr. Morell's interrogation report included five head-x-rays of Hitler, taken following the assassination attempt in 1944. As a result, it now became possible for the first time to make direct comparative documentations, and evaluate conclusions based on objective vis-a-vis subjective data.

6. Head X-ray Plates of Adolf Hitler

Before analysing each one of the five x-ray plates located in 1972 in the U.S. National Archives, it seems appropriate to cite verbatim the explanatory note attached to these five films when placed on file in 1945:

> »*Annex II. Five X-rays of Hitler's Head.* Sources: *Giesing* and *Morell.* The five x-ray plates attached are copies of originals found among Dr. *Morell*'s records. They have been positively identified by him as well as by Dr. *Giesing* as X-rays taken of Hitler. The three plates marked with the day 19 Sep 44 were made by Dr. *Giesing* at the Army Hospital at Rastenburg, East Prussia, using German army portable equipment (plate-target distance app 1 m.). This was during the period when Dr. *Giesing* was treating Hitler for ear injuries suffered at the time of the assassination attempt on 20 Jul 44. (See also Annex IV, e.g., »Results of Ear Examination»). The plates were made to assist in diagnosing pain complained of in the sinus regions. Four views were taken including a left lateral of the sinus cavities. This however could not be found. The 3 plates available include 1 each of the frontal sinuses (nose-forehead position), the sphenoidal sinuses (mouth-chin position), and the maxillary, ethnoidal and frontal sinuses (chin-nose position). The two plates marked 21 Oct 44 were also found among Dr. *Morell*'s records, but he can no longer remember the circumstances under which they were made. These views are both of the maxillary, ethnoidal, and frontal sinuses (chin-nose position).»

In the following paragraphs each of these important head x-rays of Adolf Hitler will be described in detail as items (a) to (e). (a): *X-ray No. 1* (Fig. 6A). Dated in European style: 19. 9. 44 (Sept. 19, 1944), this x-ray photograph was taken in a manner referred to as a »mouth-chin position.» With a submental-vertical beam direction, one notes that an occlusal view of the teeth is seen to best advantage. Although there is some overlapping between the profile of the upper and lower teeth, it is nevertheless possible to make several diagnostic observations of importance as a contribution to identification.

First of all, it is evident that most of the large posterior teeth on the right side are missing. On the left side of the jaw, on the other hand, there are evidently very radiopaque profiles all the way back towards the ramus of the mandible, suggesting the presence of teeth or their artificial replacements all the way up to the third molar region. In the anterior portion, one of the most striking features is a radiolucent zone in the front portion

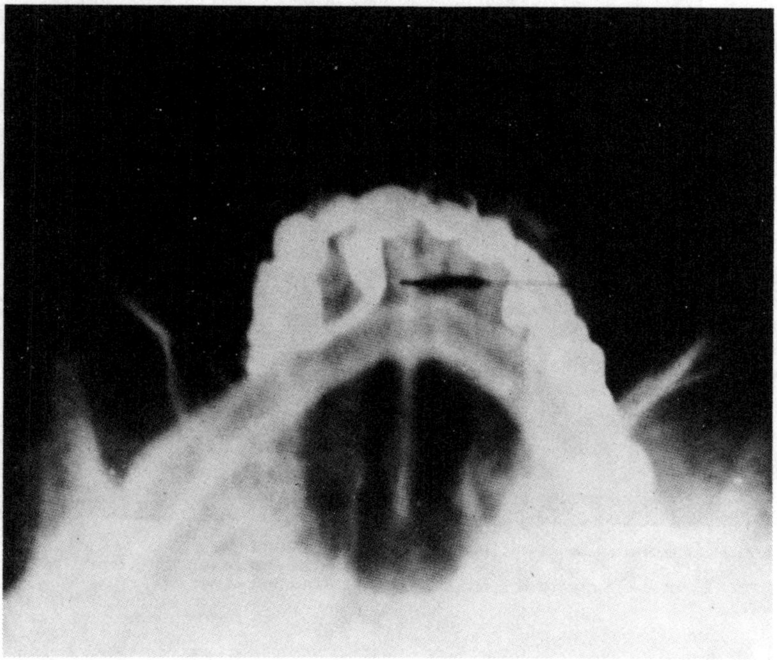

Fig. 6A. One of the five head X-ray plates found in the U.S. National Archives in January 1972 and originally taken of Hitler on the date of September 19, 1944 (see X-ray No. I in text).

of the upper left central incisor. This has created the view of a »window» suggestive of a so-called open-face crown where the x-rays have passed through the root and the anterior portion of the crown, otherwise surrounded by radio-dense material. The area corresponding to the right central incisor and the left lateral incisor have fully contoured radiopaque crowns. By contrast, the upper right lateral incisor and, importantly, the upper left canine areas both demonstrate very narrow anterior connecting links, without the normal crown contours, thus evidently representing bridge pontics, rather than rooted crowns, for aesthetic anterior replacement of lost teeth.

Posterior to this upper jaw profile, there appears a very radiolucent connecting link or bar corresponding to the lingual aspect of the lower right canine-premolar area. Between these two teeth there is a profile of a tooth of much lesser density, evidently devoid of any radiopaque metallic restorations. We shall return to this particular jaw quadrant later as seen in other views.

(b): *X-ray No. II* (Fig. 6B). Also dated September 19, 1944 (19.9.44). This anterior-posterior head plate reveals the following: Whereas the lower incisors do not show any radiopaque prosthetic involvement, the surrounding alveolar jaw bone appears very radiolucent, suggestive

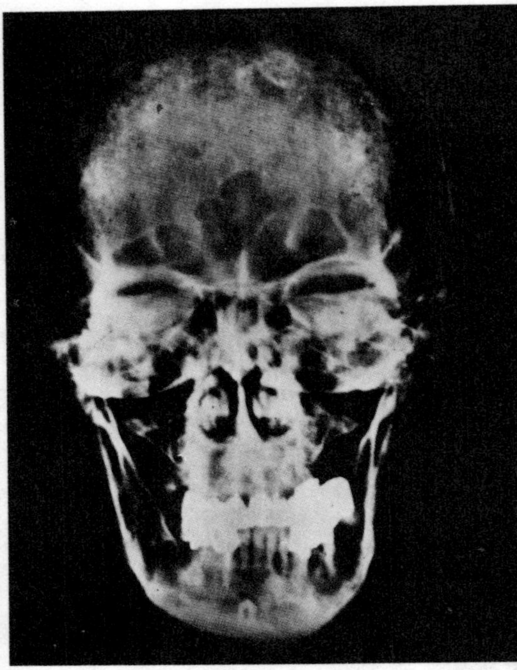

Fig. 6B. Anterior-posterior view of Hitler's head as seen in X-ray taken on September 19, 1944, described as X-ray No. II in text.

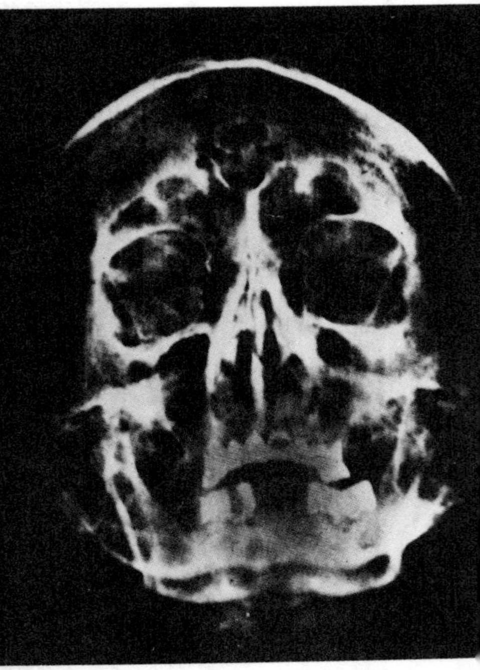

Fig. 6C. Hitler head X-ray photographed in »chin-nose position» on September 19, 1944 and described in text as X-ray No. III.

of periodontal bone resorption. In one area, the left lateral incisor, there appears to be some increased bone density mesially to the root end, suggestive of a condensing osteitis.

With regard to the radio-dense areas there is otherwise extensive prosthetic replacement elsewhere in the jaws. In the anterior part of the upper jaw this includes two metallic posts, somewhat short in length, extending into the root canals of the upper right central incisor and the upper left lateral incisor. This is an important diagnostic point, which could have been subject to confusion, because the x-ray also indicates that there is a shift in the midline relationship between the upper and lower jaw. Thus, the midpoint represented by the mesial contact between the upper central incisors intersects with the mesial surface of the lower right lateral incisor rather than the space between the central ones. It is not clear from the x-ray evidence alone whether this shift has resulted from the drifting of the upper teeth to the right of center or the lower teeth to the left of center. Our present interpretation favors the latter.

In the lower jaw, one can very clearly see on the left side three roots carrying a long bridge replacement. This bridge begins with the radiopaque coverage of the left canine and ends with the coverage of the mesially tilted posterior molar tooth. A relatively large radiolucent space exists on each side of the middle tooth root, which evidently corresponds to a distally drifted single rooted tooth in the second premolar area. On the right side of the lower jaw the radiopaque replacement begins with the canine and terminates with a distal extension which does not appear to rest on a root and, hence, suggests a cantilevered pontic, replacing a tooth in the anterior molar area. In the root canal of the right canine tooth, there is a barely visible thin radiopaque central zone or line extending about half way down the root length. This could either be a radiopaque root canal filling material necessitated by pulp exposure due to decay or trauma, or a very thin post to help support the bridge carrying the radiopaque restoration on the canine tooth.

Lastly, this x-ray has an area of radiodense bone structure lingual to the mental foramen area, possibly indicative of a minor bone exostosis or a small mandibular torus.

(c): *X-ray No. III* (Fig. 6C). The third x-ray dated September 19, 1944 (19.9.44), is the least satisfactory from a dental standpoint. It has a relatively low contrast in connection with the prosthetic replacements. It is also the least elegant from a photographic standpoint. For there are a number of vertical lines and bands extending all through the x-ray, presumably due to some technical difficulties in the preparation or processing of this film.

Nevertheless, even if not of crucial importance, this x-ray does serve to confirm two singular dental features already noted in the first x-ray (Fig. 6A). Taken in the chin-nose position, we note again, first of all, the radiolucent window in the upper left central incisor and, secondly, the radiopaque bar or by-pass from the canine to the second premolar area in the lower right jaw.

Aside from the above, we attach a very special importance to this x-ray, for an initially different and non-dental reason. For we are fortunate to know for sure that this x-ray plate was taken on September 19, 1944 by the instigation of one of Hitler's surviving physicians. Dr. Erwin Giesing, who was consulted regarding Hitler's head and neck problems following the assassination attempt during the summer of 1944, as already noted in Dr. Morell's interrogation report. With the confirmed authenticity of this particular x-ray, attributed to Giesing and here reproduced in Figure 6C, we are now able to turn with special interest to a comparison with the next x-ray headplate taken one month later. Was that one also of Hitler? We believe it is, according to our evidence below.

(d): *X-ray No. IV* (Fig. 7A). Taken October 21, 1944 (21.10.44) this head x-ray. also a chin-nose position, shows excellent contrasting reproduction of the dental restorations. A direct comparison with x-ray No. III (19.9.44) indicates the identical nature of the individual of whom these two x-rays were taken. Thus, we note a comparable configuration of the very exhuberant frontal sinuses which, for identification purposes, can be shown to precisely overlap each other when the transparencies of these x-rays are placed on top of each other.

It is well known that there is a fingerpint quality with regard to the special anatomical patterns of these sinuses in each individual human being. To further signify the similarity of these x-rays, there is also a certain related pathological aspect to be noted; namely, the sclerotic reaction exhibited by the margins of the sinus cavities. This phenomenon, which may be assumed to have been due to chronic sinusitis, is noted in both of the latter x-rays (Nos. III & IV), as evidenced by a characteristic radiopaque blurring along the edges of the sinus cavities.

Observing other details of x-ray No. IV, the identity of the odontological forensic

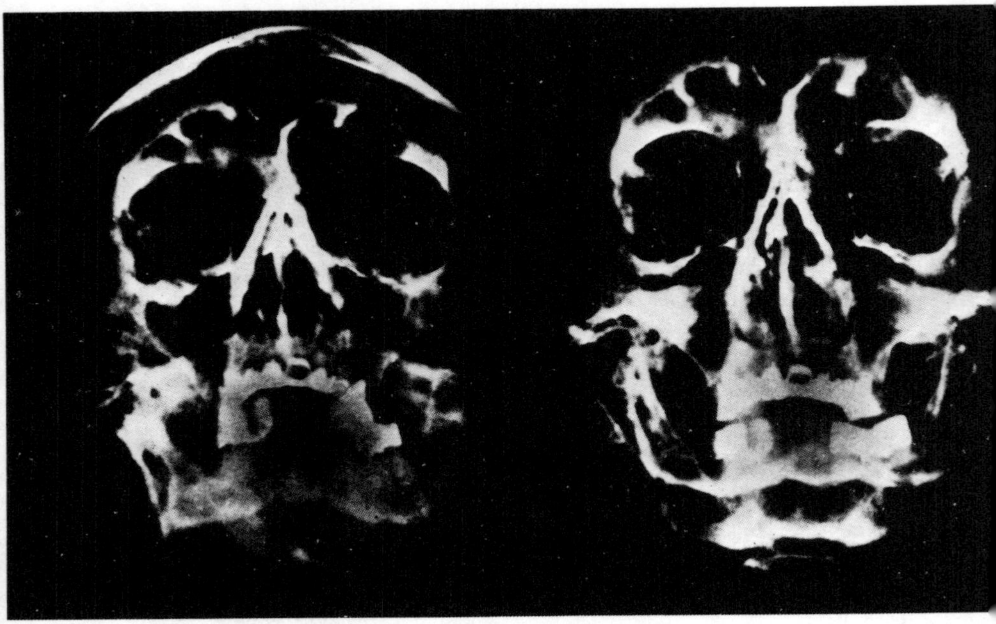

Fig. 7A. »Chin-nose» projection of head X-ray (similar to that seen in Fig. 6 C) taken a month later, October 21, 1944. Note conformity in the configuration of both the dentition and the frontal sinuses. For further details, see text description of X-ray No. IV.

Fig. 7B. Head X-ray taken of Hitelr on October 21, 1944 and described in text as X-ray No. V.

evidence is equally convincing (Fig. 7A). For, without undue repetition, we note again the same general outline of the radiopaque and radiolucent portions of the dentition, that is, where it is either intact, restored or replaced. Importantly, we can confirm, from an anterior vantage point what we previously concluded from the occlusal view (Fig. 6A), namely, that both the upper right lateral incisor and the upper left canine are, in fact, pontics replacing lost teeth, rather than crowns on rooted teeth. For we notice here (Fig. 7A) that there is a dark shadow where these two tooth replacements or pontics meat the jawbone, rather than the higher density that should be expected in these areas, if these were instead crowns resting on the cementum-covered dentin of solid roots.

Thanks to the sharpness of this x-ray, we can confirm one more dental detail not readily seen in the previous x-rays. If we look closely at the upper left central incisor, the one with the window crown, we can see a small shadow which, by extrapolation, evidently must result from a radiolucent defect in the distal-incisal area of this incisor tooth. This may not have been seen in the previous x-rays, either because of the nature of the projections (Figs. 6A and 6B) or because of inadequate quality of the x-ray (Figure 6C). Yet, it is also a possibility that this shadow had in fact grown somewhat more pronounced between Sept. 19 and Oct. 21, due to the progress of the untreated caries to which Dr. Blaschke made several references noted above.

(e): *X-ray No. V.* (Figure 7B). The fifth available x-ray was also dated October 21, 1944 (21.10.44). In this case, also projected in the so-called chin-nose position, the mouth was evidently slightly open when the x-ray was taken. It will be noted that the profiles of the three bridges fall precisely into place as indicated in the x-ray taken on September 19, 1944 (Figure 6C). Thus, if the transparencies of these two x-rays are placed so as to compare the patient's dentition, one can demonstrate perfect overlapping of the two dentition profiles of the upper and lower jaws. While this last x-ray is not as sharp as the other one taken on the same date (Figure 7A), one can, at least on the transparency, once again detect a shadow on the upper left central incisor, but mainly in the distal aspect, whereas the incisal portion, because of the slightly different projection, is obscured by the radio-dense restoration.

Principal Roentgenological Interpretations

In comparing the five x-ray plates located in the U.S. National Archives, several principal observations emerge, which are considered of major significance in correlating subjective and objective evidence regarding the odontological identification of Hitler.

Firstly, it became clear that Hitler had only four remaining teeth which were not involved in either bridging a gap or supporting a bridge between adjacent teeth. These four teeth were the right and left mandibular incisors. However, while they were free from dental decay, as far as could be seen in the x-ray, there was considerable bone resorption around the roots of these anterior teeth. These »naked» portions of the root cementum would have tended to expose the necks of the teeth to the injuries of erosion and abrasion. (It should be noted that this is precisely what is evident from the visual appearance of the mandibular anterior teeth reproduced in the Russian autopsy report depicting the remains of Hitler's burned mandible).

Secondly, the x-rays indicate that the maxillary right central incisor and left lateral incisor, while completely opaque to the x-ray beam, do show short metallic posts for insertion into the root canals. This suggests the type of dental crown restoration known as a »Richmond Crown», frequently used in the past and precisely the type of restoration described by the reports on Hitler's dental condition.

Thirdly, the x-rays show a very peculiar and very unusual dental bridge construction on the right lingual aspect of the mandible. This involves a lingual high-density (metallic) bar extending distally from the right canine region, bypassing the first premolar, evidently connecting with a radiopaque (metallic) crown on the second premolar. From that point, an additional metallic extension evidently had been constructed as a cantilevered distal extension of the bridge. (In this connection, it is noteworthy that Hitler's dentist made very special verbal reference to this unique prosthetic construction while being interrogated by the American officers.)

Fourthly, the x-rays show that the left maxillary incisor has the very characteristic feature of a partially opaque or metallic crown, typical of the now outmoded, but in times past, not infrequently used, »window»-crown.

HITLER'S DENTAL CHART BASED ON COMBINED RECORDS

After careful study of the various types of descriptive, diagrammatic and photo-

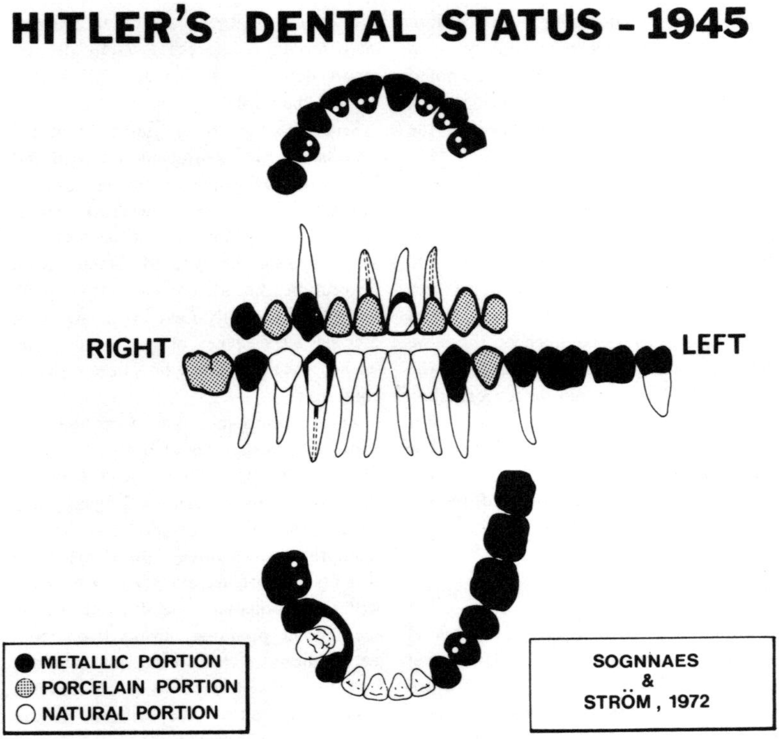

Fig. 8. Dental chart prepared by authors to summarize their conclusions regarding the dental condition of Hitler as it existed in 1945.

graphic evidence presented above, a dental chart has been prepared (Fig. 8) with a view to summarizing what, in our judgment, represented the dental status of Adolf Hitler in 1945.*

Where metallic material was the only substance covering or replacing the teeth, the diagram is shaded black. Where the frontal portion of the replaced teeth was represented by a porcelain facing, the diagram presents a shaded area. Where natural teeth were still present, the areas are unshaded. Where the teeth were neither present, nor replaced, the areas are left blank.

In the upper jaw, we have indicated that the nine-unit bridge which Hitler had in place in 1945 was resting on only four remaining natural supporting teeth; namely, the upper right canine, the two central incisors and the left lateral incisor. Of the five totally replaced teeth, only one was supported as a typical pontic, that is, anchored on both sides, namely, the upper right lateral incisor. The terminal

*Fig. 8. was drawn by Mr. George Robbins, School of Dentistry, University of California, Los Angeles.

wings of the bridge consisted of two pontics at each end, completely cantilevered without any visible means of support by dental root attachments. These freely suspended teeth, on the right side, were the first and second premolars and, on the left side, the canine and first premolar.

In the lower jaw, the diagram indicates the presence of five natural teeth without any metallic restoration; namely the four incisors and the right first premolar. In addition, the natural tooth substance, kept blank, is retained by the labial surface of the lower right canine, except for a large portion of the mesial-incisal corner, which is indicated in black to represent part of a metallic restoration. The latter is shown to be connected by a metallic bar soldered onto a metallic crown on the lower right second premolar, from which there extends a cantilevered, goldbacked, porcelain-faced, freely suspended replacement of the first molar.

On the left side of the lower jaw, the diagram indicates absenses and replacement of the first premolar by a porcelain-faced gold pontic and of the first and second molars by solid metal. These pontics are supported by fixed attachments to full crowns on the canine, second premolar, and third molar.

The diagram finally indicates metal posts extending into the root canals of the upper right central and left lateral incisors, the crowns of which have restorations typical of the Richmond crowns or Dowel crowns (»Stift-Zahn»). For the remaining apical portions of the root canals in these teeth, a dotted line has been indicated, since there is no clear-cut opacity visible in any of the x-rays to suggest the presence of a radiodense root canal filling material.

Similarly, the lower right canine, in keeping with the x-ray evidence, has been shown to include some radio-dense material near the coronal part of the root canal. It is not known from any inspection or objective evidence whether or not this is a root canal filling or a metal post or both. Obviously, the canine restoration is not a Richmond crown or Dowel crown, but the root canal opacity could be due to a thin supporting pin to strengthen the retension of the metallic restoration which covers the posterior three-quarters of the crown.

We have indicated no radiopaque filling material in the lower left lateral incisor even though this tooth, according to Blaschke, was treated with what he referred to as Walkhoff's iodoform paste. Whatever was used, it may not have been sufficiently radiopaque to stand out in contrast to the primary root dentin or secondary dentin, which, in part, may have obliterated the vaguely visible root canal in this tooth.

For this diagrammatic representation of Hitler's dental chart, a standard format has been used, and no effort has been made to modify the size and shape of any individual teeth or their replacements.

CONCLUDING COMPARISON

Once we had reached agreement regarding the interpretation of the roentgenological, diagrammatic and descriptive documents from Hitler's files, uncovered in 1972 through the United States National Archives and Records Service, it became possible to make a concluding comparison, tooth by tooth, between this information and that deduced from the photographic, diagrammatic and descriptive autopsy data uncovered through the »Unknown Documents from Soviet Archives», reported by Bezymenski in 1968.

HITLER'S DENTAL CONDITION BASED ON DOCUMENTARY EVIDENCE (TABLE 1A)

MAJOR DENTAL AREAS	Ref. No.	EXAMINATION & DIAGNOSIS Jaw Area (A)	Location involved (B)	Status determined (C)	AMERICAN ARCHIVES X-rays 1944 (D)	Script 1945 (E)	Sketch 1945 (F)	SOVIET ARCHIVES Photos 1945 (G)	Script 1945 (H)	Sketch 1945 (I)
UPPER JAW BRIDGE AREA	1	UR	2nd Premolar	Pontic	0	x	x	x	x	x
	2	UR	1st Premolar	Pontic	0	(x)	(x)	x	x	x
	3	UR	Canine	Crown	x	x	x	x	x	0
	4	UR	2nd Incisor	Pontic	x	x	x	x	(x)	x
	5	UR	1st Incisor	Dowel crown	x	x	x	x	(x)	0
	6	UL	1st Incisor	Window crown	x	x	x	0	x	0
	7	UL	2nd Incisor	Dowel crown	x	x	x	x	x	x
	8	UL	Canine	Pontic	x	(x)	(x)	x	x	x
	9	UL	1st Premolar	Pontic	0	x	x	x	x	x
Removed in 1944	10	UL	2nd Premolar	Absent	(x)	x	x	0	x	x•
	11	UL	1st Molar	Absent	(x)	x	x	0	x	x

FOOTNOTE TO TABLE 1A

Ref. No. 2, E. F.: For the U.R. first premolar (4|) Blaschke indicates a crown.
» » 4, H.: For the U.R. lateral incisor (2|) the Soviet report describes a dowel crown at one point but this is corrected later (see Bezymenski, 1968b, p. 57, line 4 from top).
» » 5, H.: For the U.R. central incisor (1|) the Soviet report describes a crown.
» » 6, E. H.: For the U.L. central incisor (|1) Blaschke and Soviet report indicate distal defect on labial surface.
» » 8, E. F.: For U.L. canine (|3) Blaschke indicates a crown.
» » 9, E. H.: For the U.L. first premolar (|4) Blaschke and Soviet report indicate distal saw marks (after removal of |5).
» » 10, C. D.: The U.L. second premolar (|5) was extracted by Dr. Blaschke at the end of October 1944, shortly *after* the last head x-rays were taken.
» » 11, C. D.: A cantilevered pontic of the U.L. first molar (|6) was attached to a crown on the second premolar which was extracted by Dr. Blaschke shortly *after* the last head x-rays had been taken (end of October, 1944).

Thus, Table I compares in great detail six major areas of the dentition. Every one of the 32 individual teeth normally present in the adult human jaws has been accounted for, whether present, absent, restored or replaced. Our principal attention has been directed towards the elements entering into the bridgework of the maxilla and mandible. In both cases, each individual unit of the bridges has been identified, whether constructed as a pontic replacing a lost tooth, or as a crown fastened to an existing tooth in one way or another. By these means, we have proceeded to analyze areas of conformity versus discrepancy, as judged by the various types of descriptive and illustrative types of documentation obtained from each available source.

Any one observational point, which in our view was considered incomplete for a definitive judgment to be made at this time, has been indicated by a zero, »0«. Where the documentary evidence was conclusive, the concurrence of the observations was checked positively with the letter

HITLER'S DENTAL CONDITION BASED ON DOCUMENTARY EVIDENCE (TABLE 1B)

MAJOR DENTAL AREAS	Ref. No.	EXAMINATION & DIAGNOSIS: Jaw Area (A)	Location involved (B)	Status determined (C)	AMERICAN ARCHIVES: X-rays 1944 (D)	Script 1945 (E)	Sketch 1945 (F)	SOVIET ARCHIVES: Photos 1945 (G)	Script 1945 (H)	Sketch 1945 (I)
LOWER JAW BRIDGE (right)	12	LR	1st Molar	Pontic	0	X	X	X	X	0
	13	LR	2nd Premolar	Crown	X	X	X	X	X	0
	14	LR	1st Premolar	(Bypassed)	X	X	X	X	X	0
	15	LR	Canine	3/4 Crown	X	X	X	X	X	0
LOWER JAW BRIDGE (left)	16	LL	Canine	Crown	X	X	X	X	X	0
	17	LL	1st Premolar	Pontic	X	X	X	X	X	0
	18	LL	2nd Premolar	Crown	X	X	X	X	X	0
	19	LL	1st Molar	Pontic	X	X	X	X	X	0
	20	LL	2nd Molar	Pontic	X	X	X	X	X	0
	21	LL	3rd Molar	Crown	X	X	X	X	X	0
INTACT AREAS	22/23	LR	Incisors	Present	X	X	X	X	X	X
	24/25	LL	Incisors	Present	X	X	X	X	X	X
VOID AREAS	26/28	UR	M_1 M_2 M_3	Absent	0	X	X	X	X	X
	29/30	UL	M_2 & M_3	Absent	0	X	X	X	X	X
	31/32	LR	M_2 & M_3	Absent	0	X	X	X	X	X
SPEC. AREAS	33		Bridge bypass from LR C-P_2	Lingual bar	X	X	X	X	X	X
	34		Alveolar bone mand. incisors	Periodontal resorption	X	X	X	X	X	0

FOOTNOTE TO TABLE 1B

Ref. No. 17, G.: The pontic for the L.L. first premolar (|4) is wider than normal due to distal drift of the L.L. second premolar (|5).

» » 19/20, G.: The combined pontic for the L.L. first and second molars (|6 7) is narrower than normal due to distal drift of the L.L. second premolar (|5) and mesial tipping of the L.L. third molar (|8).

»X». Finally, we have used a bracket »(X)» when such a positive record was apparent only from indirect, or less than adequate, observations or from data pertinent to Hitler's life, rather than post-mortem dental status, as, for example, items No. 10 and 11, Table IA, referring to Hitler's 1944 x-rays.

Where the material at hand permitted definitive conclusions, it will be noticed that there exists a remarkable conformity between the individual tooth identifications established through the analysis of the American and Soviet data. In addition to the individual teeth which were present, absent, restored or replaced, as the case may be, we have also noted a few other special areas, namely, the unique lingual bar serving as a fixed bridge bypass between the lower right canine and second premolar, and also the alveolar bone resorption around the roots of the incisor teeth (Table IB).

From this overall comparison of the odontological evidence (Tables IA, B), we conclude that the individual identified by means of the 1945 Hitler files located in the U.S. National Archives in 1972, is the same person as that whose 1945 autopsy report was published in 1968 on the basis of the previously unknown documents from Soviet Archives of 1945.

REFERENCES

American Archives and Records Service. 1945. Interrogation of Hitler's dentist and physicians (Nos. OI-FIR/31; OI-CIR/2; and OI-CIR/4)

Bezymenski, L. 1968a. *Der Tod des Adolf Hitler: Unbekannte Dokumente aus Moskauer Archiven*. Christian Wegner Verlag, Hamburg, W. Germany

Bezymenski, L. 1968b. *The Death of Adolf Hitler: Unknown documents from Soviet Archives*. Harcourt, Brace and World, New York, N.Y.

Blaschke, H. 1946. Hitler's Teeth. U.S. Forces European Theater, Military Intelligence Service Center (APO 757), Final Interrogation Report, No. OI-FIR/31 Feb. 1946

Giesing, E. 1945. Hitler as Seen by his Doctors. U.S. Forces European Theater Military Intelligence Service Center (APO 757), Consolidated Interrogation Report, No. OI-CIR/2

Kelly, E. 1965. Hitler's dental chart. J. Calif. Dent. Assoc. 41, 424—425

Kempner, R. 1969. *Das Dritte Reich im Kreuzverhör*. Bechtle Verlag. Munich and Esslingen, W. Germany

Kuby, E. 1945. *The Russians in Berlin*. Translated by Arnold J. Pomerans. William Heinemann, Ltd., London, England. Copyright by Verlag München-Bern-Wien, 1965

Maser, W. 1971. *Adolf Hitler: Legende, Mytos, Wirklichkeit*. Bechtle Verlag, Munich and Esslingen, W. Germany

Morell, T. 1945. Hitler as Seen by his Doctors. U.S. Forces European Theater, Military Intelligence Service Center (APO 757), Consolidated Interrogation Report, No. OI-CIR-4

Rzhevskaya, E. 1967. *Hitler Ende ohne Mythos*. Deutsche Militär Verlag (Original in Russian, 1965)

Sognnaes, R. F., Wolcott, R. B. & Xhonga, R. 1972. Dental Erosion: I. Erosion-like patterns occurring in association with other dental conditions. J. Amer. Dent. Assoc. 84, 571—576

Trevor-Roper, H. R. 1970. *The Last Days of Hitler*. Colier-Macmillan Company, Canada, Ltd., Toronto, Ontario, Canada. Sixth printing (Original copyright, 1947, 1962)

Von Eicken, K. 1945. Notes on medical treatment of patient »M.F.» (»Mein Führer») from May 15, 1935 to December 30, 1944. U.S. National Archives and Records Divisions ML 125, 125a & 131 (In German only)

Walkhoff, O. 1928. *Mein System der medikamentosen Behandlung schwerer Erkrankungen der Zahnpulpa und des Periodontiums*. Meusser Verlag, Berlin

Register

76

АКТ № 12.

судебно-медицинского исследования обгоревшего трупа мужчины /предположительно труп Гитлера/.

8 мая 1945 года город БЕРЛИН- Бух.Морг ХППГ № 496.
Комиссия в составе Главного судебно-медицинского эксперта I-го Белорусского фронта - подполковника медицинской службы ШКАРАВСКОГО Ф.И. , Главного паталого-анатома Красной Армии подполковника медицинской службы КРАЕВСКОГО Н.А., И.О. Главного паталого-анатома I-го Белорусского фронта - майора медицинской службы МАРАНЦ А.Я., армейского суд.мед.эксперта 3 ударной Армии - майора медицинской службы БОГУСЛАВСКОГО Ю.И. и армейского паталого-анатома 3 ударной Армии - майора медицинской службы ГУЛЬКЕВИЧ Ю.В. по приказанию Члена Военного Совета I-го Белорусского Фронта генерал-лейтенанта ТЕЛЕГИНА от 3 мая 1945 года- произвела судебно-медицинское исследование трупа мужчины /предположительно труп ГИТЛЕРА/

При исследовании обнаружено:

А. Наружный осмотр.

В деревянном ящике длиной 163 см., шириной 55см. и вышиной 53 см. доставлены остатки обгоревшего трупа мужчины. На трупе был обнаружен обгоревший по краям кусок трикотажной материи размером 25 х 8 см.,желтоватого цвета, похожий на трикотажную рубашку.

В виду того, что труп обгорел, судить о возрасте трудно, можно предположить, что возраст был около 50-60 лет, рост его 165 см./измерение неточное, вследствие обугливания тканей/,

I. АНАТОМИЧЕСКАЯ ХАРАКТЕРИСТИКА ТРУПА.

Вследствие значительного обугливания тела, нет возможности описать наружный вид покойной, но все же можно отметить следующее:

а/ Возраст покойной колебался в пределах 30-40 лет, на что указывает незначительная стертость жевательной поверхности зубов.

б/ Рост около 150 см.

в/ Основной анатомической находкой, которая может быть использована для идентификации личности- является золотой мостик нижней челюсти с 4-мя крайними зубами ея.

II. ПРИЧИНЫ СМЕРТИ:

На резко обугленном трупе обнаружены следы осколочного ранения грудной клетки с гемотораксом, повреждением легкого и сердечной сорочки и 6 мелких металлических осколков.

Кроме того в полости рта обнаружены остатки раздавленной стеклянной ампулы.

Учитывая наличие таких ампул в трупах- акты №№ I,2,3,4, 5,6,7,8,9,IO,II; ощущавшийся при вскрытии трупов - акты №№ I,2,3,4,5,6,7,8,9,IO,II - запах горького миндаля, результаты судебно-химического исследования органов трупов- акты №№ I,2,3,4,5,6,7,8,9,IO,II с обнаружением в них цианистых соединений- комиссия приходит к выводу, что несмотря на наличие тяжелого ранения грудной клетки- непосредственной причиной смерти явилось отравление цианистыми соединениями.

...ССИЯ: Главный суд.мед.эксперт фронта подполковник м/с /ШКАРАВСКИЙ/

Главный патолого-анатом К.А. подполковник м/с /КРАЕВСКИЙ/

И.О. Главного патолого-анатома I БФ майор м/с /МАРАНЦ/

Суд.мед.эксперт 3 Ударн.Арм.-майор /БОГУСЛАВСКИЙ/

Патолого-анатом 3 Ударн.арм.- майор /ГУЛЬКЕВИЧ/

Lew Besymenski · *Der Tod des Adolf Hitler*